新时代蒙古马精神文集

哈 斯 主编

内蒙古人民出版社

图书在版编目（CIP）数据

新时代蒙古马精神文集／哈斯主编. -- 呼和浩特：
内蒙古人民出版社，2024.12
ISBN 978-7-204-17788-2

Ⅰ. ①新… Ⅱ. ①哈… Ⅲ. ①蒙古族-民族精神-中
国-文集 Ⅳ. ①K281.2-53

中国国家版本馆 CIP 数据核字（2023）第 224326 号

新时代蒙古马精神文集

主　　编	哈　斯	
责任编辑	党　蒙	
封面设计	海日瀚	
出版发行	内蒙古人民出版社	
地　　址	呼和浩特市新城区中山东路 8 号波士名人国际 B 座 5 楼	
网　　址	http://www.impph.cn	
印　　刷	内蒙古恩科赛美好印刷有限公司	
开　　本	710mm×1000mm　1/16	
印　　张	26	
字　　数	390 千	
版　　次	2024 年 12 月第 1 版	
印　　次	2024 年 12 月第 1 次印刷	
书　　号	ISBN 978-7-204-17788-2	
定　　价	49.00 元	

如发现印装质量问题，请与我社联系。联系电话：(0471)3946120 3946124

新时代蒙古马精神
蕴含的科学世界观方法论
（代序）

《新时代蒙古马精神文集》（以下简称《文集》）即将由内蒙古人民出版社出版。

《文集》由六个篇章和附件组成。六个篇章包括：新时代蒙古马精神的孕育形成；新时代蒙古马精神蕴含的道理学理哲理；新时代蒙古马精神蕴含的党史观民族观家庭观；新时代蒙古马精神蕴含的"两种生产"理论；新时代蒙古马精神蕴含的艺术情感；案例。《文集》以习近平新时代中国特色社会主义思想的科学世界观和方法论，探索蒙古马精神与共产党人精神谱系的内在联系，以"发扬蒙古马精神，激励干部担当作为"为主题，进一步总结提炼习近平总书记党建思想在民族地区不仅致力于科学"解释世界"，而且致力于积极"改变世界"的新实践。其主要脉络和特点体现在以下几个方面。

一、习近平总书记关于蒙古马精神的阐述是《文集》产生的背景和依据

党的十八大以来，习近平总书记三次到内蒙古考察，五次参加全国人民代表大会内蒙古代表团审议。期间多次进行重要讲话和指示批示，结合

马年春节慰问、民族团结进步事业、经济高质量发展和群众路线教育实践活动等党内集中教育四次强调要弘扬蒙古马精神。第一次在 2014 年 1 月 28 日，习近平总书记听取了内蒙古自治区党委和政府工作汇报后作了重要讲话，希望大家要有蒙古马那样吃苦耐劳、勇往直前的精神。第二次在 2018 年 3 月 5 日，习近平总书记在参加十三届全国人大一次会议内蒙古代表团审议时提出殷切希望，希望内蒙古各族干部群众守望相助、团结奋斗，发扬吃苦耐劳、一往无前的"蒙古马精神"，把祖国北部边疆这道风景线打造得更加亮丽。第三次在 2019 年 7 月 16 日，习近平总书记在内蒙古考察时，要求内蒙古各级领导班子和广大党员、干部发扬"吃苦耐劳、一往无前、不达目的绝不罢休"的蒙古马精神。第四次在 2022 年 5 月 22 日，习近平总书记在参加十三届全国人大三次会议内蒙古代表团审议时，希望内蒙古各族干部群众大力弘扬蒙古马精神，一往无前，奋发进取，在建设亮丽内蒙古上取得新的更大进展。

2023 年 6 月 7 日至 8 日，习近平总书记在内蒙古考察时发表重要讲话，为内蒙古生态文明建设和全面建设现代化指明了前进方向，也为弘扬新时代蒙古马精神赋予书写中国式现代化内蒙古新篇章新的内涵。

二、新时代蒙古马精神是中国共产党精神谱系的有机组成部分

中国共产党的百年历史，是形成人类伟大精神的历史，在中华大地上构筑起中国共产党人的精神谱系。中国共产党领导内蒙古革命斗争实践，反映了内蒙古地区各族人民在党的领导下为争取民族独立和国家富强而英勇奋斗的历史进程和伟大革命精神，为蒙古马精神的孕育形成注入了红色基因和时代强音。蒙古马精神纵贯了百年党史，践行了伟大建党精神，在内蒙古革命、建设、改革各时期都有体现，涉及社会各领域，存在于政治、经济、文化、科技、军事、外交以及生态文明建设各方面，与之相关的主题内涵丰富多样，涉及人物、事件、会址、地域等多种主体。

回顾我们党在内蒙古地区的历史，内蒙古地区是中国共产党最早建立党组织的民族地区，内蒙古自治区是在中共中央直接领导下建立的，内蒙古是在党中央的支持下发展起来的，内蒙古新时代的发展成就是在习近平总书记的亲切关怀和指引下取得的，内蒙古作为模范自治区就模范在"听党话"上。如《发扬蒙古马精神　激励干部担当作为问题研究》等文章，就在促进党史学习教育与发扬蒙古马精神深度融合的基础上，把蕴含在伟大建党精神中的立场、观点和方法转化为科学的世界观和方法论作为研究方向。

三、新时代蒙古马精神充分体现铸牢中华民族共同体意识主线理念

民族观是马克思主义世界观对民族和民族问题总的看法。2023 年 6 月 7 日至 8 日，习近平总书记在内蒙古考察时指出："铸牢中华民族共同体意识是新时代党的民族工作的主线，也是民族地区各项工作的主线。民族地区的经济建设、政治建设、文化建设、社会建设、生态文明建设和党的建设等，都要紧紧围绕、毫不偏离这条主线。"马克思、恩格斯在《共产党宣言》中深刻阐述了马克思主义的科学世界观。马克思主义理论的科学性和革命性源于辩证唯物主义和历史唯物主义的科学世界观和方法论，为我们认识世界、改造世界提供了强大思想武器，为世界社会主义指明了正确前进方向。《共产党宣言》深刻阐述了马克思主义政党的先进品格、政治立场、崇高理想和革命纲领。如《支部的品行责任党员的情感与良心》等文章，以支部为基本单元，从马克思主义诞生和1864 年马克思第一次提出"支部品行"的概念，以马克思主义政党的基层组织从无到有、由小到大的发展脉络、"支部建在连上"的优良传统和以《中国共产党支部工作条例（试行）》科学规范党支部的七项职责为标志，阐述了马克思主义科学世界观产生的背景和马克思主义中国化时代化进程，昭示了共产党人价值观的形成，进一步论证只有从世界观、人生观、价值观这一思想和行动的

总开关思考和研究问题，特别是把握习近平新时代中国特色社会主义思想的世界观和方法论，运用贯穿其中的立场、观点、方法，才能正确理解和把握铸牢中华民族共同意识是做好新时代党的民族工作的主线，也是民族地区各项工作主线的深刻内涵。

四、新时代蒙古马精神是党性洗礼和考验的经验总结

党性问题重点解决党员个体与组织的关系。党的性质问题是马克思主义党建理论的精髓。从一定意义上讲，马克思主义党建理论和全部建党活动都是围绕党的性质问题而展开的。列宁在《唯物主义和经验批判主义》中论述了唯物主义和唯心主义斗争的实质，阐明了哲学的党性原则。以毛泽东同志为主要代表的中国共产党人，在推动马克思主义中国化时代化进程中，创造性提出了思想建党原则，始终强调坚持党的工人阶级先锋队性质。1939 年，刘少奇同志发表《论共产党员的修养》，教育了一代又一代共产党人。1962 年，刘少奇在一次汇报会上指出："马恩列斯解决的是党建路线问题、理论问题，路线问题解决了以后，要提高党员的修养，要解决党员个人利益和党的利益的矛盾问题，这方面我们有新东西，有创造。"

进入新时代，以习近平同志为主要代表的中国共产党人，立足新的历史方位，从我们党肩负的使命任务、面临的复杂环境出发，将加强党的长期执政能力建设、先进性和纯洁性建设明确为新时代党的建设的主线，作出了一系列重要论述。这些重要论述，既坚持了马克思主义党建原则，又创造性地丰富发展了关于党的性质问题的认识，具有鲜明的中国特色，为坚持党的性质、全面加强党的建设奠定了坚实基础。在此过程中，把开展党内集中教育作为推进党的自我革命的重要途径，要求每名党员牢记中国共产党是什么、要干什么这个根本问题，先后开展一系列卓有成效的党内集中教育，推动全面从严治党向纵深发展，推动百年大党自我革命开辟新境界。辩证唯物主义是中国共产党人的世界观和方法论，在全党集中开展

六次学习教育，第一次从各个历史时期党所彰显的精神中概括出"坚持真理、坚守理想，践行初心、担当使命，不怕牺牲、英勇斗争，对党忠诚、不负人民"的伟大建党精神，指出伟大建党精神是中国共产党人的精神之源，从理想信念、价值取向、意志风骨、政治品格等维度系统概括了共产党人的精神，精准描绘了中国共产党人的精神画像。从 2016 年 2 月开始，"学党章党规、学系列讲话，做合格党员"学习教育在全体党员中开展，党内教育从"关键少数"向广大党员拓展、从集中性教育向经常性教育延伸。《文集》着眼基层基础，以党支部政治功能和组织功能为切入点，遵循"理论只要说服人，就能掌握群众；而理论只要彻底，就能说服人。所谓彻底，就是抓住事物的根本。而人的根本就是人本身"的原理，并坚持理论联系实际，从每名党员党性问题着手，深入探索干部担当作为要从"第一身份"抓起的规律和特点。如《党性的一次洗礼和考验》《如何做一名合格的共产党员》等文章论证了"第一身份"这一党建思想的重要观点。

五、新时代蒙古马精神充分体现各族干部群众新时代新担当新作为的实践品格

党的二十大报告指出："实践告诉我们，中国共产党为什么能，中国特色社会主义为什么好，归根到底是马克思主义行，是中国化时代化的马克思主义行。"内蒙古自治区党委关于认真学习贯彻党的二十大精神的决定指出，要"开展蒙古马精神宣传阐释，教育引导全区各族干部群众深刻理解把握蕴含其中的丰富内涵、时代价值、实践要求，切实把蒙古马精神转化为干事创业的强劲动力"。《文集》收录了党的十八大以来作者撰写的关于全面从严治党的调查研究报告、课题论证报告、学习考察报告、可行性研究报告、案例分析报告、纪实散文等 40 多篇文章。尽管《文集》以不同文体、题材反映了不同主题，形成于不同时期，但《文集》全部内容均以中国共产党人的价值观为线索，每篇文章充分体现了习近平新时代中

国特色社会主义思想的主流价值、主流舆论、主流文化，更是作者结合工作和生活环境，对内蒙古工作坚持党的全面领导和全面从严治党向基层延伸新实践的探索。一是体现"蒙古马"文化创造性转化和创新性发展的演变过程；二是体现伟大建党精神在内蒙古传播和实践的过程；三是体现中国特色解决民族问题的正确道路在内蒙古的新实践；四是体现习近平总书记对内蒙古工作的系列重要讲话关于全面从严治党向基层延伸的新实践；五是体现经济高质量发展、生态高质量保护的新实践。如《以高质量党建推动牧区高质量发展》《边境牧区高质量发展重点任务》等文章，探索边疆民族地区特别是边境一线高质量发展新实践。又如《树立党的一切工作到支部的鲜明导向》一文，体现了林区广大党员干部经过历次改革，更加深切体会到"坚持和发展马克思主义，从理论到实践都需要全世界的马克思主义者进行极为艰巨、极具挑战性的努力"的深刻内涵。

六、新时代蒙古马精神在教育实践中的丰富拓展

2014 年 1 月，习近平总书记在第二批群众路线教育实践活动中，第一次提出了蒙古马精神。经过历史的沉淀与实践的熔铸，新时代蒙古马精神已经融入边疆各族人民的血脉，在更大范围和更深层次上形成了推动改革发展的精神力量，成为各族群众团结奋斗、开拓进取的重要精神纽带。党的十八大以来，通过开展党的群众路线教育实践活动、"三严三实"专题教育、"两学一做"学习教育、"不忘初心、牢记使命"主题教育、党史学习教育、学习贯彻习近平新时代中国特色社会主义思想主题教育、党纪学习教育，持续用党的创新理论武装头脑、指导实践、推动工作。经过全面从严治党的革命性锻造，内蒙古进一步筑牢信仰之基、补足精神之钙、把稳思想之舵，自觉用蒙古马精神滋养初心、引领使命，将新时代蒙古马精神融入到内蒙古推动各民族共建共享现代化建设的事业中，蒙古马精神的内在价值和重要性更加凸显。

第一，弘扬新时代蒙古马精神必须落实全面从严治党调查研究责任

制。党的十八大以来，习近平总书记高度重视调查研究工作，在不同场合反复强调调查研究的重要性，一系列重要讲话和重要指示，为全党大兴调查研究、做好各项工作提供了根本遵循。2019 年 5 月，习近平总书记在"不忘初心、牢记使命"主题教育工作会议上强调："调查研究要注重实效，使调研的过程成为加深对党的创新理论领悟的过程，成为保持同人民群众血肉联系的过程，成为推动事业发展的过程。"2023 年主题教育期间，党中央决定在全党大兴调查研究，推动全面建设社会主义现代化国家开好局起好步，制定详细的工作方案。习近平总书记指出："坚持从实际出发、实事求是，不只是思想方法问题，也是党性强不强问题。从当前干部队伍实际看，坚持实事求是最需要解决的是党性问题。"《努力提高民族地区全面从严治党调查研究实效》一文，分别从：使调研的过程成为加深对党的创新理论领悟的过程；在落实"一肩挑"制度中提炼党的建设的决定性作用；在传承红色基因中揭示致富带头人成长成才规律和特点；在全面从严治党向基层延伸中提炼党支部建设新成效；在民族团结进步创建中总结铸牢中华民族共同体意识新实践；在新时代文明家庭建设中拓展立德树人的切入点、结合部、着力点；在找差距、补短板、强弱项中突出调查报告的党性特征等七个方面，提出各级党组织负责人开展全面从严治党调查研究紧迫性的建议，为把全面从严治党调查研究贯穿坚持党的领导，加强党的建设始终提供参考。

第二，弘扬新时代蒙古马精神必须要提升基层思想政治工作质量和水平。新时代蒙古精神研究的是思想政治教育的应用理论研究，以新时代蒙古马精神研究的规律性认识为指导，研究新时代蒙古马精神的应用价值和开展途径、方式，有助于发挥思想政治教育和职能优势，促进人的精神动力、精神力量、精神资源的开发。因此，结合内蒙古实际，弘扬新时代蒙古马精神应全面强化各领域基层党组织政治功能和组织功能，加强企业、农村牧区、机关、学校、社区、网络和各类群体的思想政治工作，把广大群众团结凝聚在中国特色社会主义伟大旗帜下。针对机关、企业，特别是基层党组织公文写作质量亟待提高的现实，如《思想决定写作》一文剖析了提高公文质量在于境界而不在于技巧的观点。又如《天边的思念》一文，以纪实文学的形式体现举旗帜、聚民心、育新人、兴文化、展形象在民族地区传播的生动实践。

第三，弘扬新时代蒙古马精神必须树立党的一切工作到支部的鲜明导向。人所进行的实践、生产活动，决定观念的世界。中国共产党从无到有、从小到大、从大到强的产生和发展规律的奥秘在基层。"两学一做"学习教育，提出注重"把思想政治工作落到支部，把从严教育管理党员落到支部，把群众工作落到支部"的树立党的一切工作到支部的鲜明导向。这是习近平新时代中国特色社会主义思想的世界观和方法论在全面从严治党向基层延伸实践中的运用和发展。如：《如何做一名合格的共产党员》一文，是对每名党员干部的"第一身份"是党员这一重要观点的解读；《坚守共产党人的崇高信仰》一文，探寻蒙古马精神在民族地区以红色基因形式通过组织体系融入到人们灵魂深处所形成的精神谱系和价值体系的心理规律，探索党员干部提高政治素质过程中，拓展信仰源泉的具体路径；《关于把"三观"建设列入全党深入开展主题教育内容的建议》一文，提出以伟大建党精神和共产党人的价值观引领"三观"，不断增强党员干部真心爱党、时刻忧党、坚定护党、全力兴党的自觉性，使其真正成为每名党员干部思想和行动的总开关；《用科学的世界观和方法论破解基层党建重点难点问题研究》《弘扬蒙古马精神和"三北精神"把握好贯穿习近平生态文明思想科学的世界观和方法论》等文章，深化"六个必须坚持"的理解，探索用习近平新时代中国特色社会主义思想的世界观和方法论破解基层党建、生态文明建设的重点难点问题，为大力弘扬蒙古马精神和"三北精神"，奋力书写中国式现代化内蒙古新篇章形成合力、同向发力的契合点和结合部。

七、新时代蒙古马精神进一步论证党的建设不只是工作更是科学

《文集》全部内容反复论证一些结论：党来自人民，支部植根于人民；党支部是每名党员获得政治生命的摇篮；打江山、守江山，首先从这里开始守护人民的心。

第一，人的本质是一切社会关系的总和。因此，研究现实的人的活动和他们的物质生活条件是科学的历史观的前提。党的建设不只是工作更是科学，而且是一种蕴含在人们日常生活及社会现实中最为普遍的科学。党支部的政治功能与党员政治意识的强弱有关，党员的一项政治责任就是要从日常琐事和人情世故之中提炼贴近凡人生活的智慧。支部生活要求每一名党员做好民情日记，日记本身不一定记录多么紧迫的事情，但从日记中看出一个人选择什么和拒绝什么的立场，而立场是一种世界观的反映。这种世界观是人们按照自己的物质生产规律建立相应的社会关系，正是这些人又按照自己的社会关系创造了相应的原理、观念和范畴，只有统一的世界观，才有可能使每一个社会中的生产关系都形成一个统一的整体。

第二，习近平总书记关于领导干部"第一身份"的重要论述和"两学一做"学习教育形成的制度体系，为深化自我革命提供新的理论和实践依据。党的建设无小事，对于每名共产党员来说，件件都涉及马克思主义与非马克思主义界限的预见和辨别，处处都面临政权的强化与弱化的洞察和表态。党支部要对每一名党员从加入中国共产党的那天起，加强直接培养、源头培养、跟踪培养、全程培养，特别要强化领导干部所在党支部日常监督、身边党员民主监督和先进性纯洁性底线监督的政治功能。

第三，科学决不会告诉人应该如何行为，只会指出如果你想达到某一既定目的，你就该如何行动。每名党员干部要把共产主义理想和党中央的决策部署确定为自己的目标，并不断以实现这一目标的党的创新理论指导自身实践，才能找到如何行动的根本方法。

目　录

第三篇章

第四篇章

第五篇章

第六篇章

第一篇章

新时代蒙古马精神的孕育形成

在中国共产党成立 100 周年之际，作者受内蒙古自治区党建研究会委托，研究完成全区百年建党重点课题——《发扬蒙古马精神 激励干部担当作为问题研究》（以下简称《研究报告》），取得了阶段性成果。《研究报告》先后在内蒙古自治区党建研究会主编的《百年建党 铸就辉煌》论文集、全国党建研究会会刊《党建研究通讯》上发表。

《研究报告》由四个部分组成，即：中国古代北方民族游牧文明是"蒙古马"文化的历史积淀；蒙古马精神是在中华文化创造性转化和创新性发展中孕育形成的；习近平总书记对内蒙古工作的重要讲话赋予蒙古马精神新的时代内涵；把发扬蒙古马精神作为激励干部担当作为的精神动力。

《研究报告》从人类原始的物态化的活动即社会意识形态和上层建筑的形成着手，运用马克思主义"两种生产"理论分析人与马的关系，探索新时代蒙古马精神孕育形成的规律特点，解读蕴含其中的丰富内涵、时代价值和实践要求。

发扬蒙古马精神 激励干部
担当作为问题研究

【内容摘要】 以马克思主义"两种生产"理论，梳理人类把野马驯化为家畜这一伟大创举、马从动物进化为人类的生产生活工具、重要的军事装备，进而逐步融入人类文化生活、伴随文明发展的历史脉络，论证中国古代北方民族创造的草原文化和生态文明成果是中华文明的重要组成部分；探寻"蒙古马"文化所经历不同社会形态演变中的创造性转化、创新性发展的规律和特点；论证坚定不移走中国特色解决民族问题的正确道路，不断完善民族区域自治制度、全面贯彻落实习近平总书记铸牢中华民族共同体意识和对内蒙古工作重要讲话精神是蒙古马精神孕育形成的主线。建议把内蒙古自治区党委贯彻落实党的十九届六中全会精神、中央民族工作会议精神和内蒙古自治区第十一届党代会精神，作为党史学习教育常态化长效化和蒙古马精神的最新成果，激励党员干部新时代新担当新作为。

【关键词】 蒙古马精神　高质量发展　担当作为

党的十八大以来，以习近平同志为核心的党中央关心内蒙古的发展。习近平总书记三次来到内蒙古考察调研，连续五年参加全国人大内蒙古代表团审议，并立足内蒙古独特的经济社会条件和历史发展脉络，经过深入调研思考，围绕新发展理念，在高质量发展、民生、生态、民族团结和党的建设等方面提出了清晰的战略指引，为加快内蒙古社会主义现代化建设谋篇靶向。2014 年以来，习近平总书记提出并先后四次强调弘扬"吃苦耐劳、一往无前，不达目的誓不罢休"的蒙古马精神。强调无论面临多大的挑战和压力，都必须坚持战略方向、保持战略定力，团结一心、艰苦奋斗、守望相助，风雨无阻向前进。

一、中国古代北方民族游牧文明是"蒙古马"文化的历史积淀

恩格斯指出："根据唯物主义观点，历史中的决定性因素，归根结底是直接生活的生产和再生产。但是，生产本身又有两种。一方面是生活资料即食物、衣服、住房以及为此所必需的工具的生产；另一方面是人自身的生产，即种族的繁衍。一定历史时代和地区的人们生活于其下的社会制度，受到两种生产的制约：一方面受劳动的发展阶段的制约；另一方面受家庭的发展阶段的制约。"蒙古马从动物到生产力工具，到文化，再到精神，遵循着人类历史"两种生产"规律，并逐步孕育、形成和发展。

（一）草原畜牧业促进了马的进化过程

森林和草原是人类赖以生存和发展的大领域、大空间、大世界。人类进入野蛮时代的特有标志是动物的驯养、繁殖和植物的种植。马进入人类生活并作为与人类紧密相随却默默无言的朋友，在人类文明进程中扮演着极为重要的角色。马之所以成为人类驯养的对象，具有与许多其他动物不同的特点。如：马具有很强的奔跑和跳跃能力；马的性情较为温顺，从不主动发起攻击，但这并不代表马没有个性。相反，马是一种个性很强的动物，它坚强刚毅并极具竞争意识，在与同类竞争过程中有着一种累死也不认输的顽强精神。纵观从古至今的无数战役，许多战马在战场上并不是死于刀剑、枪炮，而是由于剧烈奔跑导致力竭而亡。所以说，马是具有平静的内心世界和一往无前的刚毅品质，能勇于献身，具有潇洒性情和高贵品质的生灵。在漫长的历史长河中，马与人类形成了相互依存、不可分割、共生共荣的密切关系。农耕和游牧都起源于先民的原始采集狩猎。对于北方草原地区来说，采集的基础原本非常薄弱，主要食物来源于捕猎，而且必须按照兽群的迁徙紧随其后，才能获得足够的肉食。随着人口的增加，

3

人们逐渐发现畜养动物比单纯地追猎野生动物更有保障，畜牧业便逐渐发展起来。现代考古发掘证明，蒙古高原游牧诞生距今约3000年的时间。其间，技术革新对畜牧业起到重要的作用，比如：马的驯化对于能够更加便捷、省力地控制放牧的畜群提供了有力支撑。《史记》记载和阴山西段狼山岩画都反映了匈奴人和他的先民参与了驯野马为家马的伟大创举，这对狩猎、游牧民族的崛起发挥了重要作用。同是大自然造物，马从最初被人驯化、进而共同生活，建立起与人类持久的"伴侣"关系。因而，对于中国古代北方各民族来讲，马既是主要的交通工具，又是他们生产生活中的好伙伴，但凡狩猎、游牧、战争、娱乐等人类活动均离不开马。马的驯化程度是草原畜牧业繁荣昌盛的标志，同时，草原畜牧业也凸显了马的特殊作用，促进了马的进化过程。目前，马已成为世界上最完美、与人类最为密切的动物之一。在现代奥林匹克运动会中，马术是唯一一项由人与动物共同参与、默契配合、达到理想状态来完成的竞技体育项目。这不仅取决于马完美无缺的体形，而且要实现人马交流，达到密切配合。以游牧为特征的草原畜牧业，贯穿了中国古代北方各民族生存和发展的全过程，所以，史学界也把中国古代北方各民族称为"马背上的民族"。

（二）马的进化成为古代军事战争的重要力量

从人类意识到利益之时，战争就产生了。人类驯养野马的初衷，希望马能帮助人使役。然而，马不仅在人类可见的文明史中占有重要地位，在战争史中也扮演极特殊的角色。马与一个王朝的军备强弱、国势盛衰有着密不可分的关系。据史料记载，早在商代中期，马就加入了战争队伍，主要以马拉战车的形式参与战斗。到周代前期，马拉战车成为主力装备。春秋五霸、战国七雄揭示着奴隶制向封建制转化时的矛盾，战争强度和规模不断升级和扩大，马在战争中的含量也越来越大，骑兵逐步成为决定战争胜负的重要战争因素。为了战胜对方，各军事集团围绕马的战略战术相互学习，如：赵武灵王学习游牧先驱匈奴骑兵的长处，适应时代变化，采取了"胡服骑射"军事改革措施。秦汉时期，骑兵由少增多、由弱变强、由附属成为主力，最终成就大汉江山。三国两晋南北朝时期，铁器的革命，鞍镫的发明，进一步提高了骑兵驾驭战马的技术技能。隋唐时期是骑兵由轻甲转换为重甲，又从重甲转换为轻甲（人披甲而马不披甲）不断轮回的时代，骑兵战术不断升级。经过辽、宋、金、元、明、清几代后，马在战争中定型，骑兵为重、为机动、为快速。尤其是进入 13 世纪，蒙古族总结历代骑兵优势，创造了一人多马的骑术。一人多马战术不仅直接用于短兵相接的战场上，同时，还成立庞大的、四通八达的驿站系统，在传递信息上大大提高了快速反应能力。经过调驯的蒙古马，在整个冷兵器时代的战场上，能够镇定自若，勇猛无比，成为草原上有生命甚至有情感的特殊军事装备。蒙古民族依靠蒙古马驰骋欧亚大陆，随后又建立了中国历史上第一个由北方民族统治的大一统王朝——元朝。在此过程中，蒙古骑兵发挥了重要作用，创造蒙古民族军事史上的奇迹和辉煌。蒙古民族和历朝历代的各族人民一样都对今日中国疆域的形成作出了重要贡献。

（三）内蒙古草原是蒙古马的主要产地

以游牧为特征的草原畜牧业，贯穿了中国古代北方各民族生存和发展的全过程。所以，学界也把中国古代北方少数民族称为"马背上的民族"。马是地球上一个古老的物种，蒙古马是以主要原产地命名的世界古老马种之一，生物学界将自古以来栖息繁衍在蒙古高原上的马，统一命名为"蒙古马"。据考古发现，在内蒙古乌兰察布市集宁区西北，赤峰市林西县、阿鲁科尔沁旗、鄂尔多斯市乌审旗等地区先后出土上新世三趾马和更新世蒙古马野马（普氏野马）的骨骼和牙齿化石，说明在内蒙古地区很早以前就存在马的祖先——三趾马和蒙古野马。据《汉书》记载，新石器时代匈奴部落已经在蒙古高原逐水草而居，匈奴马曾显赫一时。蒙古汗国的建立，使蒙古马分布的地域都更加广泛。在内蒙古自治区境内，逐步形成了一些适应草原、山地、沙漠、森林等条件的优良类群，其中锡林郭勒乌珠穆沁马、百岔铁蹄马、乌审马和阿巴嘎黑马已被农业部正式写入《中国马驴品种志》，成为国家公认的蒙古马类群。据统计，蒙古马在内蒙古自治区有 180 万匹，新疆、青海、甘肃、河南、辽宁等其他省级行政区累计有100 万匹，在蒙古国有 200 万匹。在内蒙古大致可分为乌珠穆沁马、上都河马、百岔铁蹄马、乌审马、巴尔虎马、锡尼河马 6 种。蒙古马体形矮小，其貌不扬，既没有英国纯种马的高贵气质，又没有俄罗斯卡巴金马的修长身条。然而，蒙古马是世界上耐力最强的马种，对环境和食物的要求也是最低的，是典型的草原马种。蒙古马身躯粗壮，四肢结实有力，体质粗糙结实，头大额宽，腿短，关节、肌腱发达，被毛浓密，毛色复杂。它不畏寒冷，生命力极强，能够在艰苦恶劣的条件下生存。所谓"千里疾风万里霞，追不上百岔的铁蹄马"。无论在亚洲的高寒荒漠，还是在欧洲的平原河谷，蒙古马随时可以找到食物，具有极强的适应能力，可以随时胜任骑乘和拉车载重的工作，并在暴风雨雪中驰骋如飞，在烈日炎炎中行走如流。蒙古马根据成长环境、基因遗传和各地区生产生活特点，形成不同的技能特征，如：乌审马短小精干，清秀机敏，很有灵气，戈壁滩和沙地上行走自如。又如：乌珠穆沁马在长途奔袭中会采用一种特殊的"走马"步伐，可以日夜前行并保持同样的速度。团结是蒙古马的另一大特点，在寒冷的冬季，他们会成群结队，相互取暖。遇到袭击时，马群会组成圆圈，将弱小的幼马放在圆圈的中间，由健硕的种公马在圈外迎敌。忠诚是蒙古马的又一大特点，不仅"老马识途"，而且主人遇到意外时，会在主人身边忠诚守护或主动求援。正如杜甫在《题壁上韦偃画马歌》中，称其"时危安得真致此，与人同生亦同死"。

（四）各民族共同创造的灿烂文化是"蒙古马"文化的实践基础

人是历史的载体、文化的载体，更是一切社会关系的总和。一部中国史，就是一部各民族交往交流交融的历史，也是中华民族共同体意识不断增强的历史。在中国古代以游牧文明为代表的北方各民族交替兴起的同时，以农耕文明为代表的中原政权和王朝也向北疆拓展，既有对峙战争，又有交流交融，开始了统一的多民族国家形成的历史进程。游牧的生产生活方式适用于非均衡的草原生态，也与外在的政治经济生态相契合。自秦代以来，既有汉民屯边，又有边民内迁。2100多年前的一条从咸阳北上700多公里、通达今天的内蒙古包头市九原区的秦直道，依稀可见"车同轨，书同文，量同衡，行同伦"历史车轮的痕迹。现在，我们仍把大道称作"马路"，把功率称作"马力"。在漫漫历史长河中，生息于内蒙古大地上的各民族之间、北方草原与中原之间、少数民族政权与中原王朝之间，虽然有过隔阂、有过矛盾，甚至有过流血冲突，但这些都是暂时的、局部的，是中华民族历史的支流；民族之间、地区之间的和平、友好、相互交往、渗透融合、共同发展，才是中华民族历史的主流。今天内蒙古地区作为祖国不可分割的组成部分，民族团结、社会繁荣是长期历史发展的必然结果，形成了坚不可摧的中华民族共同体意识。各民族交往交流交融是"蒙古马"文化的主要特征，同时"蒙古马"文化也是在各民族文明进步的社会实践中孕育形成。

（五）内蒙古悠久的历史是各民族共同书写的

内蒙古地区是中华民族古老的历史摇篮之一，也是中国古代北方少数民族生息繁衍的地方。大约在50万年前，内蒙古地区即有古人类活动的足迹。据文献记载，古代曾在这里活动过并维系时间较长、影响较大的有匈奴、东胡、鲜卑、柔然、突厥、回鹘、契丹、女真、蒙古等民族，这些以游牧文明为代表的少数民族政权与以农耕文明为代表的中原政权长期接触、交流、碰撞，共同谱写了中华文明的历史画卷。战国及秦汉时期，匈奴等少数民族政权与中原秦汉王朝发生了密切的政治、经济、文化、军事等方面的对峙与交融。魏晋南北朝时期，匈奴、鲜卑、柔然等北方少数民族迁入中原，逐渐与中原各族融合，纷纷建立政权，最后北方各少数民族政权归于北魏统一。隋唐时期，突厥汗国、回鹘汗国等相继统治中国北方，他们与契丹、室韦等少数民族政权和强大的隋唐王朝相继建立了依附关系。宋辽夏金时期，先是契丹崛起，南下进攻后晋和北宋，建立辽朝；后来女真迅速崛起，建立了金朝；与此同时，辽朝、金朝以及党项人建立的西夏3个少数民族政权形成了与北宋、南宋军事对峙、民族融合的关系。

13 世纪初，成吉思汗统一蒙古各部，同其子孙经过长年征战，建立了蒙古汗国；后来，忽必烈继承汗位，建立了元朝，统一了全国。1368 年，朱元璋领导农民起义军建立明朝，蒙古部族退守北方草原，史称北元，后又分裂为鞑靼和瓦剌两个政权。1636 年，皇太极改国号为清，先后征服了蒙古各部，参照满洲的八旗制度，在蒙古族生活地区建立了盟旗制度，称漠南蒙古为内蒙古，称漠北蒙古为外蒙古；1644 年清军入关，明朝灭亡，清朝统一了全国，连绵不休的纷争终于结束，维持了近 200 年的稳定。1840 年鸦片战争以后，中国开始沦为半殖民地半封建社会，内蒙古也成为帝国主义列强争夺的地区。100 多年来，饱受帝国主义、封建主义、官僚资本主义剥削压迫的内蒙古各族人民，联合起来进行了无数次的反抗斗争。辛亥革命时期，内蒙古地区的诸多爱国人士积极参加孙中山同志领导的辛亥革命，共同推翻了清朝的统治。1921 年中国共产党成立，内蒙古各族人民在中国共产党的领导下，经过国民革命战争、土地革命战争、抗日战争、解放战争，取得了新民主主义革命的胜利。1947 年 5 月 1 日，中国成立了第一个少数民族自治区——内蒙古自治区，内蒙古各族人民与全国人民一起步入了社会主义道路。

二、蒙古马精神是在中华文化创造性转化和创新性发展中孕育形成的

文化认同是民族团结的根脉，中华文化始终是内蒙古各族人民的情感纽带、心灵归属。习近平总书记在庆祝中国共产党成立 100 周年大会上的重要讲话中首次提出了"两个结合"，加深了我们党对推进理论创新、进行理论创造的规律性认识，拓展了马克思主义中国化的内涵要求。党的百年历史告诉我们，正是马克思主义激活了中华民族历经几千年创造的伟大文明，使中华文明再次迸发出强大的精神力量，中华优秀传统文化也为马克思主义在中华大地落地扎根和创新发展提供了丰厚的土壤。精神产生并贯穿于文化和文明的始终，反之精神又影响文化和文明的发展，具体表现

在选择性与领导性上。在蒙古马精神的孕育形成过程中，其选择性与领导性体现在以下三个方面。

一是贯穿着天人合一的生态理念。在所有动物中，马更容易接受人类的驯化，甚至随着人类社会发展的需要能够接受特殊领域的专业训练，马的潜在技能、潜在情感、潜在忍耐力在与人的相互配合中，逐步深化为相互理解简单意图的程度，这不仅与人潜在的动物本能自然融合，而且随着人类精神世界的升华而不断丰富，继而成为一种具有鲜明生命特征的人类重要的精神基因。马与人的长期交流，使蒙古马早已内化成为一种精神象征，成为马背民族的文化图腾。因而，人与马的关系也是人与自然关系的一个缩影。北方民族信奉的佛教中的"轮回"观念和萨满教中的"万物有灵"观念，超越自然的纯物质属性，使大自然被人格化，所秉持的"天父地母"与《易经》中"有天地，然后有万物；有万物，然后有男女"的生态理念，都认识到人类与天地万物的整体性和统一性。中华文明五千年生生不息，积淀了丰富的生态智慧。与此同时，人们的各种思想观念和行为都受到阶级斗争、社会变革、政治思想的强烈影响。长期以来，游牧社会也形成了与经常性迁移相适应的社会结构、族群认同及其文化价值规律和道德价值观念，经常"移动"的社会认同与亲缘关系表现在大小、聚散无常的部落形态上，表现在人群之共祖血缘记忆的变化上，也表现在有限或多变的领袖权威上，更表现在政治、经济、军事、教育、文化和思想道德体系严格的封建等级制度上。

新中国成立后，我们党坚持马克思主义的立场、观点、方法，正确处理人与自然的关系，高度重视民族地区生态文明和文化传承，保护"逐水草而居"的游牧文化，改进生产生活方式。森林和草原生态系统日益开放，技术创新、产权变革和产业转型都成为实现可持续发展的重要动力。党的十八大以来，以习近平同志为核心的党中央将生态文明建设纳入中国特色社会主义总体布局，并写入党章和宪法中，为推动经济社会高质量发展奠定了坚实基础。生态文明已经上升为党的主张和国家意志，赋予了"天人合一"生态理念更广阔的时代内涵和创新性转化。全区上下按照

《中共中央关于深化党和国家机构改革的决定》要求，把生态文明建设融入政治建设、经济建设、文化建设、社会建设、生态建设各方面和全过程，深化简政放权、放管结合、优化服务改革，推动机构整合、人员融合和工作流程磨合，使"以人民为中心"和"绿水青山就是金山银山"的发展理念得到全面贯彻，为唤醒、培植和凝练内蒙古各族人民的生态潜能、生态技能、生态情感、生态审美、生态品格、生态精神和重构内蒙古生态文化价值创造了广阔的天地。

二是遵循着先进文化的价值规律。"蒙古马"文化是一种精神元素、精神力量、精神动力。所谓精神动力，实质上是认识、思想、价值、信仰等观念力量对物质世界和社会发展的反作用。马克思主义认为，世界统一于物质。生命起源包括生物进化理论、人类起源和发展理论都充分证明，生命是"通过化学的途径"从无生命物质深化来的，是生长变化、具有能量代谢功能并能回应刺激及进行繁殖的物质系统。人类是由动物"分化产生的"，是一个奇特的物种，他们注定与众不同。学习是人类最完美的一次进化，人是有生命并有特殊思维能力的物质实体，列宁说："生命产生脑。"

在物质因素通过人的头脑变为人的头脑中的意志动机，并实际影响和推动人的活动过程是本能的，继而形成普遍的、深刻的、持久的现实动力。现实中的本能与理想中的非本能总是矛盾的，矛盾运动推动事物的向前发展，更为重要的是，矛盾运动还能推动物质动力向精神动力转换。文化的核心和灵魂是价值理念，而发展道路、发展模式是价值理念的集中体现。经济、政治、文化是构成一个完整社会的三个要素。毛泽东同志指出："一定的文化（当作观念形态的文化）是一定社会的政治和经济的反映，又给予伟大影响和作用于一定社会的政治和经济；而经济是基础，政治则是经济的集中表现。这是我们对于文化和政治、经济的关系及政治和经济关系的基本观点。"[3]随着北方少数民族社会历史的演变和发展，"蒙古马"文化的形成也经历了我国原始社会、奴隶社会、封建社会、半封建半殖民地社会、社会主义社会等不同的社会类型和制度形态。

经过一百年的奋斗，党领导全国各族人民在进行革命、建设和改革的历史实践中，创造了鲜明独特、奋发向上的革命文化和社会主义先进文化，成为激励投身革命和社会主义建设的强大精神力量。从老一辈无产阶级革命家培养内蒙古第一批共产党人开始，坚持社会主义先进文化与传统民族文化相结合，不断提高马克思主义在文化建设中的指导地位，创造了"齐心协力建包钢""三千孤儿入内蒙"等历史佳话，涌现出"七一勋章"获得者廷·巴特尔、在暴风雪中保护集体羊群的"草原英雄小姐妹"——龙梅、玉荣等一大批模范人物，形成了我们文化发展的根基和优势。在党的领导下，探索符合我国国情解决民族问题的正确道路，创造性地实行了民族区域自治制度，使内蒙古各民族的面貌、民族关系的面貌、边疆地区的面貌都发生了翻天覆地的变化。蒙古马精神体现了这些富有时代特征、民族特色的宝贵财富，不断实现着中华文化在民族地区的创造性，进而转化为创新性发展，在一个拥有两千多年封建社会历史的民族地区实现了最广泛的人民民主，各族人民真正成为掌握国家、社会、地区和自己命运的主人。

马克思、恩格斯在《共产党宣言》中揭示了生产资料的所有制是产生民族问题的根源，认为民族问题的产生都与生产资料所有制的形式有关，解决民族问题的途径只有通过消灭私有制才能解决，而消灭私有制的途径是生产社会化的不断扩大，当然不仅仅是物质生产社会化，而且也伴随着精神生产的社会化。按照马克思主义的社会发展规律，生产资料私有制必将消失，民族的片面性和局限性将日益成为不可能，民族之间的敌对关系将逐渐消失，各民族最终会走向融合。马克思主义认为："理论一经掌握群众，也会变成物质力量。"毛泽东同志也曾指出："代表先进阶级的正确思想，一旦被群众掌握，就会变成改造社会、改造世界的物质力量。"文化来源于人的实践，又超越于实践，具有引领社会成员实现价值追求的理想性。2019 年 7 月，习近平总书记在内蒙古赤峰市考察时指出："乌兰牧骑很接地气，群众喜闻乐见，永远不会过时。新时代加强精神文明建设，要坚持文艺为人民服务、为社会主义服务的方向，积极支持和推广直接为基层老百姓服务的文艺活动。"他还强调："要重视少数民族文化保护和传承，支持和扶持《格萨（斯）尔》等非物质文化遗产，培养好传承人，一代一代接下来、传下去。要引导人们树立正确的历史观、国家观、民族观、文化观，不断巩固各族人民对伟大祖国的认同、对中华民族的认同、对中国特色社会主义道路的认同。"2017年11月，习近平总书记给内蒙古苏尼特右旗乌兰牧骑的队员们的回信中指出，乌兰牧骑的长盛不衰表明，人民需要艺术，艺术也需要人民。大力弘扬乌兰牧骑的优良传统，扎根生活沃土，服务牧民群众，推动文艺创新，努力创作更多接地气、传得开、留得下的优秀作品，永远做草原上的"红色文艺轻骑兵"。因此，中国特色社会主义文化正在影响和改变着一代又一代新人。

三是构筑以伟大建党精神为源头的精神谱系。马在人类物质世界的发展中，不仅体现着物质的决定性功能，而且也为人类精神世界的丰富和发展发挥着巨大的推动作用。随着人与自然生命共同体意识的不断深入，人与动物的远离，不是物质意义上的距离远近，而是精神意义上的文明程度的标志。中国共产党的百年历史，是形成人类伟大精神的历史，在中华大地上构筑起中国共产党人的精神谱系。中国共产党人的精神谱系不是凭空产生的，它有着深厚的根基。伟大实践孕育伟大精神，伟大精神都是在伟大斗争、伟大实践中形成的。伟大精神贯穿于我们党百年征程的全过程，在革命、建设、改革各时期都有体现，涉及社会各领域，存在于政治、经济、文化、科技、军事、外交以及生态文明建设各方面，与之相关的主体内涵丰富多样，涉及人物、事件、会议、地域等多种主体。早在建党之初，我们党就十分关注民族问题。李大钊同志直接领导和参与在蒙古族群众中传播马克思主义、培养共产主义先进分子的工作。1923年，内蒙古产生了包括乌兰夫在内的第一批共产党人。1924年3月，成立了第一个蒙古族团支部，随后中共北京区委决定在蒙藏学校成立党支部，多松年担任党支部书记，这是中国共产党诞生的第一个蒙古族党支部，也是全国第一个少数民族党支部，标志着内蒙古革命火种在这里点燃。在革命时期，内蒙古籍的多松年烈士，1927年5月被捕后，在敌人面前威武不屈，牺牲时年仅 22 岁。刘洪雄烈士，1940 年 8 月被捕，敌人对他进行刑讯逼供，但他仍面不改色，最终惨遭杀害。面对敌人的迫害，为什么革命烈士能够表现出"头可断、血可流，气节不可改、主义不可丢"的硬骨头精神？就是因为他们心中铭记着党的性质和宗旨，铭记着党的初心和使命。

内蒙古自治区人民政府成立后，在以内蒙古早期共产党人为中坚力量的领导集体的团结带领下，内蒙古充分发挥了东北、华北两大战区战略后方的作用，支援了大量粮食和马牛羊，组建了新式骑兵部队支援前线，参加大小战斗 600 多次，歼灭敌军 2 万多人，缴获战马 2 万多匹，各种枪支 1 万多件，为新中国的成立作出了重大贡献。因此，蒙古马精神是民族地区以伟大建党精神为源头的精神谱系的重要组成部分。

三、把习近平总书记对内蒙古工作的重要讲话，赋予蒙古马精神新时代内涵

习近平新时代中国特色社会主义思想是当代中国马克思主义、21 世纪马克思主义，是中华文化和中国精神的时代精华，实现了马克思主义中国化新的飞跃。思想是行动的先导。贯彻新发展理念是新时代新实践的行动指南和根本遵循。2022 年 3 月 5 日，习近平总书记在参加十三届全国人大五次会议内蒙古代表团审议时强调，"贯彻新发展理念是新时代我国发展壮大的必由之路"。习近平总书记指出："理念在人们头脑中确立需要一个过程。确立新发展理念，需要不断学、深入学、持久学，从灵魂深处确立对新发展理念的自觉和自信。"精神因素变为人头脑中的意志动机，并实际影响和推动人的活动，这个过程是非本能的、理性的，也是一个科学研究的过程、艰辛探索的过程、创新创造的过程、与时俱进的过程，对于先行者更是"苦其心志，劳其筋骨，饿其体肤，空乏其身"的深刻体验。只有这样，蒙古马精神才能成为一个人的精神支柱，成为支配、影响、规范、引领人类行为的精神力量。因此，这就要求我们的党员、干部要成为先进文化、先进思想和伟大精神的先行者、探索者、实践者、奉献者。

习近平总书记对内蒙古重要讲话重要指示批示精神所贯穿的新发展理念，赋予了蒙古马精神新的时代内涵。内蒙古自治区党委提出把习近平总书记对内蒙古重要指示精神与新时代蒙古马精神结合起来，坚持学思用贯通、知信行统一，从五个方面深化对蒙古马精神新内涵的理解。

（一）把扎实推动经济高质量发展，赋予蒙古马精神实践力量的新内涵

马克思主义将实践概念引入人类历史，认为物质资料的生产活动是人类社会发展的动力，人类的存在和发展都必须依赖于物质资料的生产活动，没有物质资料的生产活动就没有人类社会的生存和发展。2014 年 1 月，根据内蒙古自然资源丰富、资源型产业发展潜力很大，而产业发展较多依赖资源开发、产业结构比较单一的实际。习近平总书记指出"转方式，就是要把经济发展的立足点转到提高质量和效益上来，加快形成新的经济发展方式，实现经济持续健康发展。"并强调着力在调整优化产业结构、资源转化增值、创新驱动、节能减排、改革开放五个结合上下功夫。随着"转方式、调结构"推进过程中出现的新情况新问题，2019 年 7 月，习近平总书记指出："要推动经济高质量发展，把供给侧结构性改革聚焦到补短板上来，巩固'三法一降一补'成果，坚定不移深化改革开放，增强微观主体活力，提升产业链水平，畅通经济循环，推动农牧业高质量发展，促进城乡区域协调发展。"当内蒙古各族人民迎来实施"十四五"规划、开启全面建设社会主义现代化国家新征程之际，习近平总书记指出："立足新发展阶段、贯彻新发展理念、构建新发展格局。建设国家重要能源和战略资源基地、家畜产品生产基地，打造我国向北开放重要桥头堡的战略定位。"内蒙古自治区党委、政府把供给侧结构性改革聚焦到补短板上来，推动经济结构调整、发展动能转换、质量效益提升，建设现代化经济体系。当前，一个农牧业优质高效和资源型产业、现代能源产业、服务业支柱产业正在兴起；现代基础设施网络体系、科技创新能力体系正在构建；"科技兴蒙"战略、人才强区战略深入推进；集中集聚集约发展、大中小城市和小城镇协调发展、脱贫攻坚与乡村振兴有效衔接、有竞争力的增长带动极和保持经济合理增长新格局正在形成。

同时，内蒙古自治区北同蒙古国和俄罗斯接壤，国境线长 4200 公里。通过边疆地区考古研究发现，历史上的中国在世界舞台上大多时间是开放的、互通有无的，中国通过边疆地区走向世界、联系世界，从而构成中国"一带一路"倡议的深远历史背景及动因，这也是推动内蒙古高质量发展的又一大资源禀赋和独特优势。

（二）把高水平保护理念，赋予蒙古马精神生态文明思想的新内涵

生态兴则文明兴。面对一度出现环境污染严重、自然生态遭受人为破坏特别是以破坏生态为代价换取一时经济发展的政绩观，以习近平同志为核心的党中央将生态文明建设纳入中国特色社会主义总体总局，在马克思主义强调"人与自然是人类社会最基本的一对关系"的基础上，习近平生态文明思想提出人与自然是生命共同体，强调人与自然和谐共生，着力实现人与自然、发展与保护的有机统一，致力于实现公平正义、促进人的全面发展的核心价值。在社会主义共同富裕内涵的基础上，强化了人与自然共生的新特征，增强了中国特色社会主义制度优势。内蒙古地处祖国北部，内连八省、外接俄蒙，草原和森林面积分别占全国的 22% 和 7%，水面、湿地面积位居全国前列，保留着大面积的原始生态区域，是北方面积最大、是我国北方面积最大、种类最全的生态功能区，同时也是荒漠化和沙化土地集中、危害严重的省区之一。所以，内蒙古的生态状况如何，不仅关系内蒙古各族群众生存和发展，也关系华北、东北、西北乃至全国生态安全。把内蒙古建成我国北方重要的生态安全屏障，这是立足全国发展大局确立的战略定位，也是内蒙古必须自觉担负起的重大责任。2019 年 3 月，习近平总书记在参加十三届全国人大二次会议内蒙古代表团审议时首次集中提出"四个一"，即：在"五位一体"总体布局中生态文明建设是其中之一；在新时代坚持和发展中国特色社会主义基本方略中坚持人与自然和谐共生是其中一条基本方略；在新发展理念中绿色是其中一大理念；

在三大攻坚战中污染防治是其中一大攻坚战。

2019年7月，习近平总书记在内蒙古考察时强调，"守好这方碧绿、这片蔚蓝、这份纯净，要坚定不移走生态优先、绿色发展之路"。生态优先、绿色发展是发展理念、发展路径、发展方式、发展目标的全方位变化，指向还是高质量发展。内蒙古是粮食主产省区之一，是我国重要的家畜产品生产基地，牛奶、羊肉、绒毛、草业产量居全国首位。2023年6月，习近平总书记在内蒙古考察时强调："筑牢我国北方重要生态安全屏障，是内蒙古必须牢记的'国之大者'。"要加快优化产业结构，积极发展优势特色产业。内蒙古是国家重要能源和战略资源基地、农畜产品生产基地和我国向北开放重要桥头堡，优化产业结构必须立足这些禀赋特点和战略定位，大力发展优势特色产业，积极探索资源型地区转型发展新路径，加快构建体现内蒙古特色优势的现代化产业体系。

（三）把坚持人民至上，赋予蒙古马精神新时代群众工作的新内涵

2020年5月，习近平总书记在参加十三届全国人大三次会议内蒙古代表团审议时，专门从坚持人民至上、紧紧依靠人民、不断造福人民、牢牢植根人民四个方面，系统阐述了以人民为中心的发展思想内涵，论述了始终把人民利益放在第一位的中国共产党与其他政党的本质区别。马克思主义认为，从一般意义上讲，人是自然客体的主体，是实践的主体，但从实践活动和历史发展的实际进程来看，只有人民群众才是生产实践及其他社会实践的主体，才是历史的创造者，才是真正的历史的主体。马克思、恩格斯指出："历史什么事情也没有做，它'并不拥有任何无穷尽的丰富性'，它并'没有在任何战斗中作战'！创造这一切、拥有这一切而斗争的，不是'历史'，而是人，现实的、活生生的人。"习近平总书记指出："以人民为中心的发展思想，不是一个抽象的、玄奥的概念，不能只停留在口头上、止步于思想环节，而要体现在经济社会发展各个环节。"内蒙古自治区党委坚持以人民为中心，教育引导党员、干部牢记"中国共产党把为民办事、为民造福作为最重要的政绩""在就业、教育、社保、医疗、

住房、养老、食品安全、社会治安等方面，既要把面上的民生问题解决好，也要下绣花功夫，让各项惠民政策落到具体家庭、具体人员上""帮助农牧民从物质到精神上都把日子过得更加红火起来"等重要指示精神，内蒙古自治区全面完成脱贫攻坚任务，把"共享理念实质就是坚持以人民为中心的发展思想，体现的是逐步实现共同富裕的要求"落到实处，也充分体现了"全面建成小康社会，一个民族不能少；实现中华民族伟大复兴，一个民族也不能少"的为民情怀和伟大思想。

（四）树立正确的民族观，赋予蒙古马精神民族团结新内涵

人的社会属性集中表现了人的精神的能动辐射作用。人的精神动力一经产生，就会相互影响，迅速传递，广泛辐射，成为一种越来越大的精神合力，产生越来越大的推动作用，从而广泛且深刻地影响和改变着人类社会和世界面貌。蒙古马精神作为人类的一种精神现象，在特定的历史条件、地理环境、地域特点、民族构成产生着特殊且能动的辐射作用。中国共产党坚持把马克思主义民族理论与中国民族问题实际相结合，从我国统一的多民族国家的基本国情出发，始终高度重视民族问题，不断从全局和战略的高度上，研究、部署和推进民族工作。

在百年奋斗历程中，党不断推进马克思主义中国化时代化，进入新时代，党提出一系列原创性的治国理政新理念新思想新战略，创立了习近平新时代中国特色社会主义思想，实现了马克思主义中国化新的飞跃。习近平总书记指出："一部中国史，就是一部各民族交融汇聚成多元一体中华民族的历史，就是各民族共同缔造、发展、巩固统一的伟大祖国的历史。各民族之所以团结融合，多元之所以聚为一体，源自各民族文化上的兼收并蓄、经济上的相互依存、情感上的相互亲近，源自中华民族追求团结统一的内生动力。"中华民族伟大复兴是56个民族作为一个整体实现共同发展进步、前无古人的伟大事业。1947年5月，党中央在内蒙古成立了第一个省级民族区域自治政权。70多年来，内蒙古自治区党委团结带领全区各族人民充分发挥民族区域自治制度优势，坚持各民族共同团结奋斗、共同发展繁荣，深入开展民族团结进步创建，积极促进各民族交往交流交融，平等团结互助和谐的社会主义民族关系日益巩固。特别是党的十八大以来，以习近平同志为核心的党中央深刻把握新时代民族工作的历史方位，提出铸牢中华民族共同体意识这一重大原创性论断。在2014年中央民族工作会议上，习近平总书记指出，要"坚持打牢中华民族共同体的思想基础"。2017年10月，党的十九大报告提出"铸牢中华民族共同体意识"，并把这一原创性论断写入党章。2019年12月，中共中央办公厅、国务院办公厅印发了《关于全面深入持久开展民族团结进步创建工作铸牢中华民族共同体意识的意见》。2021年中央民族工作会议全面回顾了党的民族工作百年历程和历史成就，总结提出了习近平总书记关于加强和改进民族工作的重要思想，原创性地提出"铸牢中华民族共同体意识"的重要论断，为做好新时代党的民族工作指明了前进方向、提供了根本遵循。

习近平总书记多次强调民族团结和铸牢中华民族共同体意识，阐述推行国家统编教材的现实意义和深远的历史意义。2018年3月，习近平总书记在参加十三届全国人大一次会议内蒙古代表团审议时指出："内蒙古是我国最早成立民族自治区的地方，是党的民族区域自治制度最早付诸实施的地方，地处祖国北疆战略地位十分重要。内蒙古改革发展稳定工作做好了，在全国、在国际上都有积极意义。"2021年3月，习近平总书记在参加十三届全国人大四次会议内蒙古代表团审议时指现："内蒙古作为我国最早成立的民族自治区，在促进民族团结上具有光荣传统，长期以来拥有'模范自治区'的崇高荣誉，要倍加珍惜、继续保持。要围绕共同团结奋斗、共同繁荣发展，牢记汉族离不开少数民族、少数民族离不开汉族、各少数民族之间也相互离不开，在促进民族团结方面把工作做细做实，增强各族群众对伟大祖国、中华民族、中华文化、中国共产党、中国特色社会主义的认同。"在2021年中央民族工作会议上，习近平总书记强调："铸牢中华民族共同体意识是新时代党的民族工作的'纲'，所有工作要向此聚焦。"2022年3月，习近平总书记在参加十三届全国人大五次会议内蒙古代表团审议时强调："铸牢中华民族共同体意识，既要做看得见、摸得着的工作，也要做大量'润物细无声'的事情。推进中华民族共有精神家园建设，促进各民族交往交流交融，各项工作都要往实里抓、往细里做，要有形、有感、有效。"总书记的这些论断，为进一步推动新时代党的民族工作高质量发展指明了前进方向。2023年6月，习近平总书记在内蒙古考察时强调："从全国来看，推动全体人民共同富裕，最艰巨的任务在一些边疆民族地区。这些边疆民族地区在走向共同富裕的道路上不能掉队。"他还指出："铸牢中华民族共同体意识是新时代党的民族工作的主线，也是民族地区各项工作的主线。民族地区的经济建设、政治建设、文化建设、社会建设、生态文明建设和党的建设等，都要紧紧围绕、毫不偏离这条主线。无论是出台法律法规还是政策措施，都要着眼于强化中华民族的共同性、增强中华民族共同体意识。"

（五）以全面从严治党，赋予蒙古马精神高质量党建的新内涵

2014年1月，习近平总书记在内蒙古调研结束时指出："做好党建工作，是做好各项工作的根本保证。要坚持党要管党、从严治党方针，全面加强党的建设，提高党建工作科学化水平。"习近平总书记从坚持抓严、认真抓实、切实抓长三个方面，如何进一步加强作风建设作为切入点，指导开展好党的群众路线教育活动。2019年7月在内蒙古调研时，习近平总书记又从必须坚持一心为民、必须弘扬优良作风、必须激发斗争精神三个方面具体指导"不忘初心、牢记使命"主题教育。2021年3月，习近平总书记在参加全国两会内蒙古代表团审议时强调要"抓好党史学习教育，不断提高政治判断力、政治领悟力、政治执行力"。他还指出："当年，乌兰夫同志总结自己毕生感悟，认为内蒙古发展进步的根本经验首要一条就是坚持党的领导。"党的十八大以来，内蒙古同全国一样，经济建设、政治建设、文化建设、社会建设、生态文明建设和党的建设都取得新的成绩，保持了经济发展、民族团结、社会稳定、边疆安宁的良好局面。2023年6月，习近平总书记在内蒙古考察时强调："通过集中教育推动全党以自我革命精神解决党风方面的突出问题，是一条重要历史经验。"并对干部生

活作风问题提出了明确要求。内蒙古自治区党委按照党中央的统一部署，高质量完成党的群众路线教育实践活动、"三严三实"专题教育、"两学一做"学习教育、"不忘初心、牢记使命"主题教育、党史学习教育等全党集中学习教育任务，全区党员的党性一次次受到洗礼和考验，宗旨意识进一步增强，作风建设明显改进，反腐败斗争取得了压倒性胜利，管党治党能力不断提高，紧密结合内蒙古实际，坚持以自我革命推动社会革命，内蒙古各项事业取得历史性成就。

蒙古马精神的优秀品质，早已经深深镌刻在内蒙古各族儿女的灵魂深处，习近平总书记赋予蒙古马精神新的时代内涵，特别是关于"铸牢中华民族共同体意识是新时代党的民族工作的主线，也是民族地区各项工作的主线。民族地区的经济建设、政治建设、文化建设、社会建设、生态文明建设和党的建设等，都要紧紧围绕、毫不偏离这条主线"的最新论述，充分体现了贯穿于习近平新时代中国特色社会主义思想的世界观和方法论以及立场、观点、方法，使蒙古马精神逐步上升到世界观、人生观、价值观这一思想和行动的总开关层面上。广大党员干部和各族群众深刻体会到，只有不断提高政治站位，不断深化铸牢中华民族共同体意识的认识，才能自觉增强对"两个确立"的政治认同、思想认同、理论认同、情感认同，才能把坚持党中央集中统一领导这个最高政治原则落实到行动上、体现到工作中，真正把马克思主义看家本领学到手，用马克思主义之"矢"去射新时代内蒙古之"的"。

新时代蒙古马精神已成为新时代内蒙古形象的最好诠释。这是新时代蒙古马精神的核心要义。尽管形成它的历史阶段还没有成为历史，理论概括还在进行中，但它的时代价值已经显现。

新时代蒙古马精神聚焦当代中国马克思主义、21世纪马克思主义关于中国特色解决民族问题的正确道路在内蒙古的新实践，体现了习近平总书记关于加强和改进民族工作的重要方法，形成了新时代关于民族和民族问题正确的民族观，成为习近平新时代中国特色社会主义思想的重要内容。

四、把发扬蒙古马精神作为激励干部担当作为的精神动力

刘少奇同志在《论共产党员的修养》中指出："我们共产党员，是近代历史上最先进的革命者，是改造社会、改造世界的现代担当者和推动者"。党的十九届四中全会强调，要完善担当作为的激励机制，促进各级领导干部增强学习本领、政治领导本领、改革创新本领、科学发展本领、依法执政本领、群众工作本领、狠抓落实本领、驾驭风险本领，发扬斗争精神，增强斗争本领。内蒙古自治区第十一次党代会明确了全面建设社会主义现代化国家新征程上内蒙古的重大责任和光荣使命，提出内蒙古讲大局、担使命，必须肩负起、履行好维护国家生态安全、保障国家能源和粮食及产业安全、服务国家经略周边和对外开放战略、维护国家统一和民族团结、守卫祖国北部边疆和扛牢管党治党政治责任六个方面的重大任务。2022 年 4 月，内蒙古自治区党委书记孙绍骋在领导干部会议上强调，"弘扬蒙古马精神，艰苦奋斗、积极作为，说实话、重实干、务实功、求实效，坚决不搞花架子，把各项工作往实里抓、往细里做，全力把内蒙古的事情办好，努力做到'为官一任、造福一方'"。2022 年 6 月，内蒙古自治区党委常委会审议通过了《关于激励干部担当作为的十二条措施》。

（一）深刻剖析产生不担当不作为行为的思想根源

2013 年 6 月，习近平总书记在全国组织工作会议上的讲话中，引用了金代诗人元好问所写的《四哀诗·李钦叔》中的一句古诗"为官避事平生耻"，原文是"当官避事平生耻，视死如归社稷心。"意思是把为官避事看成平生的耻辱，为官就要把对江山社稷赤胆忠心，为国而死看得像回家一样平常。按照共产党人的价值观念，在其位就得谋其政。一个人若是尸位素餐的话，本身就是为人不齿的一件事。2016 年 1 月，习近平总书记在省部级领导干部贯彻党的十八届五中全会精神专题研讨班上指出，"当前

'为官不为'主要有 3 种情况：一是能力不足'不能为'，二是动力不足而'不想为'，三是担当不足'不敢为'"。习近平总书记分析了问题产生的原因，归纳起来主要有对党的政策理论理解、把握不够准确；对干部教育引导不够及时到位；在思想、理念、作风、经济社会发展的具体操作上没有调整到位；负面舆论和恶意炒作使一些干部模糊了视线、增加了困惑。2019 年，按照党中央"不忘初心、牢记使命"主题教育、中组部《关于整治"干事创业精神气不够，患得患失，不担当不作为的问题"实施方案》和内蒙古自治区党委结合实际提出具体整治方案，按照"四个到位"要求，坚持把"改"字贯穿始终，明确阶段目标，实行清单化管理、项目化推进，持续整改，取得了明显成效。2023 年 6 月，习近平在内蒙古考察时强调："要牢牢把握党中央对内蒙古的战略定位，完整、准确、全面贯彻新发展理念，紧紧围绕推进高质量发展这个首要任务，以铸牢中华民族共同体意识为主线，坚持发展和安全并重，坚持以生态优先、绿色发展为导向，积极融入和服务构建新发展格局，在建设'两个屏障'、'两个基地'、'一个桥头堡'上展现新作为，奋力书写中国式现代化内蒙古新篇章。"内蒙古自治区党委《关于加强自治区党委班子政治建设的规定》和《关于学习贯彻落实党的二十大精神的决定》指出，坚持把抓落实、不达目的决不罢休的蒙古马精神，作为衡量政治站位的重要标尺。

（二）促进党史学习教育与发扬蒙古马精神深度融合

2021 年 3 月，习近平总书记在全国两会内蒙古代表团审议时指出："党中央已经对党史学习教育作出全面部署，要不折不扣抓好落实。一切向前走，都不能忘记走过的路，走得再远、走到再光辉的未来，也不能忘记走过的过去，不能忘记为什么出发。"2021 年 12 月，习近平总书记在中共中央政治局党史学习教育专题民主生活会上强调："让正确党史观更深入、更广泛地树立起来，让正史成为全党全社会的共识，教育广大党员、干部和全体人民特别是广大青年坚定历史自信、筑牢历史记忆，满怀信心地向前进。"2022 年 3 月，习近平总书记在参加十三届全国人大五次会议内蒙古代表团审议时强调："要巩固拓展党史学习教育成果，建立常态化长效化制度机制，教育引导广大党员、干部把学党史、用党史作为终身必修课，不断坚定历史自信、增强政治自觉，弘扬伟大建党精神，更加信心满怀地奋进新征程、建功新时代。"

一是与坚定理想信念教育相结合。国家的发展与社会进步需要民族凝聚力和群体凝聚力，民族凝聚力与群体凝聚力的增强需要精神凝聚力。在民族凝聚力和群体凝聚力的形成中，精神凝聚力是关键；在精神凝聚力的形成中，共同的理想信念是核心。蒙古马精神是人的精神，是共产主义精神。邓小平同志指出："所谓精神文明，不但是指教育、科学、文化，而且是指共产主义的思想、理想、信念、道德、纪律，革命的立场和原则，人与人的同志式关系，等等。"党的十八大以来，习近平总书记多次深刻指出坚定理想教育的重要性，从"政治灵魂""精神之钙""信仰之基"这样一个高度凝练的层面，阐述坚定理想信念的深刻内涵和重大意义，把坚定理想信念教育摆上了重要位置，不断走向深入。2021 年 9 月，习近平总书记在中央党校（国家行政学院）中青年干部培训开班式上强调："理想信念坚定才能对党忠诚，对党忠诚是对理想信念坚定的最好诠释。"习近平总书记在《论中国共产党历史》中，总结最多、体会最深、强调最多的理想信念，在中共中央政治局召开专题民主生活会上强调："要带头坚定理想信念，从理想信念中获得察大势、应变局、观未来的指路明灯，获得奋斗不止、精进不怠的动力源泉，获得辨别是非、廓清迷雾的政治慧眼，获得抵御侵蚀、防止蜕变的强大抗体。"内蒙古自治区第十一届党委《关于加强自治区党委班子政治建设的规定》指出，要"以党的十九届六中全会精神为重点巩固党史学习教育成效，注重从党的百年奋斗历史经验中汲取智慧和力量"并要求党委常委同志把坚定理想信念作为终身课题。

二是与树立正确民族观相结合。内蒙古自治区第十一届党委《关于加强自治区党委班子政治建设的规定》强调，把具有正确民族观与坚决捍卫"两个确立"、坚决做到"两个维护"、牢固树立"四个意识"、自觉坚定"四个自信"一并列入选拔任用干部政治标准内容，并将政治素质识别和评价贯穿选人用人全过程。党在民族地区培养党员、干部就是要把树立正确的民族观作为政治条件。只有按照好干部标准牢固树立马克思主义民族观，才能正视共性、增进一体。也只有不断夯实这一共同的思想基础，才能在尊重差异、包容多样中团结进步，繁荣发展。

发扬蒙古马精神，就是在推进马克思主义民族理论中国化的实践中，以政治上的主动，牢固树立休戚与共、荣辱与共、生死与共、命运与共的共同体理念。要按照增进共同性的方向改进民族工作，做到共同性和差异性的辩证统一、民族因素和区域因素的有机结合。要认真贯彻内蒙古自治区党委民族工作会议精神，拓展推广普及国家通用语言文字的渠道和平台，重视重要理论题材蒙汉翻译和传播工作，实施边疆民族地区网络内容建设工程，推动民族地区广大党员干部政治站位跟上理论创新、思想观念跟上形势发展、工作内容跟上需求变化、传播方式跟上技术进步，引导各族群众在思想观念、精神情趣、生活方式上向现代化迈进。

（三）把不担当不作为专项整治与党内政治生活具体制度相衔接

党中央把"弘扬伟大建党精神，坚持党的百年奋斗历史经验，坚定历史自信，不忘初心使命，勇于担当作为，走好新的赶考之路"作为2021年专题民主生活会的主题。2022年3月，习近平总书记在参加十三届全国人大五次会议内蒙古代表团审议时强调："要把严肃党内政治生活作为推动全面从严治党向纵深发展的基础性工程，加快推动党内政治生活全面回归健康规范的轨道。"内蒙古自治区第十一届党委《关于加强自治区党委班子政治建设的规定》对严肃党内政治生活作出具体安排。结合当前实际，应从以下几方面着手。

一是深入开展调研，提高党性修养。调查研究不仅仅是了解情况、提供决策依据的问题。习近平总书记指出："坚持从实际出发、实事求是，不只是思想方法问题，也是党性强不强问题。从当前干部队伍实际看，坚持实事求是最需要解决的是党性问题。"不担当不作为本质是党性不强的表现，很多方面体现在各领域基层党组织建设上。不担当不作为是支部工作虚化、弱化、淡化、边缘化的重要根源，严重威胁党的执政基础。落实党支部工作条例和自治区党委基层党建"四个专项整治"任务，要把不担当不作为列入"四类"基层党组织政治功能大排查的重要内容。党员干部结合党史学习教育，应认真学习毛泽东同志撰写的《中国社会各阶级的分析》《湖南农民运动考察报告》《中国的红色政权为什么能够存在》《星星之火，可以燎原》《反对自由主义》《反对党八股》《改造我们的学习》等关于政权和党的建设问题的经典著作，把政治判断力、政治领悟力、政治执行力运用到对执政根基这一重大问题的领悟、判断和执行上。应持续推进坚强堡垒"模范"支部创建，加强对支部工作强化与弱化的考核，作为衡量机关党建"灯下黑"专项整治的成效，衡量领导干部管党治党能力的关键指标。

二是筑牢党员干部思想防线，密切联系群众。整治不担当不作为要依靠群众力量。筑牢党员干部思想防线是密切联系群众的前提。习近平总书记指出："全党同志要强化党的意识，牢记自己的第一身份是共产党员，第一职责是为党工作，做到忠诚于组织，任何时候都与党同心同德。"社会关系是从家庭开始建立的，想要了解社会，要先了解自己，再了解身边人，然后再建立更为广泛的社会关系。党员的身份意识是党员进行自我认知、深入实践、推动工作的基本要求和重要基础，是全面从严治党的重要内容。新时代党的建设新的伟大工程，强化党员的身份意识是最基本、最基础的内容。毛泽东同志指出"党是阶级的先进部队，党是为人民的利益而存在和奋斗的，但是党永远是人民的一小部分；离开人民，党的一切斗争和理想不但都会落空，而且都变得毫无意义。"我们要有准确的定位，领导干部所在支部的党员是身边的社会、身边的人民、身边的共产主义战士，具有构筑广泛干群关系桥梁和纽带的特殊功能。为此，做好群众工作，首先应密切与身边人民的血肉联系，应牢记"国之大者"，践行以人民为中心的发展思想，永远保持同人民群众的血肉联系，始终同人民想在一起、干在一起。其次开展群众工作，要防止"包办""恩赐"和"英雄主义"思想，深刻感悟"三个臭皮匠，顶一个诸葛亮"的道理，深刻感悟百年党史的思想伟力，提高依靠真理的力量、信仰的力量、道义的力量、组织的力量、人民的力量解决现实问题的本领和水平。

三是加强平等交流，畅通监督渠道。不担当不作为更多表现在权力运行当中。党内监督、支部日常监督、党员民主应成为常态。党章规定："每个党员，无论职务高低，必须编入党的一个支部、小组，或其他特定组织，参加党的组织生活，接受党内外群众的监督。党员领导干部还必须参加党委、党组的民主生活会。不充许有任何不参加党的组织生活、不接受党内外群众监督的特殊党员。"领导干部应把参加组织生活情况作为理论中学习心组学习、述职述廉、党课报告的重要研讨内容，提高研讨质量，自觉接受监督和评议。要坚持"言者无罪，闻者足诫"，强化平等交流意识，把所在支部党员既当同志，也当知心朋友，听真话、说实话，能够听得到、听得进不同意见或反对意见，深入开展批评和自我批评，达到红脸出汗的效果。按照《中国共产党党务公开条例（试行）》，要及时公开组织生活会、保障党员权利、"三会一课"等情况，通过组织程序学会在橱窗中工作、在镜头下干事、在约束里成长、在批评里提升，真正实现让人民监督权力、让权力在阳光下运行。

四是厘清功能界限，强化责任落实。打铁还需自身硬。整治不担当不作为，首先要强化组织的政治功能。在工作中发现，一些党组织在学习研讨习近平总书记在党史学习教育动员大会上提出的"我们党面临的最大风险是内部变质、变色、变味，丧失马克思主义政党政治本色，背离党的宗旨而失去最广大人民支持和拥护"的重要论断理解时不深不透，对"党的自身建设上还存在一些不匹配、不适应的地方，一些弱化党的先进性、损害党的纯洁性的问题具有很大的危险性和破坏性"查摆不深入不具体，更没有把党的建设方面存在的突出问题列入"不断提高应对风险挑战的能力水平"的研讨议题中，忧党之心、忧患意识不强、不紧迫。各级领导干部应带头学习党章党规、党的基本知识、基本原理、基本程序，厘清党委、党组、党总支、党支部、党小组之间不同组织功能、责任界限和规律特征，厘清各领域党组织隶属关系和各级党组织与各治理主体之间的关系，不断增强角色意识和政治自觉。应勇于担当作为，善于走出认知误区，改变因组织功能不明确，把"下级服从上级"的组织原则简单当成"传声筒""二传手"，无论对错，一切机械执行的错误观念；防止因责任界限或者模糊不清，或者相互替代，或者有意推卸，造成一个讲话层层照搬、一种方法长期有效、一堂党课堂堂再版的教条主义做法。

五是坚持刀刃向内，深化自我革命。整治不担当不作为，首先向自己开刀。党要管党，必须从党内政治生活管起；全面从严治党，必须从党内政治生活严起，"不能胜寸心，安能胜苍穹"。党支部是每名共产党员获得政治生命、不断塑造政治灵魂的熔炉，是落实和实现"三会一课"应当突出政治学习和教育、突出党性锻炼的精神家园，是对每名干部的第一身份进行源头培养、跟踪培养、全程培养的主渠道。党的十八大以来，内蒙古一些领导干部因严重违法违纪被严肃追责。面对全面从严治党，首先要认真落实好各级党委的主体监督、纪委专职监督、党的工作机关职能监督、党支部的日常监督、党员民主监督的责任。同时，要吸取深刻教训，对他们长期生活过的党支部要按照机关党建"灯下黑"专项整治的标准和要求，开展深入调查研究，尽快纠正一些党支部、特别是领导干部所在党支部用铺天盖地的"网络党建"、千篇一律的"八股文党建"掩盖和代替组织生活质量的做法，领导干部应带头操刀，把"刀刃向内、刀刃见血"作为衡量专题组织生活会质量的主要标准。

六是聚焦突出问题，端正用人导向。按照党支部工作条例，应把党支部工作考核结果作为领导干部评先评优、选拔使用的重要依据。选人用人是党内政治生活的风向标，用人上的不正之风和腐败现象对政治生活危害最大，端正用人导向是严肃党内政治生活的治本之策。组织生活更应与树立正确的用人导向相衔接。首先是与正确处理工学矛盾相衔接。要健全从动机层面上把好政治关的评价体系，树立动机鲜明的用人导向。把学习习近平新时代中国特色社会主义思想当作塑造政治灵魂的人，起码是一个对党忠诚的人，是一个按照学习贯彻习近平新时代中国特色社会主义思想主题教育常态化长效化要求不断修正工作动机的人，是一个严在经常、抓在日常、不断加强理论修养和党性锻炼的人，是一个自觉通过学习掌握思想武器、增长本领、有能力为群众办实事的人，绝不是一个把理论学习当门面、口口声声为民服务，而"忙"得顾不上塑造灵魂的人，以至家里人、身边人都摸不透真实意图的"两面人"。其次是与正确处理干群关系相衔接。赢得群众认可的人，一定是真正把自己当作公仆、摆正位置的人，而不是混淆颠倒主仆位置、继而把形式主义、官僚主义往公仆概念上生搬硬套的人。要从是否摆正公仆位置上辨别干群关系的实质，建立简便管用的群众工作考评体系，树立具有强烈公仆意识的用人导向。再次是与正确处理上下级关系相衔接。坚持党性与人民性相统一的人，一定不是"领导面前卑躬屈膝、阿谀奉承、溜须拍马，而在下属和群众面前却趾高气扬、盛气凌人、不可一世的人"。应从处理上下关系上学会辨别人品，完善政治品德差异化考核制度，树立对上对下一个样的用人导向。通过聚焦突出问题，进一步端正用人导向，努力建设一支维护党的集中统一领导态度特别坚决、明辨大是大非立场特别清醒、铸牢中华民族共同体意识行动特别坚定、热爱各族群众感情特别真挚的民族地区干部队伍，确保各级领导权掌握在忠诚干净担当的干部手中。要重视培养和用好少数民族干部，对政治过硬、敢于担当的优秀少数民族干部要充分信任、委以重任。

好马登程奔到头，好汉做事做到头。蒙古马精神是以习近平同志为主要代表的中国共产党人，胸怀中华民族伟大复兴战略全局和世界百年未有之大变局，从历史长河、时代大潮、全球风云中探究历史规律，进一步推进马克思主义民族理论中国化时代化的集中体现。发扬蒙古马精神，激励干部担当作为，对于保持"模范自治区"崇高荣誉，以新发展理念推进内蒙古高质量发展，促进各民族交往交流交融，铸牢中华民族共同体意识具有重大的现实意义和深远的历史意义。

第二篇章

新时代蒙古马精神蕴含的道理学理哲理

党的十八大以来，以习近平同志为核心的党中央立足新的历史方位，把开展党内集中教育作为推进党的自我革命的重要途径，要求全党牢记中国共产党是什么，要干什么这个根本问题，先后开展一系列党内集中教育，推动全面从严治党向纵深发展。

第一，主题教育不断赋予科学世界观新内涵。《中共中央关于在全党深入开展学习贯彻习近平新时代中国特色社会主义思想主题教育的意见》指出："全面、系统、深入学习习近平新时代中国特色社会主义思想，完整准确掌握这一重要思想的主要内容，全面把握这一重要思想的世界观、方法论和贯彻其中的立场观点方法，深刻理解这一重要思想的道理学理哲理，推动党员、干部真学真懂真信真用，推动学习往深里走、往实里走、往心里走，提高思想觉悟，切实做到筑牢信仰之基、补足精神之钙、把稳思想之舵。"

第二，党性教育是科学世界观和方法论的综合反映。党性问题是马克思主义党建理论和全部党建活动的核心问题，是世界观、方法论、价值取向、理想信念、组织观念的综合反映，既是党的先进性和纯洁性的集中体现，又是捍卫党的先进性和纯洁性的思想长城。全党要深入开展学习贯彻习近平新时代中国特色社会主义思想主题教育，理解把握开展主题教育的根本任务是坚持学思用贯通、知信行统一，把习近平新时代中国特色社会主义思想转化为坚定理想、锤炼党性和指导实践、推动工作的强大力量。

第三，树立党的一切工作到支部的鲜明导向。党支部是党的基础组织，是党在社会基层组织中的战斗堡垒，是党的全部工作和战斗力的基础，担负直接教育党员、管理党员、监督党员和组织群众、宣传群众、凝聚群众、服务群众的职责。2017年3月，中共中央办公厅印发《关于推进"两学一做"学习教育常态化制度化的意见》，明确提出要树立党的一切工作到支部的鲜明导向，注重把思想政治工作落到支部，把从严教育管理党员落到支部，把群众工作落到支部。

第四，引导青年扣好人生的第一粒扣子。在呼伦贝尔市委和内蒙古森工集团党委的领导下，我从新巴尔虎左旗的党员干部现代远程教育蒙语译制基地开始，先后在4个旗市区创办大学生创业就业平台，探索科学创业观的形成过程。平台的主要功能是为广大青年创造一个离开学校以后走出家门、认识社会、提高实践能力的缓冲带、试验场，收到明显成效，涌现出一大批80后、90后在创业阶段追求科学信仰的先进青年。党建读物出版社出版的《信仰为青春引航》一书，表述了他们体悟习近平总书记扣好青年价值观第一粒扣子、先做人后成事、先就业后择业的人生哲理的心路历程，记录了探索素质结构与产业结构内在规律的实践过程。他们在此过程中的感人事迹支配、影响、规范和引领更多青年人的创业行为。例如：耿美阳、张晓宇、杨凯巍、红花、麻赛丽娜、杜艳梅、鲁燕等年轻干部已经走上领导岗位；丁堃、王蒙、刘海秀、张琪、张志晖、边美玲、代丽丽、李艳茹、刘佳、王渤、霍雅茹等成为录用单位的党务工作骨干；牙克石市暖泉村青年农民董志清曾创造年收入百万元佳绩；鄂伦春自治旗奇齐岭村党支部书记林静任职期间通过引进木耳种植技术、实现村年收入1000万元。在探索大众创业，万众创新的实践过程中，当年20来岁的杨波由入党申请书提炼成的理论文章《不灭的信仰》在人民网·中国共产党新闻网发表以后，引来很多人的羡慕和钦佩。林区老干部赵奎臣听完青年党员包洁对党的十八届五中全会的宣讲以后含着眼泪说："我从他们身上看到了党的优良传统作风的化身。"本书中《思想决定写作》等三篇文章记录了他（她）们科学创业观的形成过程。

● 主题教育赋予科学世界观方法论新内涵

关于把"三观"建设
列入全党深入开展主题教育内容的建议

党的二十大报告提出："加强理想信念教育，引导全党牢记党的宗旨，解决好世界观、人生观、价值观这个总开关问题，自觉做共产主义远大理想和中国特色社会主义共同理想的坚定信仰者和忠实实践者。"为了深入学习宣传贯彻党的二十大精神，建议把新时代世界观、人生观、价值观建设（以下简称"三观"主题教育）列入全党深入开展主题教育的重要内容。

一、重大意义

世界观是人们对整个世界的根本看法和观点。马克思主义新世界观作为全部马克思主义的思想精髓，指导了一代代马克思主义者的理论和革命实践。习近平总书记指出："全党要把握好新时代中国特色社会主义思想的世界观和方法论，坚持好运用好、贯穿其中的立场观点方法，在新时代伟大实践中不断开辟马克思主义中国化时代化新境界。"

（一）深入开展"三观"教育是实现党的指导思想与时俱进的重要体现

党的百年奋斗史告诉我们，中国共产党为什么能，中国特色社会主义为什么好，归根到底是马克思主义行，是中国化时代化的马克思主义行。中国共产党自从成立起就把马克思主义写在自己的旗帜上，确立为指导思想。同时，将马克思主义基本原理与中国实际相结合，开创适合中国国情的道路。党的二十大集中体现了马克思主义中国化、时代化、大众化的再创造过程，取得了确立习近平新时代中国特色社会主义思想的指导地位的重大政治成果。深入开展"三观"教育有利于全党全国人民从世界观、人生观、价值观这个总开关层面上，更加深化对"两个确立"的政治认同、思想认同、理论认同、情感认同，更加自觉增强"四个意识"、坚定"四个自信"、做到"两个维护"，把坚持党中央集中统一领导这个最高政治原则落实到行动上、体现到工作中，确保全党紧密团结在以习近平同志为核心的党中央周围，凝心聚力、团结奋斗。

（二）深入开展"三观"教育是坚持不懈用习近平新时代中国特色社会主义思想凝心铸魂的重要举措

马克思主义是人民的理论。马克思主义理论的科学性和革命性源于辩证唯物主义和历史唯物主义的科学世界观和方法论。我们党不断开辟马克思主义中国化时代化新境界，赋予全党全国人民世界观、人生观、价值观新的时代内涵。同时，科学理论也是新世界观和方法论与时俱进的存在形态。用党的创新理论武装全党教育人民是党的思想建设的根本任务，也决定着"三观"教育的性质和方向。结合深入开展"三观"教育，把马克思主义思想精髓同中华优秀传统文化精华贯通起来、同人民群众日用而不觉的共同价值观念融通起来，使习近平新时代中国特色社会主义思想形成人民所喜爱、所认同、所拥有的理论，贯穿其中的世界观和方法论成为指导人民认识世界和改造世界的强大思想武器。

（三）深入开展"三观"教育是体现以伟大自我革命引领伟大社会革命的重要要求

科学性与革命性、阶级性的内在一致是马克思主义新世界观的鲜明特征。全面从严治党是新时代党的自我革命的伟大实践，是新时代党的建设的鲜明主题和党治国理政的鲜明特征，在党和国家事业全局中发挥政治引领和政治保障作用。展望新征程新任务，党要团结带领全国人民战胜各种风险挑战，必须坚持以自我革命引领社会革命、以伟大社会革命促进伟大自我革命。深入开展"三观"教育，有利于坚持党性党风党纪一起抓，从思想上固本培元，提高党性觉悟，确保党不变质、不变色、不变味，确保党在新时代坚持和发展中国特色社会主义的历史进程中始终成为坚强领导核心，更好地肩负起为人民谋幸福的历史使命，引领和保障中国特色社会主义伟大事业继往开来、行稳致远。

（四）深入开展"三观"教育是提升干部队伍政治素质的重要保障

政治素质是衡量新时代党员干部素质和能力的首要标准和根本要求。党的十八大以来，干部队伍在全面从严治党的革命性锻造中焕发出新的气象，理想信念更加坚定，素质能力更加过硬，纪律作风更加严明，精神斗志更加饱满。同时，我们也清醒地看到，党长期执政面临的"四大考验""四种风险"是长期的、尖锐的，影响党的先进性、弱化党的纯洁性的因素也是复杂的，党内存在的思想不纯、政治不纯、组织不纯、作风不纯等突出问题未得到根本解决。从根源上讲，无疑是理想信念"总开关"常年失修，对共产主义心存怀疑，不信马列信鬼神，世界观、人生观、价值观全面蜕变。深入开展"三观"教育，有利于健全学校、家庭、社会育人机制、提高全社会文明程度与干部的源头培养、跟踪培养、全程培养机制相衔接、相融合，增强干部政治意识，使干部善于从政治上看问题，善于把握政治大局，不断提高政治判断力、政治领悟力、政治执行力。同时，要从政治信仰坚定程度破解政治素质考察难题，从干部"三观"着手，功夫下在平时，拓宽考察视野，细化精准评价，全方位考察干部品行、作风、廉洁等实际表现，多渠道了解干部"活情况"，多角度画准干部"政治像"，使政治品德成为提升政治素质的鲜明导向和干部能上能下的主要依据。

二、目标任务

习近平新时代中国特色社会主义思想，不仅包含着党治国理政的重要思想，也贯穿着中国共产党人的政治品格、价值追求、精神境界、作风操守的要求。深入开展"三观"教育重点抓好县处级以上领导干部,主要任务是教育引导党员、干部把握习近平新时代中国特色社会主义思想的世界观和方法论,运用好贯彻其中的立场观点方法,全面贯彻落实党的二十大提出的各项任务,以组织路线服务保证政治路线的高度自觉,加强和改进新时代干部工作,为全面建设社会主义现代化国家、全面推进中华民族伟大复兴提供有力的干部支撑。

要落实"三观"教育要求。深刻领会"两个结合""六个坚持"所揭示的习近平新时代中国特色社会主义思想的理论品格和鲜明特质,学习领会这一重要思想的主要内容,把"十个明确""十四个坚持""十三个方面成就"联系起来学、贯通起来学,准确把握其基本观点、核心要义、科学体系、根本要求;弘扬和构建坚持真理、坚守理想,践行初心、担当使命,不怕牺牲、英勇斗争,以对党忠诚、不负人民的伟大建党精神为源头的中国共产党人精神谱系;领导干部要以焦裕禄等先辈先烈、先进典型为榜样,把心中有党,对党忠诚做政治上的"定海神针";加强对党章和新形势下党内政治生活的若干准则执行情况的监督检查,推动各级党组织加强和规范党内政治生活,增强党内政治生活的政治性、时代性、原则性、战斗性,涵养积极健康的党内政治文化;围绕人心是最大的政治和全过程人民民主,开展马克思主义国家观、历史观、民族观、文化观、宗教观教育培训,推动广大党员干部政治站位跟上理论创新、思想观念跟上形势发展、工作内容跟上需求变化、传播方式跟上技术进步,引导各族群众在思想观念、精神情趣、生活方式上向现代化迈进。

要坚持问题导向。开展"三观"教育,着力解决一些党员理想信念模糊动摇的问题,主要是对共产主义缺乏信仰,对中国特色社会主义缺乏信心,精神空虚,推崇西方价值观念,热衷于组织、参加封建迷信活动等;着力解决进入网络时代,一些党组织、党员干部网络意识形态观念淡薄,用铺天盖地的所谓"网络党建"代替、掩盖严肃认真的党内政治生活,在一些年轻干部中存在懂党的不懂网,懂网的不懂党等突出问题;着力解决一些党员精神不振的问题,主要是工作消极懈怠,不担当、不作为、不会为、不善为，逃避责任，起不到先锋模范作用等；着力解决一些党员道德行为不端的问题，主要是违反社会公德、职业道德、家庭美德，不注意个人品德等；重点发现和推动解决影响党中央重大决策部署贯彻落实、漠视侵害群众利益、加重基层负担的形式主义、官僚主义，履行职责使命不到位、推进重大改革和重点工作不扎实、落实全面从严治党"两个责任"不到底、执行纪律作风要求不严格等突出问题。

要坚持基本原则。坚持正面教育为主，加强马克思主义科学世界观和方法论教育，要把读马克思主义经典、悟马克思主义原理当作一种生活习惯、当作一种精神追求，用经典涵养正气、淬炼思想、升华境界、指导实践。坚守共产党人的精神追求，见贤思齐，见不贤而内省，处理好公和私、义和利、是和非、正和邪、苦和乐关系。要立志做大事，不要立志做大官，保持平和心态，看淡个人进退得失，心无旁骛努力工作，塑造为党和人民的事业随时牺牲一切的共产党人的光辉品格。坚持分类指导，针对机关、企事业单位和基层的不同情况，找准各自需要解决的突出问题，提出符合各自特点的目标要求和办法措施。坚持领导带头，上级带下级、主要领导带班子成员、领导干部带一般干部，一级抓一级、层层抓落实。坚持从实际出发，夯实基层基础，要以党支部为基本单位，以"三会一课"等党的组织生活为基本形式，以落实党员教育管理制度为基本依托，针对领导机关、领导班子和党员干部、普通党员的不同情况作出安排。

三、方法措施

坚持以上率下、示范带动。各级领导干部要坚持高标准、严要求，紧密联系实际，深学细照笃行，带头学习提高，带头查摆解决"三观"建设中存在的突出问题，以坚定的信念、决心、行动作出示范。各级党政领导班子成员特别是主要负责同志，要立足承上启下、为政一方，同群众联系更直接、更紧密的实际开展"三观"教育，从思想深处清除与"三观"要求不适应、不符合的突出问题，努力当好忠诚、干净、担当的标杆。各领域党组织和广大党员、干部要立足本职岗位开展教育，真正从思想上、工作上、作风上严起来、实起来，把"三观"要求体现到履职尽责、做人做事的方方面面。

"三观"教育要融入领导干部经常性学习教育。从 2023 年 6 月到 2024 年 6 月分两批进行。

一是党委（党组）书记带头讲"三观"专题党课。结合主题教育动员部署工作，县级以上党委（党组）书记要紧扣"三观"教育要求，联系本地区本部门本单位实际，联系党员、干部思想、工作、生活和作风实际，带头讲一次党课，党委（党组）其他成员也要在适当范围讲党课。讲党课要克服不把自己摆进去，用讲话代替党课、一种方法层层模仿、一堂党课堂堂再版等突出问题。要讲清楚"三观"教育的重大意义和丰富内涵，讲清楚"三观"教育存在的问题、具体表现和严重危害，讲清楚落实"三观"教育的实践要求，发挥带学促学作用。

二是党委（党组）中心组和内设机构党组织开展"三观"专题学习研讨。深入学习习近平新时代中国特色社会主义思想和党的二十大精神，学习党章和各项党内法规，重点研读《习近平谈治国理政》和中央学教办确定的必读书目。认真学习先进典型事迹，从违纪违法案件中汲取教训。要根据习近平总书记到各地调研时的重要讲话重要指示批示精神，结合本地区本单位实际开展专题研讨。在个人自学基础上，重点分 3 个专题开展学习研讨，大体上每两个月 1 个专题。

专题一：聚焦党性修养。党性是世界观、方法论、价值取向、理想信念、组织观念的综合反映，既是党的先进性和纯洁性的集中体现，又是捍卫党的先进性和纯洁性的思想长城。开展工人阶级与资产阶级对立统一中历史使命的长期性和艰巨性研讨，深化不断增强党的阶级基础、扩大党的群众基础阶级性、革命性的理解；开展坚持习近平新时代中国特色社会主义思想武装全党、从思想理论上维护党的性质的研讨，深化对马克思主义世界观和党的指导思想科学性的理解；开展先进性和纯洁性是党的性质的集中体现的研讨，深化以先进性和纯洁性建设为主线的党的建设总要求的理解。坚持和发展马克思主义，从理论到实践都需要全世界的马克思主义者进行极为艰巨、极具挑战性的努力。党员、干部要时刻不忘初心使命，牢记品行责任，无论何时何地、何种方式，都要以党性的自觉，维护组织的整体价值免受挑战、威胁和破坏。

专题二：聚焦工作作风。党的工作作风是党组织和党员个人，特别是领导干部在工作中表现出来的一贯态度和行为，体现在言谈举止的方方面面，工作作风是党的作风建设的关键环节。党的作风如何，首先取决于领导机关和领导干部作风如何。要深入开展习近平总书记关于"有什么样的世界观就有什么样的作风"的研讨，从文风学风会风等群众看得见摸得着的身边事着手，摆正公仆位置。工学矛盾长期不能扭转，归根到底是没有按照"三观"标准对照为谁执政、为谁抓业务的动机问题。只有站在人类道义的制高点，才能抓住主要矛盾，一览众山小，克服"文山会海"等一切官僚主义、形式主义。

专题三：聚焦树立正确的权力观政绩观事业观。政绩观是世界观、人生观和价值观对党员、干部政治品德、政治能力总的看法。要重点学习研讨把抓好党建作为最大的政绩，承担好管党治党责任，贯彻新时代党的建设总要求和新时代党的组织路线，确保党始终成为中国特色社会主义事业的坚强领导核心；重点学习研讨把为民造福作为最重要的政绩，始终把人民立场作为根本立场，践行群众路线，解决好群众关心的实际问题；重点学习研讨干部的担当作为。能否敢于负责、勇于担当，最能看出一个干部的党性和作风。要坚持把斗争意识、忧患意识、风险意识、问题意识作为政治担当的重要内容，对重大突发事件特别是容易诱发政治问题的隐患，敢于挺身而出，果断进行处理。

三是召开双重组织生活会。在专题研讨的基础上，要召开党员干部双重组织生活会。建议第一批在2023年12月底，第二批在2024年6月底。机关、企事业单位及其内设机构县处级以上党员领导干部年度民主生活会和组织生活会，要以践行"三观"教育为重要内容。每名县处级以上党员领导干部都要对照党章等党内规章制度、党的纪律、国家法律、党的优良传统和工作惯例，对照正反两方面典型，联系个人思想、工作、生活和作风实际，联系个人成长进步经历，联系教育实践活动中个人整改措施落实情况，深入查摆问题，进行党性分析，严肃认真开展批评和自我批评。双重组织生活会，要着力改变年年批评年年不升级，年年整改年年老问题；领导机关、领导班子、领导干部特别要克服用民主生活会代替组织生活会，用一年一度的征求意见代替领导干部所在党支部对"第一身份"的日常监督和党员群众的民主监督。

四是强化整改落实和立规执纪。坚持边学边查边改，主要领导干部带头，列出问题清单，一项一项整改，进行专项整治，严格正风肃纪。对"三观"教育存在问题的领导干部，立足于教育提高，促其改进。对群众意见大、不能认真查摆问题、没有明显改进的，要进行组织调整。针对"三观"教育存在的问题，建制度、立规矩，强化刚性执行，推动践行"三观"教育要求制度化、常态化、长效化。

四、组织领导

"三观"教育在中央政治局常委会领导下进行，由中央组织部牵头组织实施。各地区各部门各单位党委（党组）全面负责本地区本部门本单位的专题教育，结合实际作出安排部署，扎实有效推进，党委（党组）主要负责同志要承担起第一责任人的责任。要把抓好"三观"教育作为履行党建主体责任的重要任务，纳入党建工作述职评议考核的重要内容。以严的主基调从严从实作风开展"三观"教育，坚决防止和杜绝形式主义，对搞形式、走过场的要严肃问责。结合党的"三观"教育整改落实工作和巩固拓展活动成果情况进行专项检查，采取多种形式，加强督促和指导。充分运用各种媒体，加强宣传引导，营造良好舆论氛围。积极探索在全面从严治党中加强党的思想政治建设的有效办法和措施。把开展"三观"教育与改革发展稳定各项工作结合起来，与完成本地区本部门本单位重点工作任务结合起来，做到主题教育与日常工作有机融合、相互促进，两手抓、两不误。

弘扬蒙古马精神和"三北精神" 把握好贯穿习近平生态文明思想的科学世界观和方法论

【内容提要】研究报告《把握好贯穿习近平生态文明思想的科学世界观和方法论》，以马克思主义科学世界观和方法论为脉络，分析习近平生态文明思想的形成、内涵和实践成果。报告由"做到'六个必须坚持'，深刻领悟习近平生态文明思想的哲学观点""牢记习近平总书记对内蒙古生态文明建设的关心和要求""关注习近平生态文明思想与思政课教育相融合的几个重点环节"三个部分组成。报告彰显了以习近平同志为核心的党中央对生态环境保护经验教训的历史总结、对人类发展意义的深邃思考，是中国共产党人创造性回答人与自然的关系、经济发展与生态环保关系问题所取得的最新理论成果，也体现了内蒙古自治区党委、政府结合内蒙古实际贯彻习近平生态文明思想的具体思路和措施。同时，根据高校培养"什么样的人、为谁培养人、怎样培养人"的教育方针，探索如何促进习近平生态文明思想与思政课等课程体系相融合，进而使习近平新时代中国特色社会主义思想分专题逐一进课堂、进教材、进头脑。

【关键词】习近平生态文明思想 "六个必须坚持" 思政课

习近平总书记强调："辩证唯物主义是中国共产党人的世界观和方法论，我们党要团结带领人民协调推进全面建成小康社会、全面深化改革、全面依法治国、全面从严治党，实现'两个一百年'奋斗目标、实现中华民族伟大复兴的中国梦，必须不断接受马克思主义哲学智慧的滋养，更加自觉地坚持和运用辩证唯物主义世界观和方法论，更好在实际工作中把握现象和本质、形式和内容、原因和结果、偶然和必然、可能和现实、内因和外因、共性和个性的关系，增强辩证思维、战略思维能力，努力提高解决我国改革发展基本问题的本领。"

改革开放以后，党日益重视生态环境保护问题，指出生态文明建设是国家发展的明显短板，出现了资源环境约束趋紧、生态系统退化、环境污染与生态破坏高发态势明显等问题，为了避免生态环境问题继续成为"民生之痛"，党中央立足于中华民族永续发展的角度，提出了保护生态环境就是保护生产力、改善生态环境就是发展生产力的重要论述，体现了经济发展与生态环境建设的辩证统一关系。

绿水青山就是金山银山、山水林田湖草沙一体化保护和系统治理等理论的提出与实践，指导着全国生态文明建设能够更加自觉地推进绿色发展、循环发展、低碳发展，坚持走生产发展、生活富裕、生态良好的文明发展道路。党从思想、法律、体制、组织、作风上全面发力，开展全方位、全地域、全过程的生态环境保护工作，开展一系列根本性、开创性、长远性工作。

一方面，党组织实施主体功能区战略，建立健全生态文明建设各项制度、制定修订相关法律法规。优化国土空间开发保护格局，加强大江大河和重要湖泊湿地及海岸带生态保护和系统治理，加大生态系统保护和修复力度和生物多样性保护，在全社会推动形成节约资源和保护环境的空间格局、产业结构、生产方式、生活方式。

另一方面，党领导着力打赢污染防治攻坚战，深入实施大气、水、土壤污染防治三大行动计划，打好蓝天、碧水、净土保卫战，开展农村人居环境整治。开展中央生态环境保护督察，坚决查处一批破坏生态环境的重大典型案件、解决一批人民群众反映强烈的突出环境问题。同时积极参与全球环境与气候治理，作出力争 2030 年前实现碳达峰、2060 年前实现碳中和的庄严承诺，体现了负责任大国的担当。

党的十八大以来，在党中央的指导与领导下，全党全国推动绿色发展的自觉性和主动性显著增强，生态文明建设在新时代党和国家事业发展中的地位更加凸显——生态文明建设纳入中国特色社会主义事业"五位一体"总体布局，坚持人与自然和谐共生成为新时代坚持和发展中国特色社会主义基本方略的组成部分，绿色成为新发展理念的重要方面，三大攻坚战中污染防治成为重要一战，"美丽"一词写入社会主义现代化强国目标，美丽中国建设迈出重大步伐，我国生态环境保护发生历史性、转折性、全局性变化。

党的二十大报告系统阐述了习近平新时代中国特色社会主义思想的世界观、方法论和贯穿其中的立场、观点、方法，强调以必须坚持人民至上、坚持自信自立、坚持守正创新、坚持问题导向、坚持系统观念、坚持胸怀天下来继续推进实践基础上的理论创新。党的二十大作出"推动绿色发展，促进人与自然和谐共生"的重大部署，对生态文明建设和生态环境保护工作提出了新的更高要求。深入学习贯彻党的二十大精神，把党的二十大作出关于生态文明建设的重大决策部署付诸行动、见之于成效，必须把握好蕴含在习近平生态文明思想的世界观和方法论，坚持好、运用好贯穿其中的立场、观点、方法，用以武装头脑、指导实践、推动工作，紧紧抓住美丽中国建设的重要时期，坚决扛起美丽中国建设的政治责任，坚持以人民为中心，推动城乡人居环境明显改善、美丽中国建设取得显著成效，不断满足人民日益增长的优美生态环境需要。

一、做到"六个必须坚持"，深刻领悟习近平生态文明思想的哲学观点

（一）坚持人民至上体现了马克思主义政党的根本观点

辩证唯物主义和历史唯物主义认为，人民群众是人类历史的创造者，群众观是马克思主义政党的根本观点。中国共产党把人民群众创造历史的观点运用于革命、建设和改革的实践中，形成了党的群众观点。群众观贯穿习近平生态文明思想的全过程，主要体现在以下几个方面。

一是一切为了人民群众的观点。习近平总书记指出："生态环境是关系党的使命宗旨的重大政治问题，也是关系民生的重大社会问题。"党的

根基在人民、血脉在人民、力量在人民，人民是党执政兴国的最大底气。党中央深刻分析进入新时代的生态国情，认为随着我国社会生产力水平明显提高和人民生活水平显著提高，人民群众的需要呈现多样化、多层次、多方面的特点，人民群众对清新空气、清澈水质、清洁环境等生态产品的需要越来越迫切，生态环境越来越珍贵。同时，提出发展经济是为了民生，保护生态同样也是为了民生的新理念。强调必须坚持以人民为中心的发展思想，做到生态惠民、生态利民、生态为民，把解决突出生态环境问题作为优先领域，提供更多优质生态产品，满足人民群众良好生态环境新期待，提升人民群众获得感、幸福感、安全感，认为良好生态环境是最公平的公共产品，环境就是民生，青山就是美丽，蓝天也是幸福。

良好生态环境是最普惠的民生福祉，源自我们党全心全意为人民服务的根本宗旨，源自广大人民群众对改善生态环境质量的热切期盼，表现了党代表着中国最广大人民的根本利益。这充分体现了习近平生态文明思想、的基本民生观，在推进生态文明建设进程中坚持全心全意为人民服务的根本宗旨，坚持党的群众路线。

二是一切依靠人民群众的观点。一切为了人民，一切依靠人民。习近平总书记强调："生态文明建设同每个人息息相关，每个人都应该做践行者、推动者。"没有哪个人是旁观者、局外人、批评家，谁也不能只说不干。所以，生态文明是人民群众共同参与、共同建设、共同享有的事业，在推进生态文明建设中，应坚持发展为了人民、发展依靠人民、发展成果由人民共享的理论逻辑。人民对美好生活的向往就是我们的奋斗目标，坚持良好生态环境是最普惠的民生福祉，坚持建设美丽中国全民行动。通过坚决向污染宣战，政府、企业、公众共同发力，解决了许多人民群众反映强烈的生态环境问题，生态环境质量持续改善。这些成效让人民群众树立了信心、看到了希望，为构建和谐社会、全面建成小康社会奠定了较好的基础。

三是向人民负责、向人民学习的观点。20世纪六七十年代，习近平同志在陕北梁家河插队任村党支部书记时，就认真思考关中地区北部为什么会从一马平川、水肥草沃变成如今沟壑纵横的黄土高坡；他还结合国内外的历史经验教训，很早就已经认识到超负荷的人类活动对生态环境产生的负面影响。面对衣食无着的老乡们和贫瘠的黄土地，他带领群众改善生态，打坝造田，发展生产，利用秸秆和畜禽粪便，成功建成了陕西第一口沼气池，进而在延川县掀起一场轰轰烈烈的沼气革命。习近平同志从"知青岁月"，到河北、福建，到浙江、上海，一直到党中央，深入调查研究，问需于民，问计于民，根据各地不同生态环境状况提出不同的对策措施。如：在河北正定任县委书记时，强调要积极开展植树造林，增加城区绿化面积，严格防止污染搬家、污染下乡；在福建宁德任地委书记时，鼓励地方开创"绿色工程"，提出"靠山吃山唱山歌，靠海吃海念海经"的发展思路；在福建提出了建设生态省的总体构想，推动编制实施《福建生态省建设总体规划纲要》；在浙江工作期间，提出"绿水青山就是金山银山"的理念。这些都是发展理念逐步成熟基础上的大胆创新。

（二）坚持自信自立体现了马克思主义生态观中国篇章的生机与活力

马克思主义作为科学体系是唯一的，不存在两种根本不同的马克思主义。马克思主义是发展的，但发展着的马克思主义仍然是马克思主义。马克思主义科学思想体系的实现方式，主要依托先进的工人阶级政党的指导思想。党的指导思想是马克思主义理论联系实际的集中表现，是运用马克思主义世界观和方法论、基本原理解决本国问题的关键，因而是理论创新的标志。中国共产党在领导中华民族伟大复兴的征程中，实现了马克思主义中国化的三次伟大飞跃，创立了毛泽东思想、中国特色社会主义理论体系和习近平新时代中国特色社会主义思想。

文明是文化的内在价值，文化是文明的外在形式。以习近平同志为核心的党中央创造性地提出"两个结合"的伟大思想，弘扬了中华文明生态智慧的时代价值。在实践与理论创新中，发挥独立自主这一中华民族精神之魂，在中华大地上传承中华文明，坚定不移走中国特色社会主义道路。

把生态价值观融入社会主义核心价值观。中华文明五千年生生不息，积淀了丰富的生态智慧。从哲学理念上看，《易经》中提及"有天地，然后有万物；有万物，然后有男女"；道家主张"道法自然"，老子强调"人法地，地法天，天法道，道法自然"，认识到人类与天地万物的整体性和统一性，肯定自然的内在规律，强调要把天地人统一起来、把自然生态同人类文明联系起来。从历史实践认识上看，《孟子·梁惠王上》中"不违农时，谷不可胜食也；数罟不入洿池，鱼鳖不可胜食也；斧斤以时入山林，材木不可胜用也"；《齐民要术》中"顺天时，量地利，则用力少而成功多"；《吕氏春秋》中"竭泽而渔，岂不获得，而明年无鱼"。正如党的二十大报告指出："中国人民在长期生产生活中积累的宇宙观、天下观、社会观、道德观的重要体现，同科学社会主义核心价值观主张具有高度契合性。"历代先贤的哲学思想为习近平生态文明思想奠定了客观的历史文化基础。习近平总书记充分吸纳中华优秀传统文化的时代价值，提出了"生态兴则文明兴，生态衰则文明衰"等重要论述，肯定了生态环境的变化直接影响文明的兴衰演替，是对中华文明中朴素生态智慧的深刻理解和弘扬。

在习近平生态文明思想指导下，崇尚生态文明的"最大公约数"正在形成。生态文明建设重新审视并超越传统工业文明下的文化价值体系，强调生态价值观念，使中华民族悠久历史中蕴涵的生态文明思想、智慧和文化得以传承和升华。习近平总书记强调坚持生态兴则文明兴，坚持人与自然和谐共生，已经成为社会主义核心价值观的重要内容。党的十八大以来，通过各种形式的宣传教育以及组织中国生态文明奖、绿色年度人物评选与表彰等，引导和激励了更多单位和个人主动参与生态文明建设。越来越多的企业认识到加强生态环境保护符合自身长远利益，依法排污治污、保护生态环境的法治意识和主体意识正在形成。

增强生态文明主流价值观的凝聚力和引领力。《中共中央 国务院关于全面加强生态环境保护 坚决打好污染防治攻坚战的意见》中将"全面加强党对生态环境保护的领导"独立成章，由过去"政府主导、企业主体、公众参与"的格局上升为"党委领导、政府主导、企业主体、公众参与"

的格局，明确地方各级党委和政府主要领导是本行政区域生态环境保护第一责任人，把"党政同责"落实到位，做到重要工作亲自部署、重大问题亲自过问、重要环节亲自协调、重要案件亲自督办。

习近平生态文明思想体现了高度的历史自觉和理论自觉，开创了马克思主义中国化时代化的新境界，是中国特色社会主义的理论新成果、实践新亮点，彰显了以习近平同志为核心的党中央对生态环境保护经验教训的历史总结、对人类发展意义的深邃思考，是中国共产党人创造性回答人与自然关系、经济发展与生态环保关系问题所取得的最新理论成果，是集大成与突破创新兼具的重要成果，展现了中国特色社会主义的道路自信、理论自信、制度自信、文化自信。

（三）坚持守正创新体现了马克思主义哲学科学性和革命性的统一

坚持守正和创新相统一的理论品格，在守正中创新，在创新中发展，以新的理论指导新的实践，同时也坚持在新的实践中持续推进理论创新。一方面要坚持马克思主义是立党立国、兴党强国的根本指导思想；另一方面也要坚持中国化、时代化，坚持"两个结合"，从而使马克思主义展现出更强大、更有说服力的真理力量。

马克思主义哲学的产生是人类认识史上的伟大变革。它既是批判地继承以往哲学中积极合理思想的结果，又同以往哲学有根本区别，在对象、内容、作用等方面都发生了根本性质的变化，成为真正科学和彻底革命的哲学。正确处理好生态环境保护和发展的关系，是实现可持续发展的内在要求，也是推进现代化建设的重大原则。绿水青山既是自然财富、生态财富，又是社会财富、经济财富。保护生态环境就是保护生产力，改善生态环境就是发展生产力。保护生态环境就是保护自然价值和增值自然资本，就是保护经济社会发展潜力和后劲。因此，保护生态环境应该且必须成为发展的题中应有之义。

生态环境问题归根结底是发展方式和生活方式问题。我国要实现社会主义现代化，必须积极探索出一条符合中国特色的绿色发展道路，加快推动形成绿色发展方式和生活方式，这是发展观的一场深刻革命。必须坚持节约资源和保护环境的基本国策，坚持节约优先、保护优先、自然恢复为主的方针，贯彻创新、协调、绿色、开放、共享的新发展理念，把经济活动、人的行为限制在自然资源和生态环境能够承载的限度内，给自然生态留下休养生息的时间和空间，使绿水青山持续发挥生态效益和经济社会效益，让良好生态环境成为人民生活的增长点、成为经济社会持续健康发展的支撑点、成为展现我国良好形象的发力点，为子孙后代留下可持续发展的"绿色银行"。

坚持绿水青山就是金山银山，关键在人。绿水青山就是金山银山深刻揭示了发展保护的本质关系，更新了关于自然资源的传统认识，带来的是发展理念和方式、执政理念和方式的深刻转变。坚持绿水青山就是金山银山，关键在人，关键在发展思路，关键在处理和平衡好发展与保护的关系，关键在寻找新动能和处理老问题上把握好方向、节奏和力度。经济生态两手硬，青山金山长相依。这充分体现了习近平生态文明思想的绿色发展观。

（四）坚持问题导向体现了马克思理论思维方法的精髓

问题的重要性是马克思在与莫泽斯关于国家集权问题的争论中提出来的。在1842年马克思关于中央集权问题的未完成稿中，他批评莫泽斯把"自己抽象的哲学概念"偷偷地塞进哲学，进而提出了问题的重要性。马克思指出"世界史本身，除了通过提出新问题来解答和处理老问题之外，没有别的办法"，强调"问题就是公开的、无畏的、左右一切个人的时代声音。问题就是时代的口号，是它表现自己精神状态的最实际的呼声"。实践的能动性和真理的客观性是回答一切问题的总钥匙、总开关。

实践的观点是马克思主义哲学的核心观点。这种核心地位既体现在实践观的确立，实现了哲学史上的一场革命性变革，又体现在马克思主义哲学的各个方面。在自然观中，它在确认自然界的先在性和客观实在性的同时，强调实践是人与自然相互作用的基础；在历史观中，它主张实践是人类社会得以存在和发展的基础，认为历史不过是人类实践活动的展开，社会历史发展中的矛盾问题通过实践来解决。实践具有能动性、直接现实性和社会历史性的基本特点。因此，实践是检验真理的唯一标准。

问题是时代的声音，人心是最大的政治。人在实践之前，都有一定的计划、方案，随着社会的发展，人的实践活动愈益自觉地以科学理论作指导。新时代呼唤新理论，新实践催生新方略。马克思、恩格斯指出："一切划时代的体系的真正的内容都是由于产生这些体系的那个时期的需要而形成起来的。"在中国共产党的坚强领导下，中国人民取得了从"站起来"到"富起来"的辉煌成就，在迈向"强起来"的伟大飞跃过程中，生态环境问题成为明显短板，人民群众过去"求温饱"，现在"盼环保"。习近平总书记以对中华民族、对子孙后代乃至对全世界高度负责的人类情怀和使命担当，准确把握我国环境容量有限、资源约束趋紧、生态系统脆弱的基本国情，直面经济粗放增长导致的生态破坏、环境污染、经济损失、社会风险等问题，科学判断全球可持续发展和人类文明转型的时代潮流，以史为鉴遵从规律、以人民为中心推动工作、以实践为标准检验真理，在实践探索中不断总结提炼，形成习近平生态文明思想的实践观。

坚持理论联系实际的马克思主义学风。习近平生态文明思想发展具有理论联系实践、实践反哺理论、理论指导实践的认识论和唯物辩证法循环发展、螺旋上升的特征，无论走到哪里，主动为美好生态环境当"保洁员"，多次就解决损害生态环境问题"打头阵"，并以亲力亲为、率先垂范的行动形成了强大感召力、发挥了重要的标杆作用。党的十八大以来，习近平总书记对生态环境保护发表多次重要讲话、论述和指示批示。正是在理论与实践的不断碰撞和思索中，逐渐完善了生态文明建设的认识论、方法论与实践论。在2018年5月召开的全国生态环境保护大会上，习近平生态文明思想被正式确立，将党和国家对于生态文明建设的认识提升到一个崭新的高度，为中国特色社会主义生态文明建设赋予了新的历史使命和新的时代生命力。

生态文明已经上升为党的主张和国家意志。党的十八届三中全会提出加快建立系统完整的生态文明制度体系，并将资源产权、用途管制、生态红线、有偿使用、生态补偿、管理体制等内容纳入生态文明制度体系中。党的十八届四中全会提出用严格的法律制度保护生态环境，加快建立有效约束开发行为和促进绿色发展、循环发展、低碳发展的生态文明法律制度。党的十八届五中全会将加强生态文明建设作为新内涵写入我国"十三五"规划，绿色发展成为我国实现现代化的新路径。党的十九大进一步提出了"坚持人与自然和谐共生"的基本方略，提出了建设"美丽中国"的战略目标。党章修改中增加了把我国建成富强民主文明和谐美丽的社会主义现代化强国、增强绿水青山就是金山银山的意识、实行最严格的生态环境保护制度等内容，2018年3月通过的《中华人民共和国宪法修正案》写入生态文明，生态文明已经上升为党的主张和国家意志。党的二十大再次提出，从2035年到本世纪中叶把我国建成富强民主文明和谐美丽的社会主义现代化强国宏伟目标。

（五）坚持系统观念体现了唯物辩证法的总观点

马克思主义哲学在实践和科学的基础上，把唯物主义和辩证法有机地结合起来，创立了辩证唯物主义。唯物主义是辩证的唯物主义，辩证法是唯物的辩证法。同时，它第一次把唯物主义贯彻到社会历史领域，把唯物辩证法的自然观和唯物辩证的历史观统一起来，创立了历史唯物主义。这是人类科学思想中的最大成果。毛泽东同志把辩证唯物主义和历史唯物主义运用于无产阶级政党的全部工作，在中国革命和建设的长期艰苦斗争中形成了具有中国共产党人鲜明特色的立场、观点、方法，体现为实事求是、群众路线、独立自主三个基本方面。以习近平同志为核心的党中央把这一总观点体现到"五位一体"战略布局，使生态文明建设成为国家战略，也成为每个人的行为准则。

形成山水林田湖草沙生命共同体整体系统观。习近平总书记从生态文明建设的整体视野指出，"山水林田湖草是生命共同体"的重要论断。生态是统一的自然系统，是相互依存、紧密联系的有机链条。人的命脉在田，田的命脉在水，水的命脉在山，山的命脉在土，土的命脉在林和草，这个生命共同体是人类生存发展的物质基础。用"命脉"把人与山水林田湖草连在一起，生动形象地阐述了人与自然之间唇齿相依的紧密关系。秉持山水林田湖草是生命共同体理念，就要从系统工程和全局角度寻求治理修复之道。党的二十大报告指出："我们要推进美丽中国建设，坚持山水林田湖草沙一体化保护和系统治理，统筹产业结构调整、污染治理、生态保护、应对气候变化，协同推进降碳、减污、扩绿、增长，推进生态优先、节约集约、绿色低碳发展。"在生态保护上，一定要算大账、算长远账、算整体账、算综合账，不能因小失大、顾此失彼。这充分体现了习近平生态文明思想的整体系统观。

实现了马克思主义自然观的又一次历史性飞跃。党的二十大把人与自然和谐共生列入中国现代化的重要组成部分。以习近平同志为核心的党中央对人与自然关系的认识，是马克思主义辩证唯物的自然观与社会历史观的统一，结合时代特征丰富发展，创造性地丰富和拓展了马克思主义的自然观和发展观，成为正确处理人与自然、发展和保护的科学指南。习近平生态文明思想推动形成人与自然和谐发展的现代化建设新格局，实现了马克思主义自然观的又一次历史性飞跃，是马克思主义中国化的重要成果。主要体现在：一是将国家战略布局上升为"五位一体"；二是推动建立"四梁八柱"的生态文明制度；三是指导生态文明建设取得显著成效。

（六）坚持胸怀天下体现了中国共产党人的理想信念

胸怀天下是我们党百年奋斗的一条重要历史经验。中国式现代化是走和平发展道路的现代化，既造福中国人民，又促进世界各国现代化。党的二十大报告提出："加强理想信念教育，引导全党牢记党的宗旨，解决好世界观、人生观、价值观这个总开关问题，自觉做共产主义远大理想和中国特色社会主义共同理想的坚定信仰者和忠实实践者。"因而，在全面推进生态文明建设进程中，应始终以世界眼光关注人类前途命运发展和全球生态环境治理，在正确认识和处理同外部世界的关系的同时，推动构建地球生命共同体。

马克思主义是人的解放学。马克思主义是关于全世界无产阶级和全人类彻底解放的学说，是无产阶级及其政党十分严整而彻底的世界观。共产党人的远大理想就是实现共产主义。无产阶级政党自成立之日起，就明确把消灭剥削压迫、实现人类解放作为追求的最终目标和崇高社会理想。正是在这种理想信念的激励和鼓舞下，社会主义从理想变为现实，从实践变成制度，在世界历史发展历程中产生了极为重要的影响，极大地推动了人类社会的进步。在当代中国，建设中国特色社会主义是我们的共同理想。党的二十大报告指出："中国共产党是为中国人民谋幸福、为中华民族谋复兴的党，也是为人类谋进步、为世界谋大同的党。我们要拓展世界眼光，深刻洞察人类发展进步潮流，积极回应各国人民普遍关切，为解决人类面临的共同问题作出贡献，以海纳百川的宽阔胸襟借鉴吸收人类一切优秀文明成果，推动建设更加美好的世界。"

共谋全球生态文明建设之路的大国担当。习近平总书记指出："生态文明建设关乎人类未来，建设绿色家园是各国人民的共同梦想。"人类共有一个家园，珍爱和呵护地球是人类的唯一选择，保护生态环境是全球面临的共同挑战和共同责任，需要世界各国同舟共济、共同努力，任何一国都无法置身事外、独善其身。国际社会应该携手同行，共谋全球生态文明建设之路。

我国已成为并将继续作为生态文明建设的重要参与者、贡献者、引领者，积极参与全球环境治理，引导应对气候变化的国际合作。坚持共商共建共享，推动共建"一带一路"高质量发展、推进绿色"一带一路"建设，通过推进一批共建国家经济发展、民生改善的合作项目，让生态文明理念和实践造福沿线各国人民，使"一带一路"真正成为和平之路、繁荣之路、开放之路、绿色之路、创新之路、文明之路。加快构筑尊崇自然、绿色发展的生态体系，共建清洁美丽的世界。

要坚持适合中国发展的世界观、方法论。习近平总书记强调："解决中国问题，提出解决人类问题的中国方案，要坚持中国人的世界观、方法论。"马克思主义的科学性和真理性在中国得到充分检验，马克思主义的人民性和实践性在中国得到充分贯彻，马克思主义的开放性和时代性在中国得到充分彰显。面向未来，我国将继续承担应尽的国际义务，承担同自身国情、发展阶段、实际能力相符的国际责任，统筹国内国际两个大局，奉行互利共赢的开放战略，深度参与全球环境治理，增强在全球环境治理体系中的话语权和影响力，提出世界环境保护和可持续发展的解决方案。在我们这样一个14亿多人口的大国，走出一条生产发展、生活富裕、生态良好的文明发展道路，建成富强民主文明和谐美丽的社会主义现代化强国，必将是我们为解决人类社会发展难题作出的重大贡献。这充分体现了习近平生态文明思想立足脚下、放眼世界的全球共赢观。

党既立足以人民为中心，坚持为中国人民谋幸福、为中华民族谋复兴，同时也具有广阔胸怀，关心人类共同问题，致力于为人类谋进步、为世界谋大同。这种以自强不息为显著特点的奋斗历程与经验深刻改变了世界发展的趋势和格局。一方面，党领导中国人民经过不懈奋斗成功走出中国式现代化道路，创造了人类文明新形态，拓展了发展中国家走向现代化的途径，因而能够给世界上那些既希望加快发展又希望保持自身独立性的国家和民族提供了全新选择，另一方面，党推动构建人类命运共同体，为解决人类重大问题，建设持久和平、普遍安全、共同繁荣、开放包容、清洁美丽的世界贡献了中国智慧、中国方案、中国力量，成为推动人类发展进步的重要力量。

二、牢记习近平总书记对内蒙古生态文明建设的关心和要求

党的十八大、十九大、二十大后，习近平总书记到民族地区考察第一站都是内蒙古。在对内蒙古的多次重要指示批示中，提出并反复强调建设好我国北方重要生态安全屏障这条绿线，是交给内蒙古的"五大任务"之一，蕴含着习近平总书记对绿色发展推进中国式现代化内蒙古新篇章的殷

切期望。

（一）牢记我国北方重要生态安全屏障的"国之大者"

"五大任务"中，首要任务就是建设我国北方重要生态安全屏障。习近平总书记十分关心内蒙古各项事业发展，明确要求把内蒙古建设成为我国北方重要生态安全屏障、祖国北疆安全稳定屏障、国家重要能源和战略资源基地、农畜产品生产基地、我国向北开放重要桥头堡。2023 年 6 月，习近平总书记在内蒙古考察时提出要"筑牢我国北方重要生态安全屏障"，进一步明确了内蒙古的重要战略定位。内蒙古全区上下始终牢记习近平总书记嘱托，认真学习贯彻习近平生态文明思想，全力打造北疆亮丽风景线，为全方位建设模范自治区夯实生态基底。进入新时代，内蒙古全区草原植被盖度和森林覆盖率分别由 40.3% 和 20.8% 提高到 45% 和 23%，荒漠化土地和沙化土地面积持续"双减少"；城市人均公园绿地面积达 20.7 平方米，高于全国平均水平近 40%；单位 GDP 用能下降 4.1%、用水下降 40.7%、用地下降 60%，绿色低碳发展迈出坚实步伐。

（二）把生态文明建设提升到"国之大者"政治高度

2014 年，习近平总书记在内蒙古考察时指出"保护好内蒙古大草原的生态环境，是各族干部群众的重大责任"，对内蒙古正式提出建设"生态安全屏障"的要求。2019 年，习近平总书记在参加十三届全国人大二次会议内蒙古代表团审议时专门指出"加强生态文明建设的问题"，首次就生态文明建设的重要地位作出了"四个一"的重大论断，对内蒙古提出了"要保持加强生态文明建设的战略定力""要探索以生态优先、绿色发展为导向的高质量发展新路子""要加大生态系统保护力度""要打好污染防治攻坚战"四项工作要求，特别叮嘱我们要贯彻新发展理念，统筹好经济发展和生态环境保护建设的关系，努力探索出一条符合战略定位、体现内蒙古特色，以生态优先、绿色发展为导向的高质量发展新路子。2020 年，习近平总书记再次强调，"持续打好蓝天、碧水、净土保卫战，把祖国北疆这道万里绿色长城构筑得更加牢固"。2021年，习近平总书记指出"统筹山水林田湖草沙系统治理，这里要加一个'沙'字"。总书记专门把"沙"纳入其中，一字之增，进一步拓展深化了系统治理的理念，彰显了坚定不移推进生态文明建设的决心。坚持系统观念，按照生态系统的整体性、系统性及其内在规律，进行整体保护、系统修复、综合治理，鄂尔多斯已成为荒漠化治理的"世界样板"。2023年，习近平总书记在内蒙古巴彦淖尔考察并主持召开加强荒漠化综合防治和推进"三北"等重点生态工程建设座谈会时，强调筑牢我国北方重要生态安全屏障，是内蒙古必须牢记的"国之大者"。并提出了"艰苦奋斗、无私奉献、锲而不舍、久久为功"的"三北精神"。

（三）完善生态文明建设制度体系，发挥制度优势

内蒙古自治区党委、政府团结带领全区各族人民，牢牢把握习近平总书记和党中央对内蒙古的战略定位，以高质量发展推动中国式现代化的"内蒙古篇章"推动内蒙古在建设"两个屏障""两个基地""一个桥头堡"上展现新作为。2022年，内蒙古自治区党委制定了"五大任务"实施方案，自治区党委十一届六次全会审议通过了关于全方位建设模范自治区的决定，至此办好两件大事有了更为系统的战略谋划、更为完整的工作体系。《内蒙古自治区建设我国北方重要生态安全屏障促进条例》《内蒙古自治区全方位建设模范自治区促进条例》《内蒙古自治区建设国家重要能源和战略资源基地促进条例》《内蒙古自治区建设国家重要农畜产品生产基地促进条例》《内蒙古自治区建设国家向北开放重要桥头堡促进条例》等条例出台，相继为我们一张蓝图绘到底、办好两件大事提供了法治保障。同时，为全面贯彻落实习近平生态文明思想，国务院印发了《关于推进内蒙古高质量发展奋力书写中国式现代化新篇章的意见》（以下简称《意见》），《意见》突出生态优先绿色发展，提出大力发展生态农牧业、集中力量开展重点地区规模化防沙治沙，协同推进重要生态系统保护和修复重大工程，加大对大兴安岭森林生态保育、草原生态保护修复治理、湿

地保护修复、水土保持、退化森林草原修复等的支持力度、协同开展矿山污染治理与生态修复等。

三、习近平生态文明思想与思政课相融合的几个重点环节

教育是国之大计、党之大计，承担着立德树人的根本任务。思政课是落实立德树人根本任务的关键课程，发挥着不可替代的作用。党的十八大以来，以习近平同志为核心的党中央高度重视思政课建设，作出一系列重大决策部署，各地区各部门和各级各类学校采取有力措施认真贯彻落实，思政课建设取得显著成效。中共中央、国务院印发了《关于深化新时代学校思想政治理论课改革创新的若干意见》提出"坚持思政课建设与党的创新理论武装同步推进，全面推动习近平新时代中国特色社会主义思想进教材进课堂进学生头脑，把社会主义核心价值观贯穿国民教育全过程。"习近平生态文明思想是习近平新时代中国特色社会主义思想的重要组成部分，结合实际，把理论梳理、教材衔接、师资队伍作为习近平生态文明思想与思政课教育相融合的三个重点环节，促进习近平生态文明思想进教材进课堂进学生头脑。

（一）习近平生态文明思想是美丽中国建设的根本遵循

习近平总书记强调："学思想，就是要全面学习领会新时代中国特色社会主义思想，全面系统掌握这一思想的基本观点、科学体系，把握好这一思想的世界观、方法论，坚持好、运用好贯穿其中的立场观点方法，不断增进对党的创新理论的政治认同、思想认同、理论认同、情感认同，真正把马克思主义看家本领学到手，自觉用新时代中国特色社会主义思想指导各项工作。"习近平生态文明思想是以习近平同志为核心的党中央治国理政实践创新、理论创新、制度创新在生态文明建设领域的集中体现，是新时代生态文明建设的根本遵循和行动指南，标志着我们党对生态文明的

认识提升到一个全新的高度，开创了生态文明建设的新境界。必须牢固树立和践行绿水青山就是金山银山的理念，推进美丽中国建设，建设人与自然和谐共生的现代化，以生态环境高水平保护助推高质量发展、创造高品质生活，建设人与自然和谐共生的美丽中国。

以强化马列主义哲学原理通向理论思维的大门。当前，理论学习存在的问题仍然突出，例如：一方面，把哲学的学习兴趣只放在抽象的理论研究上，从书本到书本，不进入思想，不重视联系实际改造客观世界和主观世界，满足于"空泛""抽象"的"正确""出处"，满足于"抄笔记"，背"概念"；另一方面，把理论的作用绝对化、理想化和夸大化，从理论到理论，既没有能力又不注重运用科学理论的立场、观点和方法去指导实践，解决矛盾，这些对加强党对思想课改革创新的领导不仅无利，而且有害，它妨碍了党的领导和建设中具体问题的正确解决，自我革命不透彻，社会革命难以推进。习近平总书记多次引用了陈云同志的一段话："学习理论，最要紧的，是把思想方法搞对头。因此，首先要学哲学，学习正确观察问题的思想方法。如果对辩证唯物主义一窍不通，就总是要犯错误。"习近平总书记还建议大家读一些马克思主义哲学基本著作，掌握科学世界观和方法论，不断增强工作的原则性、系统性、预见性、创造性。

世界观是人们对于整个世界的总的看法或根本观点。马克思主义哲学成为共产党人的看家本领，是因为它为共产党人提供了认识世界、改造世界的科学世界观和方法论。习近平总书记强调："我们党自成立起就高度重视在思想上建党，其中十分重要的一条就是坚持用马克思主义哲学教育和武装全党。学哲学、用哲学，是我们党的一个好传统。"党中央多次号召党员干部自主开发和保持浓厚的理论兴趣，通过哲学打开通向理论思维的大门。为此，学习和掌握贯穿习近平新时代中国特色社会主义思想的立场、观点和方法需要以集中反映马克思主义科学世界观的基本原理为指导。

全面提升马克思主义学院建设水平。马克思主义哲学，是一门党性很强的学问，是无产阶级求解放的思想武器。马克思主义世界观作为全部马克思主义的思想精髓，指导了一代代马克思主义者的理论和革命实践。延安整风时，毛泽东同志曾把学风同党风并列加以整顿，提出学风不正是没有党性或党性不完全的表现。强化"马院姓马、在马言马"的鲜明导向，主要体现在党性教育上。应把思政课教学作为马克思主义学院的基本职责，将马克思主义学院作为重点学院、马克思主义理论学科作为重点学科、思政课作为重点课程加强建设，在发展规划、人才引进、公共资源使用等方面给予马克思主义学院优先保障。

增强重大题材学习贯彻的针对性。中共中央、国务院印发《关于深化新时代学校思想政治理论课改革创新的若干意见》（以下简称《意见》）和党中央"五位一体"总体布局是党的十八大以来关于新时代学校思想政治改革创新和生态文明建设的重大理论成果、制度成果和实践成果。要组织领导班子成员、思政课教师、专家学者及时学习习近平总书记最新重要讲话精神，及时学习相关文件精神，全面理解和准确把握党中央重大决策部署。要提高政治站位，不断增强思政课教育和习近平生态文明思想的政治性、理论性和亲和力、针对性，壮大思想性、理论性资源供给的社会力量。

加大对教学理论与实践的结合。理论，是人们由实践概括出来的关于自然界和社会知识的系统结论。实践，是产生理论来源所依托的客观存在的事物与情况以及事物变化的本来面貌及其内在规律。我们在强调理论联系实际的同时，必须明确理论即联系实践的产物，同时也是脱离实践转入更深层本质的高度抽象和概括的重要环节，前者是理论的生命源泉，后者是理论升华发展的台阶。"经师易求，人师难得。"思想政治理论课改革创新要充分彰显时代脉动，把握"理论性和实践性相统一""统一性和多样性相统一"的原则，加强课程体系和教材建设，持续提升教学的思想性、理论性和亲和力、针对性。要进一步强化"大思政课"建设，有效克服"硬融入""表面化"等问题，着力在实践育人机制、思路、模式、方法、评价等方面深化优化，在教学实践中，教师要充分发挥自己的主体性，在吃透教材和教学大纲的基础上，将教材体系转化为教学体系，不断提高教育教学的针对性。

（二）教材衔接环节

《意见》把"树立正确世界观、人生观、价值观"列入思政课课程目标整体规划。理论是系统化的世界观，马克思主义理论是马克思主义世界观和方法论的存在形态。习近平新时代中国特色社会主义思想中的世界观和方法论贯穿中国特色社会主义理论和实践的全过程，习近平生态文明思想为辩证对待进入新时代人与自然的关系指明了方向。为此，习近平生态文明思想要与思政课改革创新相结合，才能实现"三进"目标。一方面，把必修课学透、选修课选准。必修课是全世界的马克思主义者都必须学习掌握的马克思主义原著原文原理，特别是在掌握原理上下功夫。要按照《意见》精神，加强以习近平新时代中国特色社会主义思想为核心内容的思政课课程群建设，马克思主义学院全面开设"习近平新时代中国特色社会主义思想概论"课，把习近平生态文明思想作为专题列入概论课；另一方面，探索开发地方教材的体制机制。例如：按照中央《干部教育培训工作条例》关于教育培训机构和师资、课程、教材、经费等相关规定，发挥学院各专业学术优势，加强与地方党校、行政学院、社会主义学院合作，形成合力，做到在教材中及时融入马克思主义中国化时代化最新成果、马克思主义理论学科最新研究进展，开发具有内蒙古特色、学院特色的培训教材，统筹推进思政课课程内容建设，坚持用习近平新时代中国特色社会主义思想铸魂育人具体化、本土化、数字化、人格化。三是加强对不同类型思政课建设分类指导。生态文明建设列入思政课教育将形成符合学院实际特点的思政课类型。学院应坚持开门办思政课，推动生态文明建设实践教学与学生社会实践活动、志愿服务活动、思政学院小课堂等结合，加强与各级党政机关、企事业单位对接，挂牌建立生态文明实践教学基地，完善校内外实验、实习、实践教学机制。同时，加大正面宣传和舆论引导力度，创新育人格局、拓展育人渠道，以实践教学体系创新项目为抓手，通过推进思政课实践教学基地建设协同推进课程思政和思政课程改革，实现思想政治教育与校园文化、社会实践的有机融合。引导学生深入基层开展一系列特色活动,用故事诠释理论、把宣讲落到基层,让"高大上"的思政课落地生根,让思政课从"书里"走进"心里"。

(三) 师资队伍建设环节

办好思想政治理论课关键在教师,关键在发挥教师的积极性、主动性、创造性。全面提升教师在思政课教学同习近平生态文明思想深度融合中的政治高度、理论深度、话语力度、情感温度。一是提高习近平生态文明思想的教学技术、讲授艺术和管理水平。要把习近平生态文明思想列入教学能力培训、专业能力培训、科研能力培训、教育教学理念、教师教育理论和教学技术理论研究内容,列入教学改革与课程建设热点和难点内容,在讲授之前使教师首先对习近平生态文明思想从理论到实践具备较深刻的情感体会,并在教学实践过程中不断优化认知结构、拓宽理论视野、积累教学经验,进而按照符合学生认知规律与接受特点进行诠释解读和二次加工。"没有'人的感情',就从来没有也不可能有人对于真理的追求。"要把美丽中国建设融入学生追求真善美的高层次价值需求中。二是加大生态文明课程项目立项申报。切实加强思政课课题研究和成果交流。把习近平生态文明思想作为一项特色、一流、品牌专业,组织开展国家级社科基金规划项目、教育部人文社科研究项目、自治区级课程项目对接、立项和申报,开展教学重点难点问题和教学方法改革创新等研究,逐步加大对相关课题研究的支持力度,学院要参照设立相关项目加大经费申请和投入力度。三是实行习近平生态文明思想集体备课制度。习近平生态文明思想博大精深,按照《意见》加大思政课教研工作力度要求和建立健全大中小学思政课教师一体化备课机制精神,要借助普遍实行思政课教师集体备课制度,建立习近平生态文明思想以思政课教师为主体的集体备课机制和制度,全面提升教研水平。遴选学科带头人担任课程集体备课牵头人,学院领导干部要积极支持和主动参与。四是建立完善网络备课服务支撑系统。按照《意见》建立纵向跨学段、横向跨学科的交流研修机制要求,大力推进思政课教学方法改革。要以完善思政课网络备课服务支撑系统为纽带，探索整合各学院科技处、国际合作交流处、图书馆、网络信息中心、教师发展中心、学报编辑部等职能部门网络虚拟资源，把习近平生态文明思想作为网络平台建设重要内容，深入开展生态文明建设等相邻学段思政课教师教学交流研讨，提升思政课教师和研究人员信息化能力素养。

向党说句心里话

——写在《微言大义》出版之际的思想汇报

在第二批党的群众路线教育实践活动深入开展之际，我的微博选辑——《微言大义》已由内蒙古人民出版社出版发行。这是我在三个地区担任 11 年组织部部长以来，特别是开展党的群众路线教育实践活动以来，利用互联网，以微博互动形式在边疆少数民族地区传播核心价值观，并通过回应舆论焦点揭示的问题，探讨网络化条件下扩大党组织话语权的尝试。

一

网络拉近人与人之间的距离，但只有深度交流才能走到一起。敢于走向深度，首先登高回望。习近平总书记指出："对领导干部特别是高级干部来说，把系统掌握马克思主义基本理论作为看家本领。"这对学习提出了更高的要求。工作和学习都是人的行为结果，都来自人丰富多彩、千变万化的内心世界。只有学习才能做到"你能看到多远的过去，就能看到多远的未来。"在党的群众路线教育实践活动学习教育环节，大家不仅认识到学习的重要性，也认识到产生工学矛盾的原因。这个原因不只是层次上的差别，更是学习与工作顺序的颠倒。用工作代替学习，看似小事，但危险性更大。因为，工作忙容易得到人们的理解和宽容，也为自己找到再恰当不过的理由。然而，工作的动机不被追问，致使宗旨意识停留在口号上，理论修养止步于门面上，理想信念满足于说教上，党纪党风只顾摆到桌面上。久而久之使一些隐藏在"GDP"背后的动机长期模糊、犹豫、徘徊、动摇，为西方"民主""自由"及各种错误意识形态的侵入造成可乘之机，一些党员干部信仰分化，精神懈怠，有的甚至暗度陈仓，转弯抹角削弱马克思主义。这不仅成为产生"四风"问题的根源，有可能还会成为出现颠覆性错误的隐患。

习近平总书记强调："加强中央政治局建设，必须把思想政治建设放在第一位。"在教育实践活动期间，学习教育，听取意见始终强调要以深化学习教育拓展听取意见的广度和深度，深挖产生"四风"问题的思想根源；对照检查、开展批评始终强调触及灵魂，刺刀见血；开展群众工作，为群众办实事始终强调见人见物见思想，既要解决实际问题，更要解决思想问题。

《微言大义》更多从"第二批"这个层面，进一步分析因逻辑顺序的颠倒造成党的执政资源不经意间惊人的磨损、流失的原因，探讨把锤炼党性、磨炼心性作为教育和衡量党员干部核心标准的新途径。

二

会当凌绝顶，一览众山小。只有站到人类道义的制高点，才能"望尽天涯路"。

党的十八大以来，习近平总书记多次强调要增强党员干部的政治定力，明确指出党员领导干部要坚守政治定力，做到政治信仰不变色、政治立场不动摇、政治方向不偏移。学习理论可以支配、影响、规范动机的方向，并加快进入理性层面，使广大基层干部更加理性地思考问题，更加理性地工作；其次理论还能通过行为的表象提早判断不易暴露的、深层次的、潜在的动机以及由此而产生的社会关系，为有针对性地采取防范措施，完善制度，扎紧"笼子"，明确导向提供信号和依据。当前，在改革进入深水区、涉险滩、啃硬骨头的同时，还要承担遇河架桥，逢山开路的重任。

执法监管部门、窗口单位和服务行业是第二批教育实践活动的重点。"党建带队建，队建促业务"。党建的生命力在于与业务职能相结合。解决群众困难，特别是长期积累的遗留问题、信访积案，要牢记刘少奇同志"相信群众自己解放自己"的观点，牢记列宁"带领群众前进"的观点。党史是行动中的马克思主义。按照中央要求，执法监管部门、窗口单位和服务行业要特别防止用业务知识代替政治理论，因为解决疑难问题不仅需要运用今天发现和发展的智慧和力量，更需要运用党的优良传统积累和储存的智慧和力量。只有这样才能使党建与业务在不同层面、不同环节、不同程度、不同时点结合起来，进而冲破部门利益，形成合力，找到"我是谁"的角色定位，"为了谁"的前进方向和"依靠谁"的力量源泉。而不至于用自我感觉代替群众满意度，甚至用"恩赐""包办""英雄主义"和"实用主义"代替群众工作，有意无意走进新的"死胡同"、产生更多的"无头案"。

当然，学理论不能"一口吃成个胖子"，而要高度重视规律性的程序、过程和阶段性成果。重视理论建设，加强理论学习，培养理论人才为更广泛地调整不同层面、不同群体、不同阶段的行为动机创造最大的可能，从而提升人的社会价值，促进人的全面发展。例如，广大基层干部的朴实、执着、激情、奉献和首创精神需要及时地总结、提炼、尊重和认可，并科学引导广大基层党员、干部深入学习领会习近平总书记系列重要讲话，把理论知识上升为做事情的智慧，进而上升为做人的品格，最终上升为执政的党性。这也是积累、储存和拓展执政资源的基本工作方法。

从根本上说，党建是理论与实践的整合体，人是党建与业务的结合点。马克思说："理论只要彻底，就能说服人。所谓彻底，就是抓住事物的根本。但人的根本就是人本身。"由此可见，产生服务群众"最后一公里"的根本，恰恰是人本身某一方面的素质短板。

《微言大义》从基层干部角度梳理了两个环节的飞跃：一是党的建设必须实现对实践的理性思考才能抓统筹；二是理性思考必须转换成群众语言才能"出自内心，进入内心。"从这个意义上讲，理论不只是精神财富，更是一种对群体行为和物质财富支配形态的话语体系。今天的"德才兼备"来自儒家文化的"厚德载物"。

三

学理论首先要把自己摆进去。理论学习是信仰教育的主渠道，也是产生党性问题的总根源，强化党组织政治功能"本质力量"的基础。习近平总书记指出，共产党员"为了理想信念，就应该去拼搏、去奋斗、去献出全部精力乃至生命"。"四风"问题的本质是党性。理论主要是解决教育对象的"总开关"问题，而教育实践活动教育的重点是领导机关、领导班子、领导干部。干部从理论看群众，群众从实际看干部。干部只有与群众一块过、一块苦、一块干，才能找到群众所需要的、并能够掌握的理论创新的原点。

信念是本，作风是形。有人说，有了信仰，石头在水上也能漂流。对于一个人来讲，特别是党员干部的党性修养、理想信念、宗旨意识、党纪党风就是一种看似无形却胜似有形的神奇力量。理想信念，集中体现了一个人的思想认识和精神境界，从根本上决定了一个人的价值取向和行为选择。马克思指出："理论在一个国家的实现程度，总是决定于理论满足这个国家的需要的程度。"通过党的群众路线教育实践活动，我和广大党员一样，对充满得与失、爱与恨、真与假、美与丑、生与死的前半生进行了一次"回头看"，进而重新回归理想，再一次找到了攀登共产党人精神高地的出发点。在听取意见、谈心交心、对照检查、开展批评和整改落实的过程中，深深体会到，我们是党培养的共产主义战士，"革命理想高于天"是民族地区每一名党员干部必须具备的政治标准和精神支柱，也是唤起各族干部群众对科学信仰的追求与向往的新号角，更是实现"三个离不开"、解决民族问题、促进民族团结的真谛所在。

习近平总书记指出："基层工作创新，就是要把创新的重心放在基层一线，扎实做好抓基层、打基础的工作。"基层工作的创新离不开各民族心灵深处肥沃的文化土壤，而文化的核心是价值观，价值观的核心是信仰。《微言大义》从积极探索筑牢祖国北疆组织安全屏障、文化安全屏障、思想安全屏障和经济安全屏障等形式多样的载体模式入手，以鲜活的基层实践充实和丰富"北疆基层党建长廊"概念体系，使党的建设科学化水平进一步提高。例如，通过介绍新巴尔虎左旗建立农村牧区党员干部现代远程教育蒙语译制基地的案例，向各级党组织提出用少数民族语言开发党性教材资源，加快培养具有共产主义觉悟的少数民族干部的建议。以落实习近平总书记考察内蒙古时的重要讲话精神，高度重视翻译事业，解决民族地区理论传播"最后一公里"问题。

四

切实解决理论学习"灯下黑"的问题。在第二批教育实践活动中，仍然有一些党员干部，特别是领导干部没有认真学习党章。用党章"照镜子"是教育实践活动的总要求。不学党章等于没有镜子，没有镜子就照不出问题，照不出问题就是最大的问题，也是最大的危险。

一个党员有无党章意识，归根结底取决于党员对党章内容的感知、理解及遵循程度之大小。教育实践活动期间，满洲里市委组织开展"万名党员学党章、强党性"活动。通过用党章"照镜子"，我们逐步发现，一些同志把党的建设与党的事业这样一些基本概念混为一谈，进而出现用党的事业代替党的建设的现象，这是概念层面的误解导致行动上出现偏差，致使一些党组织负责人对党的建设说起来重要，忙起来不要，不管党、不抓党、不懂党。

麻绳最容易从细处断。一些同志很少从历史深度、时代宽度和联系的、动态的角度研究支部工作，对所在支部状况没什么责任，也没什么感情，使一些地区包括领导机关在内的支部工作长期处于瘫痪半瘫痪状态。其实，这才是产生"老虎""苍蝇"同一种性质的、最容易被忽视的、最容易"回潮"的，也是最深层次的根源。

习近平总书记指出："革命战争年代以至上世纪五六十年代，这些制度执行起来是很严格的。像党小组生活会，从一般党员到党的领袖都参加，开展批评和自我批评，指名道姓讲问题、提意见、论危害。"支部根植于人民是我们党最大政治优势所在，这是毛泽东思想最伟大的创举。教育实践活动严格落实十八大党章，对党员干部带头过双重组织生活做出详细规定。按照中央关于党的群众路线教育实践活动首先在中央政治局开展的精神，中共中央政治局带头召开民主生活会，常委领导同志带头深入联系点指导领导班子专题民主生活会和专题组织生活会，为全党营造党内生活新常态作示范。

人无信不立，党无信更不立。群众看党员，党员看支部，支部看干部。支部是每名党员获得政治生命的摇篮，是联系服务群众"最后一公里"的桥梁，也是培养好党员、好干部、好领袖的熔炉。支部有力量，党才有力量！

《微言大义》以党章为根本，以"支部五功能"建设为内容，以呼伦贝尔市"百万农牧民创业先导团"和满洲里市离校未就业大学生"虚拟创业"等实践载体为典型，探索通过强化党组织政治属性，壮大社会力量，提高基层党组织组团式服务能力的新路径。

作风建设永远在路上。党的群众路线教育实践活动，使全体党员的党性受到一次洗礼和考验，从中央到地方培养锻炼了一大批管党治党的优秀党务工作者，各级党组织整改落实，建章立制已经明确了路线图、时间表和任务书。这些都为"我们必须准备进行具有许多新的历史特点的伟大斗争"提供了宝贵经验和强大的思想武器！

如何做一名合格的共产党员

——林区"两学一做"学习教育党员领导干部专题党课报告指导提纲

开展"两学一做"学习教育，是落实党章关于加强党员教育管理要求、面向全体党员深化党内教育的重要实践，是推动党内教育从"关键少数"向广大党员拓展、从集中性教育向经常性教育延伸的重要举措，是加强党的思想政治建设的重要部署。目前，林区各级党组织按照内蒙古森工集团（林管局）党委工作部署，坚持"两学一做"学习教育与思想建党、制度治党、教育培训、选人用人的"四个结合"，与改革发展、生态保护、民生改善、社会稳定的"四个融入"，正在扎实推进学习教育。开展"两学一做"学习教育，基础在学，关键在做。如何做一名合格的共产党员，是这次学习教育的着眼点、落脚点。本文结合内蒙古大兴安岭林区基层党组织和党员队伍建设实际，从"明确合格共产党员标准，对照合格党员标准整改不足，合格党员标准具体化"三个方面，阐述如何做一名合格的共产党员。

一、做一名合格的共产党员，必须在思想深处明确合格共产党员的标准

党执政以后，虽然敌我矛盾不再是社会的主要矛盾，但是马克思主义与非马克思主义的对抗、整体利益与局部利益的冲突始终贯穿党的思想政治建设全过程。因此，要通过深入开展"两学一做"学习教育，引导党员多方面多角度辨清现实中的、身边的、自身的非马克思主义行为，进一步在思想上行动上厘清马克思主义与非马克思主义的界线，明确做合格共产

党员的基本标准。当前，对合格党员标准的理解上存在一些突出问题。例如，在概念上把党章和党内规则混同于国家法律，管党治党不是以纪律为尺子，而是以法律为依据，难以体现用党的纪律对党员理想信念、宗旨意识和作风建设的高标准、严要求；在思想上没有认识到从普通群众到先锋战士、从组织上入党到思想上入党是一个不断自我净化、自我完善、自我革新、自我提高的过程，使党员的标准退守到法律底线，从思想境界上降低了党员标准；在实践中许多从严教育、从严管理、从严监督、从严问责的措施失之于宽、失之于松、失之于软，使党员的日常管理出现空档盲区，纪委成了党内的"公检法"，纪律审查成了"司法调查"，党员、干部只要不违法就没人管，对干部"德"的考核只看到底线、看不到上线，造成"要么是好同志，要么是阶下囚"。习近平总书记指出："坚持高标准和守底线相结合。全面从严治党，既要注重规范惩戒、严明纪律底线，更要引导人向善向上，发挥理想信念和道德情操引领作用。"

合格党员的标准是原则的，也是具体的。延安时期，我们党就曾提出"良好的共产党员"的六条标准；改革开放之初，邓小平同志概括了合格党员应该具备的"五种精神"。党的十八大以来，中央在全面从严治党方面采取了一系列重大措施，先后组织开展了党的群众路线教育实践活动、"三严三实"专题教育和这次的"两学一做"学习教育，持续整治"四风"问题和不严不实问题，也为党员合格与否划出了明确的界线。那么，新形势下合格党员的标准是什么？根据习近平总书记一系列重要论述，中央印发的"两学一做"学习教育方案提出了"四讲四有"。讲政治、有信念：强调的是政治合格，就是要对党忠诚，挺起理想信念的"主心骨"，做到在党言党、在党忧党、在党为党、在党爱党。讲规矩、有纪律：强调的是执行纪律，就是要严守党的政治纪律和政治规矩，增强组织观念、服从组织决定，知敬畏、明底线、守规矩。讲道德、有品行：强调的是品德作风，就是要明大德、守公德、严私德，传承党的优良作风，弘扬中华传统美德，践行社会主义核心价值观，坚守共产党人的精神家园。讲奉献、有作为：强调的是发挥作用合格，就是要践行党的宗旨，保持为民本色，敢于担当、勇于负责，在推进改革发展稳定中当标兵、作模范。

这"四讲四有"，与好干部 20 字标准、"三严三实""四个铁一般"、忠诚干净担当等要求是内在一致的，是每一名党员衡量自己、检视自己，树立共产党员先锋形象的标准。林区广大党员要结合实际，从以下几个方面来深刻理解"四讲四有"标准。一是合格共产党员必须政治坚定。广大党员要深刻认识到，贪腐的思想根源首先是理想信念动摇，信仰迷失，精神迷茫。党的十八大以来，以习近平同志为核心的党中央举旗亮剑，反腐倡廉工作取得了重大成果。但"四风"反弹回潮及基层干部不作为、"蝇贪蚁腐""微腐败"等现象仍然很严重，不仅使老百姓深恶痛绝，而且这些党员特别是党员干部正在滑向政治上背叛党的危险道路。因此，把政治纪律和政治规矩挺在前面，对于暂时还没有突破底线的党员干部咬耳扯袖、红脸出汗，使其幡然醒悟、悬崖勒马，就显得格外重要。二是合格党员必须立场正确。党性说到底是立场问题，是根本性问题，是党员干部立身、立业、立言、立德的基石。人的一生其实只做两件事，一个是选择什么，一个是拒绝什么。马克思主义是为多数人谋利益的，所以永远站在人类道义的制高点。共产党员就是为多数人谋利益的，应该站在人民的立场，从自己每一个言行举止的选择与拒绝中精准体现合格与否的界线。在丰富多彩的社会实践活动中，党员必须立场鲜明，毫不含糊，在是与非、公与私、真与假、实与虚的选择和拒绝过程中，善于用马克思主义的立场、观点、方法去认识问题、发现问题、解决问题，在平常时候看得出、关键时刻站得出、危急关头豁得出。这是从立场的选择上看党员合格与否的标准。三是合格党员必须坚持公道。公道就是公正的道理，大公无私的道理，不偏不倚、公平合理地处置事情。公道是我们党开展一切工作的目标和切入点，是思想政治建设的精髓，是每名党员最基本的道德品质要求。要从日常小事之中体现公道，使公道成为社会风气，凝聚起倡导公道、体现公道的正能量。要按照"对己清正、对人公正、对内严格、对外平等"的要求来规范行为，以公道的力量赢得人民群众的信赖，增强人民群众对党的信心。四是合格党员必须讲奉献。《中国共产党章程》规定：

"坚持党和人民的利益高于一切，个人利益服从党和人民的利益，吃苦在前，享受在后，克己奉公，多做奉献。"这是对合格共产党员的基本要求。陈云同志在《怎样做一个共产党员》中说："每个共产党员都要把革命的和党的利益放在第一位，以革命的和党的利益高于一切的原则来处理一切个人问题。"当前，作为党员，面对血与火、生与死的考验少了，面对个人利益与党的利益、国家利益、集体利益、群众利益之间取舍的考验多了。在这样的考验面前，有的党员做得很好，他们自觉以个人利益服从党和国家的利益，必要时宁可牺牲个人利益，把"索取值"选择为最小，把"奉献值"选择为最大。但也有一些党员，片面强调个人得失，以是否对个人有利作为处理个人和社会关系的唯一标准，不仅不肯吃亏，反而想占单位或他人的便宜。我们党从来承认党员有正当的个人利益，但是如果个人利益与党和国家的利益发生冲突，党员应当无条件地服从党和国家的利益。五是合格党员必须注重日常言谈举止。党员的一言一行不仅代表个人，还代表着党的形象，人民群众往往是通过身边党员的表现来了解党、认识党。所以，党员要从日常处着手，从点滴中做起，从小事上破题，从细节上加分，养成良好的作风，做好党的形象代言人。作风看似抽象，实则具体，实实在在体现在每一名党员的具体工作和日常言谈举止上。"大节不可失，小节不可纵"，党员要充分认识到自己身份的特殊，以"君子检身，常若有过"的态度，坚持慎独慎微，勤于自省，严于律己，人前人后一个样、八小时内外一个样、有无监督一个样，严格遵守"五个必须"，做到常修为政之德，常思贪欲之害，常怀律己之心，带头弘扬正能量，引领良好的社会风尚。

当一名共产党员，首先要解决好政治合格问题。不懂马克思主义基本原理，不学习党的创新理论，不信奉党的政治主张，不是一名合格的共产党员；不履行党章规定的党员义务，不遵守党规党纪，也不是一名合格的共产党员。林区广大党员领导干部必须深刻认识到，要读懂中国的发展战略，离不开读懂中国共产党，中国特色社会主义最本质的特征就是中国共产党的领导。因此，根据中央"两学一做"学习教育"分类指导"的工作部署和党员领导干部"一岗双责"要求，要把懂不懂党作为党员领导干部是否合格的重要标准。

二、做一名合格的共产党员，必须对照标准不断整改自身不足

从总体上看，林区党员队伍的主流是好的。但是，我们要清醒地认识到，对照合格党员标准和中央"两学一做"方案提出的"五个着力解决"，林区党员队伍中不同程度地存在一些问题，有的还比较严重。概括起来有以下几个方面：在理想信念方面，一些党员对共产主义缺乏信仰，对中国特色社会主义缺乏信心，修身不真修、信仰不真信。在理论建设方面，一些党员把理论建设仅仅作为一种学习任务，缺乏用理论武器解决实际问题和在实践中总结提炼理论成果的能力。一些党员学习政治理论存在功利主义思想，正如刘少奇同志指出："在他（指某些同志）学习马克思列宁主义理论的时候，不是用马克思列宁主义的原则去批判他思想意识中的这些旧东西，相反，他企图用马克思列宁主义的理论作为达到他个人目的的武器，甚至用他原来的成见去歪曲马克思列宁主义的原则，因而他就不能够正确理解马克思列宁主义的原则，不能够掌握马克思列宁主义的精神和实质。"在党员意识方面，一些党员组织纪律散漫，不能按照规定参加"三会一课"等党的组织生活，尤其是少数党员领导干部不能严格执行"双重组织生活"规定，不参加所在支部的组织生活，即使参加也是流于形式，没有以普通党员身份与支部的同志们平等交流。在宗旨意识方面，一些党员在推进"十个全覆盖"等工作中，往往以完成上级任务为目标，没有把坚持人民群众主体地位作为推动工作的思维导向，忽视了群众的利益和主观能动性。在责任担当方面，一些党员面对林区信访稳定工作出现的新问题、新情况不闻不问，认为这只是信访部门的事，甚至一些领导干部也认为自己不分管信访工作，有回避心理。一些党员在推进国有林区改革工作中，存在"等、靠、要"现象，有的因为改革任务艰巨而产生顾虑、畏

难、拖延的情绪，还有的保持"大锅饭""铁饭碗"观念，存在坐等改革成果的思想等。

针对上述问题，林区广大党员要在"两学一做"学习教育中，坚持从理想信念找出发的原点，从干事创业找规律的起点，从灵魂深处找"四风"问题与"四个危险"的联系点，从身边小问题看清大问题，认真反思自身存在的差距，从以下几个方面弥补短板，努力做一名合格共产党员。

第一，解决政治方向的问题，把讲政治体现在推进林区重点工作之中。习近平总书记指出："各级干部特别是领导干部要善于从政治上看问题，站稳立场、把准方向。"坚持正确的政治方向，不能华而不实、空喊口号，关键要让政治立场和政治原则转化为言必行、行必果的工作准则和具体要求。当前，林区面临"十个全覆盖"等重点工作，广大党员要把"坚持人民群众主体地位"作为最根本的政治方向，认真履行政治责任、社会责任，以强烈的责任担当和扎实的举措办法，为推进重点工作作出贡献。要通过组建"十个全覆盖党员工作队"等方式，在工程建设的主战场上攻坚克难，动员群众、组织群众、为了群众、依靠群众，摒弃"恩赐""包办"思想，把群众真正作为"十个全覆盖"工作的主体，赢得群众的支持，壮大社会力量。党员干部要发挥带头作用，走出机关、走入基层、走近群众，在工程推进过程中，随时对照党章要求和职工群众期盼，检视并整改自身存在的"四风"问题和不严不实问题，不断增强党性意识和群众观念。要针对服务对象多元化、利益诉求多样化、矛盾纠纷复杂化、媒体传播快速化等群众工作新特点，坚持重点工作推进到哪里，思想政治工作就跟进到哪里，深入群众之中开展阵地式、菜单式、谈话式、演讲式、示范式、网络式、组团式、课堂式、演讲式、体验式、零距离式等理论宣讲活动，让群众掌握党的理论，激发群众"我要干"的内生动力。要充分发扬民主，建立涉及群众切身利益问题协商制度，依法保障群众权益，引导群众树立起建设美丽林区的主人翁意识。

第二，解决不守规矩的问题，把讲规矩体现在严肃组织生活之中。对于党员来说，严肃组织生活是最基本的政治规矩。《中国共产党章程》第一章第八条规定："每个党员，不论职务高低，都必须编入党的一个支部、小组或其他特定组织，参加党的组织生活，接受党内外群众的监督。"习近平总书记在参加所在党支部的组织生活会时指出："共产党员这个称号，是一个组织称号，在组织里的人，就要过组织生活，不参加组织活动的人，也就脱离党了。"在"两学一做"学习教育中，林区各级党组织和广大党员要按照中央方案提出的"以党支部为基本单位，以'三会一课'等党的组织生活为基本形式"要求，通过党组织把党员集合起来，把集结号吹起来，把党支部作为全面从严治党的基本单元，充分发挥党支部在党员队伍管理中的基础性作用。广大党员要严格遵守"三会一课"制度，认真参加党支部、党小组的集中学习讨论，在讨论中要把自己摆进去、把职责摆进去、把实际思想和工作摆进去，自觉在组织生活之中接受教育和监督。要在支部联系实际讲党课，注重运用身边事例、现身说法，使讲党课成为提高认识、凝聚共识、增强党性、强化自觉的过程。党员领导干部要认真落实双重组织生活制度，在支部带头进行党性分析，带头查摆问题，带头征求意见，带头开展批评和自我批评，带头针对突出问题进行整改，使支部组织生活成为在基本观点、价值观层面进行深度交流交锋的过程，让真正的党内民主回归支部。要以党支部为单位开展民主评议党员，党支部综合民主评议情况和党员日常表现，确定评议等次，对优秀党员予以表扬，稳妥慎重处理有不合格表现的党员，对确实严重违背党章党规的，该处置的处置，该清理的清理。同时，党员要借助网络媒体平台，利用网络媒体的即时性、低成本、扁平化等特征，在外出期间通过网络参加支部组织生活、参与党内事务，并通过网络开展民主监督，实现组织生活常态化。

第三，解决政治品德的问题，把讲道德体现在坚定理想信念之中。德是为人类提供行为指引的人生法则。共产党员的德主要是指政治品德，突出表现在理想信念是否坚定上。习近平总书记指出："理想信念就是共产党人精神上的'钙'，没有理想信念，理想信念不坚定，精神上就会'缺钙'，就会得'软骨病'。"各级党组织要把对党员德的考核摆在突出位置，把握不同党员的思想动态和行为特征，细化德的概念体系，通过立体考察、透视甄别、切片化验、会诊辨析来强化德的考核，区分党员在理想信念上的差别，把德在党员标准和干部标准中的优先地位和主导作用，贯彻到党员教育管理、干部选拔任用工作的全过程，体现到培养教育、管理监督、激励约束的各个方面，使政治品德真正融入党的思想政治建设的核心内容。广大党员要深刻认识到，德是一种境界，理论是提高境界的阶梯，要树立"革命理想高于天"的理想信念，就要不断加强政治理论学习。要认真学习马克思主义经典著作，把马克思主义理论的源泉学习、研究、领会好，同时要在了解掌握林区具体情况的基础上，认真学习习近平总书记系列重要讲话，用重要讲话精神来指导实践、推动工作。要注重理论创新，这是中国共产党在革命、建设和改革不同历史时期付出不小代价才领悟到的真谛，因为不断变化的现实使中国共产党必须对一些重大问题有自己的说法，由此不得不进行理论创新。林区开发建设以来，为国家作出了重要贡献，但是也有许多历史遗留问题需要作出回应和解决，所以我们林区也必须进行理论创新，深入提炼总结各级党组织、广大党员的实践规律和执政规律，把赋予时代特征的理想信念本土化，变成让群众容易理解和掌握的理论，进而成为解决林区实际问题的思想武器。就像马克思在《黑格尔法哲学批判》导言中所指出的：理论一经掌握群众，也会变成物质力量；而理论只要说服人，就能掌握群众。

第四，解决担当不够的问题，把讲奉献体现在主动作为上。习近平总书记强调："不能把理想信念只当口号喊，严格纪律规矩必须架起高压线，依法办事才能正确用权，求真务实要经得起历史检验。领导干部要把理想信念时时处处体现为行动的力量，树立起让人看得见、感受得到的理想信念标杆。""凡是有利于党和人民事业的，就坚决干、加油干、一刻不停歇地干；凡是不利于党和人民事业的，就坚决改、彻底改、一刻不耽误地改。"这些一针见血的论述，既是对广大党员、干部的殷切希望和要求，更是给那些碌碌无为、当一天和尚敲一天钟的不想作为、不愿担当者敲响了警钟。林区广大党员要把思想和行动统一到森工集团（林管局）党委的决策部署上来，时刻保持敢想敢干的魄力、敢作敢为的胆识、敢闯敢试的勇气，对事业尽心、对工作尽力、对岗位尽责。要按照职责分工把应该承担的工作主动担起来，把需要配合的工作主动补上去，确保每一项工作都有人管、有人扛、有人落实。要主动到矛盾突出的基层去，到困难较多的一线去，到难点焦点问题集聚的地方去，冲锋在前、攻坚克难，在艰苦实践中锤炼能力、砥砺作风。要自觉践行"三严三实"要求，真抓实干，看准的事情一抓到底，定下的工作雷厉风行，彻底转变抓而不紧、浮于表面、拖拉推诿、效率低下的风气，沉下心、出真力、高效率、高质量地落实工作，锲而不舍、久久为功，努力创造经得起群众检验的实绩。对那些不想作为、无所作为、虚言虚行、坐等观望、遇事退避的庸官、懒人，对那些意志不坚定，甚至持有悲观主义论调的人，要加大问责追究、调整岗位等工作力度，让肯干能干的人得到肯定，让滥竽充数的人现出原形。

三、做一名合格的共产党员，必须结合实际把合格党员标准具体化

合格党员的标准不是单方面的，而是一个多方面、分层次的立体系统，是党的纯洁性和先进性的具体表现。在特定时期和特定基层党组织，会根据党和国家的形势任务要求，凸显党员标准的某个方面，这就是党员标准的具体化过程，需要通过每名党员在本职岗位上出色完成组织交给的各项工作任务来体现。回顾林区开发建设 60 多年的历程，先辈们筚路蓝缕，践义成仁；如今，后人继承其志，燃灯前行。在这片广袤林海之中，一代又一代优秀的共产党人带领群众栉风沐雨、爬冰卧雪。他们中有任劳任怨的"采集装贮运"林业工人，有风餐露宿的森调队员，有英勇顽强的扑火队员，有以林为家的森林管护和营林人员，有刻苦钻研的林业科技工作者，也有艰辛探索党执政规律的党务工作者。像崔曾女、武伦佑、刘立会、颜士文、张佰忍、顿福森、蒋丽娟、张重岭、张金华等，他（她）们用"艰苦奋斗、无私奉献"的大兴安岭人精神为林区党员标准的与时俱进

注入了鲜明的时代内涵。

党员标准不是抽象的概念和理论，而是看得见、摸得着的具体标准，具有可落实、可操作、可量化的具体规定性。例如，党员标准体现在根据不同职责任务制定的林区《2016年度绩效考核责任书》之中，同时也体现在完成这些职责任务的党员个体的工作效率、精神状态、行为表现之中。党员标准具体化，又表现为对不同层级、不同岗位的党员个体要求的差别性。又如，根据党员领导干部身负重任、地位突出、权力集中、影响广泛的职业特点，《中国共产党章程》第六章第三十四条对党的各级领导干部提出必须具备的六条基本条件，就比普通党员的标准更严格。

把合格党员的标准具体化，是使党的先进性纯洁性接"地气"的重要端口和环节。对于林区广大共产党员来说，既要依据党章规定和中央要求，着力解决在思想、组织、作风、纪律等方面存在的问题；又要结合林区实际，把合格党员的标准与丰富多彩的林区改革发展实践相融合，不断带领职工群众在全面建成小康林区的道路上前进。一是把合格党员标准与推进国有林区改革相融合。国有林区改革是中央的决定，是林区当前最大的政治任务。林区每一名共产党员必须深刻认识到改革的特殊意义和重要性，不断增强政治意识、大局意识、核心意识、看齐意识，时刻在思想上行动上同党中央保持高度一致，真正把自己摆到国有林区改革的大局大势之中，发扬"钉钉子"精神，敢啃"硬骨头"，敢于涉"险滩"，始终保持砥砺奋进、奋发有为的精神状态，争做改革的带头人、推动者、促进派。各级党组织要切实把推进改革、落实改革任务的成效，作为检验党员责任担当、能力水平、品德素养、精神风貌的试金石，作为培养干部、锻炼干部、使用干部的重要依据，组织引导广大党员立足岗位、履职尽责，在推进国有林区改革的事业中发挥先锋模范作用。二是把合格党员标准与推进民生改善相融合。推进民生改善，是国有林区改革最基本的目标和任务。林区广大党员一定要在改革转型的实践中不断转变发展理念，提高自身的技能和业务素质，增强为职工群众服务、带领职工群众致富的本领与能力。要转变故步自封的观念和"大木头经济"思维，牢固树立并切实贯彻创新、协调、绿色、开放、共享的新发展理念，更好地推动发展方式转变，提高发展质量和效益，带领职工群众朝着共同富裕的方向稳步前进。要清醒认识到自己面对新形势新任务的知识短板、技能短板，要有"本领恐慌"意识，不断提高转型发展的能力素质，把为职工群众服务的思想转化为实实在在的行动，使改革红利、发展成果全面惠及林业职工群众。三是把合格党员标准与推进生态建设相融合。党的十八大将生态文明建设纳入中国特色社会主义事业"五位一体"总体布局，并写入党章，使生态建设成为党执政的重大战略。林区是生态文明建设的承接主体，加强生态保护与建设是林区改革的方向，是务林人安身立命所在。林区广大党员必须不断加深对生态建设的理解和宣传，认清所肩负的生态建设重任，聚焦森林管护、森林经营、森林灾害防控等生态主业，加大保护建设力度，在建设"生态文明先行区"的实践中做"领跑者""排头兵"，力争在生态建设中走在全国前列，做靓林区"生态名片"，展现林区共产党员的风采。四是把合格党员标准与维护社会稳定相融合。只有社会和谐稳定，林区才能更好地改革发展。林区广大党员要把维护社会稳定作为一项重要工作，充分发挥"宣言书、宣传队、播种机"作用，按照党章要求做好群众思想政治工作，最大限度把群众的合理诉求解决落实到位、生活困难帮扶救助到位、焦点问题解释疏导到位，凝聚起推进改革发展、维护社会和谐稳定的共识和力量。要坚持把维护稳定的功夫下在平时，在日常工作和生活中，要善于同职工群众联系并抓住关键群体，善于从思想上教育和引领群众，善于通过各种形式把群众组织起来，善于让群众感受到主人翁的责任和荣誉，为改革发展营造平安稳定的环境。

共产党员既然宣誓为党的事业奋斗终身，就会面对如何始终保持合格的问题。"合格"是个无尽的过程，做合格共产党员永远在路上。广大党员要深刻认识到，昨天合格，今天未必就合格；今天合格，明天不一定仍然合格。要时时对照党章反躬自省，把自己摆进去，敢于直面问题，看看是否做到了党章规定的党员标准，是否履行了党章规定的党员义务，努力做一名合格的共产党员。

"两学一做"解决基层党组织
四个方面的突出问题
——在"学习习近平总书记关于党的建设的
重要思想研讨会"上的发言提纲

内蒙古大兴安岭林区是全国四个重点国有林区中面积最大的森林生态功能区，总面积 10.67 万平方公里，地跨内蒙古自治区兴安盟、呼伦贝尔市的 9 个旗市、25 个乡镇。林区共有党员 10 万多名，涉林人口近100 万，其中内蒙古森工集团（管理局）党委在册党员 2.7 万名、职工9.4 万名。

在庆祝中国共产党成立 95 周年之时，笔者与北京地区的广大党务工作者一起，应主办方中国浦东干部学院社会主义研究院、党建先锋网编委会、全国基层党建研究中心和承办方北京市委社会工作委员会、北京先锋社区党建研究中心的邀请，参加了"学习习近平总书记关于党的建设的重要思想研讨会"，共同探讨党的思想理论建设问题。

党的十八大以来，以习近平同志为核心的党中央，在推进全面从严治党方面采取了一系列重大举措，惩治腐败、整治"四风"，并通过"三严三实"专题教育引导广大党员干部向不严不实突出问题这一灵魂深处的非马克思主义行为持续开刀，取得了重大成果。党的群众路线教育实践活动、"三严三实"专题教育和"两学一做"学习教育是全面从严治党步步为营、环环相扣的组合拳，特别是当前开展的"两学一做"学习教育，从强化党的基层组织本体功能着手，旨在解决一些党委（党组）领导职能与支部的组织功能长期脱节的问题。

一、把好组织生活关，切实解决支部建设"灯下黑"的问题

当前，一些党委（党组）管干部不管干部所在的支部，支部书记管不了比职务自己高的党员，从而使党的领导机关、领导干部所在的支部建设出现"灯下黑"，有的甚至形同虚设。支部建设弱化、虚化、边缘化，使党群关系出现"夹层"，进而严重威胁到党的执政地位。在学习习近平总书记党的建设思想研讨会上，北京德恒律师事务所党委书记、主任王丽同志讲了一句话："看透了才能引领。""两学一做"学习教育要以党支部为基本单位，以"三会一课"等党的组织生活为基本形式，以落实党员教育管理制度为基本依托，针对领导机关、领导班子和党员干部、普通党员的不同情况做出安排工作。支部是每名党员获得政治生命的摇篮，也是塑造政治灵魂的熔炉。党管干部说到底就是管灵魂、管方向、管思想和行动"总开关"。管住灵魂才能管住行动。所以，开展"两学一做"学习教育，要从领导干部的第一身份、第一职责着手，用支部的灵魂塑造功能、方向引领功能、民主监督功能、社会服务功能、总结提炼功能来教育、规范、影响和支配每一名党员的行为，使中央全面从严治党的要求落实到每一个支部、每一名党员。"三严三实"专题教育开展以来，内蒙古森工集团（林管局）党政主要领导带头走进支部，自觉在政治生命的摇篮之中接受党组织的培养教育和广大党员的监督，带动两级班子成员以普通党员身份参加所在党支部的集中学习达到5000余人次，把严格党内生活的要求真正落实到了实处。突出支部组织生活的政治功能，避免组织生活庸俗化。党委组织部党支部严格落实延安整风精神，坚持问题导向，认真召开组织生活会，围绕"严格党内生活，深化作风建设"主题，党员干部实心实意、真刀真枪在基本观点、价值观层面进行了深度的交流，使真正的党内民主生活回归到支部组织生活之中，为林区支部建设树立了标杆、提供了经验借鉴。

二、把好理论建设关，切实解决支部政治功能弱化问题

把管党治党责任交给支部。胡耀邦同志曾写道："如果你是支部书记，你在支部里就是'上'。如果你是县委书记，你在县里就是'上'，还等什么别的自上而下？不是提了一个口号，叫作'从我做起'吗？就是要自上而下，以身作则，不抓紧自己不行。"这是对在党内建立同志式的平等关系最透彻、最具体的解读。党员领导干部只有坚持过双重组织生活，才有可能按照党章的要求，在支部这个层面上"建立同志式的平等关系"，领导干部才能经常听得到真话，并在潜移默化中培养群众感情，建立群众观点，支部才能真正成为联系群众、凝聚人心的桥梁和纽带。三湾改编时期，毛泽东同志指出，"抓住了士兵就是抓住了军队"，并以身作则，亲自做士兵赖玉生的入党介绍人，在吸纳新党员的支部会上带头领读入党誓词。支部建在连上，不是权力的延伸，而是用公道和正义凝聚人心，使支部的思想政治工作逐步成为连队的"心脏"，广大党员自上而下的集体智慧逐步成为军队的"头脑"。这就是党指挥枪的源头。所以，推进全面从严治党向基层延伸，一方面要从领导职能上抓责任，另一方面更要从党员的职责上摸人头，而支部将成为摸人头的责任主体，因而也成为管党治党责任主体的基本单元。习近平总书记指出："对马克思主义的信仰，对社会主义和共产主义的信念，是共产党人的政治灵魂，是共产党人经受住任何考验的精神支柱。"党员的教育培训，党组织是责任主体。他们的理论功底、知识储备、对执政规律的深化、思想道德的培养以及政治灵魂的塑造，都要在支部积累、提升和形成。因此，基层组织是完成这一伟大工程的责任主体，各级党委书记是第一责任人。毛泽东同志在延安在职干部教育动员大会上提出"要把全党变成一个大学校"，并指出："全党的同志，研究学问，大家都要学到底，都要进这个无期大学。"理论是信仰的载体，也是产生党性问题的总根源，是强化党组织政治功能"本质力量"的基

础。要以学习型党组织建设为载体，把理论队伍建设作为优化干部队伍结构的重要方面，把加强干部的理论修养和政务素质作为优化素质结构的重要导向，要把支部作为守护共产党人的精神高地、聚集和传播正能量的重要平台。内蒙古森工集团（林管局）党委在"两学一做"学习教育中把牢党员干部"总开关"，不断提高自我净化、自我完善、自我革新、自我提高的能力。引导党员在思想上把党章作为人类道义制高点的象征，对照党章党规查找宗旨意识、工作作风、廉洁自律方面的差距，使学习党章、践行党章成为党员干部的思想和行动自觉。认真组织学习习近平总书记重要讲话精神，打造林区党性教育基地，举办各类政治理论专题培训班，使党员干部在思想深处"加"上党性修养、理想信念和宗旨意识，"减"去存在的理想信念动摇、信仰迷茫、精神迷失等问题，"学"带着问题学，"做"针对问题改，真正做到对党忠诚、个人干净、敢于担当，做合格的共产党员。习近平总书记指出："没有远大理想，不是合格的共产党员；离开现实工作而空谈远大理想，也不是合格的共产党员。"这为我们每个共产党员在新的历史条件下进一步深刻认识理想信念的重大意义、始终坚守"革命理想高于天"的价值取向和崇高追求、自觉做共产主义远大理想和中国特色社会主义共同理想的坚定信念者和忠实践行者进一步指明了方向。

三、把好政治品德评价关，切实解决干部管理监督缺失问题

一个人品德塑造的决定因素是一个人所处时代和社会的核心价值观。但一个人从自然人向社会人过渡的过程，离不开连接个体与群体之间的一种载体作为纽带。支部根植于人民，是党同人民群众血肉相连的桥梁和纽带。群众观处于共产党人政治品德的核心地位。因而，支部不仅是塑造政治灵魂的熔炉，更是对塑造过程进行日常管理和监督的显微镜。因为，对品行的了解和体验莫过于生活在一起的"家里人"。党章规定，党的基层

组织的基本任务是对党员进行教育、管理、监督和服务。监督党的任何组织和任何党员是党章赋予每一名党员权利，在基层党组织建设监督防范体系也是干部监督工作的新任务、新要求。提高党员主体地位，强化支部监督功能，能够在很大程度上弥补一些职能部门对社会性工作顾不过来时出现的空白和漏洞。同时，随着干部人事制度改革的深化，对政治品德差异性评价将成为领导班子和领导干部考核制度的重要组成部分，使党委的"指挥棒"职能和与支部的是非颠倒"显微镜"功能相辅相成，交相辉映，同向发力，定向发力。坚定马克思主义科学信仰，是强化党组织政治功能的基础和前提，所以要把坚定政治信仰作为衡量干部政治品德的首要标准。看一个干部的德，首先要看是否忠诚于党和人民，正确对待个人利益，还要看在社会价值多元化的今天，能否勇于以道德的力量维护组织的整体价值免受挑战、威胁和破坏。在考察材料中，用个性化的语言具体描述干部"德"的表现，形成准确鲜明的意见，在政治品德、社会公德、职业道德、家庭美德等方面，反映出领导班子和干部以德修身、以德服众、以德领才、以德润才的差别。内蒙古森工集团（林管局）党委在干部民主推荐、考察、年度考核等工作中，领导干部所在党支部的书记和党员必须参加测评、谈话等环节，领导干部所在党支部要向党委出具干部"德"的评价材料，用个性化的语言具体描述干部"德"的表现，形成准确鲜明的意见，作为干部选拔任用的重要依据。同时，把领导干部所在党支部建设状况纳入领导班子和干部考核体系，重点考核领导干部所在党支部组织生活是否规范、党员主体地位是否提高、党组织负责人是否具备处置不合格党员的能力、党内民主是否改善等，通过支部工作看每名领导干部的第一身份、政治身份是否合格。如果支部存在软弱涣散现象，首先对领导干部进行追责问责。

四、把好网络阵地关，切实解决"网络恐慌"问题

网络已经深刻影响到我们的工作和生活，同时也深刻影响着党的执政

行为。网络已经不是某一个部门的专利，而是人人都有可能拥有公众麦克风，人人都有可能成为公众发言人。占领网络阵地，最终要靠马克思主义理论。扩大网络化条件下党组织的话语权是新时期党的建设的重要特征。有效话语权需要解决制造和传播两个环节，才能达到渗透和改变的目的。要通过微博、微信等网络阵地，宣传主流意识形态，传播核心价值观，回应新时期基层党组织建设的社会关切。为此，内蒙古森工集团（林管局）党委在传播上通过与"先锋 e 党建"等网络系统探讨开发"互联网+支部"传播平台，同时还充分发挥林区 1781 个支部的"宣传队、播种机、宣言书"政治功能，积极整合党建资源，加强理论建设，广泛建立线上线下制造话语机制，实现线上线下深度融合。党的建设历史告诉我们，以马克思主义为指导思想的中国共产党及每一名党员，只要为多数人谋利益的立场不变，我们将永远站在人类道义的制高点，这是搞好网络党建的根本保证。

• 党性教育是科学世界观和方法论的综合反映

坚守共产党人的崇高信仰

习近平总书记指出："对马克思主义的信仰，对社会主义和共产主义的信念，是共产党人的政治灵魂，是共产党人经受住任何考验的精神支柱。"马克思主义认为，信仰与思想一样，是人所特有的一种属性。"信仰"这个词，是指对某种主张、主义、科学、宗教，或人、物极其信服、尊重和崇敬的态度，以此作为自己行动的指南和榜样。对个人来说，信仰是人生的精神支柱；对政党来说，信仰是凝聚和鼓舞全体成员的精神旗帜；对国家和民族来说，信仰是社会经济不断发展、实现振兴的精神动力。政党因信仰而产生，在中华民族面临救亡图存的历史关头，中国共产党因追求马克思主义信仰应运而生，也因对共产主义伟大理想和复兴中华民族伟大复兴的坚定信念而成为领导我们事业的核心力量。信仰是政党的灵魂，也是每名党员思想和行动的总开关。无论任何时候，都要把信仰建设作为党的建设的制高点，并使其贯穿全体党员和党员所有行为的全过程。

信仰的分化是当今社会的重要现象，党内出现精神懈怠的危险也更加尖锐地摆在全党面前。深入学习贯彻党的十八大精神，为民族地区推广普及马克思主义信仰理论最新成果指明了方向，也必将不断唤起人民群众对科学信仰的追求和向往。

一、深刻领会理论

理论是信仰特有的存在形态，也是产生党性问题的总根源，是强化党组织政治功能"本质力量"的基础。然而，现实中马克思主义被淡化、边缘化的情况不容忽视。理论成了一些党员干部的多余品、点缀品，个别党员干部甚至转弯抹角地削弱它。理论工作流于形式，造成党的执政资源在不经意间磨损、流失。

我们今天谈的理论，不是空洞的理论，而是我们党在领导中国革命、建设和改革的伟大实践中，把马克思主义基本原理和中国具体实际相结合的产物，是能够让各族干部群众掌握的属于自己的理论。毛泽东同志指出："真正的理论在世界上只有一种，就是从客观实际抽出来又在客观实际中得到了证明的理论，没有别的东西可以称得起我们所讲的理论。"马克思主义代表工人阶级和劳动人民的鲜明政治立场，使它无可争辩地站在了人类道义的制高点。从这个意义上讲，马克思主义是很朴实的道理。

党的十六届三中全会以来，"以人为本"成为党的建设和党执政的核心理念。马克思主义认为"人是一切社会关系的总和"。共产党员是党的肌体的细胞和党的活动的主体。党员是具有共产主义觉悟的先锋战士，也是具有马克思主义观点的社会人。党员的这种特定的政治身份不是空洞的、不可捉摸的，而是要通过党员的先锋模范作用具体体现出来。因此，党的建设着眼点在党员，更在党员的具体行为。在深入开展学习实践科学发展观活动和创先争优活动中，内蒙古自治区呼伦贝尔市各级党组织和广大党员按照中央和自治区党委的统一部署，结合本地区本部门实际，大胆探索党性教育与实践创新的内在规律，提出"党的理论具体化，党员行为科学化"的理念。主要包括三个方面的含义：一是党的理论具体化。各级党委及广大共产党员努力把党的理论与自己的思想实际和具体实践相结合，在抓落实的过程中，使党的理论变成各项路线、方针、政策，具体化到千家万户。如果不懂得理论实质，具体化就是一句空话，甚至误导基层。二是正确的立场、观点是党员行为科学化、具体化的基本标准。党员在有序推进基层组织建设年活动中，自身的理论修养和实践能力不断提高，从而体现全党共同理想信念的立场、观点越来越鲜明、具体。三是提炼"烙印"的意识不断增强。毛泽东同志在《实践论》中指出："在阶级社会中，每一个人都在一定的阶级地位中生活，各种思想无不打上阶级的烙印。"党的建设不只是工作更是科学，而且是一种蕴含在人们日常生活及社会现实中最为普遍的科学。党员的一项严肃的政治责任就是要从日常琐事和人情世故中提炼贴近凡人生活的智慧，用来支配、影响、规范更多人的行为。

习近平总书记在中央党校建校 80 周年庆祝大会暨 2013 年春季学期开学典礼上指出："首先要认真学习马克思主义理论，这是我们做好一切工作的看家本领，也是领导干部必须普遍掌握的工作制胜的看家本领。"并强调："领导干部学习，要正确把握学习的方向。忽视了马克思主义所指引的方向，学习就容易陷入盲目状态甚至误入歧途，就容易在错综复杂的形势中无所适从，就难以抵御各种错误思潮。没有正确的方向，不仅学不到有益的知识，还很容易被一些天花乱坠、脱离实际甚至荒唐可笑、极其错误的东西所迷惑、所俘虏。"在深入学习实践科学发展观活动和创先争优活动中，我们要求每一名党员干部记民情日记。日记本身不一定都有理论价值，重要的是从日记中看出生活规律和实践规律，更看出一个人选择和拒绝过程中的行为规律，因为在所有事实面前无论选择什么，都是一种世界观的反映。例如，呼伦贝尔市认真分析新形势下党员的行为规律和特点，坚定不移地用马克思主义理论规范党员行为，并以党员具体行为为载体，将其贯穿农村牧区、机关学校、国有企业、非公有制经济组织和社会组织、少数民族党员教育管理等领域的党的建设的全过程，使党的建设科学化水平达到一个新的高度，也为内蒙古自治区党委提出的"北疆基层党组织固本工程"体系建设提供了实践内容和决策依据。

深入探讨组织功能。当前，一些人受各种社会思潮的影响，把信仰等同于信奉宗教，有的把信仰混同于个人崇拜，而无视信仰问题的巨大社会意义。进而也导致一些基层党组织因功能弱化，有的长期处于瘫痪半瘫痪状态。调研中发现，探索强化党组织功能的途径，既要从领导体制、组织设置、活动载体、工作理念、顶层设计等方面推进改革创新，还要常怀忧党之心，恪尽兴党之责，深度关注党的命运。我们党从成立时起，就肩负着民族独立、人民解放、国家富强、人民幸福的历史责任，历经了外部的围追堵截，内部的忠诚与背叛以及不尽的跋涉、惊人的牺牲，带领中国人民经过 28 年浴血奋战最终推翻反动统治，建立起人民当家作主的新型政权，从苦难走向辉煌。历史证明，我们党所揭示的社会发展的方向是一个正确的、符合社会发展规律的方向，我们党在历史革命中所体现的革命精神和优良传统就是"行动中的马克思主义"。

我们党的历史就是一部马克思主义的传播史，就是一部用党的理论创新成果普及人民大众的宣传史。血的历程是水无法取代的，世人无不为革命先烈的坚定信仰爆发出的惊人力量感到震撼。尽管这一切都成为历史，但历史要发挥资政育人的社会功能，先辈们用鲜血和生命铸就的人类品质最辉煌的范例，将穿越时空，流传百世。这些事实和道理还提醒着人们：有信仰的人，会为自己的信仰调动自身一切力量，集中到既定的目标上，其知识、能力、内心世界都会得到充实和提高，从而推动个人及社会的发展。信仰坚定是中国共产党优于古今中外一切政党而独具的品格，是党在领导革命、建设和改革事业中战无不胜的精神武器。加强党的建设说到底就是要不断增强党自我净化、自我完善、自我革新、自我提高的能力。强化党的组织功能，更重要的是以正义的力量、公道的力量、真理的力量、信仰的力量凝聚和壮大社会力量，使其成为推动经济社会发展和人类文明进步的强大精神动力。

郡县治，天下安。基层是中国社会特殊的组织结构。随着城市化进程的加快，基层以共同愿景和经济发展为基础的融合性因素迅速增长，正影响和改变着中国传统的社会结构。基层党组织建设，不只是加强基层一个层面意义上的党组织建设，更是按照政党建设规律，强化全体党员在内的整体组织结构中最基础部分的基本功能建设，这些都是体现党要管党、全面从严治党、科学管党和制度管党的生命所在。只有把基层党组织建设好，才能为改革发展提供政治和组织保证，从根本上解决社会管理问题。

一时胜负在于力，千古胜负在于理。坚定马克思主义科学信仰，是强化党组织功能的基础和前提。只有这样，党才能始终成为领导中国特色社会主义伟大事业的坚强核心。

二、深度拓展信仰源泉

党的十八大对扎实推进社会主义文化强国建设做了全面阐述，这为广大党员、干部和群众从文化本质上认知马克思主义政党的科学性和先进性，提高对马克思主义信仰的文化自觉程度，探索科学执政与先进文化交相辉映、相融共进开辟了广阔的道路。

关于信仰缺失现象的根源，马克思主义的创始人早在百年前就已明确："资产阶级的'信仰自由'不过是容忍各种各样的宗教信仰自由而已，工人党则力求把信仰从宗教的妖术中解放出来。"马克思主义产生以来，以它为核心逐步形成了不同于传统的社会主义文化。作为综合人类现代科学成果基础之上的学说，马克思主义也是由于获得人们的信仰而得以传播、继承和发展。马克思主义来到中国之后，与中华民族特有的忧患意识、责任传统和信公不信私、信实不信虚、信做不信说的唯物主义信仰方式相融合，在改变中华民族命运的过程中，还产生了深远的文化影响，使中国文化从过去以儒学为核心的文化转变为以马克思主义为核心的文化体系，并成为与时俱进的强大的思想资源。马克思曾指出，问题是时代的声音。每个时代总有属于自己的问题，善于认识并勇于解决这些问题，就能把社会和时代推向前进。每一个时代代表先进思想的文化，都是一种历史的产物，都是一定社会实践的呼唤与一定时代经验的必然升华。文化是民族的血脉，是人民的精神家园。一个民族的觉醒，首先是文化上的觉醒；一个政党的力量，很大程度上取决于文化自觉的程度。

信仰和理想这两个概念既有联系又有区别，各有所用，不能扔掉其中任何一个。信仰是指主体对客体的一种态度，理想则是以信仰作为前提，主体是自身所确立的奋斗目标。主体可以是个人也可以是群体。例如：个人的人生目标；中国人民建设中国特色社会主义的共同理想；中国共产党人为实现共产主义而奋斗的远大理想；等等。而理想的前提恰恰是信仰。时代进步需要共同理想的驱动，人民幸福需要美好理想的支撑。当中华民族的共同理想成为中国共产党的生命时，这种理想的内涵就能升华为时代的最高境界。在此过程中，所有的中国人民都受具有鲜明时代特征的新文化理念和中国化的马克思主义科学精神的影响。这是马克思主义信仰和人民群众共同理想的源泉所在。

北大是一种能量 学习是一种信仰

——人才工作培训个人总结

2015 年 7 月 21 至 27 日，本人参加了内蒙古自治区党委组织部与北京大学继续教育学院联合举办的内蒙古自治区人才工作者综合素养提升研修班。按照培训要求，现将这五天的培训情况总结如下。

第一，体验了一次北大学生的生活。正如北京大学继续教育学院常务副院长在开班仪式上所说的那样，实现北大人的"梦想"之"凡是想做北大学生的人，都能成为北大的学生"。的确，通过几天的培训，学院一切按正规教学进行管理，对培训全程管理和服务，从吃、住、行、学、包括晨读、主持讲座、考察出行及建立学员微信群等各个环节，都做到精密安排、精细管理、精准对接、精心服务，给人的感觉既从严管理不死板，又从容轻松收获多。短暂的培训生活，继续教育学院给予了我们如同北大在校生学习活动的所有待遇，更重要的是通过根据成人教育特点设置的开放课程体系的培训体验，从一名学员的角度深切感受到了"名师资、名课程、名服务"的北大风格，经历了一次"奋斗的人生最精彩，北大的学习最难忘"的心路历程。

培训期间，班委还任命我为第三学习小组组长，组员素质都很高，也都非常自觉，能够积极配合工作，共同完成班主任交办的各项任务。

第二，重温了一次中央人才工作新精神。培训期间授课专家学者从不同角度解读党和国家高度重视人才工作，特别是习近平总书记关于人才工作的新观点、新理念、新论断、新精神和新表述。例如：罗双平教授的讲座阐述了党的十八大对加快人才发展体制机制改革和政策创新，形成激发人才创造活力、具有国际竞争力的人才制度优势的重要论述。为广大学员梳理了党中央、国务院关于人才工作战略布局的脉络和近年来所采取的一系列重大措施，为企业和地方开展人才工作进一步指明了方向。

在此基础上，进一步把握内蒙古自治区党委人才工作新思路。开班仪式上，内蒙古自治区党委组织部进一步强调新形势下党管人才原则和重要性，介绍全区当前的人才工作"草原英才鸿雁行动"情况，特别是建立专家库发挥"京蒙"人才交流平台作用的现实意义，还列举中国社会科学院包明德同志的例子，鼓励大家加强与北京地区的联系与交流。人才处介绍了人才工作一条项链、双轮驱动、三大平台、四级联运、五大基地"12345"工作思路及建立全区人才信息库等情况。

第三，进一步树立新时期人才工作新理念。无论是孙锐教授讲授的《区域人才工作和人才战略》、罗双平研究员讲授的《新时期人才选拔新观念》，还是萧鸣政教授讲授的《人才强国战略与人才规划设计实施》、吴江院长讲授的《加快确立人才优先发展战略布局》，都贯穿一个重要观点，优化素质结构是优化经济结构的基础和前提。这对于当前在一些地方存在的人和事"两张皮"、见物见事不见人的现象是个有效的指导和提醒。这次培训还安排了《孔子智慧和国学精神》《媒体回应》《领导艺术》《中国宏观经济分析》等课程，内容丰富，理念前沿。例如：肖炼教授讲授的《中国宏观经济分析》，从理论到实践总结中美经济博弈深层次根源，具有很强的针对性。培训期间安排的两次考察，绝大多数学员都是第一次去国子监和牛栏山酒厂，也有很大收获。

培训期间，本人受启发写了两篇体会文章。其中《"互联网+"模式与新时期基层党建》一文，在北京大学继续教育学院网发表。这篇文章主要是听了孙锐教授介绍弗朗索瓦·佩鲁在《经济空间：理论与应用》一书中提出的"增长极"概念，将其引入基层党建的一些思考。这和我们在党建工作中经常运用的典型引路理念一样。但由于普遍缺乏沟通联系，许多典型成不了"增长极"。为此，必须加快推进"互联网＋支部"理念。第二篇是听了罗双平研究员关于绩效考核工作讲座和互动受到启发，写了《人为树 德为根》的体会文章，提出德的考核既是理论问题更是境界问题的论点，在互联网《人民微博——林海党建》栏目发表以后，得到学员和广大网友点赞。儒家经典《大学》开篇即提出著名"诚意、正心、修身、齐家、治国、平天下"理念。通过张辛教授的《孔子智慧和国学精神》的讲座，深刻体会"严以修身"是一个人成其为人、进而立足于社会的第一要务。这对于深入学习领会"三严三实"专题教育的精髓提供了帮助和启发。

这次培训获得很多新知识，更新很多新理念，更重要的是引起很多基层人才工作的联想。为此，建议各级党委政府和广大人才工作者整体推进人才工作的同时，加快推进素质结构与产业结构一体化进程，应高度重视以下三种人才：

一是要高度重视理论人才。一定意义上讲，理论是一个政党政治优势的存在形态和传播方式。人才理论是人才工作的制高点，理论人才是第一人才。特别是对一些人才工作的基本概念、基本原理、基本脉络要有一个统一的口径、权威的梳理，提高人才工作的理性层次，解决人与事、先建庙还是先培养和尚等基本逻辑关系问题。加强对不同领域、不同地区、不同类别人才工作规律和特点的研究，总结提炼和指导人才工作火热的实践，回应人才工作中存在的新情况新问题。

二是要高度重视乡土人才。培养和引进高端人才是强国战略，必须全力以赴加快各类高端人才队伍建设步伐。中国是个大国，有自己的特殊国情，而提高人民生活水平是党的群众工作的总方针。实践证明，人民群众是一个地区经济社会的主体。为此，在重视高端人才的培养、引进、使用的同时，下大力气建立和完善基层乡土人才的培养机制和评价体系，创造"三百六十行，行行出状元"的机制、环境和平台。特别是农牧林区大力发展家庭经济，应加快树立家庭"明白人"的培养和指导理念。国有企业转型发展对实用型人才需求提出的新要求、新标准。应加强新型产业领军人物的培养和打造。

三是要高度重视网络人才。网络社会已经全面形成，网络正深刻地影响和渗透到我们生产生活的各个方面。在地方，特别是在基层，网络人才还没有引起广泛重视，还没有成为人才工作和干部工作的导向。

在人才工作中，还有一个重要方面就是坚持党管人才原则。加强对人才工作的政治引领。我们既要为人才辈出创造条件，为干事创业搭建平台，又要加强对展示才能、体现价值的动机的追问、引导和培养，使各类人才树立正确的世界观、人生观和价值观，使德才兼备，以德为先的原则在人才工作中落到实处。

我从微信上看到北京大学校长在2015年结业典礼上的演讲中引用了一位没有留下姓名的同学的留言："如果一些人活着是在追寻肤浅的表象，是为世俗的浮华，是为心理与生理的需求，那么，这儿有人真正地生活过，他明白所有问题的答案"。从这句话中我也受到一点的启发，北大人通过体验北大、评价北大的历史地位，而社会人士可能更多围绕自己的问题判断北大新的坐标定位。

在新的历史条件下，相信北京大学能够与时俱进，勇立潮头，为中华民族早日实现中国梦培养更多的栋梁之材！

大力弘扬蒙古马精神
打造新时代党性教育研读基地

2014 年，习近平总书记在内蒙古考察时强调："干事创业就要像蒙古马那样，有一种吃苦耐劳、一往无前的精神。" 2021 年是中国共产党成立 100 周年，在全党开展党史学习教育之际，新巴尔虎右旗委党校作为新时期边疆牧区党员干部教育培训主阵地，大力弘扬蒙古马精神，不断创新党史教育、党性教育、民族教育和中华民族共同体意识教育的形式，打造"研读红色经典原著，传承红色基因"为主题的党性教育研读基地。通过开展"线上线下+课上课下"马克思主义基本理论和习近平新时代中国特色社会主义思想研读，用红色经典原著来涵养正气、淬炼思想、升华境界、指导实践，有效推进边境牧区红色阵地建设，强化马克思主义在意识形态领域的指导地位。

一、大力弘扬蒙古马精神，把习近平总书记重要讲话精神研读成果延伸到基层各支部，着力打造党员便于学、乐于听的线上"红色讲堂"

大力弘扬蒙古马精神，必须坚持与时代精神、民族精神相统一，将蒙古马精神融入贯彻落实党中央决策部署和习近平总书记对内蒙古重要讲话重要指示精神上来，开辟"牧民党员线上讲堂""机关党员线上讲堂""电子图书线上研读"线上微党校，实施"1+N"（一个网上党校、N 个宣讲新思想微信群平台）培训模式，把党校研读习近平总书记重要讲话精神成果及时传递到基层。

牧民党员线上讲堂。针对边疆地区少数民族语言特点，党校教师使用蒙古语通过线上视频讲座、语音讲座方式，将习近平新时代中国特色社会主义思想、党中央决策部署和政策法规等及时传送到基层，不断满足牧民党员群众对政策理论和生产生活知识等的需求。自 2020 年开始，录作《四中全会精神解读》系列、《五中全会精神解读》等党的理论和党性教育的蒙语视频专题讲座 30 部。

机关党员线上讲堂。针对旗直机关、社区、两新组织党课党史学习，党校将录制好的习近平总书记系列重要讲话、党章党规、生态建设、脱贫攻坚、防控风险、乡村振兴等 14 个专题中的 20 多个讲座在线上发布，党支部以"三会一课"、主题党日的形式在线开展红色教育，从而实现机关干部职工党课党史培训全覆盖，做到疫情防控"不松劲"、干部学习充电"不断线"。

电子图书线上研读。针对全旗党员干部职工自主思想政治理论学习，党校将政治、经济、文化、教育、科技等电子图书阅读功能拓展到线上，特别是将所有图书资料书目清单及电子图书传到网上图书馆，满足全旗党员根据自己平时的线上阅读需求。成立党校"阅读基地"线下借阅处，专人负责，机关党员干部随时可以借取"阅读基地"马克思主义理论经典藏书。

二、大力弘扬蒙古马精神，把习近平新时代中国特色社会主义思想研读成果延伸党校课堂教学，着力打造听党话、跟党走的"红色阵地"

弘扬蒙古马精神是传承红色基因，牢记初心使命，走好新时代长征路的生动体现，要将习近平新时代中国特色社会主义思想研读成果作为党校主体班次理论培训的一种延伸，通过党校主阵地培训，教育引导党员干部增强"四个意识"、坚定"四个自信"、做到"两个维护"。

突出马克思主义理论。把马克思主义中国化理论成果和习近平新时代中国特色社会主义思想这一核心内容放在党校培训和研读基地建设的突出位置，精心设计教学专题，引导学员读原著、学原文、悟原理，用原著学习夯实理论基础，以理论基础强化理想信念。主体班次培训确保党的理论教育和党性教育不低于总课时的 70%。

抓牢党员领导干部培训。要实现地区发展跨越，关键靠各级领导干部，抓好科级领导干部和嘎查社区非公组织党员干部理论学习这一重点群体就显得尤为关键。依托党性阅读基地定期举办主题论坛、干部讲坛，引导学员讲党课、讲体会、讲心得，分享学习阅读马克思主义中国化理论、习近平新时代中国特色社会主义思想的收获和经验。

打造流动党校送学品牌。流动党校是党联系服务群众的一个重要的政治渠道，结合基层党组织建设、草原生态建设、乡村振兴等重点工作，以"菜单"送课的方式，走进苏木镇、嘎查社区、党员中心户，用民族语言及时把党的理论、习近平新时代中国特色社会主义思想、民族工作理论、意识形态教育及中央的惠民政策传递到最基层，满足边疆地区牧民党员线下培训需求。

三、大力弘扬蒙古马精神，把习近平新时代中国特色社会主义思想研读成果融入特色精品课程开发，着力打造讲党性、有信仰"红色熔炉"

弘扬蒙古马精神，从来都是具体的、实践的、行动的，将习近平新时代中国特色社会主义思想深度融入特色精品课程开发之中，用精品课程开发来推进用学术讲政治在基层党校的实践。

推出"经典研读课"。制定马克思主义理论和习近平新时代中国特色社会主义思想经典研读课程实施意见，推出一批具有学术框架和科研含量、理论高度和现实维度、学员参与程度高、教学效果好的专题课程。通过马克思主义理论和习近平新时代中国特色社会主义思想经典课研读，实现业务能力和党性修养的双提升。

研发"党性教育课"。抓好党性教育这个共产党人的"心学"，在科级班、青干班等主体班次上，开设"传承红色基因"党性教育研读课程。重点突出习近平中国特色社会主义思想这一马克思主义理论中国化的重大理论成果。立足边疆地区实际，开发民族地区马克思主义理论、边境党建、国防教育系列蒙语特色的党性教育课程。

打造"红色实践课"。深入挖掘诺门罕战争、额布都格国门党建等红色教育资源，推动红色文化教学点标准化建设。按照"四个一"（一堂特色鲜明的教学课程、一次生动的现场观摩体验、一本内容翔实的学习辅导材料、一部引人入胜的电视宣传影像）的标准，开设马克思主义理论"红色教育"课程。开辟民族历史文化资源和红色资源培训经典教育线路，突出现场教学比重，加大红色影片进党校，经典案例进课堂比重。

四、大力弘扬蒙古马精神，把习近平新时代中国特色社会主义思想研读成果融入校园文化建设，着力打造风气清、作风好的"红色校园"

弘扬蒙古马精神是培育以爱国主义为核心的时代精神和社会主义核心价值观的生动体现，将习近平新时代中国特色社会主义思想研读成果融入校园文化建设，定期开展"读马列、讲党史、唱红歌"书香校园系列主题活动，陶冶教师情操、凝聚团队力量。

抓好"师资建设"。以"名师工程"为抓手，加强师资队伍建设。以公开考录招聘的形式，引进高校马克思主义理论专业蒙汉双语高学历教师，补齐师资力量不足的短板。加强选派教师到上级党校学习培训和挂职锻炼的力度，着力培养一支政治强、业务精、作风好的高素质教师队伍。

践行"初心使命"。突出党建引领，抓好理想信念教育。开展学习马克思主义理论经典著作系列主题阅读日活动，教育机关干部守初心、担使命，不断深化"不忘初心、牢记使命"主题教育。不断完善"三重一大"等机关制度建设，从严治校构筑起系统完整、科学规范、实用有效的制度体系。

严肃"学风学纪"。严格学员校内学习管理、组织管理、生活管理。完善《主体班次学员管理规程》《主体班次学员通报制度》《组织部和党校教师"双带班"制度》等学员管理机制，真正做到在管中学、在学中管、管学相长。

党性的一次洗礼与考验

当前开展的党的群众路线教育实践活动，是对全体党员党性的一次洗礼和考验。习近平总书记指出："在作风问题上，起决定性作用的是党性。"参加第一批教育实践活动的广大党员、干部，特别是一把手普遍认为受到一次触及灵魂的党性教育。这表明教育实践活动取得了阶段性成果，同时也为参加第二批教育实践活动的广大基层党员干部再次接受党性洗礼和考验提供了宝贵的经验。

2013年6月，我有幸被内蒙古自治区党委抽调，参加了第一批教育实践活动。年初以来，我又在满洲里市委教育实践活动领导小组担任副组长、办公室主任，直接参与了第二批党的群众路线教育实践活动。通过参与两批教育实践活动的感受，我认为活动推进过程中还存在着个别单位工学矛盾突出、有"闯关"思想和懈怠情绪，一些同志剖析问题不深刻、批评与自我批评还有顾虑，一些单位思想政治建设方面的整改措施不到位，一些党员干部做群众工作能力还不强等问题，从深层次剖析来看，这些问题的产生都与党性有关。党性是党风的本质，党风是党性在行动中的反映和外在表现，党性纯洁则作风必然端正，党性不纯则作风一定会有偏差。

第二批教育实践活动单位点多、线长、面广，就内蒙古自治区而言，第二批活动就包括12个盟市、102个旗县（市、区）、765个苏木乡镇和274个城镇街道、11195个嘎查村和2272个社区，共有党组织7.01万个、党员136.53万名。强化分类指导应该是第二批教育实践活动的显著特点，正因为情况复杂，所以我们更要坚持党性原则，在核心问题上守住底线，以求确保"三个环节"每项程序不降格。

一、必须高度重视党员领导干部的党性教育

党性如铁,唯有矢志不渝地坚守,才能撑起人生的脊梁;党性似金,唯有淘尽功利的杂质,才会愈发闪亮。党的领导主要是政治、思想和组织领导。要想增强全体党员的党性意识,结合教育实践活动的开展,我们要从以下三个方面入手:一是要对党员领导干部提出更高的党性标准。党员领导干部是党在群众中的形象大使,是党的事业的骨干,他们身负重任,地位突出,权力集中,影响广泛,是我们所说的"带兵"的人。他们的这种职业特点,决定了他们带头进行党性修养具有重大的社会价值。同时,各级领导干部自身就具有双重身份,既是施教者,又是受教育对象,应该制定层次更高、内涵更深、要求标准更为严格的以党性教育为核心的思想政治工作培养机制和考核体系。二是要用好党性这个管党的有力武器。广大党员特别是党员领导干部要本着对自己、对同志、对班子、对党高度负责的精神,大胆使用、经常使用党性这个武器,使之越用越灵、越用越有效,以此促进民主集中制的贯彻执行,促进党内生活的严格规范,促进党性原则基础上的团结,切实提高领导班子发现和解决自身问题的能力。党委要用党性管干部,支部要用党性管党员,党员要用党性管自己,通过触及灵魂的对照检查,用党性照忠诚,从日常学习看追求,从平时行为看选择;用党性照本事,从能否发挥政治优势分析问题看见识,从能否壮大社会力量解决突出问题看能力。三是要特别关注特殊部门党员的责任担当。根据第二批教育实践活动的特点,要高度重视执法监管部门、窗口单位和服务行业的党建工作。执法监管部门、窗口单位和服务行业对整个社会有机体的有序健康运行起着指导、管理、协调、服务的重要作用。由于历史的原因,基层积累的"老大难"问题很多,部门、行业的职能都是从本系统、本领域的业务属性进行设计,并配备资源。制定正确的路线、方针、政策,不仅需要有相应的专业知识、业务能力和工作经验,而且需要有坚

强的党性。就业、信访、治安、上学、就医、环境污染、城市功能瘫痪等问题，特别是干部"四风"等综合性社会问题，需要各部门党委、党组织和广大党员以高度的政治责任感，加强配合意识，整合社会资源、形成部门合力解决基层长期积累的突出问题；同时要耐心仔细地、大量地做好群众的思想政治工作，以心换心，尽心尽力，筑牢攻坚克难的思想基础。

二、必须高度重视党支部建设

党支部是党员获得政治生命的摇篮，是党员塑造政治灵魂、强化党性修养的精神家园。在教育实践活动中。一是要切实加强党员干部的思想政治建设。不断深化对强化党支部的德育、纽带、管理、监督和服务功能的认识，把服务群众作为党支部建设的根本价值取向，充分发挥推动发展、服务群众、凝聚人心、促进和谐的作用，使党支部成为团结带领群众贯彻党的理论和路线方针政策、落实党的任务的战斗堡垒。二是要做好各层级党组织的衔接。在全党开展党的群众路线教育实践活动，中央是总指挥部，各级党委是一线作战室，400万基层党组织是兵营。执政以后的养兵主要是精神食粮的滋养。一些地方和领域支部软弱涣散，从政权系统使党和群众之间出现了"夹层"。中共中央《关于开展第二批党的群众路线教育实践活动的指导意见》中提到村、社区等基层组织主要解决软弱涣散，服务群众的意识和能力不强，办事不公等问题。因而，在"有限时间实现有限目标"的过程中，要层层督导传导压力，更要依靠各地区、各部门、各行业的党员队伍带领、整合、壮大社会力量集中攻关。三是党员要通过支部密切联系群众。执政党最大的危险是脱离群众，首先是党的领导机关脱离党员群众。为此，党员领导干部下基层，联系党员群众，应首先走进支部，走进每名领导干部获得政治生命的摇篮和塑造政治灵魂"过日子"的精神家园，去走一走，看一看，看我们的先锋队战士还能不能团结和组织党内外的干部群众完成涉险滩、啃硬骨头的任务。开展第二批教育实践活动，各级党委应努力克服上热下冷、前热后冷、点热面冷现象，更加注重专题民主生活会的质量，结合基层实际制定更加科学有效的专题组织生活会的具体标准。四是要动态地看支部建设。支部是由具有马克思主义观点的社会人组成的特殊部队。无论过去、现在和未来，根植于人民群众中的支部是我们党全部工作和战斗力的基础，因而也永远是涌现好党员、好干部、好领袖的社会课堂和"无期大学"。我们在第二批教育实践活动中开展了针对活动期间一些领导干部剖析不深刻、不能触及灵魂甚至跑偏散光的问题，坚持思想问题与实际问题一同解决，从满洲里市委常委班子成员做起，在全市开展"你任职期间所在支部的政治属性是否弱化了？如果弱化了你承担什么责任？今后怎样整改？"的"三问"活动，引导党员干部从灵魂深处查找"四风"问题的根源，深切领会到增强党员主体地位和强化支部堡垒功能的重要性，把党的十八大提出的"提高党的建设科学化水平"具体化。

三、要高度重视党性要素的总结凝练工作

按照中央教育实践活动领导小组要求，第二批教育实践活动学习教育环节主要是学习习近平总书记一系列重要讲话精神为主，同时要以报告会等灵活形式挖掘身边典型。这就要求我们，一是要在基层强化党性要素的聚集。基层不再是社会底层，特别是强化市场在资源配置中起决定性作用的基础，基层生产生活第一线，市场经济主战场地位进一步巩固和凸显。基层的事情看似问题小，层级低，但涉及面大，第二批教育实践活动面对的更多是基层的党员群众，他们的岗位身份多种多样，理解方式各有不同，还涉及使用纯母语的少数民族地区，懂基层的党务人才队伍问题还十分缺乏的实际，只有平时更加重视培养学习教育领域的领军人物，加强"革命理想高于天"教育，在更宽广的历史深度和思想高度聚集中国梦的核心要素，加快建立各领域不同群体、不同层面、不同特点的各类人才脱颖而出的机制、理念和平台，特别是把理论实践相结合作为干部队伍建设的价值追求和导向，才能促进各类本土人才和领军人物的发育和成长，才

能加速培养选拔出信念坚定、为民服务、勤政务实、敢于担当、清正廉洁的各级领导干部，也只有下大力气打好这个基础，才有可能培养出适合特大型政党所需要的一大批具有理论建树的马克思主义政治家。二是要在实践中强化党性要素的凝练。党的十八大报告提出建设学习型、服务型、创新型的马克思主义执政党。内蒙古自治区深入实施北疆基层党组织固本工程，以示范群体创建为抓手，出台了以"十星级"管理为载体，深化农村牧区基层党建工作；以"北疆和谐社区"建设为载体，提高社区党组织网格化管理、精细化服务水平；以"四型机关建设"为载体，推动机关党建工作走在前头；以"推进六个建设、实现两个提升"为载体，加强和改进国企党建工作；以"办好人民满意的高等教育"为目标，拓展深化高校党建工作等基层党组织建设的指导意见，使党组织推动发展、服务群众、凝聚人心、促进和谐的作用不断增强，加之开展基层组织建设年活动，在农村牧区和社区实施党员技能培训工程，把党员培养成能人，把能人培养成党员等"双培双带"工程，充实新党员、大学生村官、"三支一扶"等力量，使基层党员和干部素质结构发生很大变化。三是要注重推进党性教育具体化。参加第二批教育实践活动的各级党委、党组织和广大基层党员，更加要带着问题学、带着感情学、带着信仰学，克服学习上的形式主义。把增强党性与修炼品行有机结合，倡导个人在思想品德、职业道德、社会公德和家庭美德上体现出的品行，作为党性修养的基础，制定党性教育实施方案，使以党性为核心的思想政治建设真正成为加强各级领导班子建设的根本途径和衡量领导干部政治品德的基本标准。同时，根据不同群体、不同地区的特点和规律，把党性与人民性融合到以人为本的治党治国理念中，用群众理解的话语方式将党性教育和群众日常生活结合起来，让群众通俗地理解党的先进性，扩大党性教育的社会影响力。

四、必须围绕全面深化改革强化党性修养

在贯彻落实中央八项规定和开展第一批教育实践活动中,大家深刻感受到蕴藏在人们心底对党、对马克思主义科学信仰的追求和向往的力量源泉。第一批教育实践活动虽然取得了实实在在的效果,但也存在流于形式的现象,其中最重要的原因就是大家认真学了,但由于理解方式和对理论本质的认识还存在差距,有些方面还是理解不透。为此,我们围绕全面深化改革来强化党性修养。一是要结合地区实际认真贯彻落实党的十八届三中全会精神。坚强的党性、优良的党风,看似无形,但又无处不在;它不是物质力量,但又可以转化为物质力量,胜似物质力量。党的十八届三中全会,体现最广大人民群众的根本利益,也体现了时代对党的要求。内蒙古自治区党委将三中全会精神与当前开展的教育实践活动相结合,与内蒙古发展实际相结合,提出"四大行动,六大工程"和"实打实、心贴心、面对面"等一系列措施,带领党员不断完善和落实整改方案,把党性修养具体体现在为民务实清廉的实际行动中。为了巩固成果,在开展第二批教育实践活动中,应高度关注基层出现的党的建设与党的事业"两张皮"现象日益突出的问题。要严格按照党中央伟大事业与伟大工程一起抓的要求,防止对重大问题因在概念层面理解上的偏差"出现颠覆性错误"。二是要探索制定衡量党性教育精细化标准。习近平总书记强调:"坚持民主集中制、开展批评和自我批评、严格党内生活、坚持党性原则基础上的团结,是保证党的创造力、凝聚力、战斗力和党的团结统一的重要法宝。"这是把党性问题运用到具体实践中的新概述,带头发扬党的优良传统的新示范。用好"四个重要法宝",既是深入开展党的群众路线教育实践活动的内在要求,也是提高党的执政能力和执政水平的重大课题。党的十八届三中全会后,中共中央印发了《中央党内法规制定工作五年规划纲要(2013—2017 年)》,将探索建立健全党性教育和分析的机制与办法,对党员坚持原则、履行义务、发挥作用等情况进行分析,强化党员党性意识,

这使党的思想建设的核心问题有了制度保证。我们要以此为契机，结合地方实际，探索制定衡量党性教育精细化标准，把党性教育标准与干部德的考核有机地结合起来，通过加强对干部德的考核，从党性层面区分领导干部是否优秀和称职，做到德的考核具体化。

提纯党性贵在慎独，难在经常，重在有恒。党的群众路线教育实践活动，为纯洁党性提供了一次照镜拂尘、洗脸治病的良机。愿每名党员通过灵魂的触动和思想的洗礼，能在党性上变得纯粹一些，境界上变得高尚一些，自律上变得严格一些。（本文为作者 2013 年 12 月参加中组部教育实践活动专题研讨班发言提纲，2014 年 8 月获得内蒙古自治区党的群众路线教育实践活动办、组织部和宣传部联合举办的"党的群众路线理论研讨"征文二等奖。）

推进思想建党和制度治党协同发展

习近平总书记强调："中央和国家机关要树立大抓基层的鲜明导向，以提升组织力为重点，锻造坚强有力的机关基层党组织。"要处理好建章立制和落地见效的关系，制度制定很重要，制度执行更重要，要带头学习、遵守、执行党章党规，从基本制度严起、从日常规范抓起。

中国共产党是纪律严明的马克思主义政党，历来重视党内法规制度建设。党的十八大以来，党中央制定和修订一批标志性、关键性、基础性的党内法规制度，基本形成涵盖党的建设和党的工作主要领域、适应管党治党需要的党内法规制度体系框架，使党的政治建设有规可依。党中央出台的《关于加强和改进中央和国家机关党的建设的意见》，为推进机关党组织政治建设提供了基本遵循，意义重大而深远。

锻造坚强有力的机关基层党组织，处理好建章立制和落地见效的关系，推进思想建党和制度治党协同发展非常重要。要努力使思想建党成为引领制度治党的方向，让制度治党成为思想建党的有力保障，使加强制度治党的过程成为加强思想建党的过程，也要使加强思想建党的过程成为加强制度治党的过程。

一方面，要把握好思想建党引领制度治党的方向。培育积极健康的党内政治文化。要注重发挥党建工作领导小组在研究谋划、统筹协调、督促落实等方面的积极作用，结合基层党组织特点遴选和建设一批党内政治文化建设示范基地，不断加大党内政治文化建设专业化队伍建设力度，集中各方智慧对党内政治文化进行深入研究，把理论成果运用到具体实践，把成熟的实践经验转化为制度成果。

坚持不懈推进理论武装。要把习近平新时代中国特色社会主义思想作为刻骨铭心进头脑的首要政治任务，针对当前理论建设在总结提炼等方面存在的薄弱环节。要创新体制机制，壮大理论建设的社会力量，坚持走"结合式"创新创意的路子，打破体制、地域、身份和行业界限，壮大内容建设的社会力量，生产出接地气、形式潮、不戏说、不枯燥的理论产品。

高扬党的理想信念旗帜。习近平总书记深刻指出，"讲政治最根本就是要讲党性"。掌握了党性这个统一标尺，党员、干部才能形成"最根本的风险和挑战来自党内"的共识。要把讲党性贯穿理想信念教育全过程，要把姓"马"姓"共"旗帜鲜明亮出来、举起来。结合当前机关党员干部的思想实际，每名党员干部都要剖析自己身上存在的"四风"问题。

另一方面，提高制度的执行力，才能维护好制度的权威性。增强思想建党的制度保障意识。党的十八大以来，习近平总书记创造性地提出了一系列党的建设新思想新观点新论断，对马克思主义建党学说作出了具有原创性的重大贡献。机关干部在学习这些思想的深刻内涵、精神实质的同时，还要结合实际建立健全长效机制，形成系统完备、有效管用的政治规范体系，用纪律和规矩确保党的理想信念和优良作风在执政过程中的指导地位，用制度巩固和保障思想、组织、作风、反腐倡廉等各方面建设成果，维护共产党人思想品德的崇高与神圣。

用严格的制度落实主体责任。习近平总书记强调："各部门党组（党委）要强化抓机关党建是本职、不抓机关党建是失职、抓不好机关党建是渎职的理念，坚持'书记抓、抓书记'，领导班子成员和各级领导干部要履行'一岗双责'，做到明责、履责、尽责。"针对一些领域执行主体履行职责责任不清、衔接不严密、追责不到位实际，要建立健全落实主体责任的规章制度，增强党内法规制度执行的专门性、针对性监督，堵塞因制度让位于领导意志所造成的"任性"权力和党内潜规则对制度的破坏。

把守纪律讲规矩摆在更加重要位置。加强党对全面依法治国的领导，将党内法规制度建设提到新高度，一个重要成果就是实现了纪法分开、纪在法前、纪严于法，突出了党纪党规特色，特别是把党的政治纪律和政治规矩放在更重要的位置。党员干部要认真学习领会党中央为党组织和党员划出的底线，并围绕政治纪律和政治规矩，不断严肃党内政治生活、持续整治"四风"问题、深入推进反腐败斗争、严明党的各项纪律，为提升党内法规制度的权威，促进党内法规制度的遵守与执行带好头、做表率。

• 党的支部建设使党的创新理论具体化

支部的品行责任 党员的情感和良心

1864 年，马克思、恩格斯在《国际工人协会共同章程》中指出："每一个承认并维护国际工人协会原则的人，均可成为国际工人协会的会员。每一支部应对接收的会员的品行负责。"从协会与会员之间建立了关于品行的责任关系。从此，以品行责任为纽带从无到有、由小到大形成了一种组织，成为开展一切活动的基本单元，逐步成为马克思主义政党全部工作和战斗力的基础，也成为每名共产党员获得政治生命必须履行的程序、制度和不断塑造马克思主义政治灵魂的熔炉和终身的母校。正如刘少奇同志所说的那样，共产党员都是马克思的学生。作为马克思的学生，就要以马克思主义作为终身教材。马克思主义和马克思是不可分的。马克思是马克思主义的缔造者。马克思主义作为科学体系是唯一的，不存在两种根本不同的马克思主义。马克思主义是发展的，但发展着的马克思主义仍然是马克思主义。学习理论，要从学习马克思本人开始。马克思既是顶天立地的伟人，也是有血有肉的常人。他热爱生活，真诚朴实，重情重义，和我们常人有着相似的生活经历和共同的追求与向往。他的伟大思想是从他的自身、家庭、朋友和广泛接触到的工人阶级及所生存环境和时代起步的。他用尽一生精力将高调诠释成高尚。他用总结这一规律所形成的结论告诉我们："理论只要说服人，就能掌握群众；而理论只要彻底，就能说服人。所谓彻底就是事物的根本，人的根本就是人本身。"

马克思主义党建理论是马克思主义关于工人阶级政党建设的基本观点和学说的体系，是马克思主义的重要组成部分。它是研究工人阶级政党产生发展、自身建设和实现领导作用的规律性科学。其中，支部理论是马克思主义政党理论的基础理论，基本原理。

马克思、恩格斯是马克思主义的主要创始人，是马克思主义政党的缔造者，是他们最先创立了建党学说。列宁在领导俄国工人阶级夺取政权和建设社会主义的实践中，创造性地运用了马克思主义，解决了建立和巩固新型无产阶级政党的问题，形成了列宁党建理论。马克思、恩格斯建党学说和列宁党建理论，是中国化的马克思主义党建体系的理论渊源。

一、支部品行责任的形成

品行，是有关道德的品质和行为，也叫品德、品质、品格。人类在脱离动物界以后的漫长时期内，在共同劳动和交往中，逐渐形成了调节人与人之间关系的简单而又必要的行为准则，使他们获得了共同合作、相互帮助、团结友爱的情感和传统习俗，这是人类史和人类道德史上最初的进步。

道德由一定社会的经济基础所决定，并为一定的社会经济基础服务。永恒不变的、适用于一切时代、一切阶级的道德是没有的。任何道德都有历史性，在阶级社会中，道德有强烈的阶级性。统治阶级的道德是占统治地位的道德。从这个意义上讲，支部的品行责任就是把传播和坚守本阶级主流意识形态作为一种政治责任，支部要对每个成员的品行负责，每一个成员以阶级利益的自觉，都要时刻维护阶级的整体价值免受挑战、威胁和破坏。

马克思主义道德观是指马克思主义对人的道德品行和行为准则的基本看法，是科学世界观、人生观、价值观在道德领域的反映与体现。

（一）马克思主义科学世界观产生的背景

世界观是人们对于整个世界的总看法或根本观点。然而，世界观不是人与世界的简单反映与被反映的关系。一种世界观是处于这个世界中的人对自己生活其中的世界的一种理解，一种理性的概念化的把握。可以说，世界观是以哲学形式出现的人的世界。世界观具有时代性、民族性和个体性特征。从另一个角度讲，哲学是理论化、系统化的世界观。世界观人人都有，但不是说人人都有哲学体系。当人们的世界观处于自发、零乱的状态，缺乏理论论证、尚未构成系统理论的时候，它还不是哲学。哲学是由哲学家、思想家们经过加工概括而成的，它不仅提出一定的观点、原理、原则，而且还作出理论的解释和逻辑的论证，构成一定的思想体系，它是世界观的理论表现。世界观只有理论化、系统化才能成为科学、成为方法。科学世界观是马克思主义政党建设的理论基础。

辩证方法和共产主义世界观的比较连贯地阐述。19 世纪 40 年代，随着工业革命在欧洲主要国家迅速推进，资本主义的各种矛盾和弊端日益显现，工人阶级在大工业发展进程中不断壮大，开始作为独立的政治力量登上历史舞台，为反对资产阶级压迫和封建专制而进行革命斗争。这一切为无产阶级科学世界观的诞生提供了社会经济条件和阶级基础。正是在这样的时代背景下，马克思和恩格斯积极投身于革命实践活动和理论研究工作，为无产阶级解放事业创立科学的理论体系。马克思、恩格斯亲自参加并总结了无产阶级反对资产阶级的斗争，概括了自然科学的新成就，批判地继承了人类文化科学的优秀成果，革命地改造了德国古典哲学，创立了马克思主义哲学——辩证唯物主义和历史唯物主义。马克思主义哲学的产生是哲学史上的伟大革命，它与过去的一切旧的哲学有根本性质的不同，它是最科学、最革命的哲学。1843 年至 1844 年初，对于马克思和恩格斯撰写的《〈黑格尔法哲学批判〉导言》《论犹太人问题》《国民经济学批判大纲》等文章，列宁指出，马克思刚刚成为科学社会主义的创始人，成为比以往一切形式的唯物主义无比丰富和彻底的现代唯物主义的创始人。从这时起，马克思和恩格斯就作为坚定的唯物主义者和共产主义者，在实践中为无产阶级锻造认识世界和改造世界的理论武器。恩格斯在《反杜林论》一文中，阐述了"世界的真正的统一性在于物质性""一切存在的基本形式是时间和空间""运动是物质的存在方式"等一系列辩证唯物主义的基本原理；论述了唯物辩证的基本规律——矛盾规律、质量互变规律和否定之否定规律，指出辩证法是关于自然界、人类社会和思维的运动和发展的普遍规律的科学。正如恩格斯所说："消极的批判成了积极的批判；论战转变成对马克思主义和我所主张的辩证方法和共产主义世界观的比较连贯的阐述。"通过论战，"我们的这一世界观，首先在马克思的《哲学的贫困》和《共产主义宣言》中问世，经过足足 20 年的潜伏阶段，到《资本论》出版以后，就越来越迅速地为日益广泛的各界人士所接受。"

无产阶级政党是科学社会主义与工人运动相结合的产物。马克思和恩格斯认为，科学社会主义是工人运动的理论表现。随着科学世界观的不断成熟，1843 年马克思在《〈黑格尔法哲学批判〉导言》中，提出了把科学的革命理论同无产阶级的解放斗争相结合的任务，指出"哲学把无产阶级当作自己的物质武器。同样，无产阶级也把哲学当作自己的精神武器"。这个重要观点是马克思建党思想的萌芽。恩格斯也在《英国工人阶级状况》一书中，以大量的事实，深刻分析了工人阶级产生、发展的历史，论证了工人阶级在资本主义社会中的地位、作用以及未来前途。他们在合著的《神圣家族》和《德意志意识形态》中，进一步系统地阐述了历史唯物主义的基本原理，指出人民群众是历史的创造者，并强调"无产阶级能够而且必须自己解放自己"。这样，唯物史观的确立以及无产阶级历史使命理论的形成，使马克思、恩格斯建党学说最终被置于科学理论的基础之上。

无产阶级政党是科学社会主义与工人运动相结合的产物。马克思主义刚刚产生的时候，在工人运动中并不占统治地位。因此，他们积极投身工人运动，他们强烈地感到了要把科学的理论同实际的工人斗争结合起来，用科学理论教育和武装工人阶级的迫切性。恩格斯指出："我们有义务科学地论证我们的观点。"

1846 年以后，马克思、恩格斯加紧在工人中广泛传播自己的新世界观，并致力于建立一个以科学社会主义为指导的工人阶级政党。在马克思和恩格斯的引导和支持下，1847 年成立了以科学社会主义为指导思想的第一个国际性的无产阶级政党——共产主义者同盟。1848 年发表的《共产党宣言》是世界上马克思主义政党的第一个纲领性文献，也是马克思、恩格斯建党学说诞生的主要标志。《共产党宣言》精辟论述了马克思主义政党的性质、特点、基本纲领、策略原则、先进品格、政治立场和崇高理想。

（二）支部是第一个国际性无产阶级政党的基础组织

马克思、恩格斯在《德意志意识形态》中指出："全部人类历史的第一个前提无疑是有生命的个人的存在。因此，第一个需要确认的事实就是这些个人的肉体组织以及由此产生的个人对其他自然的关系。任何历史记载都应从这些自然基础以及它们在历史进程中由于人们的活动而发生的变更出发。"

支部首先是人的组织。支部是人的组织，除了组织规定的行为准则以外，支部内部还具备人类生命规律的一切特征。生命起源和生物进化的理论证明：生命"是通过化学的途径"，从无生命物质演化来的，是自然发展的必然产物，而不是什么神秘的东西。在南非古沉积岩中发现的距今34亿年前的微细胞化石，证实那时地球上已经出现了低级生命。这些少数原生生物通过几十亿年的进化和发展，逐渐形成现在地球上繁衍兴旺的生物世界。分子生物学的研究表明，生命主要是由核酸和蛋白质组成的分子系统的存在方式。生命，是生长变化、具有能量代谢功能并能回应刺激及进行繁殖的物质系统。在千百万年里，生物在相互斗争中找到了自身的缺陷，进而自我完善、自我进化。由于这些生物大分子的基本结构单位的数目不同，排列组合不同，构成了丰富多彩的生物世界。这些事实说明，生命的基础是物质，生物界和非生物界以及各种生物体之间的统一，在于它们的物质性。

人是一类奇特的物种，他们领悟了学习。学习，在目前为止，一次最完美的进化。"人类史同自然史的区别在于，人类史是我们自己创造的，而自然史不是我们自己创造的。"随着人类的进化，社会在地球上诞生了。随着社会的进步，特别是社会形态的更替，人类对自己的发展产生不同看法，世界观由此产生。为了充分说明和阐述世界观的本质，哲学由此产生。在科学世界观的指导下，人类社会不断向更高的阶段迈进。

支部是先进社会人的组织。党员是具有马克思主义世界观的社会人。党员是党的细胞，同任何生物的细胞是否健康会直接影响生物的生机一样，党的每一个细胞是否健康，也直接影响到整个党的生机。

党员要通过党支部的培养，才能产生新的生命细胞。党支部自从吸纳新党员那天开始，就记录着这个党员言行举止的全部过程。党员只有在支部里正常生活，精神才能健康，生命才能延续，更重要的是肩负继承和弘扬优良传统的重任，因为生物在每一瞬间是它自身，但却又是别的什么。所以，生命也是存在于物体和过程本身中的不断自行产生并自行解决的矛盾；这一矛盾一停止，生命亦即停止，于是死就来到。活着的人有一个重要的特点，就是活的精神和活的肉体共生共灭不能分离。期间，只有在日常生活中，一对一、面对面、针对性地谈心谈话，传授优良传统，特别是以身作则、以上率下、潜移默化，高尚品德才能最深刻、最持久、最全面地在相互渗透和影响中刻骨铭心进头脑。

支部的核心地位。支部根植于人民，所有干部、领袖均来自支部，第一身份永远服从支部的直接教育、管理和监督。然而，支部又不是独立的。组织，是一种管理行为，其核心是对人的管理。人类的组织化活动从奴隶主管理奴隶时期开始，已有几千年的历史。支部是最先进的组织。不仅如此，支部通过隶属关系服从最高权力机关的领导，并在党中央集中统一领导下与其他各级党组织形成一体。

共产主义者同盟时期是马克思、恩格斯建党学说形成的关键时期。他们在这个时期同工人阶级革命团体建立并保持广泛联系，使自己的理论同工人运动结合起来。成立共产主义者同盟以后，在第二次代表大会上，进一步修订并正式通过了《共产主义者同盟章程》。章程中规定：同盟的组织机构是由支部、区部、总区部、中央委员会和代表大会构成。1850 年，马克思、恩格斯根据欧洲 1848 年革命的教训指出："工人，首先是共产主义者同盟，不应再度降低自己的地位，去充当资产阶级民主派的随声附和的合唱队，而应该谋求在正式的民主派旁边建立一个秘密的和公开的独立工人政党组织，并且应该使自己的每一个支部都成为工人协会的中心和核心。"1864年成立了国际工人协会，马克思为国际工人协会起草了《国际工人协会成立宣言》和《国际工人协会共同章程》两个纲领性文件。强调夺取政权已成为工人阶级的伟大使命。在《国际工人协会共同章程》中指出："每一个承认并维护国际工人协会原则的人，均可成为国际工人协会的会员。每一支部应对接收的会员的品行负责。"马克思、恩格斯在早期革命活动时，就对政党成员提出的品行方面的要求。期间，马克思、恩格斯不仅明确提出无产阶级在反对有产阶级的斗争中必须建立与一切旧政党不同的政党的目标，而且以协会形式建立国际联合组织，并以委员会、同盟、支部等形式广泛组建隶属于国际协会的地方组织。1871年2月，恩格斯在《致国际工人协会西班牙联合会委员会》的信中指出："各地的经验都证明，要使工人摆脱旧政党的这种支配，最好的办法就是在每一个国家里建立一个无产阶级的政党，这个政党要有它自己的政策，这种政策将同其他政党的政策显然不同，因为它必须表现出工人阶级解放的条件。""有产阶级，即土地贵族和资产者，使劳动人民处于被奴役的地位，这不仅靠他们的财富的力量，不仅靠资本对劳动的剥削，而且还靠国家的力量，靠军队、官僚和法庭。如果放弃在政治领域中同我们的敌人的斗争，那就是放弃了一种最有力的行动手段，特别是组织和宣传的手段。"国际工人协会先后在欧洲许多国家和较大的工业城市广泛建立地方组织。恩格斯说："在奥地利，我们的许多朋友也被关在监狱里，但是运动还是在发展。在法国，我们的各地的支部都成为反抗侵略的灵魂和力量；它们在南方各大城市中夺得了地方政权；里昂、马赛、波尔多、土鲁斯都发挥了前所未见的毅力，这应当完全归功于国际会员的努力。在比利时，我们有强大的组织；我们的比利时各支部刚胜利地开过自己的第六次全国代表大会。在瑞士，不久以前在我们各支部之间出现的意见分歧，看来在开始平息下去。我们从美国接到了消息，说又增加了一些新的支部，即法国人支部、德国人支部和捷克人（波希米亚人）支部，此外，我们同一个很大的美国工人组织——劳工同盟仍然保持着兄弟般的关系。"

（三）执政党的支部及党员标准

列宁关于执政党党员标准的论述，为建设什么样的长期执政党，怎样建设长期执政党打下良好的理论基础。

列宁党建理论是在帝国主义和无产阶级革命的时代，在反对第二国际主义及其在俄国的变种——经济派和孟什维克的斗争中，在创建俄国布尔什维克党和领导无产阶级夺取政权、建设社会主义的实践中形成的。它是马克思、恩格斯建党学说同俄国实际相结合的产物，是马克思主义党建理论发展的一个新阶段。正是因为在列宁党建理论指导下建立了一个新型无产阶级政党，才取得了十月革命的伟大胜利，建立了世界上第一个社会主义国家。

列宁党建理论和执政党建设的基本思想十分丰富，特别是关于执政党的党员质量和纯洁党的队伍问题形成一整套科学理论体系。

列宁指出，徒有其名的党员，就是白给，我们也不要。世界上只有我们这样的执政党，即革命工人阶级的党，才不追求党员数量的增加，而注意党员质量的提高和清洗"混进党里来的人"。

列宁认为，执政党之所以要特别注意提高党员质量，是因为：第一，"我们的党是执政党，因而自然也就是公开的党，是加入之后就有可能掌权的党"。因此，参加执政党的引诱力是很大的。第二，执政党的党员手中掌握有一定权力，如不严格要求，就有可能出现少数意志薄弱者被权力所腐蚀。第三，由于执政党中心任务的变化，要求党员不但要对党忠诚，而且要有从事经济建设的本领。第四，党执政后，由于新党员大量增加，教育和管理的任务比过去更加繁重。第五，党员要担负比平时更艰苦更危险的工作。严格入党条件，考察入党动机。

列宁不仅强调要坚持党的领导，而且提出和探讨了党如何正确实现对国家政权领导的问题。俄共（布）八大通过的决议指出，无论如何不应当把党组织的职能和国家机关即苏维埃的职能混淆起来，这种混淆会带来极危险的后果。党要领导苏维埃，但不能代替苏维埃。但是，这个问题在实

践中并没有解决。1922年3月，列宁明确指出，必须十分明确地划分党
（及其中央）和苏维埃政权的职责；提高苏维埃工作人员和苏维埃机关的
责任心和独立负责精神，党的任务则是对所有国家机关的工作进行总的领
导。列宁认为，执政党实现自己的领导，是党通过苏维埃国家机关实现领
导。俄共（布）八大决议提出，党应当通过苏维埃机关在苏维埃宪法的范
围内来贯彻自己的决定。二是党通过选拔、教育和配备干部实现领导。列
宁说，如果没有人员的任命和调动，任何政策也就无法体现。因此，全部
工作的关键在于人才，在于挑选人才。三是党通过国家机关党组织的活动
和共产党员的先锋模范作用实现领导。

列宁强调，党是无产阶级组织的最高形式。主要体现在负有在政治上
领导其他组织的责任。但这并不是党可以凌驾于其他组织之上，只是对其
他组织发号施令，不注意发挥非党组织的相对独立作用。如果那样的话，
就会使党脱离群众，甚至造成党与这些组织的严重对立。所以列宁又说，
在起领导作用的政党共产党、革命的阶级无产阶级和群众即全体被剥削劳
动者之间，必须建立正确的相互关系。也就是说，必须学会把领袖和阶
级、领袖和群众结成一个整体。

二、中国共产党是支部品行责任的忠实传人

中国共产党为什么能，社会主义为什么好，归根到底是马克思主义
行，中国化时代化的马克思主义行。

科学世界观一经问世，就在实践上推动了世界社会主义发展，深刻改
变了人类历史进程。从第一个马克思主义政党的诞生到今天，世界上坚持
马克思主义性质的政党达到127个，遍及100多个国家。在中国已成为拥
有460多万基层党组织、9700多万党员，并领导着14亿多人口的社会主
义大国长期执政的特大型政党。支部建设成为最大的组织优势，中国共产
党成为支部品行责任的忠实传人。在100多年的奋斗历程中，涌现出一代
代无产阶级革命领袖群体、一批批杰出的共产主义战士、成千上万抛头颅

洒热血的英雄儿女。他们无一不是从一个普通群众通过支部获得政治生命、从生到死坚持第一身份的革命性锻炼，坚守共产党人的本色，因而每一个共产党员都从"马克思的学生"起步的。

（一）党的早期组织的思想基础

十月革命一声炮响，给中国送来了马克思列宁主义。最早酝酿建立中国共产党的是陈独秀和李大钊。他们逐步认识到，要用马克思主义改造中国，就必须建立一个无产阶级政党，使其充当革命的组织者和领导者。李大钊和孙中山第一次见面时，李大钊说，如果不能建立唯物史观，历史的演变就会归结为英雄、圣人、王者和上帝作用的结果，普通人根本看不到自己对社会的作用，更别提能有改变自己命运的斗志。孙中山说，并非知易行难，其根本，是知难行亦难。

1920 年 3 月，李大钊在北京大学组织成立马克思学说研究会。1920 年 5 月，陈独秀在中国工人阶级最密集的中心城市上海发起组织马克思主义研究会。同年 8 月，共产党早期组织在上海《新青年》编辑部成立，陈独秀任书记。同年 10 月，李大钊等在北京成立共产党早期组织，当时称"共产党小组"。同年底，决定成立共产党北京支部，李大钊为书记。在上海及北京党组织的联络推动下，各地党的早期组织纷纷建立起来。1920 年秋至 1921 年春，董必武、陈潭秋、包惠僧等在武汉，毛泽东、何叔衡等在长沙，王尽美、邓恩铭等在济南，谭平山、谭植棠等在广州，成立了共产党早期组织。在日本、法国成立了由留学生和华侨中先进分子组成的共产党早期组织。后来，周恩来担任旅欧党总支书记，其间介绍邓小平加入了中国共产党。

各地共产党早期组织成立后，开展了大量的工作。主要有：研究和宣传马克思主义，研究中国实际问题；同反马克思主义思潮展开论战，帮助一批进步分子划清社会主义同资本主义的界限、科学社会主义同其他社会主义流派的界限，走上马克思主义道路；在工人中进行宣传和组织工作，使工人开始接受马克思主义的教育，提高阶级觉悟；成立社会主义青年团组织。在毛泽东同志的努力下，1921年1月13日，长沙社会主义青年团成立，毛泽东同志任书记。

在建党的思想理论准备中，《共产党宣言》起到了十分重要的作用。1920年2月，陈望道克服重重困难，甚至冒着生命危险秘密翻译《共产党宣言》，成为马克思主义在中国传播的一件大事。早期组织以《共产党宣言》为理论依据，撰写了《中国共产党宣言》，指出"共产主义者的目的是要按照共产主义者的理想，创造一个新的社会"，提出以共产主义理想作为收纳党员标准。这充分体现了中国的共产主义者对马克思主义救国真理的渴求，对共产主义理想的坚定信念。

（二）中国共产党成立和党支部建设理论的成熟

随着马克思主义在中国的广泛传播和一批确立了马克思主义信仰的先进分子的出现，在中国成立共产党组织的思想和干部条件已经具备，建立工人阶级政党的任务被提上了日程。1921年7月，中国共产党第一次全国代表大会在上海法租界望志路106号（今上海市业兴路76号）开幕。参加会议的代表有：上海的李达、李汉俊，北京的张国焘、刘仁静，长沙的毛泽东、何叔衡，武汉的董必武、陈潭秋，济南的王尽美、邓恩铭，广州的陈公博，旅日的周佛海；包惠僧受陈独秀派遣，出席了会议。他们代表着全国50多名党员。共产国际代表马林和尼克尔斯基出席了会议。陈独秀和李大钊因事务繁忙未出席会议。

党的一大确定党的名称为"中国共产党"。大会通过了中国共产党第一个纲领，明确"革命军队必须与无产阶级一起推翻资本家阶级政权""承认无产阶级专政，直到阶级斗争结束""消灭资本家私有制"以及"联合第三国际"。中国共产党一经成立，就旗帜鲜明地把社会主义和共产主义规定为自己的奋斗目标，坚持用革命的手段实现这个目标。

党的一大决定设立中央局作为中央的临时领导机构，选举产生了以陈独秀为书记的中央局。

党的一大宣告中国共产党正式成立。

中国共产党是在列宁关于组织建党的原则指导下，按照民主集中制的原则建立起来的马克思主义政党。在长期的革命、建设和改革开放实践中，我们党把马克思主义党的学说原理与中国共产党的建设具体实际相结合，历经了思想建党、制度建党、思想建党与制度治党紧密结合的历史锤炼，从党的建设伟大工程，到党的建设新的伟大工程，积淀了丰富的党的建设的理论和实践。其中，党支部建设的探索以小见大，也走过漫长的历史过程。党支部建设理论是随着斗争实践的发展而逐渐形成的。中国共产党建党之初，党组织的基本单元为组，之后为小组，直至党的四大才将其确立为支部，由此，关于党支部建设的探索便逐步展开。五卅运动后，党中央总结了当时发展党员和党支部建设存在的问题，随之对支部建设提出了要求，并发布了《支部的组织及其进行的计划》，共 8 个部分 54 条，在阐明支部的组织意义基础上，规定了支部教育和宣传的标准、支部活动原则、支部会议的内容和要求、支部书记的责任、教育宣传员的任务、支部书记的会议、支部的技术工作等。这是建党初期关于支部建设的重要文献，标志着中国共产党开始提出支部建设的理论。随着革命斗争的需要和发展，党又提出"一切工作归支部"的要求，强调党支部在区域和社会组织发挥核心作用，这是加强支部建设的又一重大举措。第一次国共合作关系破裂后，中共五大通过了《组织问题决议案》，要求"中央应该尽力使党的基础建立在产业支部上面，并使所有大工厂、铁路、码头等都有我们的以支部为基础的组织"。随之在第三次修正章程中，确立党的指导原则为民主集中制，明确规定党的组织系统分为 5 个层级，首次在党章中把支部单列一章，对支部的组织设置和工作任务作出了新规定。从此以后，无论是在革命战争年代，还是在社会主义建设和改革开放时期，我们党都把党支部建设放在突出位置。

（三）三湾改编开创世界军事史政党指挥枪的先河

秋收起义失败，深深触动了毛泽东，使他对改变这支军队内部的民主制度进行了思考。提出了对部队进行无产阶级思想领导这个至关重要的论题。于是，从永新县九陂村开始酝酿，在三湾镇着手改编。改编的内核是实行政治建军，建立党对军队的绝对领导。一是实行"支部建在连上"和设立党代表制度的原则；二是实行军队内民主制度，将士兵委员会建在连上。

支部建在连上，就是把党的支部建立到每一个连队，就是班、排也要设立党小组，营、团建立党的委员会。各级党委、党支部书记均由党代表担任。军中的大事情，无论军队的还是地方的，都要经过支部、党委讨论决定，军事长官不可擅权越位。士兵委员会建在连上，就是全连推选 5~7人组成士兵委员会。官兵用"心脏"比喻党支部建设的重要性：一个人活着要有心脏，心脏强壮才能经得起摔打。一支队伍也要有心脏。党支部就是连队的心脏，一定要把连队支部建设好，使连队"心脏"强壮起来。三湾改编奠定了新型人民军队政治建军的基础，成为中国共产党政治建军的第一个历史起点。三湾改编第一次把党的"造成真正革命的工农军队"之设想付诸实践。在此过程中，毛泽东同志做了大量艰苦细致的思想政治工作。他经常利用行军的机会，广泛接触各级官兵，如他采纳了当过团、连指导员的何挺颖很多主意，并在三湾改编期间，亲自部署，亲自指导，亲自监督，带头执行。为使部队输入新鲜血液，壮大新生力量，毛泽东同志说服师长余洒度和副师长苏先俊，增补前敌委成员以增加党的决策层面的力量。同时，高度重视连队发展新党员工作，把士兵赖玉生作为积极分子培养，入党仪式上亲自领读入党誓词。

三湾改编的历史经验告诉我们，优化组织设置的目的是有效传播思想。不能有效传播思想的组织将苍白无力，成为人民的负担，这也是一百年后的今天，仍然存在虚化、弱化、淡化、边缘化和党建与业务长期存在"两张皮"现象的思想根源。一百年前我们党探索出了支部建在连上，才能抓住士兵原理，正如毛泽东同志所说："只有抓住士兵才能抓住部队。"毛泽东等老一辈无产阶级革命家以及无数先辈先烈，无论出身什么家庭，首先受马克思主义影响，成为马克思主义的追随者、坚定的信仰者。早期革命活动的千方百计、千言万语、千山万水、千难万苦就是一条——传播马克思主义世界观。无论革命各个时期，群众工作是从一个农民一个农民、一个工人一个工人、一个士兵一个士兵开始的，革命热情是一个党员一个党员、一个支部一个支部唤起的，实践经验是一件事一件事积累的，理论功底是一个脚印一个脚印夯实的，红色江山是一条生命一条生命换来。一寸山河一寸血！

一百年来，党领导人民浴血奋战、百折不挠，创造了新民主主义革命的伟大成就；自力更生、奋发图强，创造了社会主义革命和建设的伟大成就；解放思想、锐意进取，创造了改革开放和社会主义现代化建设的伟大成就；自信自强、守正创新，创造了新时代中国特色社会主义的伟大成就。党和人民百年奋斗，书写了中华民族几千年历史上最恢宏的史诗。

三、守护共产党人的精神高地

《中共中央关于党的百年奋斗重大成就和历史经验的决议》指出："全党要坚持唯物史观和正确党史观，从党的百年奋斗中看清楚过去我们为什么能够成功、弄明白未来我们怎样才能继续成功，从而更加坚定、更加自觉地践行初心使命，在新时代更好坚持和发展中国特色社会主义。"

党的十八大以来，以习近平同志为核心的党中央，回顾总结中国共产党支部建设的百年历史，赋予党支部品行责任新时代内涵。习近平总书记指出："中国特色社会主义大厦需要四梁八柱来支撑，党是贯穿其中的总的骨架，党中央是顶梁柱。同时，基础非常重要，基础不牢、地动山摇。在基层就是党支部，上面千条线、下面一根针，必须夯实基层。要有千千万万优秀基层骨干，结合实际情况落实好各项工作。"支部是党组织开展工作的基本单元。进入新时代，中央出台《中国共产党支部工作条例（试行）》，进一步明确了每一个支部都担负直接教育党员、管理党员、监督党员和联系群众、组织群众、宣传群众、凝聚群众、服务群众的职责，促进全党大抓基层、大抓支部的良好态势，党的一切工作到支部的鲜明导向正在形成。

2023年6月，习近平总书记在内蒙古考察时指出："铸牢中华民族共同体意识是新时代党的民族工作的主线，也是民族地区各项工作的主线。民族地区的经济建设、政治建设、文化建设、社会建设、生态文明建设和党的建设等，都要紧紧围绕、毫不偏离这条主线。"每名党员首先要把铸牢中华民族共同体意识作为进一步塑造科学世界观和方法论的主线。

必须不断接受马克思主义哲学智慧的滋养。世界观是人们对于整个世界的总的看法或根本观点。掌握习近平新时代中国特色社会主义思想需要以马克思主义哲学为指导。然而，世界观不是人与世界的简单反映与被反映的关系。一种世界观是处于这个世界中的人对自己生活其中的世界的一种理解，一种理性的概念化把握。所以，只有学习掌握习近平新时代中国特色社会主义思想的世界观和方法论，才能准确把握铸牢中华民族共同体意识的深刻内涵，成为科学，成为方法，成为一切工作的主线。

马克思主义哲学，是一门党性很强的学问，是无产阶级求解放的思想武器。因而，马克思主义新世界观作为全部马克思主义的思想精髓，指导了一代代马克思主义者的理论和革命实践。若有人以功利为目的学理论，工学矛盾必然突出，不仅永远学不会马克思主义，而且在其分管领域的理论建设上经常造成混乱。延安整风时期，毛泽东同志曾把学风同党风并列加以整顿，提出学风不正是没有党性或党性不完全的表现。

用习近平新时代中国特色社会主义思想的世界观和方法论强化分类指导。马克思主义中国化时代化进程源远流长、博大精深。然而，由于世界观是人们对于整个世界总的看法或根本观点，所以，只有掌握贯穿于习近平新时代中国特色社会主义思想的立场、观点、方法，才能触类旁通，一览众山小，用马克思主义民族观、习近平总书记关于加强和改进民族工作的重要思想分类指导民族地区各项工作，使铸牢中华民族共同体意识成为各项工作的主线。习近平总书记指出："我们做的事是前无古人的，我们要学马列主义，但马列主义经典著作不能给出解决现实问题的现成答案，只能运用它的原理、立场、观点、方法，通过自己的摸索、咀嚼、创新来提出答案。"使党的民族政策在基层有人懂，党的民族工作在基层有人抓。

世界观和方法论建设要从党支部抓起。党的百年奋斗锻造了走在时代前列的中国共产党。党成立时只有50多名党员，今天已成为拥有9000多万名党员、领导着14亿多人口大国、具有重大全球影响力的世界第一大执政党。习近平总书记对马克思主义建党学说的一个原创性贡献，就是系统概括了共产党人的精神，指出伟大建党精神是中国共产党人的精神之源。马克思主义信仰、共产主义远大理想、中国特色社会主义共同理想，是中国共产党人的精神支柱和政治灵魂，也是保持党的团结统一的思想基础。新时代共产党人的精神体现了习近平新时代中国特色社会主义思想的世界观和方法论。习近平总书记强调："辩证唯物主义是中国共产党人的世界观和方法论，我们党要团结带领人民协调推进全面建成小康社会、全面深化改革、全面依法治国、全面从严治党，实现'两个一百年'奋斗目标、实现中华民族伟大复兴的中国梦，必须不断接受马克思主义哲学智慧的滋养，更加自觉地坚持和运用辩证唯物主义世界观和方法论，增强辩证思维、战略思维能力，努力提高解决我国改革发展基本问题的本领。"

世界观、人生观、价值观要从娃娃抓起，系好第一粒扣子要从青年抓起，已是党内共识。党章规定，培养具有马克思主义信仰的先进分子入党。党内依然存在入党动机不纯、入党后忽视主观世界的改造、进而走上领导岗位拥有权力以后，导致了政治上变质、经济上贪婪、道德上堕落、生活上腐化。

党要求各级领导干部解决好世界观、人生观、价值观这个"总开关"问题、珍惜权力、管好权力、慎用权力，自觉接受各方面监督，时刻想着为党分忧、为国奉献、为民造福。在"必须把权力关进制度的笼子里，依纪依法设定权力、规范权力、制约权力、监督权力"加强直接约束权力制度建设的同时，要进一步完善"三观"教育的制度体系，把"三会一课"作为从严教育、从严管理的突破口，按照"人是一切社会关系的总和"的理念，完善每个人"三观"教育考核指标体系，把政治标准前移到支部内部，要从党支部考察政治信仰坚定程度，从党支部破解政治素质考察难题，从党支部加强干部"三观"教育，全方位考察干部品行、作风、廉洁等实际表现，从身边党员群众深入了解干部"活情况"，多角度画准干部第一身份"政治像"，使政治品德成为提升政治素质的鲜明导向和干部能上能下的主要依据。

党的百年奋斗史证明，守住江山，必须全面加强党的领导，首先要加强党的自身建设的领导。习近平总书记强调："打铁必须自身硬，办好中国的事情，关键在党，关键在党要管党、全面从严治党。"每名走进新时代的中国共产党人，要牢记自己是什么，要干什么这个根本问题，铭记生于忧患、死于安乐，常怀远虑、居安思危。要更加紧密地团结在以习近平同志为核心的党中央周围，全面贯彻习近平新时代中国特色社会主义思想，继续推进新时代党的建设新的伟大工程。

血的历程　水不能取代

在党的第 92 年生日来临之际，按照中央党的群众路线教育实践活动的安排部署和王君书记关于做好全区党的群众路线教育实践活动起步工作的要求，内蒙古自治区党委、人大、政府、政协领导班子成员进入集中学习阶段。6 月 22 日上午，大家一起聆听了《苦难辉煌》的作者、国防大学战略研究所所长金一南将军主题为《苦难辉煌对国家命运和民族命运的思考》的讲座。近三个小时的讲座，在场的所有学员无不为金一南将军重新展现中国共产党万水千山般恢宏壮阔的历史场面热泪盈眶！我也和大家一样，激动之余结合当前全区党的群众路线教育实践活动的逐步深入，也捕捉到以下几个方面的思想脉络。

历史不能假设。讲座针对社会上对中国共产党的胜利来自历史的偶然，是利用对手的失误，利用国际形势提供的一些机缘等说法开始，列举了大量真实的历史事实予以回应。1927 年，蒋介石发动"四·一二"反革命政变，导致李大钊、罗亦农、赵世炎、陈延年、李启汉、萧楚女、邓培、向警予、熊雄、夏明翰、陈乔年、张太雷等无数共产党人牺牲。严酷的白色恐怖中，组织被打散，党员同党组织失去联系；彷徨动摇者纷纷倒戈。接着海陆丰起义、南昌起义、秋收起义、黄麻起义、广州起义相继被镇压。1934年第五次反"围剿"失败，中央红军被迫长征。红十军团军政委员会主席方志敏、红十军团长刘畴西、中华苏维埃教育人民委员瞿秋白、赣南军区政治部主任刘伯坚等人，被捕获枪杀。中华苏维埃工农检察人民委员何叔衡、中央军区政治部主任贺昌等人，在战场上牺牲。

最耀眼的辉煌，来自最深重的苦难。如此触目惊心的嬗变和大浪淘沙的淘汰，历史赋予中国共产党人的磨难，超过给予所有其他政治团体和党派的。中国革命的胜利不是靠机缘，而是来自不屈不挠的共产党人的奋斗。

中国共产党的胜利是马克思主义的胜利。期间，中国共产党的领袖群体所体现的高度历史自觉成为中国革命的脉络和特点。历史自觉，就是对历史运行规律的深刻领悟，对社会发展前景的主动营造。只有深刻领悟，才能主动营造。1928年，毛泽东同志写的《中国的红色政权为什么能够存在?》深刻总结了湘赣边界斗争的经验，并针对党内存在的"右"的和"左"的思想倾向，科学地论证了红军和红色政权在中国存在和发展的原因是"白色政权之间的战争"为第一条件等。毛泽东同志关于红色政权能够存在和发展的理论，指明了在反动统治薄弱的农村积聚力量，实行工农武装割据，以农村包围城市最后夺取城市取得全国政权的道路。这是毛泽东思想开始形成的一个标志，是马克思主义中国化的里程碑。

政权预示着繁荣，更预示着尊严。近代以来中华民族经历太多苦难，太多失败，最缺乏的就是胜利。靠忍耐忍出的一个优秀民族，人类历史上从无此例。正是从这个意义上看，中国共产党人通过艰苦卓绝斗争获得的一系列惊天动地的胜利，不但使中华民族达到了前所未有的历史高度和探测到前所未有的时代宽度，而且培养出一大批天不怕地不怕的共产党人，告别了长期的颓丧萎靡之气，完成了中华民族的精神洗礼。

信仰不是说教。金一南将军说："用拜金主义诠释历史不难，想挥动自己的手臂书写历史却绝非那样容易"。1921年中国共产党成立，1927年创建军队，短短20多年时间，从小到大、从弱到强，历经磨难挫折和艰难困苦，最后夺取全国政权。讲座从这一心路历程和历史逻辑，探索这个党和这个军队的力量真谛。

南昌起义失败后，留下的微末革命火种，随时可能会熄灭掉。关键时刻，站出来的人是部队的临时负责人——朱德。在天心圩军人大会上，朱德用自己的信心与激情坚定了大家的信念，革命的火种由此保留了下来。这支部队后来成为中国人民解放军建军的基础，战斗力的核心。解放战争中，指挥东野的林彪，指挥华野的粟裕，当时皆站在天心圩的队伍中。只有在坚决的信念中，人才能勇敢地面临绝境甚至死亡，一点点的动摇，都会带来不一样的结果。金一南将军在讲座中说："什么叫信仰，信仰是教育问题吗？信仰是个领导者问题，领导者你信，大家跟着你信；领导者你不信，大家都不信。我教育大家让别人信，别人也不信呐。没有人相信革命能成功，就朱德一个人信，最后叶挺的部队跟着他全信了。"危机毁灭权威，危机诞生权威，危机中要毁灭掉旧的权威，危机里要诞生新的权威。只有从苦难中磨炼出的信念，才能为众生指引方向，点亮明灯。

近代以来，没有哪一个政治团体像中国共产党这样拥有如此众多的为胸中的主义、心中的理想抛头颅、洒热血，前仆后继、义无反顾、舍生忘死的奋斗者。他们不为权，不为钱，不怕苦，不怕死，只为主义、只为信仰，义无反顾，摧枯拉朽。这个党这个军队为了信仰赴汤蹈火，在所不辞，这是中国共产党最大的力量。1949年全国党员人数为300万，有名可查的党员烈士就有370万，就是说大多数共产党员没有看到五星红旗升起这一天。真正的英雄具有那种深刻的悲壮意味：播种，但不参加收获。

星星之火，可以燎原。国民党几乎将共产党逼入绝境，这颗火种却一直不肯熄灭。金将军说，"我写《苦难辉煌》，写那个时代，最终的目的就是写那代人的真正信仰""叛徒何芝华出卖罗亦农，就是为了3000美元和2张出国护照。今天，党内出现背叛理想，背叛信仰的腐败分子就是叛徒，党的队伍中淘汰从来就没有停止过"。回顾党的历史，所有的人其实就做两件事，一是选择什么，二是拒绝什么。如果历史是可知的，如果这些叛徒知道亲手发起成立的这个党在28年以后要夺取全国政权，如果知道眼前做的事情的后果与人民为敌而受到严厉惩罚，就不会做出如此轻率的选择。正因为历史不可知，所以，只有探索规律，遵循规律，追求真理，坚持真理，才能顺应历史规律，推动历史的发展。

新中国成立，共产党获得全国执政地位，从革命党到执政党，特别是十一届三中全会实现了伟大的转折，中国共产党人的信仰又有了新的拓展。即由追求革命的成功变成追求社会主义建设的成功，以至追求中华民族伟大复兴的中国梦。在社会主义建设"激情燃烧的岁月"和改革开放"走进新时代"，我们党的队伍中又涌现出了焦裕禄、王进喜、雷锋、孔繁森、郭明义、杨善洲、沈浩等很多先进分子、优秀典型以及在各级党组织的带领下创造一流业绩的示范群体。他们通过自己的无私奉献和牺牲，为在执政环境下共产党的信仰注入了新鲜血液、新的内涵和新的活力。在30多年的改革开放过程中，特别是在20世纪80年代末、90年代初，马克思主义遭受重大挫折的时候，我们党坚信马克思主义的社会主义学说，对我们坚定建设中国特色社会主义理想和信仰具有指导意义，进而坚持与时俱进，成功地开辟了中国特色社会主义道路，形成了中国特色社会主义理论体系，确立了中国特色社会主义制度。

群众观点是马克思主义的基本观点。党史是行动中的马克思主义。通过学习党的光辉历史和优良传统，让历史告诉时代，今天的光芒不是在共产党人取得一个又一个胜利最辉煌的时候迸射出来的，而是在共产党人最困难的时候，前景最黑暗的情况下，始终坚定为群众谋利益的信仰、始终坚守鱼水深情的时候已经孕育了。

将学习贯穿始终。历史从来是在挫折中轰隆前进的。毛泽东同志讲，战争是流血的政治。从战争中学习战争贯穿党的历史，所付出的学费就是千千万万人的英勇献身。毛泽东同志曾描述一生中打过的败仗。的确，遵义会议请回来的毛泽东不是一尊万无一失的神，而是一位随时准备坚持真理、随时准备修正错误的实事求是的人。从土城战斗失利后立即放弃北上渡江计划改为西渡赤水,到古蔺、叙永一带受阻马上采纳彭德怀、杨尚昆的建议改取川滇黔边境。毛泽东作为党的领袖的伟大与非凡,并不在于是否能够发出神一般的预言,而在于是否能够迅速修正自己的失误,然后迅速采纳别人的正确意见,以实事求是作为共产党人最富生机和最为鲜活的灵魂。

在全党深入开展党的群众路线教育实践活动,就是要根据党情、国情、世情的变化,学习群众工作的新规律新特点。李克强总理曾说,触动利益比触及灵魂都艰难。新的形势赋予学习新的含义,那就是围绕群众利益,打破局部利益,把能否围绕多数人利益主动营造新的利益格局作为检验学习成效的标尺。一定意义上讲,面临国际国内对我们党执政的考验和挑战,我们是在陌生的环境里执政。为此,学习同样要有付出,甚至牺牲。党的群众路线教育实践活动要求学习贯穿各个环节。结合我区实际,应围绕加强学习型服务型创新型马克思主义执政党建设为目标,以党章为抓手,以强化支部功能为突破口,加快党员队伍自身建设步伐。

强化育德功能。中国共产党是一个靠信仰凝聚起来的先进政治组织,党是领导中国特色社会主义伟大事业的核心。坚定马克思主义科学信仰,是强化党组织政治功能的基础和前提。所以要把坚定政治信仰作为衡量干部政治品德的首要标准。一是要把建设学习型党组织的任务首先在支部层面落实。毛泽东同志在延安在职干部教育动员大会上提出,"要把全党变成一个大学校""全党的同志,研究学问,大家都要学到底,都要进这个无期大学"。党的十八大报告指出:"对马克思主义的信仰,对社会主义和共产主义的信念是共产党人的政治灵魂。"8500多万党员的教育培训,400多万党组织是责任主体。他们的理论功底、知识储备、对执政规律的深化、思想道德的培养以及政治灵魂的塑造,都要在支部积累、提升和形成。因此,基层组织是完成这一伟大工程的责任主体,各级党委书记是第一责任人。二是加快思想理论最新成果的推广普及。理论是信仰的载体,也是产生党性问题的总根源,是强化党组织政治功能"本质力量"的基础。中组部"3+1"考核体系要求,考察领导干部用理论解决实际问题的能力。要以学习型党组织建设为载体，把理论队伍建设作为优化干部队伍结构的重要方面，把加强干部的理论修养和政务素质作为优化素质结构的重要导向，要把支部作为守护共产党人的精神高地、聚集和传播正能量的重要平台。三是要完善"比德"的载体。习近平总书记在中央政治局专门会议上强调，"加强中央政治局建设，必须把思想政治建设放在第一位"看一个干部的德，首先要看是否忠诚于党和人民，正确对待个人利益，还要看社会价值多元化的今天，能否勇于以道德的力量，维护组织的整体价值免受挑战、威胁和破坏。在考察材料中，用个性化的语言具体描述干部德的表现，形成准确鲜明的意见，在政治品德、社会公德、职业道德、家庭美德等方面，反映出领导班子和干部以德修身、以德服众、以德领才、以德润才的差别。

强化纽带功能。十八大党章规定，密切联系群众是基层党组织的基本任务。针对存在脱离群众危险，强化支部的纽带功能十分紧迫。一是要通过支部落实党的任务。党的群众路线是与不同时期的具体实践密切结合的，因而具有不同的时代特征。支部根植于人民群众，党员是党在人民群众中的形象和代表，党的理论和路线方针政策都要通过党的基层组织宣传贯彻到千家万户。把党的路线方针政策变成人民群众的自觉行动。二是要使支部成为培养感情的纽带。党员领导干部只有坚持过双重组织生活，才有可能按照党章的要求，在支部这个层面上"建立同志式的平等关系"，领导干部才能经常听得到真话，并在潜移默化中培养群众感情，建立群众观点，支部才能真正成为联系群众、凝聚人心的桥梁和纽带。

强化监督功能。按照中央政治局党的群众路线教育实践活动专门会议精神，要加强问责，健全监督体系，发挥舆论监督、群众监督作用，形成监督的强大合力。要完善干部政绩考核评价体系，用科学的政绩考核"指挥棒"推动作风转变。党章规定，党的基层组织的基本任务是对党员进行教育、管理、监督和服务。监督党的任何组织和任何党员是党章赋予每一名党员权利，在基层党组织建设监督防范体系也是干部监督工作的新任务、新要求。一是支部监督要覆盖全体党员。以尊重党员主体地位、保障党员民主权利为立足点，强化基层党组织监督功能，最大限度地扩大党员群众对党的知情权、参与权和监督权，进而充分调动和发挥广大党员、群众参与党内事务的积极性，努力营造科学发展、率先发展、和谐发展的良好环境，确保党务公开服从和服务于发展稳定大局。二是切实做到党务、政务要向所在基层党组织公开。重大问题要向基层党组织公开。各级党委要把党的基层组织党务公开列入重要议事日程，要把基层组织集体监督意见作为群众了解干部，干部能上能下，党要管党，全面从严治党的重要渠道、依据和理由。三是保障党员在监督中的主体地位。完善述职述廉、党员民主评议等制度，在党支部中定期开展廉洁情况信任投票，突出普通党员在党内民主监督中的主体地位，把监督视为责任和义务，着力解决好人主义盛行、监督上级怕被"穿小鞋"、影响自己前途等问题。经过不懈努力，使党员参与党内事务的权利得到较好落实，党内监督在惩防体系建设中的作用更加明显，基层党组织的凝聚力和战斗力不断提升，党的先进性得到充分体现，党员群众的满意度有显著提高。

强化民主功能。民主集中制是党的根本组织制度，也是群众路线在党的生活中的运用。一是在支部中有效落实民主集中制。支部覆盖全党，要进一步提高党内民主生活质量，既勇于开展批评与自我批评又积极开展思想互助和相互提醒，发扬延安整风等党的集中学习教育实践活动的好传统好经验，使民主集中制原则首先在基层组织有效推进，从而实现用党内民主推进人民民主的目标。二是在支部中培养党代表的参政议政能力。"不发展经济，不提高人民生活死路一条，不进行政治体制改革，不推进民主同样是死路一条。"当前，一些党代表由于缺乏党建知识和理论功底，参政方式、提出的意见建议与人大代表和政协委员没有什么区别。党代表任期制，党代会常任制、乡镇党代会年会制及党员主体地位的体现，基础性工作均在支部落实，特别是党代表参政议政能力的提高，更要靠平时支部工作实践的培养和成熟。

强化服务功能。党的十八大报告指出，要"加强基层服务型党组织建设"，这是对基层党组织功能定位认识的深化和飞跃，是党在新的历史时期执政方式和工作方法上的重大转变。要紧紧围绕这个新定位新要求，深度研究建设基层服务型党组织的新规律新特点，提出创建目标、创建内容、创建方式、创建载体及对策建议。研究不同地区、不同阶层、不同方面群众的愿望和诉求，运用利益分析法，提出完善共建共享机制、分配调节利益关系、惠及更多人民群众的对策建议。党执政以后，特别是改革开放以后，党组织带领群众致富，引领和管理社会成为强化执政功能的重要特征。强化党支部的服务功能，是针对当前党内存在的"四个危险"和"四风"问题，对新时期干部队伍建设提出的更高的标准和要求。一是要把社会管理能力作为新标准。各级党委应准确把握基层党组织的服务内涵，立足于服务发展，增强党组织的创造力；立足于服务社会，增强党组织的号召力；立足于服务群众，增强党组织的战斗力；立足于服务党员，增强党组织的凝聚力，以强化服务来实现党对全社会的有效管理。二是要把科学发展能力作为新标准。考核一个干部的能力，主要看是否能够坚定不移将科学发展观贯穿到执政行为的全过程；看是否能够遵循政党的执政规律，把党的理论和路线、方针、政策变成人民群众轰轰烈烈的自觉行动；看是否通过强化组织功能，使内蒙古自治区党委、政府提出的"8337"发展思路和各项决策在经济建设、社会发展及意识形态领域得到充分体现。

用科学的世界观和方法论
破解基层党建重点难点问题研究

习近平总书记指出，科学的世界观、方法论是我们研究问题、解决问题的"总钥匙"。党的二十大报告深刻阐明了把马克思主义基本原理同中国具体实际相结合、同中华优秀传统文化相结合的基本内涵和实践意义，系统阐述了习近平新时代中国特色社会主义思想的世界观、方法论和贯穿其中的立场观点方法，强调必须坚持人民至上、坚持自信自立、坚持守正创新、坚持问题导向、坚持系统观念、坚持胸怀天下来继续推进实践基础上的理论创新。

一、马克思主义科学世界观的形成和发展

马克思主义新世界观作为全部马克思主义的思想精髓，指导了一代又一代马克思主义者的理论和革命实践。

（一）马克思主义政党的理论基础

共产主义者同盟以前的工人"政党"有一个共同特点，就是缺乏科学的理论指导。共产党则不同，正如恩格斯所说："我们党有个很大的优点，就是有一个新的科学世界观作为理论的基础。"这个新的科学世界观就是马克思主义的辩证唯物主义和历史唯物主义。这是唯一正确的世界观。有了马克思主义的科学世界观，党就能在认识世界和改造世界时把握正确方向，就能了解无产阶级运动的条件、进程和一般结果，从而始终走在时代前列，成为无产阶级革命事业的领导核心。《神圣家族》是马克思和恩格斯在 1844 年合写的第一部重要哲学著作，这部著作初步阐述了历史唯物主

义的一些重要思想，阐明了唯物主义思想同社会主义，共产主义的联系。这部著作为全面阐述唯物史观奠定了基础。恩格斯认为马克思在 1845 年撰写的《关于费尔巴哈的提纲》是包含着新世界观的天才萌芽的第一个文献。《共产党宣言》是马克思主义诞生的标志。列宁在谈《共产党宣言》时说："这部著作以天才的透彻而鲜明的语言描述了新世界观。"

用辩证唯物主义考察人类社会历史，就形成了历史唯物主义。这是马克思主义的两大基石之一，另一个基石是剩余价值理论，但后者基于前者——前者揭示了人类社会发展规律，后者揭示了资本主义社会发展规律。

（二）中国化的马克思主义

马克思主义和马克思是不可分的。马克思是马克思主义的缔造者。马克思主义作为科学体系是唯一的，不存在两种根本不同的马克思主义。马克思主义是发展的，但发展着的马克思主义仍然是马克思主义。

马克思主义科学思想体系的实现方式，主要依托先进的工人阶级政党的指导思想。党的指导思想是马克思主义理论联系实际的集中表现，是运用马克思主义世界观方法论、基本原理解决本国问题的关键，因而是理论创新的标志。中国共产党在领导中华民族伟大复兴的征程中，实现了马克思主义中国化的三次伟大飞跃，创立了毛泽东思想、中国特色社会主义理论体系和习近平新时代中国特色社会主义思想。马克思主义新世界观包括中国马克思主义及毛泽东思想、中国特色社会主义理论体系、习近平新时代中国特色社会主义思想等。它最集中、最原汁原味地告诉我们，共产党人当初为什么出发、向哪里出发，我们的初心和使命是怎么来的。只有通过勤研读、深反省、冷思考，了解、熟悉和掌握马克思主义的基本原理，才能深刻准确地理解中国特色社会主义的本源和走向，防止忘本和走偏。

（三）马克思主义大于马克思主义经典著作

习近平总书记指出："我们做的事是前无古人的，我们要学马列主义，但马列主义经典著作不能给出解决现实问题的现成答案，只能运用它的原理、立场、观点、方法，通过自己的摸索、咀嚼、创新来提出答案。"中央实施马克思主义理论研究和建设工程专家侯惠勤在《以世界观为切入点学好马列经典》一文中指出，"原著之争不在'文本'，而在于立场观点方法。从经典著作的重大历史争论看，问题的症结不在于文本的有无，文本的真伪，而在于文本的解读以及对文本重要性的比较排序，这里面有价值偏好，思想方法的较量"。马克思主义是科学，同时也是工人阶级争取解放的理论武器，是工人阶级的自我意识和世界观。1992 年邓小平同志在南方谈话中指出："实事求是是马克思主义的精髓。要提倡这个，不要提倡本本。我们改革开放的成功，不是靠本本，而是靠实践，靠实事求是。"

各个民族历史上的神话、宗教和哲学，都试图回答历史是什么、历史的发展动力在哪里这样的问题。而它们的答案，往往就是神的意志，或者理性原则的展开或绝对精神的自我运动。极少有人会从现实的、世俗的人的物质生活生产出发来探讨人类历史之谜。而马克思恰恰从这里出发，建构了他的唯物主义历史观。为了更为清楚地阐述历史唯物主义原则的特征，马克思将它和唯心主义历史观进行了对比："这种历史观和唯心主义历史观不同，它不是在每个时代中寻找某种范畴，而是始终站在现实历史的基础上，不是从观念出发来解释实践，而是从物质实践出发来解释各种观念形态……"立足于现实历史和物质实践来解释观念，区别于从某种范畴和观念出发来解释实践，这就是历史唯物主义和唯心主义在历史观上的本质区别。其实马克思所发现的唯物史观所提示的正是这样一个最寻常不过的道理，那就是从一切人类生存和一切历史的第一个前提出发，这个前提就是：人们为了能够"创造历史"，必须能够生活。人类的第一个历史活动，就是生产物质生活本身。这样一个最简单、最世俗的事实，恰恰因为它太平常了，而被意识形态家们所忽视。从这一前提出发，第二个事实，就是物质生活的再生产，与此同时伴随着的则是人的生命的生产。只有在这些原初的历史事实之上，才能探讨意识问题。

二、用党的创新理论传播科学世界观和方法论

习近平总书记强调，学思想，就是要全面学习领会新时代中国特色社会主义思想，全面系统掌握这一思想的基本观点、科学体系，把握好这一思想的世界观、方法论，坚持好、运用好贯穿其中的立场观点方法，不断增进对党的创新理论的政治认同、思想认同、理论认同、情感认同，真正把马克思主义看家本领学到手，自觉用新时代中国特色社会主义思想指导各项工作。

（一）深化党的创新理论不断发展的理解

习近平总书记强调："党的创新理论在不断发展，党的二十大提出了一系列重大思想、重大观点，党的二十大以来在阐述党的二十大精神过程中又提出了一些新观点，特别是提出并系统阐述了中国式现代化这个重大理论和实践问题，进一步丰富了新时代中国特色社会主义思想。"科学地对待马克思主义，是第一个重要的立党立国问题，其中的关键是马克思主义和中国化时代化马克思主义的关系问题。马克思主义是发展的，但发展着的马克思主义仍然是马克思主义。一要在解读上深化。马克思主义中国化主要是对理论的理解和解读；2020 年 1 月，习近平总书记在考察艾思奇纪念馆时指出："我们现在就需要像艾思奇那样能够把马克思主义本土化讲好的人才。我们要传播好马克思主义，不能照本宣科、寻章摘句，要大众化、通俗化。"新时代坚持和发展中国特色社会主义，需要大批能把马克思主义中国化讲好的人才，讲人民群众听得懂、听得进的话语，让党的创新理论"飞入寻常百姓家"。这就需要广大党员干部，要不断学习党的创新理论，不断使马克思主义走进中国社会，融入新时代，真学真信真用、学懂弄通，提高解决新情况新问题的能力和回应社会关切的能力。二要在方式上深化。在形成党委（党组）会议、理论学习中心组会议、读书班、"三会一课"、主题党日等理论学习"组合拳"的基础上，要深入探索

面对面、点对点、一把钥匙开一把锁式的深化学习教育方式。

（二）把调查研究作为理论联系实际的重点措施

习近平总书记在学习贯彻习近平新时代中国特色社会主义思想主题教育工作会议上指出："这次主题教育不划阶段、不分环节，要把理论学习、调查研究、推动发展、检视整改等贯通起来，有机融合、一体推进。"经济学研究的不是物，而是人和人之间的关系。要读懂人和人之间的关系，一要读书。读书不仅是聆听，也是对话，更是相遇。在书中与他人相遇，有时候我们甚至在书中遇见了自己。二要读人。人的内心世界丰富多彩，千变万化，读人方知心中情。如把理论学习理解为读书中人，那么调查研究就是读人中情。而且，读书的目的是读人，读人的目的是感受情感。三要学思想。《史记·货殖列传》中记载："天下熙熙，皆为利来，天下攘攘，皆为利往。"利益的问题很难把握，所以读"人"最重要的是读懂思想，只有站在人类道义的制高点，才能一览众山小，看清人类一切社会活动的动机和目的。党员干部要按照党中央在全党开展大兴调查研究方案要求，深入开展 12 个方面调查研究，同时正确把握"四个伟大"的内在联系，突出党的建设的决定性作用，围绕全面从严治党中的重大问题深入开展调查研究。主要在落实党的领导弱化虚化淡化、党组织政治功能和组织功能不够强，干事创业精气神不足、不担当不作为，应对"黑天鹅""灰犀牛"事件和防范化解风险能力不强，形式主义、官僚主义、特权思想和特权行为等方面的重点问题，推动形成全党大抓基层、大抓支部的鲜明导向和良好态势。

（三）加快习近平党建思想原创性贡献成果转化

习近平总书记在学习贯彻习近平新时代中国特色社会主义思想主题教育工作会议上指出："开展这次主题教育，根本任务是坚持学思用贯通、知信行统一，把新时代中国特色社会主义思想转化为坚定理想、锤炼党性和指导实践、推动工作的强大力量。"

深化中国化时代化党建理论体系的理论渊源。马克思指出："哲学家用不同的方式解释世界，问题在于改变世界。"马克思主义不仅是解释世界的科学理论，还是改变世界的世界观和方法论，集中体现在马克思主义建党学说中，经典著作是《共产党宣言》。《共产党宣言》精辟论述了马克思主义政党的性质、特点、基本纲领、策略原则，先进品格，政治立场和崇高理想。古田会议，把党的建设提到了思想原则和政治原则的高度。三湾改编确立了党指挥枪的科学理论。毛泽东同志指出："牢固树立正确的世界观，绝不仅仅是个人和家庭的私事，共产党人特别是高级干部的世界观涉及党和国家变不变质、老百姓受不受苦的天大的事。党的高级干部队伍中若多几个亿万富翁，我们的党、国家和民族就必然少几个马克思主义的政治家特别是思想家，概而言之，还可能加快我们党轰然倒塌的步伐。"《中国共产党支部工作条例（试行）》赋予党支部直接教育、监督、管理所有党员的职责。

深刻认识党的建设总要求的重要性。党的建设总要求，是党根据一个时期的形势任务，围绕"建设一个什么样的党、怎样建设党"这一根本问题而提出的包括党的建设总目标、主要任务、原则方针、重大举措等在内的总要求和部署，是推进党的建设伟大工程的总纲和行动路线图。党的建设总要求是中国化时代化的马克思主义党建理论与实践的结晶，是党的建设科学化水平的重要标志。

全面从严治党是新时代党的自我革命的伟大实践，是新时代党的建设的鲜明主题和党治国理政的鲜明特征，在党和国家事业全局中发挥政治引领和政治保障作用。2023年6月全国组织工作会议上，党中央用"十三个坚持"系统阐述习近平总书记关于党的建设的重要思想，是这次全国组织工作会议重要的成果。其中，坚持和加强党的全面领导排在第一位。习近平总书记关于党的建设的重要思想的原创性贡献，深化了对马克思主义建党学说的根本原则、科学布局、价值追求和长期执政规律的认识。

政党的价值理念直接关系国家现代化的前途命运。开辟新境界，谱写新篇章，都离不开党的建设和党的全面领导。党的二十大报告指出："中国式现代化，是中国共产党领导的社会主义现代化。"这是对中国式现代化定性的话，是管总、管根本的。党的领导直接关系中国式现代化的根本方向、前途命运、最终成败。习近平总书记指出："作为现代化事业的引领和推动力量，政党的价值理念、领导水平、治理能力、精神风貌、意志品质直接关系国家现代化的前途命运。自胜者强。政党要把自身建设和国家现代化建设紧密结合起来，踔厉奋发，勇毅笃行，超越自我，确保始终有信心、有意志、有能力应对好时代挑战、回答时代命题、呼应好人民期盼，为不断推进现代化进程引领方向、凝聚力量。"体现了习近平总书记关于党的建设的重要思想与时俱进、勇立潮头的科学性、实践性和革命性的内在统一。只有加快习近平党建思想原创性贡献成果转化，变成人民群众轰轰烈烈的自觉行动，精神动力才能变成强大的物质力量。

三、履行党支部的品行责任

习近平总书记指出："中国特色社会主义大厦需要四梁八柱来支撑，党是贯穿其中的总的骨架，党中央是顶梁柱。同时，基础非常重要，基础不牢、地动山摇。在基层就是党支部，上面千条线、下面一根针，必须夯实基层。"1864 年，马克思第一次提出支部的品行责任的概念。170 年来，马克思主义政党的基层组织从无到有、由小到大，特别是从"支部建在连上"的三湾改编到新时代《中国共产党支部工作条例（试行）》的实施，经历了从夺取政权到巩固政权、长期执政的历史过程。整个过程贯穿着马克思主义科学世界观产生的背景和形成过程，也昭示了马克思主义中国化时代化进程中以建党精神为源头的中国共产党人精神谱系的形成。党的百年奋斗史证明，只有加强理想信念教育，引导全党牢记党的宗旨，解决好世界观、人生观、价值观这个总开关问题，自觉做共产主义远大理想和中国特色社会主义共同理想的坚定信仰者和忠实实践者，才能用党的自我革命引领社会革命，完成中国式现代化建设的使命任务。然而，人是一切社会关系的总和。每一名坚定信仰者和忠实实践者首先是支部赋予政治生命，并在支部锤炼，在支部见效，支部有力量，党才有力量。

（一）正视党支部理论建设存在的问题及原因

党的理论每前进一步，理论武装就要跟进一步。一代代共产党人依靠集体智慧使党的创新理论与时俱进，勇立潮头。然而，理论转化为每个党员的自觉行动，使党的理论具体化，党员行为科学化，同样需要一把钥匙开一把锁式的科学的传授方法，同样需要依靠全党的力量使科学世界观转化为人格力量。恩格斯指出，"就单个人来说，他的行动的一切动力，都一定要通过他的头脑，一定要转变为他的意志的动机，才能使他们行动起来"。我们在强调理论联系实际的同时，必须明确理论既是联系实践的产物，同时也是脱离实践转入更深层本质的高度抽象和概括的重要环节，前者是理论的生命源泉，后者是理论升华发展的台阶。当前，由于有的党员、干部理论学习兴趣不浓，学不进去，学习走形式装样子；有的学习不系统不深入，一知半解、浅尝辄止，知其然不知其所以然；有的学用脱节，学归学做归做，不善于把学习成果转化为干事创业的实际本领；等等。经常混淆党的建设与党的事业的概念，甚至颠倒相互间的关系，这是造成一些地方和部门贯彻落实党中央决策部署不到位，要么简单化、"一刀切"，照抄照搬、上下一般粗，要么做选择、搞变通、打折扣，不顾大局、搞部门和地方保护主义和一些党组织政治功能、组织功能不强，党建引领基层治理作用发挥还不充分的主要原因。

（二）用"两种生产"理论剖析人和事"两张皮"现象

价值观像空气，常人日用而不觉。所以，执政资源随处有，就看眼睛里有没有。在《家庭、私有制和国家的起源》里，恩格斯对历史唯物主义史观关于物质生产是社会发展决定性因素的基本原理作了进一步的阐述，指出："根据唯物主义观点，历史中的决定性因素，归根结底是直接生活的生产和再生产。但是，生产本身又有两种。一方面是生活资料即食物、衣服、住房以及为此所必需的工具的生产；另一方面是人自身的生产，即种的繁衍。"对于第一种生产人们并不陌生，它与人们的日常生活息息相关，往往构成了人们对物质世界最初的认识和最真实的体会。对于第二种生产即种的繁衍，作为高级动物的人类，同其他一切生命体一样，都必然承担着延续种族的使命，这一天然使命，由于人类的高级属性，渐渐脱离了其他生物种族繁衍的纯自然特点，更具有社会化的属性。这样在人类的思维层次逐步产生"理论""实践"和"理论与实际"相结合的概念体系。我们党历来高度重视全党大学习、干部大培训。马克思也说："理论只要彻底，就能说服人。所谓彻底就是抓住事物的根本。但人的根本就是人本身。"轻党建重业务、工学矛盾突出等现象，本质就是忽视人的素质的建设，更缺乏对思想建党，理论强党，全面从严治党和以文化人，百年树人的理解。因此，正确处理党组织与治理主体之间的关系，促进素质结构与产业结构一体化进程迫在眉睫。

（三）破解理论培训缺乏针对性的重点难点问题

理论培训必须遵循科学规律，强化组织领导，严格规定程序，不断增强理论自觉。要围绕党员、干部素质短板设计培训课题。一是整合组织资源解决师资力量薄弱问题。组织部门和各级党组织要优化培训资源，在提高顶层设计质量上下功夫，通过组织各领域党务工作者、教育培训主管部门、政策研究部门及各行业专家学者、高等院校和研究机构一起研究，提出高质量、可操作的培训规划、培训方案。二是要树立学员是培训主体的观念。要引导学员要树立"社会是课堂，实践是教案，培训是提炼"的大培训理念。学员不仅要成为受教育培训的主体，也是自我培训的主体、自我总结和提炼的主体。党的十八大以来，全党集中学习教育活动有三次是分批进行的。每次党中央都要强调批次之间衔接联动，体现党的创新理论工作的系统性。教育培训工作也一样，培训总结是对培训方案、实施过程、总结提炼的系统梳理，包含承办单位、组织者、学员、党务人才等共同努力的综合性的体现，并形成了阶段性成果，这要成为第二轮培训的重要参考，成为成果转化的重要渠道，也成为教材资源开发的基本程序和普及原理的主要来源。三是发挥专家学者疏通理论脉络的关键环节的作用。按照分工，每个参与培训设计的组织者、管理者、不同角度的参与者要把好各环节、各链条质量关。各"环节""链条"都要让专业的人干专业的事儿，特别是发挥专家学者在理论与实际相结合过程中，"梳理"和"提炼"这个重要"环节"的特殊作用，探索理念创新和模式创新，并贯穿理论培训的全过程，逐步形成高质量的理论培训常态化机制。

（四）顶层设计与问计于民统一起来

习近平总书记强调："要尊重群众首创精神，把加强顶层设计和坚持问计于民统一起来，从生动鲜活的基层实践中汲取智慧。"基层民主是全过程人民民主的重要体现，健全基层党组织领导的基层群众自治机制，才能更加健全吸纳民意、汇集民智、建言资政、凝聚共识的工作机制和各种制度化协商平台，才能树立为了人民、依靠人民的群众观点。要建立党支部议题设置制度，完善重大决策意见征集制度要从基层抓起，从矛盾源头抓起。基层党组织实行议题设置制度，围绕基层群众的所需所盼，焦点难点问题，在农牧业生产一线的广大农村牧区通过"嘎查村党组织、村小组党小组、党员联系户"三级组织体系，入户走访、建立微信群等方式常态化开展政策宣传、沟通服务、民意收集、舆情引导，各领域党支部都一样。在此基础上，要定期甄别、筛选议题，从源头提高议题质量。通过议题研讨，依靠集体智慧和组织的力量统一思想，集中力量办实事。办事结果实行定期上报制度，对上报议题上一级党组织应集中研讨，及时反馈，积极回应社会关切，把问题解决在基层，把风险处置在萌芽状态。党中央强调，第一批主题教育单位对"表现在基层、根子在上面"的问题要主动认领，建立问题清单、责任清单、任务清单制度，上下联动、合力解决。要按照党组织隶属关系，纵向上畅通机关、企业、社区等各领域党支部研讨与各级党委理论学习中心组研讨联络渠道，横向上采取村村共建、村企共建、村银共建、产业链联建等形式创新组织载体，增强各级党委理论学习中心组政治领导力、群众组织力、社会引领力的理论功能和政治功能。

（五）坚持网络党建"内容为王"

进入网络时代，要按照人的视觉超过听觉的生理原理，用现代科技手段和网络理念使社会产品图文并茂、丰富多彩。近年来，我国积极推进互联网内容建设，深化网络生态治理，弘扬新风正气，网络文明建设取得了明显成效。随着互联网成为信息传播主渠道，准确权威的信息如不及时传播，虚假歪曲的信息就会搞乱人心；积极正确的思想舆论如不发展壮大，消极错误的言论观点就会肆虐泛滥。要开发推广普及理论原理软件，探索开发以微视频、微语音形式的微党课。不能把微党课理解为小党课，而是通过提炼和整理系列的、具体的、身边的人和事，用微时间、分时段、快节奏地制作精品，适应快节奏的社会和人的行为规律，努力把原理问题、理论问题、哲学问题从"天上"带到"人间"，用"微言"表达"大义"，扭转懂党的不懂网、懂网的不懂党的被动局面，要把"占领网络阵地，最终要靠马克思主义理论"的要求落到实处。

（六）努力提高党支部的研讨质量和公文写作能力

《中国共产党支部工作条例（试行）》指出："讨论决定或者参与决定本地区本部门本单位重要事项，充分发挥党员先锋模范作用，团结组织群众，努力完成本地区本部门本单位所担负的任务。"因而，必须提高研讨质量，特别是要把提高公文写作能力作为提高研讨质量的主要标志。2012年，中共中央、国务院印发《党政机关公文处理工作条例》，强调党政机关公文特点鲜明的政治性，并体现出具体要求：一要体现我国的根本政治制度，体现广大人民群众的利益和意志，有利于人民群众参与管理国家事务；二要体现党的领导原则，与党和国家方针、政策的要求相一致，使之成为推动社会主义民主政治和社会全面进步的工具。当前，一些地方党政机关、企事业单位公文写作能力与新发展理念、高质量发展要求存在很大差距，特别是各领域基层党组织的行文质量普遍达不到基本标准，成为各级党组织上下沟通、与各治理主体之间横向沟通的严重阻碍。为此，抓好支部工作要聚焦研讨质量和公文质量这个重点难点问题。一是深化价值观的表达。党章党规，特别是这次主题教育，对每个党支部和党员的理想信念教育都提出新的要求。思想决定写作，党的所有公文都是共产党人价值观的表达。组织生活是党内政治生活的重要内容和载体，是党组织对党员进行教育管理监督的重要形式。党支部是塑造政治灵魂、传递价值观的地方，是唤醒人民对科学信仰的追求和向往的地方。坚定理想信念，做好群众思想政治工作，才能为写好公文夯实思想基础。党员来自支部，支部根植于人民。只有夯实基层党组织公文工作基础，才能源源不断地为党政机关和企事业单位输送有一定思想觉悟和文字基础的文秘人才。二是表达权威性。我们党是执政党，党支部是政治组织，需要强化政治功能和组织功能。党支部书记要带头做好研讨记录，支部委员要按照职责分工做好记录，重视研讨笔记，为总结提炼打好基础。完整、准确、全面体现每名党员的意图，是推动党内民主，提高党员主体地位的基础和前提。《中国共产党支部工作条例（试行）》赋予党支部直接教育、监督、管理党员的职责。任何一名党员都要服从党支部的决定，更为重要的是党支部公文不仅表达具体事项，更要表达党支部和党员体现在解决问题过程中依靠群众智慧和力量首创精神。三是规范公文用词。严格的规范性是公文的一个特点。言之无文，行之不远。公文如果不规范，不仅会影响公文的质量和版面的美观大方，而且会影响公文的严肃性和应有作用的发挥，甚至会造成重大的工作失误。为此，既要用正确的立场观点方法反映事实的本来面目，又要用党的创新理论的话语体系、规范用语写好公文。邓小平同志讲，"老祖宗不能丢，还要讲新话"。中央实施"一村一社区一个大学生"计划和把基层作为培养年轻干部的导向，特别是各级党委从理想信念、笔力提升、提素增能、严管厚爱着手，敦实年轻干部成长根基，为提高党支部的理论学习和公文水平提供了组织保障和人才支撑。在此基础上，持续加强他们的公文培训迫在眉睫；四是重视平时积累。党支部的一切社会活动，都属于凝聚人心，巩固政权的重要内容。所有文字记载、图文、影像都成为反映党群关系的第一手素材，都体现着群众愿望、首创精神和实践创新的原始资料。一定意义上讲，提高公文质量是提高党支部建设科学化水平的基本标准和硬件要求，党支部也只有通过规范的公文活动，才能融入政权体系，并充分体现基层党组织政治功能和组织功能的指挥指导作用、规范约束作用、传递信息作用、依据凭证作用、宣传教育作用。

弘扬思想政治工作优良传统
——三湾镇、古田镇思想政治工作考察纪实

2014 年 11 月 8 日至 13 日，我怀着崇敬的心情带领满洲里市 50 名党务工作者终于登上魂牵梦萦的革命圣地——井冈山。为了完成培训班布置的分课题任务，思想政治工作课题组还专程到三湾镇、古田镇进行延伸考察。

通过一周的集中学习培训，全体学员结合自己的思想实际和成长经历，带着问题学、带着感情学、带着信仰学、带着责任学，受到了一次深刻的革命传统教育。期间，在几次的情景式教学现场，全班学员都情难自禁，泪流满面，以致我代表全班给曾志同志的孙子石金龙等三位先辈后代赠书时，提前想好的话也哽咽得没有说出来。为了表达对革命领袖和无数先辈的敬仰和缅怀，并全面反映这次特殊培训的体会和成果，学员们以研究课题的形式分为四个小组分头攻关，并以在媒体上发表的形式向组织、向家乡父老汇报。

我所在课题组研究的主题是思想政治工作。课题组由我和汪辉、董丛利、张萌、袁权、李海波、孔令宇组成。

一、三湾改编是中国共产党政治建军的第一个历史起点

11月11日下午，考察组一行来到江西省永新县三湾镇，永新是井冈山第一位女党员贺子珍的家乡。

大革命失败以后，毛泽东同志领导部队转战井冈山，在三湾进行改编。我见到了上小学时在书本中的三湾枫树坪上的三棵大树。据村民介绍，现在这几棵树已有700多年的树龄了，顿时我们联想到，虽然历经半个多世纪的风雨，但植根于井冈山这片沃土上的植被却依然须长叶茂，发达旺盛，象征着三湾改编所形成的庞大扎实的基层党组织，给人们以精神上的信赖与支撑。井冈山干部学院的赖宏教授讲，"信仰靠情感传递"。青年毛泽东在三棵树下与红军战士一起交谈的场景永远镌刻在很多人的脑海里。触景生情，这不仅时刻触发我美好的学生时代，更见证了党和红军艰苦岁月里血与火的战斗历程，特别是具有划时代意义的三湾改编。近半个世纪的追求与向往，在三棵树下，我静立许久，热泪盈眶，深情地分别拥抱了这饱经风霜、永远在一起的一棵枫树和两棵大樟树。此刻，我仿佛听到了红军的号角，听到了毛泽东同志的声音。在这里，我们也永远感激朴实醇厚、具有革命传统和牺牲精神的老区人民，他们不仅完好地保护了这具有特殊意义的"红军树"，更用自己的鲜血和生命与一代又一代共产党人共同铸就了伟大的井冈山精神！

在去往士兵委员会旧址途中，李海波首先发现在一面墙壁上有点模糊但能够看得清楚的标语：三湾改编思想政治工作的开端。

中国在沦为帝国主义列强控制的半封建半殖民地国家以后，由帝国主义和买办阶级操纵下的军阀割据带来了无休止的混战，使中国共产党和国民党共同看到了军队的重要性，都有了掌握一支强大军队的强烈愿望。1927年，蒋介石发动"四一二"反革命政变，使中国共产党人清醒地认识到自动放弃武装领导权所付出的惨痛代价。南昌起义打响了对国民党反动

派的第一枪，升起了中国共产党创建人民军队的第一面旗帜，并提出要在更多有条件的区域发起武装起义，在战斗中创建军队。但是，怎样才能建设一支由无产阶级领导的革命军队呢？中国共产党人结合自己军队的实际进行了艰苦的探索。

在南昌起义部队撤离南昌向广东进发的途中，1927年8月7日，中共中央在汉口召开紧急会议，即"八七会议"，由受命于危难之际实际负责中央工作的瞿秋白主持。罗明纳兹代表共产国际作了《党的过去错误及新的路线》的报告，瞿秋白代表中央常委作了《将来工作方针》的报告，两个报告的主题都与军事和军队有紧密关联。这次会议还发出了《中央通告第一号——中国共产党的政治任务与策略的决议案》。《决议案》首次提出了废除雇佣兵制、采取志愿兵制，进而实行义务兵制，建立工农革命军的设想。"八七会议"选举毛泽东等7人为政治局候补委员。会议决定各路军事负责人组成秋收起义前敌委员会，由毛泽东担任书记。

然而，秋收起义却失败了。惨痛的教训，深深触动了毛泽东，使他对改变这支军队内部的民主制度进行了思考。毛泽东同志根据工农革命军成分复杂，建制零乱，军心涣散，特别是党的领导基础十分薄弱的严峻形势，提出了对部队进行无产阶级思想领导这个至关重要的论题。于是从永新县九陂村开始酝酿，在三湾镇着手改编。改编的内核是实行政治建军，建立党对军队的绝对领导。一是实行支部建在连上和设立党代表制度的原则；二是实行军队内民主制度，将士兵委员会建在连上。

支部建在连上，就是把党的支部建立到每一个连队，即使是班、排也要设立党小组，营、团建立党的委员会。各级党委、党支部书记均由党代表担任。举凡军中的大事情，无论军队的还是地方的，都要经过党委、支部讨论决定，军事长官不可擅权越位。

士兵委员会建在连上，就是全连推选5~7人组成士兵委员会。其职责是：一是参加军队的纪律管理，军官违反纪律，有权予以监督和作出处置；二是参与军队的经济管理，派士兵到伙房监厨，与司务长按月结算伙食账；三是作士兵的政治教育工作；四是作群众运动。各级士兵委员会置于党支部的领导之下，对军事方面的问题只能提出建议或质问，不直接干涉和处理。前委委员、原任副师长余贲民对战士们说："打掉军官小灶好啊！早就应该这样了。大家同是革命，还分什么上下、贵贱的等级呢？有盐同咸，无盐同淡嘛，这才像共产党的军队。"战士们回答说："是啊，军阀队伍里士兵就像一个奴隶，只有共产党的队伍里才有说话的权利，这样当兵才有意思呢！"

士兵用"心脏"比喻党支部建设的重要性：一个人活着要有心脏，心脏强壮才能经得起摔打。一支队伍也要有心脏，党支部就是连队的心脏，一定要把连队支部建设好，使连队"心脏"强壮起来。三湾改编奠定了新型人民军队政治建军的基础，成为中国共产党政治建军的第一个历史起点。

二、思想政治建设应紧紧围绕实践规律

11月12日，沿着中国共产党这一时期思想政治工作的脉络，我们考察组一行来到古田会议会址。古田会议会址位于福建省龙岩市上杭县古田镇社下山西麓。古田会议会址是一座清代宗祠建筑，始建于1848年，称廖氏宗祠，又名"万源祠"。它坐东朝西，背靠参天古木林。在这片茂密树林掩映下的"古田会议永放光芒"八个红色大字熠熠生辉，数里之外便赫然跃入眼帘。会场设在大厅，有主席台和5排代表席座椅。主席台桌上摆着一把大茶壶和4个小茶碗，靠墙架着一块黑板，墙上悬挂着"中国共产党红军第四军第九次代表大会"横幅会标及中国共产党党旗，以及马克思、列宁石印画像。会场内四根大红柱上张贴着会议宣传标语"中国共产党万岁""反对单纯军事观点""反对机会主义""反对冒险主义"。整个会场布置得简朴、热烈而又庄重。会议期间，正是大雪纷飞的寒冬季节，与会代表衣着单薄，有的穿着单衣和草鞋，严寒难御，便在会场内堆起木炭烤火取暖，地板上留下几处当年炭火烧烤的痕迹，至今仍历历在目。

实践以缩影的形式映现着现实世界，蕴含着现实世界的全部秘密，是

人类所面临的一切现实矛盾的总根源。制度是理论与实践相结合规律的认可、固化和执行。三湾改编第一次把党的"造成真正革命的工农军队"之设想付诸实践。在此过程中，毛泽东同志在三湾改编的前前后后做了大量艰苦细致的思想政治工作，为中国共产党人，特别是各级领导干部做出了榜样。秋收起义部队在撤回长沙寻找新的道路途中，由于与师长余洒度等军事领导人的分歧，部队连连受挫。毛泽东同志深切地体会到，对于一支新生的革命军队来讲，党内领导人与军事主官之间的团结，即那种心无隔阂的亲和是多么的重要啊。然而，这种团结不是无原则地团结。首先，与在军事问题上有重大分歧的人员开诚布公，耐心说服。同时，针对造成明显危害的错误决策，明确提出不同意见和解决问题的见解，开展积极健康的思想斗争。其次，对思想觉悟有待提高、一时把握不准方向的工农红军将领给予充分的倚重和信任，经常身挨身、心贴心地深度交流，广泛听取意见。三湾改编酝酿过程中，毛泽东同志就采纳了当过团、连指导员的何挺颖很多主意。不仅如此，三湾改编期间，毛泽东同志亲自部署、亲自指导、亲自监督、带头执行。为部队输入新鲜血液，壮大新生力量，并高度重视连队发展新党员工作。

1928年4月，朱毛会师，建立了中国工农红军第四军。同年12月，彭德怀、滕代远率领红五军主力来到井冈山，进一步壮大了红军的力量。然而，随着队伍的扩大，从带着旧式军队印记和农民武装走出来的红军官兵在贯彻三湾改编精神过程中又出现新情况、新问题。一方面，部队中士兵委员会的权力过大，有的把握得不适度，滋生了极端民主化，甚至随意抵制上级指示；另一方面，一些军事干部和士兵对红军实行的"支部建在连上"和士兵委员会建在连上的原则、制度很不习惯，第二十八团、第二十九团官兵抱怨"党代表管得太宽，一支枪也要过问"，接着产生更严重的分歧。红四军第六次代表大会努力纠正党内错误，然而矛盾继续上升，致使毛泽东同志在红四军第七次代表大会上落选，直到第八次代表大会也没能扭转局面。对红四军出现的曲折，1928年8月，临危受命的陈毅到上海向党中央汇报，中央肯定了毛泽东的正确路线，并研究决定毛泽东仍为红四军前委书记。中央政治局还审议通过了《中央给红四军的指示信》，即"九月来信"。

在毛泽东复出后的第一次前委扩大会议上，确定 12 月份主要工作是：在抓好全军军政训练的同时，召开红四军"九大"。经过短暂而紧张的筹备，1929 年 12 月 28 日，红四军第九次代表大会在上杭县古田镇召开，即著名的古田会议。大会上陈毅传达中央"九月来信"及其他文件，朱德作军事报告，毛泽东作政治报告。大会通过了毛泽东起草的三万多字的《中国共产党红军第四军第九次代表大会决议案》，纠正党内的错误思想。毛泽东在报告中将红四军党内各种非无产阶级思想表现归纳为八个方面：单纯军事主义、极端民主化、非组织观点、绝对平均主义、主观主义、个人主义、流寇思想、盲动主义残余等。毛泽东在报告中深刻指出了其社会根源和危害性，而且针对性地提出了纠正的办法。

彪炳史册的古田会议是我党我军建设史上的里程碑，古田会议决议是我党我军建设的纲领性文献。

毛泽东同志曾说："古田会议决议不但在红四军中执行了，后来全国各部分红军也先后不等地照此做了。"

邓小平同志说："把列宁的建党学说发展得最完备的是毛泽东同志。在井冈山时期，即红军创建时期，毛泽东同志的建党思想就很明确。大家看看红军第四军第九次党代表大会的决议就可以了解。"

习近平总书记在古田镇召开的全军政治工作会议上强调："军队政治工作的时代主题是，紧紧围绕实现中华民族伟大复兴的中国梦，为实现党在新形势下的强军目标提供坚强政治保证。"

党的十八大以来，党中央高度重视新时期思想政治工作，特别是习近平总书记系列讲话，对制度治党与思想建党的内在联系进行精辟阐述。习近平总书记强调："理想信念是共产党人的政治灵魂。"在全军政治工作会议上强调，"必须正视军队建设特别是思想政治建设方面存在的突出问题"，在教育实践活动总结大会上强调："现在，一个比较明显的问题就是轻视思想政治工作，以为定了制度、有了规章就万事大吉了，有的甚至已经不会或不大习惯于做认真细致的思想政治工作了"。

三、"三湾改编"的几点启示

面对当今世界正在发生的广泛而深刻的变革，思想政治建设遇到了许多新情况新问题，加强和改进思想政治建设显得比以往任何时候都更为重要、更为紧迫。

（一）增强领导班子思想政治建设的针对性

党管干部是执政的标志，各级领导班子是指挥千军万马的前线指挥部。要想指挥好别人，首先要指挥好自己。领导班子建设首先是思想政治建设，思想政治建设首先是自己的思想政治建设，思想政治建设的实践规律其实是自己的行为规律。为此，各级领导班子及成员应突出抓好三个方面：一是树立党章及党内法规权威。党纪高于国法。实践证明，落实党的十八届四中全会精神，没有党章权威，不可能有其他制度的权威。党章是每名共产党员一切行为的基本遵循，是对共产党人政治灵魂的总概述。全面从严治党从根本上讲，就是党章的具体化，本土化过程，就是把党章精神落实到管组织、管党员、管干部、管自己的一切执政行为和言谈举止中；二是明确支部定位。支部是落实党章最基本最基础的载体，是每名共产党员获得政治生命的摇篮，也是维持生命"吃饭""补'钙'"的精神家园，更是带领群众前进，使人民成为发展主体，并创造历史的桥梁和纽带。党的领导核心要通过支部落实，通过支部见效。支部有力量，党才有力量；三是明确政治功能。军事训练提高部队的战斗力，思想政治建设就是确保为谁打仗的方向。三湾改编和古田会议的历史经验告诉我们，支部建在连上，才能抓住士兵，毛泽东同志指出："只有抓住士兵才能抓住部队。"党执政的今天，也只有坚持政治功能和服务功能"两手硬"，才能使支部形成合力，每个支部才能成为坚强的战斗堡垒，党员才能成为坚强的战斗集体。

（二）加强重要概念的理解和运用

一定意义上讲，政党的本质是政权，政权的本质是话语权。而理论是话语权存在形态和传播载体。实践证明，理论建设从根本上制约着各级党委、党组织对毛泽东思想研究的深度和广度，制约着对中国特色社会主义理论主题、理论内容、理论特征和理论职能的理解，也制约着用理论解决现实问题能力的提高。教育实践活动全体党员理论水平普遍有了新的提高。然而，一些党组织和党员干部对理想信念、党性党纪、服务宗旨等重要的概念还停留在口号上。为此，一是扩大理论指导覆盖面。党员领导干部要找准、扩大和拓展理论与实践的切入点和结合部，用科学理论全面指导实践，使所有实践都有鲜明的马克思主义"烙印"。党的领导干部既是求真务实的实干家，更是马克思主义政治家。二是发扬啃硬骨头精神。对基本原理、主要脉络和重要概念要以啃硬骨头的精神进行攻关。要加强与党建专家和研究机构的合作，使他们能够协助各级党委、党组织和广大党务工作者对基本原理，主要脉络和重要理论概念按照自身、服务对象和群众理解的方式进行表述，并贯穿所有的言行举止和执政行为中。例如，对当前思想领域存在的干部能上不能下、信访积案、突发事件及意识形态领域焦点问题，能够从思想根源、灵魂深处剖析原因，找到解决办法，对原则性问题的政治挑衅，政治性事件、敏感性问题能够积极研判、回应和指导。三是把握重要概念的实质性内容。当前，一些地方扩大民主，坚持民主集中制，最缺乏的是开展积极健康的思想斗争。谁说和平时期没有斗争，马克思主义与反马克思主义的对抗，整体利益与局部利益的冲突始终贯穿思想政治建设的全过程。它深层次的根源来自世情、国情、党情发生深刻变化的冲击下，每一名共产党员灵魂深处忠诚与背叛的深度交锋。井冈山斗争的经验启示我们，扩大党内民主和强化民主集中制，不能用形式代替内容，要直奔主题，首先要把自己摆进去，向自己开刀，在此基础上，同志之间开展积极健康的思想斗争。

（三）高度重视党务工作者队伍建设

我们党历来具有重视党务工作者队伍建设的优良传统。1928 年 11 月 13 日至 15 日，红四军第六次代表大会在宁冈新城召开，会议通过的《红四军党务决议案》，强调要强化政治培训，培养党务工作人才。2014 年，习近平总书记在全军政治工作会议上强调："要抓好全军政治机关和政治干部队伍建设，强化政治意识、阵地意识、大局意识，努力学军事、学指挥、学科技，努力建设对党绝对忠诚、聚焦打仗有力、作风形象良好的政治机关和政治干部队伍。各级党委特别是正副书记要履行抓政治工作的职责，主动谋划政治工作，主动研究解决政治工作面临的矛盾和问题，加强对政治工作的组织领导，动员广大官兵积极参与，齐心协力开创我军政治工作新局面。"为适应世情、国情、党情的变化，党务工作者队伍建设仍然十分紧迫。党的十八大以来，中央作出关于加强党的建设的一系列重大决策和部署，特别是党的群众路线教育实践活动使全体党员的党性受到了一次洗礼和考验，各级党委、党组织都能够高度重视党的建设。然而，在一些地方又出现了有劲使不上的新情况、新问题，其中，党务工作者队伍建设缺乏针对性，特别是领军人才短缺成为当前党的建设的瓶颈之一。

发挥特殊作用。党务人才是执政党自身建设的第一人才需求，是理论与实践相结合的载体，也是思想政治工作的核心力量。党务人才，首先是彻底的马克思主义者。所谓彻底，一是立场观点，也就是价值观要鲜明、具体，毫不含糊。立场和价值观是党务人才的第一界限和标准。二是要有基本的理论功底，有功底才能自信。用理论解决实际问题的能力是党务人才的素质特点和工作方法。

加大培养力度。通过教育实践活动，党的执政资源进一步丰富，当前需要进一步整合。一是拓展党务人才来源。各级党组织负责人是培养党务人才的主体。要根据不同年龄、不同身份、不同领域党务工作人才分散、没有形成合力的特点，以提高现有党务人才整体素质为基础，围绕有一定建树的权威专家及各领域党务工作岗位上的领军人物，抓紧建立培养机制、评价体系，县（市）以上，探讨建立专职党务工作者队伍；二是经费保障。各级地方财政列入预算，各级党委党费补一块，分类设置课题专项资金列一块，社会多渠道筹一块。更重要的是要优化现有培训等支出；三是在找准定位上下功夫。各级党委、党组织把党务人才的培养作为贯彻落实全面从严治党要求的新的逻辑起点，找准定位，定好标准和目标，强力推进；四是把网络当作特殊课堂锻炼党务人才。重大决策中能够运用社会主义核心价值观引领社会思潮、凝聚社会共识，激发全社会团结奋进的强大力量。能够直面国内外各种思想文化的交流、交融，利用广播、电视、报纸等传统媒体，微博、微信等新兴网络媒体传播核心价值观，牢牢掌握意识形态工作领导权和主导权，不断壮大主流思想舆论阵地。

牢记政治使命。理论的创新都是由现实的实践所激发的。"四个危险"成为中国共产党执政的时代问题，"四风"是"四个危险"的一种表现形式。通过教育实践活动，每名党员、干部查摆自身存在的"四风"问题。通过查摆"四风"联系"四个危险"。马克思主义认为，人是一切社会关系的总和。一个人的行为是社会的缩影、时代的缩影，一名党员的行为是组织的缩影、政党的缩影。从一名共产党员党性修养和理想信念坚定程度，可以判断所在党组织政治属性的强弱程度，从一个支部长期以来的运行状况可以判断一个地区对党的建设的重视程度乃至一个政党政权的走向。

为此，我们每名共产党员都要继承先辈遗志，弘扬光荣传统，增强共产党员角色意识和政治担当，肩负起时代的使命，逐条落实习近平总书记提出的从全面严治党八项要求和全军政治工作会议上的重要讲话精神，把爱党、忧党、兴党、护党落实到工作生活各个环节中，协助各级党委和所在的基层党组织防止"四风"回潮反弹，为回应"四个危险"作出贡献，用生命换来的政权要用生命来保护。我们坚信，共产主义灵魂与中国共产党强劲的政治生命力相融合，定会穿越时空，代代相传！

树立党的一切工作到支部的鲜明导向

内蒙古大兴安岭重点国有林管理局党委按照党中央、国务院对国有林区改革"先行一步、作出表率"的部署和内蒙古自治区党委关于管理局党委"实行党委领导下的行政领导人员负责制"的决定，进一步加强党对改革的领导，结合"两学一做"学习教育常态化制度化要求，积极探索加强支部教育管理党员主体地位的新途径，树立党的一切工作到支部的鲜明导向，取得了阶段性成效。

一、深挖细查，提高政治站位

针对林区历次改革中存在党的领导、党的建设弱化淡化虚化边缘化，改革与党的建设不同步，基层党组织管理体制不顺、功能不强等问题，管理局党委站在巩固党的执政地位的高度，以支部为单位，认真整改落实。一是以高度的政治自觉开展"三查"工作。引导党员干部对照党章党规系列讲话开展"三查"工作，即：从理想信念查找出发的原点，从干事创业查找规律的起点，从灵魂深处查找"四风"问题与"四个危险"的联系点。重点查摆政治信念、政治方向、政治立场、政治观点、政治纪律和政治规矩等方面存在的政治偏差，查找出经济与党建"两张皮"、人和事"两张皮"、素质结构与产业结构"两张皮"等理论与实践相脱节的问题，片向上级党组织提出在国有林区改革中理顺党组织隶属关系、强化基层党组织政治功能、推进经济工作与党建工作深度融合等建议，为国有林区改革提供了重要参考。二是以高度的政治自觉严肃党内政治生活。以提高民主生活会质量为突破口，把严肃党内政治生活落到实处。管理局领导带头深入基层单位指导民主生活会，从把握主题和基本要求、查找突出问题、做好各环节工作、加强督导等 4 个层面，逐条逐句解读中央文件精神。严格按照全面从严治党要求研发督导提纲，对自我批评避重就轻、相互批评走形式的个别单位进行"解剖麻雀"式的深刻剖析。例如，管理局某直属处级单位召开民主生活会，虽然步骤程序不缺项，但查摆剖析问题和相互批评意见不到位，没有把当年 2 名班子成员因违规违纪受处分问题作为剖析内容，没有开出应有的氛围。为此，管理局分管领导多次到该单位做思想工作，带领督导组利用一周时间与班子成员、支部书记、所有支部党员谈心谈话，尤其与 2 名受处分的班子成员深入交谈，谈透了问题、沟通了思想、达成了共识，同时点出了上级组织部门和督导组审核把关不严的问题，管理局党委要求该单位重新召开民主生活会，使党员干部受到一次刻骨铭心的党性教育。通过再次谈心谈话、认真开展批评与自我批评等环节，重新撰写了班子和个人的对照检查材料，经过严格指导把关后，高质量召开了民主生活会，达到了真刀真枪深度交流交锋的效果，为提高民主生活会质量提供了典型案例。三是以高度的政治自觉推进林地党建一体化。针对林区面积广、涉林人口多、林地居民混居等现状，破解党建工作中存在林业与地方"铁路警察、各管一段"的问题。管理局党委与呼伦贝尔市委积极协调，探索与国有林区改革相适应的党组织设置和党建工作管理新模式。目前，已推行管理局与呼伦贝尔市、兴安盟 13 个旗市处级干部双向挂职机制，19 个林业局与属地党委全部建立林地党建一体化工作机制，林地党组织携手落实地区各项重点工作，充分发挥了基层党组织"四个领导核心"作用。

二、夯实基础，强化党组织整体功能

管理局党委把抓基层、打基础作为固本之策，努力提升基层党组织的凝聚力、向心力和战斗力。一是用基层党组织的政治功能带动整体功能。制定了《关于进一步加强林区基层党组织政治功能建设的意见》《关于在推进重点工作中充分发挥林区基层党组织战斗堡垒作用的意见》等，强化支部的政治教育、桥梁纽带、民主监督、总结提炼和社会服务功能，明确了各级党组织的领导核心地位。按照习近平总书记提出的"青年的价值取向决定了未来整个社会的价值取向，而青年又处在价值观形成和确立的时期，抓好这一时期的价值观养成十分重要。这就像穿衣服扣扣子一样，如果第一粒扣子扣错了，剩余的扣子都会扣错。人生的扣子从一开始就要扣好。"把青年群体价值观培养作为党建工作重要内容，实行青年员工轮训制度，在各类培训中提高青年员工比例，发挥青年熟悉网络的优势，使青年成为网络党建的骨干。成立面向5300多名林业待业青年的林区青年创业服务中心，引导广大未就业青年树立"先做人、后做事，先就业、后择业"理念，积极探索党建引领青年创业的新途径。与相关企业合作研发了"互联网+支部"手机客户端平台，覆盖林区2.67万名党员，强化网络环境下支部的五项功能教育，培养了一批既懂党又懂网的青年党务人才。紧紧抓住"关键少数"，通过领导干部所在支部党员参加测评、谈话等环节，党支部向党委出具领导干部过双重组织生活的评价意见等，改变"管干部的不管干部所在的支部、管支部的管不了支部里的干部"的局面，把领导干部所在支部建设成标杆支部。注重发挥党支部书记引领作用，打牢"会做党务工作、会讲党课、会依靠制度管理和监督党员、会正确处理党内各种关系和矛盾、会开展思想政治工作、会发挥群众组织作用"的"六会"基本功，种好全面从严治党的"责任田"。抓好支部党员这个"细胞元"建设，慎把党员"发展关"，严把党员"培养关"，常把党员"学习关"，做到重要岗位有党员、主要骨干是党员、关键时刻见党员。二是推进新体制下基层党组织规范化建设。为落实全面从严治党要求，深化国有林区改革，管理局党委实行了党委领导下的局长负责制，以图里河林业局、金河林业局、兑 河林业局、大杨树林业局，社会保险和再就业第二、第三、第四办事处等7个二级单位为试点，推行了党委领导下的行政领导人员负责制，制定了《管理局党委工作规则（试行）》《管理局党委会议事规则（试行）》《管理局局长办公会议事规则（试行）》《管理局党建工作综合考核评价办法（试行）》《管理局机构组建专项考核方案》等，建立健全了工作制度和考核机制，优化了机构设置，充分发挥了林区三级机构（管理局、林业局、林场）党政双正职体制、两级党委（管理局党委、林业局党委）工作部门单独设置的传统优势，推进了管理局党委工作制度化、规范化、程序化，为国有林区改革奠定了坚实的制度保障。三是着力解决基层党建突出问题。按照党中央和内蒙古自治区党委要求，以解决突出问题为突破口，夯实基层党组织建设。制定了《关于在国有林区改革中推进林区"三级机关"强化纪律作风建设的实施意见》，从坚定理想信念、规范党内政治生活、端正学风、提高"两会一评议"质量、改进群众工作方法、严肃党规党纪、完成林区中心任务 7 个方面抓起，修订完善并严格执行理论学习、联系群众、服务承诺、监督检查、机关考勤等方面的规章制度，着力解决机关党员干部学习教育"灯下黑"问题。

三、发挥作用，推动林区改革发展

支部是政权的标志。管理局党委坚持大抓基层的理念，使林区 1424 个党支部成为团结群众的核心、教育党员的学校、攻坚克难的堡垒，用党建工作新成效推动林区改革发展新进步。一是推进素质结构与产业结构一体化。面对国有林区改革发展的新形势新任务，坚持新发展理念，充分发挥党组织管全局、管根本、管方向、管长远的重要作用，组织广大党员转变故步自封的"大木头经济"观念，把社会大舞台作为学习的课堂，把林区改革发展的实践经验作为学习的教案，把集中培训作为提炼总结的平台，在"实践、总结，再实践、再总结"中深化对林区改革发展的理性认识，不断推进素质结构与产业结构一体化进程。针对林区生态保护和经济转型人才短缺的问题，积极打造女职工培训基地、财务人才培训基地、生态旅游产业培训基地、现代远程教育生态教材资源开发基地、国有林区职业技能培训基地等，开展大规模的教育培训工作，为林区改革发展提供了人才和智力保障。二是推进党建工作与中心工作深度融合。以支部为单位，建起坚强有力的"一线指挥部"，让理想信念成为推进林区改革发展的力量之源，具体实施"四个融合"，即：坚持与国有林区改革工作深度融合，引导林区党员干部争做改革的带头人、推动者、促进派，将停伐后 16510 名富余职工妥善分流到生态保护和森林经营一线，将林业承担的住房公积金和"两供一业"等社会管理服务职能移交属地政府，移交职工 4365 人、资产 6.05 亿元；坚持与生态保护建设工作深度融合，聚焦生态主业，实现了以木材生产为主向生态保护建设为主的根本性转变，森林面积、活立木蓄积、森林覆盖率比开发初期均有提高；坚持与民生改善工作深度融合，增强党员为职工群众服务、带领职工群众致富的本领与能力，完成了 124 个林场的生态移居工程，对保留有居民的 36 个中心林场进行标准化建设，5.22 万户林场居民搬迁至中心城镇和中心林场，在岗职工工资比停伐前提高了 21%，人均年工资达到 44900 元；坚持与社会稳定工作深度融合，充分发挥基层党组织的"宣言书、宣传队、播种机"作用，创新群众工作方式方法，畅通信访渠道，开展网络信访党建课题研究及试点工作，发挥支部根植群众的作用，探索支部建在网上的新途径，及时在网上处理信访事项，实现可查询、可跟踪、可督办、可评价的"网络阳光信访"新模式，最大限度把群众的合理诉求解决落实到位、生活困难帮扶救助到位、焦点问题解释疏导到位，营造了改革发展的良好氛围。

支部是党组织的基本单位，一切工作在支部落实、在支部见效，支部有力量，党才有力量！

• 引导青年扣好人生的第一粒扣子

思想决定写作

为适应国有林区改革发展长远需要，帮助青年职工树立正确的价值观、提高实用文写作与处理能力，建立培训沟通长效机制，根据林区青年职工队伍实际，内蒙古森工集团（林管局）党委组织部在林业党校举办了林区实用文写作培训班，广大学员接受了一次深刻的思想洗礼和系统的写作技巧培训。

一、培训班的概况及主要特色、亮点

此次培训于 2016 年 6 月 21 日至 30 日在林业党校举办，来自林区 19 个林业局和 14 个事业单位的 84 名青年党务工作者参加了为期 10 天的培训学习。内蒙古森工集团（林管局）党委领导出席开班仪式并全程参与培训。此次培训班秉承"问题导向、功能对接、弥补短板"的模式，以"社会是课堂、实践是教案、培训是提炼"为理念，对培训内容、方式进行了精心设计和周密安排，通过"学习+讨论""调研+课题"的培训方法，结合林区实际，因地制宜，加快林区青年群体的知识更新，优化知识结构，克服能力不足、本领恐慌，更好地解决工作中遇到的普遍问题，提高了青年群体整体素质，取得了较好的成效。整体来看，主要呈现出以下特色和亮点：

（一）学员年轻化，课程设置更有针对性和实用性

此次参加培训的学员大多是 80 后、90 后，平均年龄 30 岁。在全面深

化国有林区改革的新形势下，内蒙古森工集团（林管局）党委针对现阶段林区青年职工的特点，就如何搭建青年成长平台，激发青年创新潜力，促进青年职工快速成长，实现老中青三代职工的顺利接替进行了深入分析探讨。在此次培训的筹备过程中，党委组织部与授课教授经过多次沟通，最后确定以帮助青年职工树立正确价值观、增强实用文写作能力为主要内容。课程设置具有很强的针对性和实用性，为青年职工提高实用文写作水平和适应本职工作能力提供了帮助，也为他们树立正确的世界观、人生观、价值观奠定了坚实的基础。

（二）由浅入深，开展"六部曲式"培训模式

培训班课程安排合理紧凑，按照听课—讨论—训练—考试—感受—总结"六部曲式"的模式开展培训，在青年职工培养方式上进行有益的新尝试。一是学员通过聆听教授专题授课，学习写作、社会主义核心价值观和中华优秀传统文化等相关知识，掌握学习的方法，把"脑中有谋、手上有艺"作为提高写作水平的有效途径。二是采取分组讨论的形式，使学习培训由浅入深，由写作基础理论过渡到"实战"，提升了学员总结提炼、评议表达等综合能力。三是集中开展片段训练，检验学员真实写作水平，让学员找到自身差距，明确努力方向。四是进行闭卷结业考试，及时检测学习效果，使学员真学、会学、用学，在"实战"中检验学习效果。五是组织全体学员参加"庆祝建党95周年暨林区第九届党内表彰大会"，深刻感受林区各行各业干部职工为林区改革发展无私奉献的丰硕成果，进一步激发广大青年职工的集体荣誉感和为林区发展努力奋斗的热情干劲。六是培训结束后组织学员对此次培训进行认真总结，为打造有效的培训模式积累经验。

（三）教学水平高，引发学员深刻思考

"这次培训内容很好理解，教授讲课非常精彩，精神饱满、热情洋溢，一点也不枯燥。"这是此次参加培训学员的共同切身感受。此次培训，内

蒙古森工集团（林管局）党委组织部特别邀请内蒙古党校原社会管理与文化教研部主任薛建华教授担任主讲。薛教授多年致力于党的政策、理论和实用文写作研究，对中华传统文化有着自己独到的见解，具有丰富的授课经验。薛教授的授课自始至终充满激情，既有深度，又通俗易懂。从实用文写作的模式探讨，讲到如何提高写作能力；从申论的概念和特点，讲到申论写作的基本要求；从社会主义核心价值观的提出背景，讲到如何践行社会主义核心价值观；从中华优秀传统文化对待人与自然的态度，讲到生活观、情趣观、自我和谐观……他通过大量生动典型的事例，将深奥的理论问题用生动的评议表述出来，深深吸引了学员，使大家在深入掌握写作技巧和方法的基础上，引发了对工作、生活、人生的深刻思考。

（四）讨论激起共鸣，社会主义核心价值观贯穿始终

此次培训设置了 2 天的讨论环节，要求全体学员认真总结培训心得并与同学们共同探讨，从而达到提升个人综合能力的目的。学员们分成 4 个讨论小组，每个小组 20 人左右，设组长、副组长，负责小组的讨论召集和培训后续工作，并充分利用互联网传播媒介，建立腾讯 QQ 兴趣群，向学员们及时发布培训动态。在讨论过程中，各组负责人各展所长，积极引导本组学员参与讨论，及时聚焦热点问题组织大家进行深入分析和研究。同时，学员们也分别结合自己的工作、生活实际，与大家分享自己的学习体会，并通过 QQ 群发表学习感悟，在网络上阐明观点、跟帖评论、交流心得体会，扩大了培训的影响力。值得一提的是，在讨论中，学员们把对社会主义核心价值观的探讨贯穿始终，不但充分展现了青年职工心存善良正义、热爱祖国、奉献社会的信心和决心，而且通过讨论解答了青年职工在工作、生活中遇到的困惑，引发了思想共鸣，明确了今后的努力方向。

（五）学习引路，搭建培训"久久之功"长效机制

这次学习培训不追求短期效应，注重长期引导交流，通过林区青年创业中心搭建起教授与学员进一步学习交流的平台。培训结束后，学员可以

随时把自己的学习感悟、工作中遇到的难题、生活中感受到的困惑等反馈到林区青年创业中心，由创业中心人员统一梳理分类后，定期与教授沟通交流，然后再把教授的指导意见反馈给学员，形成长期指导、"久久为功"的培训机制。"这种培训机制可以让我们有更多得到教授亲自指导的机会。以往的培训，都是教授讲完就走、学员听完就算完事，即使有问题和困惑，也没有机会进一步向教授请教。这次培训为我们搭建起与教授长期沟通的机制，真的是可以让我们受益终身！"学员对这种培训机制都非常认可，希望能够更多地举办这样的培训班。

二、几点体会

如何正确处理实用文写作与价值观的关系，是本次培训班的主题，也是学员们讨论交流的主流话题。通过几天的学习，我们深刻地体会到：

（一）实用文写作的基础是价值观

实用文在工作和生活中的应用是广泛的，涉及工作和生活的方方面面。薛建华教授指出："思想决定写作。"文章是思想的产物，写作的是一个人所思所想的一种有逻辑的思维性文字表达，也就是价值观的反映，有什么样的价值观必然产生什么立场的文章。因此，实用文写作是表达价值观的一种载体。只有以正确价值观为基础的写作才是最具有深度、广度和高品质的。就像有的学员在讨论发言时所说，实用文写作的基础就是价值观，如果孔繁森没有"不为一己之私、只为西藏奉献"的价值观，绝对写不出"是七尺男儿生能舍己，作千秋鬼雄死不还乡"这样的雪域誓言；鲁迅先生是在中华优秀传统文化熏陶下成长起来的最有良知的中国人，他一生都在救国救民的道路上冲锋陷阵，以笔化作匕首，所以才能够写出700余篇思想犀利、内涵深刻的警世喻人之作，被称为现代中国的民族魂。

（二）马克思主义价值观对实用文写作具有指导作用

马克思主义价值观以个人价值与社会的价值内在统一为基础，要求主体在进行价值选择时，尽可能地做到对个人负责与对社会负责的统一，增强个人对国家、对社会、对集体的义务感和责任心；在个人利益与社会利益发生矛盾时，发扬先公后私、大公无私的奉献精神，做到个人利益服从集体利益。实用文写作必须观点鲜明，指的就是立场态度要鲜明，要遵从马克思主义价值观，以个人价值与社会的价值内在统一为基础。例如工作总结的撰写，总结经验和成绩时要切实以集体的经验和成绩为主，因为任何一个个体离开团体都不可能单独发挥作用。一个党支部作出了贡献，发挥了战斗堡垒的作用，为经济建设提供了思想保障，但是功劳并不是支部书记一个人的，而是整个党支部的，更是组织体系的。比如实用文中"倡议书"的撰写，呼吁人们为贫困儿童捐款的倡议书，就要秉承对社会的义务感和责任心，将自己的价值观提升到一定层次，以身作则，呼吁社会对贫困儿童的救助与帮助，才能撰写成一份高质量的倡议书。

（三）正确把握实用文写作和价值观的关系

正确的价值观促进实用文写作，高质量的实用文写作体现高尚价值观，它们之间是相互促进、相互统一的。只有正确地认识和处理好实用文写作和价值观的关系，才能写出高质量的实用文。我们学习实用文写作，核心就是要增强制造话语的能力，更好地总结、提炼林区各级党组织和广大党员带领职工群众不断前进的实践规律和执政规律，使具有时代特征的理想信念本土化，成为解决林区实际问题的思想武器。一个人正确的价值观不是一时间的心血来潮，也不是东施效颦的模仿，而是在一个人的灵魂深处积淀而成，是一个人信仰的力量激发而成。因此，我们要认真学习马克思列宁主义、毛泽东思想、邓小平理论、"三个代表"重要思想、科学发展观和习近平新时代中国特色社会主义思想，切实坚定马克思主义信仰，自觉培育和践行社会主义核心价值观。

科学创业观是怎样形成的

——呼伦贝尔市党建引领青年创业就业探索

在呼伦贝尔市委和内蒙古森工集团党委的领导下，在市委各级组织部、团委的支持配合下，我任职期间从创办内蒙古自治区农村牧区党员干部现代远程教育蒙语译制基地开始，先后在呼伦贝尔市、满洲里市、内蒙古森工集团创办离校未就业大学生创业就业平台。平台的主要功能是为广大青年创造一个离开校园、步入社会、提高实践能力的缓冲带、试验场，收效显著，涌现出一大批 80 后、90 后、00 后在创业阶段追求科学信仰的先进青年。海拉尔区纪委监委组织部仲春雨等同志，在创业阶段牵头创作的以创业纪实为题材的《信仰为青春领航》一书由中组部党建读物出版社出版发行，记录了他们体悟习近平总书记扣好青年价值观第一粒扣子、先做人再做事、先就业后择业的心路历程，记录了探索素质结构与产业结构内在规律的实践过程。

建立和完善创业就业服务平台。近年来，面临复杂严峻的就业形势，呼伦贝尔市委坚持以习近平新时代中国特色社会主义思想为指导，认真贯彻落实党中央、国务院各项决策部署和内蒙古自治区党委、政府工作要求，加大就业优先政策实施力度，保持就业稳定和经济平稳运行。各旗市（区）、相关企事业单位均建立青年创业就业服务平台，强化高校毕业生等重点群体就业促进和服务，落实大众创业、万众创新相关政策。有的结合实际，创造性落实党中央各项理论和路线方针政策。例如，在中组部组织局的直接指导下，在呼伦贝尔市新巴尔虎左旗建立的内蒙古自治区农村牧区党员干部现代远程教育东部区蒙语译制基地，自成立以来先后培训青年双语人才 400 多人，在历届旗委班子的推动下，已达到承担重大题材翻译任务水准，用边境一线各族青年的理解方式，把铸牢中华民族共同体意识等党的奋斗主题及时传播到位，为明确党的行动方向提供决策服务。

　　扣好青年第一粒价值观的扣子。各级党委、部门充分依托党赋予的资源和渠道，在促进创业就业的同时，推动理想信念教育常态化制度化，加强党建工作与各项创业就业具体政策深度融合。由共青团呼伦贝尔市委员会等五部门联合制定下发的《呼伦贝尔市青年马克思主义者培养工程实施方案》，在全市掀起了创业就业的热潮，在创业就业实践中也涌现出一大批优秀党务工作者。耿美阳、鲁燕、红花、麻赛丽娜、白文渤、杜艳梅等已经走上领导岗位，开发产业带领共同致富的鄂伦春自治旗齐奇岭村党支部书记林静、牙克石市暖泉村青年党员董志清及丁堃、王蒙、刘海秀、杨凯巍、张琪、张智辉、李壹楠、赵婉晨等都成为各条战线上的党建工作骨干力量。满洲里干部学院教师杨波、内蒙古森工集团库都尔林业局组织部包杰在人民网·中国共产党新网发表的《不灭的信仰》《党性为本　立体式培训敲开青年创业之门》等理论文章代表广大创业青年表达对党和人民的深情厚谊，在社会上产生强烈反响，启发很多有志青年坚定不移感党恩、听党话、跟党走。林区退休干部赵壁奎听了包杰宣讲党的十八届五中全会精神后，热泪盈眶地说："我从他们身上看到党的优良传统作风的化身！"呼伦贝尔市百万农牧民创业先导团先后两次赴农业农村部管理干部学院、华西村等地研讨交流，回到当地巡回演讲，以最基层的党组织为交织点，在促进农牧林产业化水平、带动广大农牧民综合素质、持续创新基层党建工作等方面辐射了 93 万余农牧民。牙克石市先导团成员马玉凤通过引进小麦新品种进行田间试验带动 20 余家农场的农民掀起学科技、用科技的热潮。额尔古纳市的先导团成员蔡文丛通过学习，在呼伦贝尔地区首创温室立体种植技术，极大地提高了农业反季节种植的产量。

　　贯彻新发展理念中探索理论学习的方法。恩格斯指出，"马克思的整个世界观不是教义，而是方法。它提供的不是现成的教条，而是进一步研究的出发点和提供这种研究使用的方法"。没有天生的马克思主义者。知识是理论传播的载体，而实践是理论创新的源泉。马克思主义中国化的过程苦难辉煌，只有经历一寸山河一寸血的过程，科学理论才能刻骨铭心进头脑。呼伦贝尔市各级党组织用党的理论武装青年过程中，坚持理论实践相结合成效显著。内蒙古森工集团青年创业就业服务中心，把读党章作为必修课，同时给创业青年参与实践的机会。组织绰源林业局员工子女李艳茹等人，通过开展生态一线基层党员践行党章的调研，加深对党的十九大、党章的理解，为内蒙古森工集团党委研究制定《关于深入贯彻十九大精神认真学习党章的意见》提供有价值的第一手材料。汗马自然保护区管理局员工子女代丽丽等人，在党务工作者乌日娜的带领下，深入各林业局、林场、段队体验生活，她们从实践中提炼的文章在《林海日报》《求是》理论网等各级媒体刊登发表，成为媒体宣传提高党的建设内容比例的重要组成部分。吉文林业局员工子女王渤深入陈巴尔虎旗呼和诺尔旅游景点体验生活，在野外与景点员工同吃同住同劳动。通过考试，她被海拉尔区第十二中学招取录用，她深有感触地说："在学校是读书，走向社会是读人。"考入根河市民政局的图里河林业子女边美玲说："我的基础学历不高，毕业后压根没敢考虑考公务员，通过在青创中心培训，申论水平明显提高，考场上感觉押上了题一样，第一年就考上了。"

信仰为青春引航

——满洲里市"虚拟工作法"促进青年创业就业

为贯彻落实内蒙古自治区党委《关于在党的群众路线教育实践活动中开展"四大行动"、推进"六大工程"的意见》，满洲里市委、市政府以服务群众、服务发展为出发点，创新青年就业创业工作举措，创制"虚拟就业法"，以"虚拟平台、实体创业"为理念，组建了具有教育培训、创业就业服务一体化功能的满洲里市青年创业就业服务中心（以下简称"青创中心"），重点针对离校未就业高校大学生自主创业开展培训和实践活动，为其辟建成长成才、脱颖而出的通道，让各类人才都有施展才华的广阔天地。

一、青年创业就业服务中心组建背景

人的任何一种行为，都是因需求而产生。需求是人类还没有实现的思维行为，思维产生欲望，欲望产生实现目标的驱动力。青创中心是一种创业设计，根据广大青年的创业需求而产生，其本身也要按照社会的某种需求进行创造，终极目标是为青年大学生搭建一个提高能力、施展才华、实现创业梦想的平台。

青创中心将青年大学生按其专业、兴趣、特长划分为不同类型的人才，并结合满洲里市实际相应设置了青年党建研究会及翻译、写作、财务、网络、企划六个分虚拟公司，探讨有偿服务模式，使每一个人都能发挥自身优势，激发各自创造力和积极性，转变创业就业观念，提升创业就业技能，拓宽创业就业渠道。

（一）严峻的就业形势要求我们必须探索有效的创业就业渠道

2013 年，我国高校毕业生高达 699 万人，被称为"史上最难就业季"。满洲里市每年为国家培养 1500 多名高校毕业生，但由于经济形势、社会环境、地理位置及高校毕业生择业观念等因素的影响，目前仍有 1637 名离校高校毕业生处于待业状态，并且每年还有 700 余名满洲里籍高校毕业生返乡，加之即将面临二次就业的"三支一扶"和社区民生志愿者，2013 年全市需要解决就业的高校毕业生高达 2600 余人，就业形势十分严峻。青创中心的创立，就是试图找到解决待业大学生创业就业问题的切入点和新路径，帮助他们逐步过渡到创业状态，以创业带动就业，努力实现人才素质结构与产业结构的有效对接。

（二）滞后的服务理念要求我们必须采取有效的创业就业措施

当前，对于多数创业主体来讲，创业就业的需求与现实严重脱节，这一日益凸显的社会问题，已经向服务主体的传统职能和理念提出挑战。为此，服务主体必须按照"群众如何创业，我们如何指导创业、如何服务创业"的意识来定位工作，依据"问题意识，问题导向"的规律对青年创业工作进行设计，做到克服官本位思想，转变政府部门职能，从"管理型"主体向"服务型"主体转变。

（三）紧缺的专业人才要求我们必须搭建有效的创业就业培训平台

为贯彻落实内蒙古自治区"8337"发展思路，满洲里在推进国家重点开发开放试验区建设、争当内蒙古自治区建设"我国向北开放的重要桥头堡和充满活力的沿边经济带"的龙头、巩固全国最大陆路口岸的地位的进程中，需要以大项目为支撑，需要更具比较优势的政策支持，同时更需要适合当地产业发展的人才相助。为此，满洲里市必须结合国际贸易、跨境旅游、进出口加工制造、能源开发转化、国际物流和科技孵化合作等产业需求引进和培养人才，充分发挥出口岸地缘、资源和国家、内蒙古赋予的政策优势。以青创中心为介质，培养、锻炼、提升青年大学生的素质能力，是推进草原英才工程，促进人才强市的重要手段。

（四）多元的价值观念要求我们必须用党建引领青年创业就业

习近平总书记强调："代表广大青年、赢得广大青年、依靠广大青年，是我们党不断从胜利走向胜利的重要保证。"因此，针对目前青年大学生普遍重视个体，理想信念多元、集体意识淡薄、大局观念不强的现状，对他们开展核心价值观、理想信念教育刻不容缓。通过成立青创中心强化党建带团建，提高党组织在青年大学生中的凝聚力感召力，引导青年大学生树立正确世界观、人生观、价值观，坚定他们的人生信念，提升他们的自信力，激发他们的创造力，引领青年开创新事业、实现人生梦想，不断巩固和扩大党的青年群众执政基础。

二、青年创业就业服务中心的运营模式及特点

青创中心借鉴智库运行模式，采取"虚拟平台，实体运营"，以虚拟创业理念整合社会资源，为青年提供素质培养、就业见习、就业信息发布和网上沟通联络等社会实质性培训。通过建立沟通联络服务平台，形成连接创业青年之间、创业青年与各职能部门、各领域专家学者之间的长效机制。

（一）科学设置结构，创新运行模式

青创中心是服务青年创业类的社会团体，由满洲里市委组织部牵头，人社局、党校、工青妇等部门共同参与组建，法人代表由青年大学生担任，采取"1+6"的架构，即下设 1 个青年党建研究会和翻译、写作、财务、网络、企划、文化 6 个虚拟分公司，各虚拟分公司通过挂靠企业和独立注册公司直接融入市场，实现"虚拟公司，实体运营"。青创中心探索运用政府购买基层公共管理和社会服务岗位更多用于吸纳离校未就业高校毕业生就业，建立公司与职能部门之间的合作关系，为社会提供公共服务，形成以职能部门为后盾、以社会人才为介质、以广大离校未就业高校毕业生为主体的运营平台和新的利益机制、合作模式。通过设置的工作岗位，使离校未就业高校毕业生接受公司经营所涉及的人力资源管理、财务、市场营销、采购等方面的教育和实践，让他们在虚拟公司中经历企业全部业务的操作过程，了解和体会创业过程中各环节、各岗位的工作内容和相关联系，在相对"真实的"创业环境中，验证自己的创业项目，经营自己的创办企业，完善自己的创业理念，降低创业的风险。

（二）注重思想引领，夯实党建根基

本着"党的建设就是人的建设，人的建设就是核心价值观和素质能力建设"这一理念，在青创中心建立党总支，在各分公司成立党支部，采取

组织部、人社局等部门领导担任党组织负责人，市级领导、国内外专家兼任名誉职务的形式，加强组织领导。通过开展学习党章竞赛、"树立党员形象，争当行业先锋"等主题教育实践活动和创建优秀党建文章宣传榜、开通"成长的印迹"微博互动交流，以及学习《资本论》《共产党宣言》《习近平：紧紧围绕坚持和发展中国特色社会主义 学习宣传贯彻党的十八大精神》等经典著作、中央精神合编等将党的理论融入青年创业实践过程中，实现创业技能和党性修养的同步培养。在全市范围内选拔了12名党性修养好、业务能力强、作风纪律严的党员干部分别担任6个分公司的政治指导员，帮助公司拓展业务，打造核心价值体系，努力使党组织成为青年的贴心人，通过发挥公司内党员先锋模范带动作用，联系全市1600余名离校未就业高校毕业生，将他们时刻凝聚在党组织周围，在党组织的引领和带动下，促进创业就业。

（三）强化高端培训，借助外脑引智

秉承"社会是课堂、实践是教案、培训是提炼、升华是引领"的理念，努力承担培养本土人才、发掘创新人才、向试验区建设输送创业人才的重任，通过解决实践过程中的具体问题提高青年整体素质，对创业青年进行创业意识、创业实践能力、就业观念等多方面全方位的培训。针对不同青年的多样化需求，以人才二次教育培训为工作抓手，建立各种类型的专家人才资源库，先后邀请国防大学教授公方彬、中央社会主义学院原副院长甄小英、中央党校（国家行政学院）教授向春玲、"中国公益律师第一人"佟丽华及中国青少年研究会副秘书长黎陆昕等国内知名专家学者，对青创中心虚拟公司成员、离校未就业高校毕业生代表进行高端培训，通过理论与实践相结合，塑造青年科学的思维方式，打造出各类人才和离校未就业高校毕业生创业就业培训平台；与国内知名企业家、中国战略与管理研究会会长助理习名龙沟通接洽，向高端企划专家主动取经，拓宽青年创业就业工作新思路。同时，经过青创中心培训的大学生在新的岗位就业后，仍可继续通过网络平台接受培训，保留虚拟公司成员身份开展与新工

作领域的二次对接，以此促进教育培训系统化、规范化和长效化，拓宽人才合作领域，实现人才的多种合作方式。

（四）整合社会资源，推动快速发展

积极整合社会力量，利用各种创业就业资源，提供政策、资金帮助，让虚拟分公司具备实体运营的条件，并从办公设备、专业指导、领军人物、素质培训等各方面全方位为离校未就业高校毕业生提供支持，让他们在良好的创业就业环境中提高开拓创新、组织领导、协调协作和社会交往的能力，最大限度提升他们的工作热情，激发他们的创造性思维，提升自主决定公司发展方向和研判发展重点的能力。各虚拟公司根据业务特点选树领军人物、引进优秀人才及业务专家进行专项指导。其中，网络公司聘请优秀大学生创业者、满洲里海方贸易有限公司经理李海利为特约顾问，新巴尔虎左旗传奇艺术工作室宝胡等专业人才为网站设计制作的技术指导；文化公司邀请拍摄满洲里首部微电影的青年编导黄敬哲为专业顾问；翻译公司聘请满洲里市贸促会副会长、国家二级翻译逯武华和满洲里俄语职业学院教师乌宁、外教娜达莎组成专家组，指导翻译业务。同时，公司先后派出成员与中瑞岳华会计师事务所等知名企业进行接洽，就加强青年创业就业能力培养、拓展业务范围和开展业务合作广泛开展交流，并借鉴南方发达省市开展青年创业就业工作的成功经验，与大商友谊商厦、联众木业建立挂职联建机制。

（五）优化功能定位，推动整体工作

将青年创业就业工作与推进党的群众路线教育实践活动、党员干部进社区等重点工作紧密结合，全面优化青创中心功能定位，建立起青创中心与社区党组织和社区未就业大学生沟通联系的长效机制。定期深入社区与未就业大学生党员座谈对接，了解待业大学生尤其是大学生党员的思想、生活状况、所学专业和兴趣爱好，特长及不足，向他们宣传党的方针政策和岗位需求等信息，鼓励离校未就业高校毕业生先就业再择业，抓住实践

锻炼机会，努力适应社会，转变就业观念。对青创中心成立至今承接完成的各项工作进行细致介绍，动员广大青年根据自身专业特长、兴趣爱好积极加入青创中心虚拟公司并接受调训，在共同进步的氛围中尽快提升自身党性修养、政治觉悟，增强综合素质能力，从而帮助他们选择正确的创业就业方向和切入点，找出好的创业就业途径。同时，针对社区青年大学生状况，建立离校未就业高校毕业生信息统计表，对他们的政治面貌、毕业院校、所学专业、爱好特长、联系电话、就业意向等信息进行全面统计，为构建全市青年大学生人才资源库打下了基础。

三、青年创业就业服务中心运行阶段性成果

在满洲里市委、市政府的大力支持下，在社会各界的共同努力下，此次青年创业就业工作探索取得了预期阶段性成果。

（一）强化思想意识，坚定理想信念

满洲里市委、市政府对青年创业就业工作的高度重视，全面强化对青年大学生信仰和理念的引领，以成立青年党建研究会和选配党建指导员、组建专家团队、选树领军人物、开展高端培训的形式，广泛传播党建理论，营造积极向上的氛围，帮助青年大学生牢固树立起正确的价值取向，鼓励和支持广大创业青年一定要坚定理想信念，让青年干部有理想、有担当，勇于承担国家未来栋梁和推进党的事业发展的责任。

（二）与企事业联建，拓展业务范围

青创中心先后与中瑞岳华、蒙草集团、华丰银地等国内知名企业达成协议，建立实习基地，提供实习岗位；与新巴尔虎左旗等旗市签订青年创业就业合作意向书，建立起满洲里市与周边旗市合作的长效机制；与大商集团达成初步合作意向，整合满洲里口岸地缘优势、大商集团物流运营经验、青创中心翻译、网络和企划人才资源，谋划建立针对俄罗斯市场的电

子商务平台合作项目；文化公司与满洲里佳晟传媒有限公司进行业务对接，从公益服务角度进入满洲里的文化培训及城市会展业市场，逐步探索市场化有偿服务模式；翻译公司与贸促会初步达成建设"俄蒙翻译服务中心"的共识。

（三）与专业项目对接，实现有偿服务

各虚拟分公司主动联系各对口单位开展项目对接工作，既创造了实践锻炼机会，也逐步实现了虚拟公司有偿收益。翻译公司主动对接科技局，承接了满洲里市科技博览会的展板、回执、项目简介、项目需求以及论坛论文的蒙古文、俄文翻译工作；网络公司承揽了满洲里市委党校网站、满洲里人才网和新巴尔虎左旗水务局网站的设计制作项目；企划和文化公司承揽了万康生态园区旅游观光项目策划业务；青创中心与满洲里市民政局签订了 40 万元的低保户核实合同；中小企业公共服务平台项目发起人与满洲里市青年创业就业服务中心党总支进行座谈，明确通过将党建工作与平台发展相结合，充分发挥服务平台中党组织的核心引导作用，促进平台的科学化、合理化发展。

（四）向企业输送人才，提供实践岗位

青创中心成员走进企业进行多岗位实习，不定期进行岗位轮换，实习过程中可随时签订劳动合同。青创中心已先后向北京华丰银地投资有限公司满洲里分公司推荐 8 名财务人才，向口岸集团推荐 1 名青年大学生担任国门讲解员，与中瑞岳华会计师事务所、北京美中美能源科技有限公司和国鼎（大连）投资有限公司北京总部分别达成为满洲里市提供 20 个实习岗位和 100 个就业岗位的协议，联众木业已提供 22 个实习岗位。同时，筹备青创中心北京联络处，积极与北京市西城区人民政府金融街街道办事处、酒仙网、山西百世集团等企事业单位和中国战略与管理研究会习名龙等专家进行接洽，开展相关合作事宜，通过实践培训和市场化运作，有组织、有计划向企业选拔输送优秀人才，共同打造两地的人才培养交流平台。

（五）挖掘口岸文化，激活发展后劲

紧紧围绕满洲里边境口岸文化特色，谋划公司发展思路，努力拓展业务范围。以构建本土小微企业服务平台为切入点，充分发挥各分公司翻译、网络技术、市场营销、企业策划等人才和专家组的作用，抓住服务小微企业的广阔前景；以筹备建立俄文网站为契机，拓展互联网营销业务；组织人员赴锡林浩特市考察文化衫项目，筹备开发文化衫市场，将文化传播与经营发展有机结合；文化公司与达赉苏木达成合作意向，正在完善《区域经济一体化的发展是推动牧区旅游的重要保障——赴新巴尔虎右旗达赉苏木调研考察报告》和《新巴尔虎右旗达赉苏木牧户游项目可行性研究报告》，不断挖掘草原文化内涵，探索开发区域文化旅游市场潜力。

四、青年创业就业服务中心发展方向

按照内蒙古自治区"8337"发展思路和"四大行动、六大工程"的具体要求，深入推进满洲里试验区建设，努力争当"一堡一带"领跑者，逐步打造覆盖中俄蒙区域的人、财、物多元交流合作平台，为广大青年提供更大的圆梦舞台。

一是打造北疆基层党建新品牌。借鉴百万农牧民创业先导团的发展模式和成功经验，围绕开发开放试验区建设，以党的群众路线教育实践活动为切入点，依托青年党建研究会，对青年大学生的经验、智慧、潜能和意志品质进行规律性的提炼开发，帮助整理宣讲自身思想转变、思路拓宽和产业发展的典型经验，形成具有推广价值和借鉴意义的典型案例，营造良好的舆论氛围，力争使青年创业就业工程成为推动社会进步的旗帜，将青创中心建成传播党的执政方针和理念的阵地，坚定青年理想信念和人生目标的平台，使之成为党的事业和精神传承的有力推手，夯实党的执政基础、增进民族团结、凝聚人才发展向心力的北疆党建新品牌。

二是建立青年创业孵化基地。认真研究满洲里市经济社会发展规律，

加大个性化培训力度，打造特色创业就业培训教材。通过 2~3 年的实践与探索，进一步完善虚拟就业模式，全面优化人才队伍结构，使青创中心在内蒙古乃至更广范围内发挥辐射和带动作用，成为促进经济发展的"智囊团""人才库""造血库"和青年创业就业的领航者。

三是搭建人才成长的桥梁。深入落实内蒙古自治区创业就业工程部署，明确发展差距，强化开放意识，努力建设呼伦贝尔市青年创业就业人才教育培训中心，将青年人才培训触角延伸辐射俄蒙毗邻地区和周边区域，通过"优势互补、互利双赢、联动发展、共同进步"，优化本地的人才素质结构提升地区产业结构，以人才一体化实现区域经济一体化，形成点面结合、有序推进、良性发展的态势，促进人才产业培训和人才产业链条的初步形成，有效对接。

四是打造服务外贸小微企业发展平台。针对外贸小微企业经营理念落后，信息流分类、转化与整合的能力相对落后和部分企业管理人员俄文水平有限、互联网营销经验缺乏、网络推广人员匮乏等情况，充分利用满洲里口岸优势，全面强化青创中心翻译、网络技术、市场营销、企业策划等人才的能动作用和专家组的辐射作用，筹备拓展针对俄罗斯市场的电子商务营销和针对 2014 年俄罗斯索契冬季奥运会文化衫等业务，并从信息化服务、物贸综合服务、中小企业培训、中小企业融资等方面入手，促进小微企业转型升级，构建促进外贸小微企业发展的立体式服务平台。

五、深入推进青年创业就业工作的初步打算

党和政府重视青年创业工作是务实的，广大青年创业就业需求是现实的。下一步，我们将认真学习贯彻党的十八届三中全会精神，严格按照内蒙古自治区"四大活动""六大工程"部署，紧紧围绕满洲里试验区中心工作，继续发扬青年创业就业工程阶段性创建成果，不断探索适合满洲里青年创业就业的新路子，努力打造一个以政权系统为后盾、以各界人才为支撑、以青年为主体，以市场为战场的创业就业大平台。

（一）建立青年创业就业激励机制

从帮助青年树立正确的就业观入手，重点在创业意识养成、创业典型选树方面下功夫。举办优秀创业青年报告会、挖掘成功创业的思想根源，为身边人创业就业现身说法，熏陶带领周边人走科学创业之路；通过职业生涯设计、就业创业见习等活动，引导广大青年摒弃等、靠、要的思想，教育青年树立创业无大小的观念，从点滴做起，以量的积累求质的突破；创新激励载体，举办全市优秀创业青年表彰大会，充分肯定青年创业行为，宣传创业者的艰辛与付出，提升草根创业者的社会认同感和美誉度；对青创中心中已具备创业能力的青年给予先行支持，力争培养一批创业就业示范群体，发挥创业引领示范作用；加强与走出去人才的联络，使其继续关注和参与青创中心运营，带动青创中心人员的良性流动；加强与用人单位的沟通，使更多企事业单位将选人用人的目光投向青创中心。同时，吸引更多社会力量关心支持青年创业就业，不断引领传递社会发展正能量。

（二）创新优化青年创业就业培训机制

由满洲里市委组织部牵头，以青创中心为载体，优化整合全市培训资源，将青年创业就业培训纳入满洲里市总体培训规划，实施统一管理，打造整体培训平台；将参与青创中心培训列入满洲里市相关部门年度培训计划和年终绩效考核，各相关部门要积极向上争取政策和资金支持，加大专项培训投入；引进培训认证制度，将引进指导与挖掘潜力相结合，聘请培训机构和专家，围绕满洲里市创业青年素质结构，编制专属化培训教程，实行统一教材、统一课程、统一认证，对取得认证的青年优先提供政策扶持和创业服务；加大与北京、西安等发达地区间的培训交流力度，租用成熟的企业、人才孵化平台，开展创业孵化轮训，以学习交流促进创业；以青创中心为模拟服务对象，对贴近青年、贴近市场、贴近项目的社会培训机构给予发展支持，推动我市培训机构向标准化、正规化、高质化发展。

（三）建立创业融资一体化机制

青创中心与金融机构合力打造青年创业融资担保平台，对青年创办企业融资贷款业务实行优先办理、优惠利率，提供便捷服务；根据青年创办企业类型，对企业实行全额贴息、部分贴息和利率下浮等政策，降低融资门槛，拓宽融资渠道，降低创业成本。

（四）完善创业政策扶持体系

加大青年创业就业现行扶持政策的执行力度，制定完善相关政策实施细则，形成完备的政策扶持体系。一是制定出台《满洲里市青年创业就业工程实施指导意见》，明确各相关单位的职能职责，从组织制度上保证工程的有效实施；二是制定扶持青年创业就业实训基地政策，鼓励国有企业、非公有制企业融入全市青年创业就业工程，对符合标准和条件的企业型基地，按期吸纳青年就业人数和累计实训时间，在企业融资、税收减免及相关方面给予相应支持；三是制定鼓励创办青年创业孵化基地政策，将政府闲置物业无偿提供或低成本租借给青年企业，创办青年创业孵化基地，重点扶持在高新科技和文化产业领域创业；四是实行激励高校毕业生自主创业政策，整合发展高校毕业生就业创业基金，探索按照政府先期部分注资和同步市场运作相结合的方式，为离校未就业高校毕业生自主创业设立"青年创业基金"；五是探索建立政府购买社会化服务机制，鼓励机关事业单位扶持、购买青创中心经营服务项目，助力孵化一批创业型小微企业家，吸纳更多离校未就业高校毕业生就业，实现创业带动就业的倍增效应。

（五）做好全程跟踪服务

整合政府、企业和社会力量，通过建立青年创业示范基地、青年就业实训基地，编制青年创业项目库，举办青年创业项目发布会，组建青年创业专家服务团，开展青年创业评估、创业跟踪服务等为青年创业提供项目论证、业务咨询、政策指导、信贷支持、决策参考等服务，降低青年创业成本，减少创业风险，提高创业成功率。同时，开通青年创业绿色通道，将离校未就业的高校毕业生纳入就业见习、技能培训等就业准备活动之中，对有特殊困难的实行全程就业服务，努力开创"1+1群"（即"帮一个人创业，带一群人就业"）青年创业就业新局面。

把稳思想之舵 方能行稳致远

林区青创中心以"小平台、大格局"的风格，帮助青年发展、支持青年创业，为青年实践创新搭建了更广阔的舞台，为青年建功立业创造了更有利的条件。近期，林区青创中心成员参与林区青干班的培训和考察，这是对青年人一次火红的、动态的思想锤炼，为他们留下充实、温暖、持久、无悔的青春回忆。

一、用思想创业打开心灵窗口

2015年12月，由内蒙古森工集团党委组织部主导、团委协助，突破原有的体制内服务平台模式，突出市场对资源配置的决定性作用，成立了以"党建引领+市场化运作"为平台建设模式的林区青年创业服务中心。青创中心作为基层党建的创新载体，是对中共中央、国务院印发的《中长期青年发展规划（2016—2025年）》文件精神的具体落实。青创中心坚持践行社会主义核心价值观，以党建引领为工作核心，按照习近平总书记"扣好青年价值观第一粒扣子"的要求，提出先做人后做事、先创业后择业的创业培训理念，坚持用马克思主义的世界观和方法论武装青年的头脑，把广大青年理论的学习过程当作传承马克思主义基因的过程，建立了有利于培育和弘扬社会主义核心价值观的良好价值导向和利益引导的创业服务新平台。在新形势下，青年不但要讲政治，而且政治这根弦要比任何时候都绷得更紧，要以青创中心为平台，以"两学一做"学习教育为契机，围绕学党章党规、学系列讲话，牢固树立政治理想、坚定青年思想政治方向，用马克思主义立场观点和方法武装头脑，学会用辩证唯物主义和历史唯物主义基本原理观察、认识和处理问题。

二、在学思践悟中成长提高

在跟随青干班学员在山东淄博原山林场、河南兰考县焦裕禄纪念园、红旗渠、林州扁担精神纪念馆、刘庄史来贺同志纪念馆等 12 天的考察期间，对照老一辈共产党人的精神，他们那种披荆斩棘、攻坚克难的勇毅；那种逆水行舟、夙兴夜寐的责任；那种求真务实、苦干实干的境界，正是当代青年要学习的。聆听了解他们的事迹，深深触动了青年人的思想。青创中心采用"党团推进、梯级结构、结对共建"的工作模式，通过打造以信仰建设、价值观塑造为主的培训模式，合理运用公共资源，充分动员社会力量，坚持信仰引航，增强青年群体的就业意识和创业能力。这种创业方式与传统技能创业不同，青年大学生主要依靠政策理论和共产主义信仰开展工作，通过宣传自身政治信仰和理想信念，实现就业或阶段性就业。在学习实践中增加了对理想信念的认同，实现了创业技能和党性修养的同步提升，合理调整就业期望值和就业方向，沉下心来、脚踏实地，紧跟党的前进步伐，在创业实践的过程中逐步实现自己的梦想。从夯实党的执政基础的战略高度和保证青创中心健康持久发展的角度出发，青创中心党支部通过选聘党建指导员、组建专家团队、开展高端培训等形式，发挥党组织的政治作用和核心作用，强化对林区青年大学生理想信念的引领，坚定青年群体马克思主义信仰。

习近平总书记在中央党的群团工作会议上强调，要"切实保持和增强政治性先进性群众性"。青创中心的青年以思想创业坚定了林区待业青年的理想信念，提升了林区待业青年的能力素质，扩大了林区青年就业创业工作的影响力和覆盖面，成为促进林区青年就业创业的领航者，在林区大党建的战略格局中找到了推动大众创业、万众创新的突破口。来自阿尔山林业局的青年员工才俐媛和根河林业局的青年员工蒋金伶来到青创中心后，通过参与实践活动，自身的思想、能力和素质都有了很大提升。她们深深体会到，这些改变使自己对理想信念有了新的感悟，对所从事的工作也有了新的理解，回到工作岗位后，要用实际行动去感染带动身边的人。

三、用闪光的汗水激扬青春梦

党的十九大报告指出："就业是最大的民生，要坚持就业优先战略和积极就业政策，实现更高质量和更充分就业，鼓励创业带动就业，提供全方位公共就业服务。"青创中心与北京天合公司共同编制完成了《"互联网+党建"运营手册》，并协助管理局党委完成 APP 平台的运营工作。同时，青创中心与北京天合公司成立临时党支部，旨在探索推进党建、业务发展一体化建设，打造党建阵地共享、智库交流平台、党建活动同开展的新模式，为创新、发展注入新的活力。2017 年 1 月，青创中心与乌尔其汉林业局签订《碳汇项日购买服务协议》，最终乌尔其汉林业局申报的《森林经营类碳汇项目试点示范研究》成功通过 2016 年专项资金项目评审，获得项目总经费 150 万元，青创中心获得相应购买服务酬劳。碳汇专业项目的成功对接不仅有利于培养碳汇专业人才，推动林区人才资源的开发提供了有效载体，更有利于加快林区生态效益向经济效益转化。以此为契机，青创中心将与更多项目业主加强合作，通过专业项目对接将人才效应变成实实在在的产业活动，实现互利互惠。青创中心遵循市场化规律，打造创业服务链。根据管理局党委出台的《购买政务服务工作方案》要求，青创中心已高质量完成了《林区党员干部"两学一做"学习教育专题党课指导提纲》等近 30 篇重要文字材料的起草工作，协助筹备举办了多期培训班，完成了呼伦贝尔广播电视大学培训资源调查、林区未就业青年群体状况调查等重要调研任务，填补了林区购买政务服务工作领域空白。呼伦贝尔固名光电工程有限公司的购买服务，高质高效完成了乌尔其汉林业局《森林经营类碳汇项目试点示范研究》项目设计与制作，得到了内蒙古发改委碳汇专家的好评，这不仅丰富了服务青年就业创业的手段和方式，也让青年人在良好的就业创业环境中提升了自身素质，激发了创造活力，是素质结构与产业结构相匹配的有益尝试。

把稳思想之舵，才能行稳致远。青创中心将继续把思想政治工作有效融合促进创业就业过程中，全面强化对青年大学生信仰和理念的引领，广泛传播党建理论，实现创业技能和党性修养同步提升。(2017 年 11 月 8 日发表于内蒙古森工集团官方网站)

第三篇章

新时代蒙古马精神蕴含的党史观民族观家庭观

习近平总书记在一脉相承坚持党的民族理论和民族政策的基础上，创造性将马克思主义关于"共同体"的理念与我们党关于"中华民族"的观点主张结合起来，创造性地提出"铸牢中华民族共同体意识"的民族工作重大命题，为新时代民族工作提供了根本遵循。2023 年 6 月，习近平总书记在内蒙古考察时指出："铸牢中华民族共同体意识是新时代党的民族工作的主线，也是民族地区各项工作的主线。民族地区的经济建设、政治建设、文化建设、社会建设、生态文明建设和党的建设等，都要紧紧围绕、毫不偏离这条主线。"习近平总书记关于铸牢中华民族共同体意识的一系列重要论述，从点题到破题，从概念到方略，不断完善、不断升华，最终确立了新时代党的民族工作的主线。《把铸牢中华民族共同体意识作为树立党员干部正确民族观的主线》一文，结合民族地区基层民族工作实际和内蒙古自治区党委关于加强民族领域基层党建"四个专项"整治的要求，从思想和行动的总开关层面，提出党员干部要把铸牢中华民族共同体意识作为树立正确民族观主线的紧迫性；《构建边疆民族地区网络党建新格局——内蒙古呼伦贝尔市牧区网络党建调查与建议》《筑牢北疆安全稳定屏障》等文章,从网络意识形态、思想安全、组织安全、文化安全等方面,探索加强党对民族地区民族工作的领导的思路和方法。《西旗拜年记》一文,是我和弟弟回家乡探亲时的一篇随笔。我们从出生到现在,经历了60多年的历史,无论家乡还是家族都发生了巨大的变化,我们亲身经历这半个多世纪以来民族地区的面貌、各民族的面貌、民族关系的面貌发生了翻天覆地的变化。我们是一个由多民族成员组成的团结和谐的大家庭,同大多数家庭一样,体现人类家庭形态由低级向高级的演进过程,与其他家庭一道成为社会发展的推动力,展现了社会主义和谐民族关系背景下家庭模式的表现形式。

把铸牢中华民族共同体意识
作为树立党员干部正确民族观的主线
——关于新时代民族工作高质量发展的几点看法和建议

深入总结民族工作的成功经验,我们党坚持最重要的一条真理,就是"在无产者不同的民族的斗争中,共产党人强调和坚持整个无产阶级共同的不分民族的利益"。党的十八大以来,以习近平同志为核心的党中央既一脉相承又与时俱进,团结带领全国各族人民,坚持和完善民族区域自治制度,坚定不移走中国特色解决民族问题的正确道路,坚持把铸牢中华民族共同体意识作为党的民族工作和民族地区各项工作的主线,巩固和发展平等团结互助和谐的社会主义民族关系,促进各民族共同团结奋斗、共同繁荣发展。同时,在推进铸牢中华民族共同体意识新实践中,基层的一些党员干部对"做好民族工作,关键在党"的理解不深,政治站位不高,在理论建设、联系群众、指导实践等方面,还存在科学世界观和正确民族观建设不够突出的问题。

一、主要表现

（一）对习近平总书记关于加强和改进民族工作的重要思想学习理解得不深不透

一些理论工作者对马克思主义民族理论缺乏辩证思维，存在民族理论就是"少数民族理论"的思维定势，一些党员干部认为民族政策就是给钱给物，甚至存在"恩赐"思想，用"办实事"代替真情实感。具体实践中，对民族工作不愿做、不敢做、不会做，对处理民族问题思想单纯、方法简单，甚至对民族领域出现的新情况新问题束手无策。

（二）一些党员领导干部对"五个认同"存在薄弱环节

铸牢中华民族共同体意识，要持续推动各民族坚定对伟大祖国、中华民族、中华文化、中国共产党、中国特色社会主义的高度认同，不断推进中华民族共同体建设。民族工作领域存在的官僚主义、形式主义，不经意间使党的执政资源造成磨损、流失，当前党内存在的"四风"问题、腐败问题、不担当不作为等问题，以及党内一切不正确的思想和行为，有损党的形象，破坏了党群关系，给基层群众特别是民族地区各族群众对中国共产党的高度认同造成不良影响，对"五个认同"的情感支持"共同体"建设不足。

（三）对世界观与语言的界限存在模糊认识

"就语言论语言"的话题比较普遍，而关于语言对塑造科学世界观和正确民族观的意义和作用研究探讨得少，思想共鸣更少。特别是运用不同语言传播党的创新理论时，往往对语言翻译的重视程度高于对理论本身的解读，从而造成对理论的理解浮于表面，对理论所蕴含的境界和功能缺乏深层次的阐释。当前表现为缺乏民族语言的理论表述，更缺乏原著原文原理的理解和解读。

（四）教育系统围绕立德树人开展党建工作力度不够

一些教育系统的领导干部认为思政课教育主要靠教育系统教学大纲，而对所在地区不同特点的政治生态缺乏分析研判，学校党建工作本身存在许多薄弱环节，领导思政课教育认识模糊，理论滞后于实践，教材滞后于理论的状况，造成思政课教师缺乏按照学生理解的方式讲解，照本宣科现象比较突出。民族高校思想政治教育提质增效，需要未形成精细化的顶层设计方案，未突出思想政治教育的民族特色，基于差异、突出共同性，未构建起高质量的"五个认同"教育指导方案，民族高校教育体制健康发展、全面贯彻党的民族政策、深化民族团结进步、铸牢中华民族共同体意识，实现培养少数民族人才的办学目标任重而道远。

（五）贯彻民族政策理论的主渠道存在"中梗阻"

一些基层党组织在执行党员干部教育培训、坚持"三会一课"等党的政治生活基本制度方面，对民族政策理论的学习教育缺少规划性、系统性和制度安排。党员干部党性教育、理想信念教育与党的民族理论政策教育相互脱节，往往用通稿式党课代替原文原著原理的学习和教育，党的理论创新、理论武装要求变成口号层层模仿，理论学习中心组研讨质量低，学习培训年年搞，年年不见有升级，双重组织生活会常年停留在初级阶段，问题年年改，年年老问题。

（六）文化交流缺乏情感基础

针对文化差异性缺乏从情感交流层面进行研究探讨。在促进各民族交往交流交融过程中，忽视运用情感动力对人的思想和意志潜能的开发，创造性转化、创新性发展精神动力不足，导致各族群众的国家意识、公民意识、法治意识亟待加强，"两个共同""三个离不开""五个认同"还未做到完全深入人心。文化艺术作品有"高原"缺高峰，进而缺乏社会情感倾向的引领和形成。

（七）民族理论研究成果和创新不能满足干部教育培训需要

理论结合实际不够，创新乏力，理论传播存在"最后一公里"现象，长期不能满足大规模干部教育培训需求。民族理论培训教材严重缺乏，以铸牢中华民族共同体意识为导向的研发队伍、师资队伍建设步伐缓慢，铸牢中华民族共同体意识教育切实不能很好地结合实际融入干部教育培训的各个环节。

二、对策建议

（一）把铸牢中华民族共同体意识作为树立正确民族观的根本遵循和基本原则

民族观是世界观在民族和民族问题上的表现。坚持民族平等、团结和共同繁荣，是马克思主义政党处理多民族国家国内民族问题的基本原则，也是中国共产党对待国内民族问题的根本方针和政策。这一基本原则和根本方针、根本政策的确立，是以树立马克思主义科学世界观和最高理想为出发点的。因此，一是要时刻把握处理民族问题的主动权。推动新时代党的民族工作高质量发展，必须从总结党的民族工作历史经验与新时代民族工作历史新方位新实践新特点相结合着手。应从各级党组织各层面顶层设计环节加大对马克思主义民族理论的研究、阐释和推广普及，为深化对我们党关于加强和改进民族工作重要思想的研究和深化铸牢中华民族共同体意识理论渊源提供科学世界观和方法论。把铸牢中华民族共同体意识上升到各领域党组织，特别是民族地区广大党员干部世界观、人生观、价值观这个"总开关"层面，从人类道义的制高点，一览众山小，时刻把握处理民族问题的主动权。二是要做好民族工作要与"办实事"相结合。把铸牢中华民族共同体意识，作为坚定不移走中国特色解决民族问题正确道路的强大精神动力，紧密结合实际，抓住人这个根本，充分发挥基层党组织战斗堡垒作用和党员先锋模范作用，进一步深化党史学习教育"我为群众办实事"实践活动，使社会合力和社会力量的支配更加自觉、更加主动。三是要改进民族工作调查研究方法。民族工作无小事，调查研究更要实事求是。坚持"不是从原则出发，而是从事实出发"的党性要求，要把铸牢中华民族共同体意识作为科学世界观贯穿于调查研究的全过程，把调查研究贯穿于决策和执行的全过程，以科学世界观支撑科学决策，以科学决策引领新时代民族工作高质量发展。要创新研究民族工作载体，充分发挥党建研究高端智库作用，探索以基层党组织为主体的"工作研究化、研究工作化"研讨理念，把树立科学世界观作为研究一切工作的前提，结合中华民族发展进程，加强铸牢中华民族共同体意识的基础理论问题和重大现实问题研究，加强中华民族发展史研究，构建铸牢中华民族共同体意识的史料体系、理论体系、话语体系。促进从下向上研究与从上向下研究无缝对接，扭转"调查研究隔层纸，政策执行隔座山"的被动局面。实践证明，如果把科学世界观当作一种口号，调查研究就永远得不出体现马克思主义立场观点方法的正确结论。要按照中央要求，领导干部开展调查研究情况，要作为领导班子民主生活会对照检查的内容。

（二）把铸牢中华民族共同体意识与党内政治生活具体制度相衔接

一是建议召开全国民族地区基层党建工作会议，进一步树立党的民族理论、民族工作到支部的鲜明导向，充分发挥各领域基层党组织的"四个领导核心"作用，夯实基层基础。二是按照中央组织部要求，扎实推进抓基层党建促民族团结进步。具体包括：深化党史学习教育，着力加强习近平总书记关于民族工作重要论述和党的民族理论政策的学习教育，着力解决铸牢中华民族共同体意识抓得不实、思想政治引领不够有力有效等问题；把民族工作高质量发展要求纳入双重组织生活，特别是领导机关、领导干部要把懂不懂民族政策、会不会做民族工作，能不能有效解决民族工作中的复杂问题，作为衡量双重组织生活会质量的硬标准，以补短板、强弱项推动新时代党的民族工作高质量发展；开展高校和中小学党建工作专项整治，将民族工作纳入重要议事日程，压紧压实主体责任，健全定期分析研究高校和中小学解决民族工作重大问题机制，制定大中小学铸牢中华民族共同体意识宣传教育方案，以严格监督考核倒逼责任落实，扭转党支部建设与思政课教育脱节局面。三是强化分类指导。突出人的实践主体地位，用"人是一切社会关系的总和"的立场观点方法看民族问题，探索分众化、一对一、面对面，一把钥匙开一把锁培训教育模式，特别是把促进民族政策理论学习教育常态化制度化与强化党支部政治功能深度融合，并作为增强党员干部"第一身份"意识，衡量党员干部推动支部工作本领和政治成熟的重要标志。四是有效整合线上线下资源。充分发挥新时代文明实践中心、党群服务中心职能作用，探索以县级党校和融媒体阵地优势，建立网上网下一体化党性教育阅读基地，用社会主义核心价值引领全民阅读。以乡村振兴下派村级第一书记、实施"一村一社区一大学生"计划等契机，采取建立红色基因数据库等措施，实施网络内容建设工程。同时，进一步促进领导机关党组织与农村牧区社区党组织功能衔接，确保党的民族理论和民族政策到基层有人懂、民族工作在基层有人抓。

（三）把铸牢中华民族共同体意识贯穿到以人的现代化为核心的现代化新路全过程

中国式现代化道路和人类文明新形态，都能在党的民族工作历史经验所揭示的民族工作历史规律中找到依据，为我们提供了战胜民族领域各种风险挑战的制胜法宝。"全面建设社会主义现代化国家，一个民族也不能少"，进一步体现以中国式现代化推进中华民族伟大复兴是 56 个民族作为一个整体实现共同发展进步前无古人的伟大事业。为此，要把铸牢中华民族共同体意识贯穿以人的现代化为核心的现代化新路全过程。在铸牢中华民族共同体意识新实践中，要牢记中国共产党是什么、要干什么这个根本问题。在指导基层实践中，要注意纠正因一些基本概念和界限模糊而容易出现的问题。一是宣传思想要突出"四个伟大"中党的建设新伟大工程的决定性作用，让各族干部群众通过正面宣传和党务公开，对各级党的组织建设全过程进行监督，防止因出现党的建设与党的事业界限模糊，使一些群众只看到发展成果而看不到艰辛过程。要正确把握中华文化和各民族文化的关系，防止只看到文化而看不到反映文化核心问题的价值观，不能树立正确的祖国观、民族观、文化观、历史观。宣传战线要构筑中华民族共有精神家园，唱好"凝心曲"，运用文字、图片、视频、数字技术、3D 投影及互动体验等多功能方式，向各族干部群众宣传中国共产党成立百年来探索具有中国特色解决民族问题的正确道路和民族工作发展历程。在各民族中培育和践行社会主义核心价值观，弘扬以爱国主义为核心的民族精神和以改革创新为核心的时代精神，积极推广普及国家通用语言文字，科学保护各民族语言文字，尊重和保障少数民族语言文字学习和使用。加强现代文明教育，深入实施文明创建、公民道德建设、时代新人培育等工程，引导各族群众在思想观念、精神情趣、生活方式上向现代化迈进。要守住意识形态阵地，构建起维护国家统一和民族团结的坚固思想长城，坚决抵御各种极端、分裂思想的渗透颠覆。二是国有企业作为国民经济体系中的巨系统，在全面深化改革中，防止出现以自我革命推动社会革命顺序的颠倒，重视"经济"而忽视"关系"。要在逐步实现各民族在空间、文化、经济、社会、心理等方面的全方位嵌入过程中，充分彰显社会主义现代企业制度的优越性和党的领导的最大优势，以正确引导社会"劳动资料不仅是人类劳动力发展的测量器，而且是劳动借以进行的社会关系的指示器"。三是摆正素质结构与产业结构的关系。要按照新发展理念，把优先转变人的观念、优化素质结构作为调整产业结构、推进经济高质量发展的基础和前提，加快精神向物质的创造性转化，赋予所有改革发展以彰显中华民族共同体意识的意义。要加强科技创新特别是原创性、颠覆性科技创新，加快实现高水平科技自立自强，及时将科技创新成果应用到具体产业和产业链上，改造提升传统产业，培育壮大新兴产业。要围绕发展新质生产力布局产业链，提升产业链供应链韧性和安全水平，保证产业体系自主可控、安全可靠。要大力发展数字经济，促进数字经济和实体经济深度融合，加快推动人工智能发展，打造具有国际竞争力的数字产业集群。

构建边疆民族地区网络党建新模式

——内蒙古呼伦贝尔市牧区四旗网络党建调查与建议

呼伦贝尔市是内蒙古自治区下辖地级市，地处中俄蒙三国交界地带，边境线长达 1732 公里，总面积 25.3 万平方公里。其中，森林面积 12 万平方公里，草原面积 8 万平方公里。总人口 270 万，居住着汉族、蒙古族、鄂伦春族、鄂温克族、达斡尔族、朝鲜族等 42 个民族。全市辖 14 个旗市区，位于呼伦贝尔草原核心地区的旗市区有海拉尔区、新巴尔虎右旗、新巴尔虎左旗、陈巴尔虎旗、鄂温克族自治旗、满洲里市。按照行政管辖，一般把新巴尔虎右旗、新巴尔虎左旗、陈巴尔虎旗、鄂温克族自治旗统称为牧区。全市共有 509 个基层党委、8637 个党支部。

党的十八大以来，以习近平同志为核心的党中央高度重视互联网、发展互联网、治理互联网，统筹协调涉及政治、经济、文化、社会、军事等领域信息化和网络安全重大问题，作出一系列重大决策，提出一系列重大举措，形成了网络强国战略思想，网信事业取得历史性成就，我国正从网络大国阔步迈向网络强国。呼伦贝尔市委深刻领会习近平总书记"过不了互联网的关，就过不了长期执政的关"重要论断，把网络党建作为增强政治领导力、思想引领力、群众组织力和社会号召力的重要抓手，根据全市不同地区不同类型特点，提出基层党建"一线八区"工作思路，并加强分类指导，整休推进，正在形成网上网下一体化各具特色的基层党建新格局。

一、牧区四旗网络党建主要做法

牧区基层党建信息化进程主要分农村牧区党员干部现代远程教育和"互联网+"两个阶段，统称"网络党建"。特别是随着"互联网+"的不断扩大，催生了智慧党建、大数据党建、微党建、党建云等各种党建新形态，这为理论与实践的结合找到更多线头和题材、议题和题目、灵感和方法。

（一）着眼党的政治建设，强化政治功能

网络世界逐步成为塑造环境、推动公民社会发展的重要平台。针对呼伦贝尔地广人稀，基层培训点多、线长、面广的实际，打破空间、地域限制，形成自治区、市、旗市区三级投入机制，建设、完善、改造提升全市农村牧区 1450 个远程教育终端站点。开发建设集智慧管理、智慧教育、智慧服务、智慧互动于一体的操作系统，将牧区所有基层党组织和党员的基础数据整合到一个平台，设置了网络志愿服务、网上"三会一课"等 20 多项日常教育和服务功能，实现了党组织生活在平台上全方位展示。呼伦贝尔市新巴尔虎左旗通过"组工视线"平台和党建网站联盟发动党建宣传教育工作，建立起整顿软弱涣散党组织的长效机制，建强了支部，提高了凝聚力。创新基层党建工作，健全党的基层组织体系，充分发挥基层党组织的战斗堡垒作用。该旗智慧党建展厅建成以来，共有 160 个党组织、2000 余名党员利用展厅开展"两学一做"学习教育、主题党日、讲党课、宣讲党的十九大精神等活动，在开展党员教育、服务基层群众、传播红色文化方面发挥了重要作用。陈巴尔虎旗打造了集多种服务于一体的"牧区智慧党建"品牌，实现了在线学习，在线教育和在线服务，成为了广大党员干部常学常新的党建"知识手册"，做到了理论随时学、活动随时知晓，

评论随时参与，网络功能不断强化。

（二）制作能力逐步提高，教材开发富有特色

同常规的党员教育、党建宣传以及大众媒体相比，党员电教化有了自身的特点。一是发挥网络党建鲜明的党性特点。近年来，在中央组织部党员教育中心的指导下，与内蒙古自治区党员教育中心和中央电视台、内蒙古电视台等部门合作，先后拍摄《来自草原的特殊学员》《第一书记扶贫记》《五边行动》等近 100 部党建故事片。二是发挥网络党建政治理论灌输性的特点。2008 年以来，在中央组织部和内蒙古自治区党委组织部的关怀和支持下，新巴尔虎左旗委与国家翻译局合作建立了全国第一个少数民族语言远程教育音像作品教材资源开发平台——内蒙古自治区农村牧区党员干部现代远程教育东部区蒙语译制基地。目前，蒙语译制基地承担着中组部、自治区党委组织部每年下发的党员教育电视片译制任务，负责自治区 6 个盟市党员干部现代远程教育蒙语课件发放工作。三是发挥网络党建快捷广泛性特点。依托"新左旗党建网（蒙汉双语）"系统推动党建网站联盟建设，截至目前，纵向已形成旗、苏木镇、嘎查社区三级网络体系开设民族团结、国防安全、蒙古语版视频专栏、三务公开、组织工作等多个版块，发布教学课件 300 多部；翻译制作治国理政 100 部视频。新巴尔虎右旗创办蒙语党建微信平台，及时编排蒙文版《党章》《习近平系列讲话》等发布在"北疆红色堡垒户"等微信公众平台。

（三）加强网络人才队伍建设，打造高素质专业队伍

近年来，呼伦贝尔市把党建指导员队伍建设和党建信息员队伍建设做为党务工作者队伍建设的重要组成部分强化分类指导，取得显著成效。在开展深入学习实践科学发展观活动 和创先争优活动中，每年以在人民网·中国共产党新闻网发表文章为评选指标进行表彰。2011 年度，新巴尔虎右旗位列全市 13 个旗市区首位。目前，他们在不同岗位上都成为网络党建的骨干。在各行各业网络技术人员的带领下，各族群众用网意识、用网技能普遍提高。为加强队伍建设，提高服务水平，呼伦贝尔市鄂温克族自治旗积极吸收政治素质好、懂网络的年轻党务干部作为各终端管理员，每个站点设置 AB 岗，明确岗位职责，实现互为替补和监督，加强运用"智慧党建"平台的教育培训；蒙语译制基地与中国民族语文翻译局、内蒙古大学、内蒙古师范大学、呼和浩特民族学院、内蒙古图书馆等高等院校和部门建立了合作关系。近四年来，已有 150 余名大学生在蒙语译制基地开展实习实训活动。2011 年，呼伦贝尔市组建"百万农牧民创业先导团"，培养农牧民致富带头人，并带领农牧民致富取得显著成效，得到全市百万农牧民肯定和赞赏，并受到中央表彰。期间，创业先导团当中的大学生村官，在运用信息化手段加强农村牧区与市场对接方面发挥了重要作用。

二、构建牧区网络党建新模式必须坚持内容为王

互联网内容建设的重点应该是互联网上生成和公开呈现的理论宣传、新闻舆论、文化表达、知识表述、政务资讯以及与民生相关的各种服务和消费信息。其中，很大一部分具有意识形态属性。网络已渗透到了社会、家庭、个人的血脉里，特别是随着互联网、人工智能等新技术的发展正在不断重塑教育形态，知识获取方式和传授方式、教和学的关系正在发生深刻变革，网络内容融入了儿童启蒙、少年成长、青年培育和社会教育的各个环节，进而对整个网民的思想行为、价值取向以及社会的舆论导向产生着广泛而深远的影响。2016 年 2 月，习近平总书记在党的新闻舆论工作座谈会上强调："内容永远是根本，融合发展必须坚持内容为王，以内容优势赢得发展优势。"

（一）把维护我国网络空间主权作为边疆民族地区网络党建内容建设的新拓展

习近平总书记指出："网络意识形态安全风险问题值得高度重视。网络已是当前意识形态斗争的最前沿。掌控网络意识形态主导权，就是守护国家的主权和政权。"习近平总书记还就加快提升我国对网络空间的国际话语权和规则制定权作出重要批示，强调要理直气壮维护我国网络空间主权，明确宣示我们的主张。作为全国最大的满洲里陆路口岸和新巴尔虎右旗阿日哈沙特口岸、新巴尔虎左旗额布都格口岸开放规模的不断扩大，全市全区乃至全国向北开放的桥头堡作用日益显现，内陆变"前沿"的进程进一步加强，其战略地位，特别是守护网络意识形态阵地任务十分艰巨。边疆民族地区各级党组织和广大党员干部肩负着筑牢经济安全屏障、生态安全屏障、文化安全屏障、思想安全屏障和组织安全屏障的重要使命，随着国际间网络空间主权争论的升级，有效维护我国网络空间主权成为边疆民族地区各级党委确保国家安全、政权安全又一新的特殊使命。

文化的核心是价值观。随着各民族和各国民间交流交往交融的深入，不同国家间价值观的博弈是潜移默化最隐蔽最深刻最持久的文化现象和意识形态。以习近平同志为核心的党中央提出"人类命运共同体"理念和"一带一路"倡议，赢得世界大多数国家，特别是发展中国家的积极响应、参与和支持。结合推进网络强国战略，我国不仅自己努力突破核心技术瓶颈，实现弯道超车，而且正在努力消除"信息壁垒"，缩小"数字鸿沟"，帮助沿线国家和发展中国家以信息化推进国家治理体系和治理能力现代化。这为民族融合因素的增长和人类命运共同体意识的增强创造了广阔的空间。

呼伦贝尔市处于国际国内两种资源、两个市场、两类规则战略地位，各级党委特别是边境各旗市区各级党组织和广大党员干部要按照习近平总书记在内蒙古考察时提出的"与邻为善、以邻为伴"外交格局新理念，增强短板意识，探索规律特点，大规模培养具有坚定马克思主义信仰的各民族干部和具有社会主义价值观的各类人才，提高各族群众科学文化水平和文明程度，使其在形成遍布全球的伙伴关系网络中充分展示大国干部大国公民讲信义、重情义、扬正义、树道义的正确义利观。要运用马克思主义国家观、历史观、民族观、文化观、宗教观，坚持中华民族共同体意识和视野，用绿色发展、高质量发展、各民族团结进步、共同繁荣发展的新实践，赋予内蒙古自治区党委提出的北疆基层党建长廊以新的时代内涵。处于对外开放前沿的边疆民族地区的每个党员干部，把提高驾驭网络意识形态本领，维护我国网络空间主权作为增强"四个意识"、坚定"四个自信"、坚决做到"两个维护"的具体要求。

（二）把握理论翻译的特殊规律

用思想政治理论统领网络党建内容建设。要抓住民族地区理论建设的关键环节。2013 年 8 月，习近平总书记在全国思想政治工作会议上指出："对一般性争论和模糊认识，不能靠行政、法律手段解决，而是要靠马克思主义真理的力量，靠深入细致的思政治工作，用真理揭露诺言，让科学战胜谬误。"要把握理论翻译的特殊规律。理论翻译不同于一般的文字翻译。思想理论建设向来倡导对不同对象群体进行个性化分析、分众化研究。当前，亟需发现、培养、引进身兼理论素养和翻译学术造诣的特殊人才队伍，也就是即懂理论又懂翻译。第一，理论的主要功能是在坚定坚持马克思主义和对历史规律的把握之上，与少数民族具有时代特征的心理结构、思维方式、道德风貌、价值取向、文化理念、审美意识和风俗习惯深度融合过程中，对习近平新时代中国特色社会主义思想的生发、凝炼、概括、解读和传播。这个过程，就要求译者准确地感觉、体会到原作的风格，并且能够用群众语言加以正确表达，这是一个由感性到理性的过程。

风格是贯穿原作的一股气势，是一种或刚或柔，或动或静，或显或隐的精气神。至于细节上的瑕疵，例如某个语句译得不够准确，某个词语译得不够贴切，在这种风格气势的统领下，是不难纠正的。第二，要有充足的、达到基本水准的译文原著，满足少数民族专业人员、党务工作者、理论工作者，特别是网络党务人才需要，还要把原文译成少数民族群众能够用本民族语言理解的语言、文字；另一方面，按照人的视觉超过听觉的生理原理，译制、创作图片、视频等形式多样、丰富多彩的载体。例如，加快探索推进网络党建术语"双语"搜索引擎及机器翻译等技术攻关进程。第三，理论翻译还有一个重要的方面，就是通过理论认识时代、认识现实、认识作者的境界觉悟。一个成功的翻译家，不仅需要熟练掌握原文语言和译文语言，最重要的是理解内容。因而，理论翻译也是一种对境界的解读。这一点要比文字直译更有难度，但更有价值。所以，从事理论翻译的人应该是本领高强的人，品德高尚的人，政治过硬的人。只有这样，才能让党的声音在成为网络空间最强音，让党的创新理论在千里边防、绿色草原完整传播、有效覆盖、深度抵达。

（三）把总书记关于民族地区基层党建的新要求落到实处

习近平总书记高度重视民族地区基层党组织建设，多次提出，各民族群众对党和政府最直观的感受来自身边的党员、干部，来自常打交道的基层组织和基层政权。民族地区要重视基层党组织建设，使之成为富裕一方、团结一方、安定一方的坚强战斗堡垒，使每一名党员都成为维护团结稳定、促进共同富裕的一面旗帜。确保基层党组织和广大干部有资源有能力为群众服务。习近平总书记的这一重要论述，既强调了加强民族地区基层党建工作的极端重要性，又着眼于民族地区特点提出了民族地区基层党组织和党员发挥作用的明确要求。按照总书记的要求，要重点围绕推进民族地区经济社会发展、促进各民族交往交流交融、构筑各民族共有精神家园、党建引领乡村治埋、提高依法管理民族事务能力、围绕坚决打好三大攻坚战和应对和化解各种风险挑战，加强民族地区基层党建工作。把加强民族地区基层党建工作作为坚持中国特色解决民族问题正确道路的基础保证。

要按照《中国共产党支部工作条例》《中国共产党党务分开条例》《中国共产党党内监督条例》和"两学一做"学习教育常态化制度化要求，把支部活动作为网络党建重要内容。一是提高支部工作网上透明度。按照《中国共产党支部工作条例（试行）》和内蒙古自治区党委关于加强网络内容建设工作要求，对支部及支部书记管党治党提出新标准新要求，把支部活动作为网络党建内容建设最鲜活的案例，并提出系列开发系列推送规划要求，以增强党支部的政治功能，提高支部书记的政治能力，防止网络恐慌。二是坚持走网上群众路线。深入研究新形势下群众工作的规律和特点，把党的优良传统和新技术新手段结合起来，学会通过网络走群众路线，提高做好群众工作的本领，防止脱离群众。三是推进党务公开。使党的工作通过网络随时接受广泛的群众监督，以党内民主推进基层民主。防止新的官僚主义、形式主义反弹回潮。四是开发党建软件。语言是语义索引，背后有一个很大的认知体系为基础，认知基础之一来自视觉对现实世界的认识、物理规律、场景的学习理解、跨越长时间的事件的记忆理解及社会互动理解等。但是需要从基础的基本的语义概念开始学习和实现。根据现代远程教育和网络党建、智慧党建的发展趋势和特点，加快增加音像作品制做问题，并通过以内容建设为重点和方向的软件开发，增强网上学习的针对性和实效性，特别是通过互动交流，促进对党的基础知识、基本程序、基本原理、基本概念等问题形成共识，防止因基本概念的混淆、基本脉络的模糊、基本逻辑的颠倒，使党的执政资源在网络传播中惊人的磨损、流失。

2013 年 8 月，习近平总书记在全国思想政治工作会议上强调："在互联网这个战场上，我们能否顶得住、打得赢，直接关系我国意识形态安全和政权安全。"在马克思主义民族理论和党的民族政策的指引下，按照内蒙古自治党委打造祖国北疆亮丽风景线和开创新时代农村牧区工作新局面的具体部署，呼伦贝尔市广大党员干部和各族群众在建设草原、强边固防的生动实践中，积累了丰富的执政经验和政治智慧。进入网络时代，新兴媒体崛起，这无疑为进一步增强和扩大民族地区党组织领导力和话语权，使主流意识形态和核心价值体系更好地转换为人民群众改天换地的强大物质力量，带来难得的机遇，创造了广阔的空间，我们一定能探索出具有边疆民族地区特点的网络党建新模式。

呼伦贝尔市委党建工作领导小组党建课题组

2019 年 8 月

筑牢北疆安全稳定屏障

呼伦贝尔市毗邻俄罗斯和蒙古国，边境线长 1733.32 公里，占内蒙古自治区边境线总长的 41.3%，是祖国北疆重要的安全稳定屏障。近年来，呼伦贝尔市不断加强思想、组织、文化三项建设，在 1700 多公里的边境线上筑牢祖国北疆安全稳定屏障。

一、打造"三个基地"筑牢思想安全屏障

一是打造红色教育基地。利用世界反法西斯战争海拉尔纪念园、满洲里红色国际秘密交通线遗址等爱国主义红色教育资源，积极组织边境地区党员干部开展"参观红色教育基地、弘扬爱国主义精神""红色电影周"等主题党日活动；利用满洲里边检站监护二中队、国门、中共六大展览馆等红色阵地，加强对边检官兵和党员群众的党性教育；开展"北疆红色堡垒户"创建活动，使草原深处每座蒙古包都是一座边防哨所，每位牧民都是一位哨兵。

二是打造党性教育基地。采取建立基层党建特约信息员队伍、开辟网上党校、推进课题研究等措施，积极探索党性教育与实践创新的内在规律。近年来，全市在中央媒体及省级以上官方网站发表党建文章 1200 万字，先后出版发行了《北疆基层党建实践与创新》《网络的力量》《信仰为青春引航》等反映基层党建工作的党建读物；分别在中央电视台及省级电视台播出党建专题片 27 部，并将这些优秀作品向广大农村牧区进行广泛传播，有效推进了马克思主义大众化。

三是打造实践教育基地。建立内蒙古自治区东部区蒙语译制基地，切实发挥草原流动党校作用，较好地解决了边疆民族地区集中培训难、语言沟通难、信息交流难等问题。在牧区推广普及党的先进理论和政策，用两

种语言将党的声音传播到居住分散的蒙古包和"敖特尔",使各族群众及时接受党的教育。

二、建立"三联"机制筑牢组织安全屏障

一是建立健全组织领导联抓机制。积极探索边疆地区"地企军警民"融合式发展之路,实行党委统一领导,组织部门牵头抓总,军警部队驻地企业等共同参与合作的领导机制。呼伦贝尔市委制定出台了《关于进一步加强党的基层组织建设的意见》,各边境旗市采取边防民警进社区任职、民警兼任"村官"等方式,成立了地企军警民党组织共同参与的领导机构和工作机构。

二是建立健全组织设置联建机制。按照党组织便于发挥作用、党员便于参加活动的原则,地方、企业、军警部队联合制定出台了《市、旗、县、苏木乡镇、嘎查村四级联动机制》《地企军警党建共建联席会议制度》等一系列规范性文件,5个边境旗市共建立联合党支部29个、特色党支部17个、支部+协会党组织10个,形成了横向到边、纵向到底、行业有亮点、区域有特色的党建工作格局。

三是建立健全组织活动联创机制。选派民警村官、党建"村官"、大学生"村官"、科技"村官"、纪检"村官"等"五官"驻村任职活动,通过民情日记、公开承诺、结对帮扶等活动,累计为党员群众办实事好事15000余件,排查化解社会矛盾5700余件;依托草原流动110报警点,探索哨兵管"点",哨所管"线"、派出所管"面"的工作方式,加强了边疆警地活动共建联创。

三、推进"三边"工程 筑牢文化安全屏障

一是整合优秀民族文化固边。对民族与历史文化、草原与森林文化、游牧与狩猎文化等进行深入挖掘、整理,共发掘出遗址遗迹1263处,34

个民族文化项目列入国家级非物质文化遗产名录、7 类 56 人入选内蒙古自治区非物质文化遗产项目代表性传承人名册，增强了党员群众的自豪感，用优秀的民族文化鼓舞人。

二是创建民族文化品牌安边。加强文化旅游产品，十大标志性建筑、民族民俗文化旅游等工程项目的建设，推出原生态儿童合唱《五彩呼伦贝尔》、原生态民族歌舞诗《呼伦贝尔大雪原》、大型历史话剧《拓跋鲜卑》等文化名片，推进地方特色文化、民族文化的繁荣和发展，用先进的文化感染人。

三是打造民族文化阵地稳边。把各种文化载体作为开展党建工作的阵地，不断加大财政投入力度，新建乡镇（苏木）文化站 122 个、村（嘎查）文化室 1520 个，新改扩建图书馆 4 个、文化馆 5 个，在全区率先实现了"县县有图书馆、文化馆"的目标。不断探索民族文化与党建工作相融共进机制，把党组织建立在民族文化产业链上，依托文化产业建立党组织 36 家，实现党组织和党建工作全覆盖，用先进的文化凝聚人、鼓舞人。

大力推进"国门党建"
筑牢祖国北部边疆安全稳定屏障

近年来，满洲里市立足边境口岸实际，深入实施"北疆基层党建长廊"建设工程，以深化"五边行动""北疆党旗飘"活动为抓手，以党建为引领，整合各方资源，大力推进"国门党建"，打出了一套城市基层党建工作的"组合拳"，构建了组织共建、资源共享、良性互动的城市基层党建新格局，为筑牢祖国北疆安全稳定屏障提供了有力的组织保证。

一、主要背景

满洲里市位于呼伦贝尔大草原腹地，东依兴安岭，南濒呼伦湖，西邻蒙古国，北接俄罗斯，陆界边境线长 46.64 公里，水界边境线长 5.34 公里，面积 732 平方公里，是全国最大的陆路口岸城市，曾连续三次获得"全国文明口岸"称号，六次获得"全国双拥模范城"殊荣，是全国文明城市、中国优秀旅游城市、全国科普示范城市、国家级生态示范区和CCTV 十佳魅力城市，2012 年被党和国家确定为重点开发开放试验区，在全区乃至全国均具有独特的区位优势和资源禀赋。

满洲里市是拥有百年历史的口岸城市，因 1902 年东清铁路（今滨洲铁路）的开通而建城。革命战争时期，满洲里就是中国共产党与共产国际联络的红色通道，为中华人民共和国的成立作出了重要贡献；新中国成立后，满洲里作为我国的主要外贸通道，有力地支持了新中国的经济建设。随着国家"一带一路"建设的深入推进，满洲里市作为边境口岸城市，重要性日益凸显，党的基层组织建设也面临新的机遇与挑战。在这样的背景下，满洲里市委结合内蒙古自治区党委建设北疆党建长廊的总体部署，大力推进"国门党建",把边疆民族地区基层党组织建设成为推动发展的坚强堡垒、维护稳定的坚固基石、抵御渗透的钢铁长城,进一步夯实了中国共产党在边疆民族地区的执政基础。

二、基本做法

满洲里市委立足边境口岸城市特点,深化拓展"城市党建一体化"工作成果,以提升组织力为重点,优化整合城市各类党建资源,全面加强党的基层组织建设,2018年重点实施了国门党建"七个一"工程,让党的旗帜在口岸城市各个阵地高高飘扬。

(一)建立"一体化"共建机制,形成思想共识

在边境地区完善"口岸党建一体化"运行机制,出台《关于加强边境口岸城市基层党建合作共建的意见》,根据满洲里口岸独特的"公、铁、空"三位一体的整体布局,成立口岸外事系统党工委,建立健全《基层党组织党建工作督察制度》《定期评议基层党组织和党员办法》《口岸联检联运部门政府评价和社会监督机制工作方案》等11项党建工作制度,推动党建工作制度化规范化。在街道社区打造"区域党建一体化"工作格局,制定出台《中共满洲里市委员会关于加强城市基层党建工作的实施意见》,深入推进城市基层党建工作迈上新台阶。全市街道(镇)全部建立了区域联合党(工)委,实行了"大党委制",完善了工作例会、信息沟通和督查考核等制度。认真落实"356"工作机制,驻在6个边防派出所的8名民警兼任社区"两委"干部,2名边防派出所负责人兼任街道班子成员。在工业园区推行"党群服务一体化"工作模式,组建园区党建工作联盟,深入推进园区党群共建工作,以党建引领促进共同发展。在进口木材加工园区推行行业协会覆盖管理和"党工共建"指导相结合、互市贸易区采取"小微企业、集贸市场和街道社区党建融合共建"、国际物流产业园实施地企军警联建联创,社会组织孵化园坚持"一领+多元"管理体制和"双孵

化、四同步"工作法。

（二）搭建"一体化"共建载体，推进资源共享

共享红色教育资源。积极筹建国门党建学院，充分挖掘本土红色教育资源，使党性教育、红色历史教育、国防教育常态化长效化，强化广大党员干部群众"国家、国土、国防、国民"意识。建成了5个市级党性教育实践基地，开展理想信念、爱国主义和党性教育。发行《国门党建》双月刊，全面展示全市党建工作新进展、新成就。共享网络党建资源。以"一云、一网、一图、一端"为核心架构，打造了集智慧管理、智慧服务、智慧教育、智慧互动于一体的智慧党建云平台，将市本级500多个基层党组织和8000多名党员的基础数据整合到一个平台，设置了在线办转组织关系、流动党员挂靠、网络志愿服务、网上"三会一课"、在线学习考试等20多项日常教育管理和服务功能，实现了党的组织生活在平台上全过程留痕、全方位展示。投资300余万元，建成"口岸党建展示中心"，开通"满洲里口岸党建一体化信息网"和"口岸先锋"微博，更好地凝聚口岸建设的强大正能量。共享特色载体资源。结合边检、海关等部门执勤特点，创新"十分钟党课""一杯茶思想汇报""一刻钟支委会"等组织生活形式。开展"三联三带四创"、机关和社区党组织结对共建、社区和"两新"组织"手拉手、促和谐"、边防民警进社区等活动，不断加深"身在社区、心系社区、服务社区、奉献社区"的理念；组织了"国家形象我塑造"活动，树立"同唱一支歌，共度一艘船"的大局意识；探索了"三联""三级调解""三访三评"等工作方法，构建了党委领导、边防主抓、群众联动、各界参与的边境维稳工作格局。

（三）凝聚"一体化"共建力量，实现同频共振

加强党员教育凝心聚力。创办党建纪实电视栏目《口岸先锋》，发行红色诗集《我那挚守着的信仰》，录制《满洲里·1928》红色广播故事，牢牢把握话语主动权；先后制作推出《暖城》《让党的十九大精神在边境口岸落地生根》等优秀党建专题片，策划《我们的传家宝》《伟大的旗帜》等特别节目，在内蒙古自治区主流媒体和满洲里广播电视台播出；针对口岸城市出入境党员，制定《满洲里市境外党员教育管理办法》，在通关现场发放"出境党员教育提示卡"，强化外事纪律、文明旅游和党员意识教育。塑造服务品牌凝心聚力，创建了"党在我心中，我在群众中"党员志愿服务活动品牌，健全完善招募注册、活动记录、褒奖激励等制度，每年"七一"表彰志愿服务优秀团队和个人。建设国门、套娃等 4 个红色驿站，在广场等公共场所设立志愿服务站点 20 余个，全市 100 多个各级各类党员志愿服务队，每年都有近 3 万人次参与城市环境综合整治、扶危济困、法律援助、语言翻译、旅游讲解等志愿服务活动，做到了立足岗位作贡献、围绕中心有作为、关键时刻当先锋。强化基础保障凝心聚力。树立党的一切工作基础在支部的鲜明导向，合理设置党支部，不断扩大党的组织和工作覆盖，有效激发基层党组织的凝聚力与战斗力。选优配强基层党组织"带头人"，定期举办各领域"基层党组织书记示范培训班"，在非公经济组织和社会组织选聘专职党建指导员和"第一书记"，实行专业化社会化管理；加大经费投入和保障力度，每年为每个社区匹配 10 万元民生资金，党员按不同领域制定标准下拨教育管理经费，党费使用上注重向基层和重点领域倾斜；高标准实现"三有"目标，2018 年市区两级财政投入资金近 2000 万元，新建社区办公活动场所 3 个，总面积达 4550 平方米。全市建立了 8 个统一标识的党群服务中心，完善了党建宣传、党员学习、群团活动等功能，提升了党组织的影响力和凝聚力。

三、主要成效

"国门党建"的深入实施，极大地促进了边疆口岸经济发展、深度开放、社会和谐、边疆安宁，使党的旗帜始终在祖国北疆高高飘扬。

一是筑牢了思想安全的"边境线"。通过整合红色资源，使党性教育、红色历史教育、国防教育常态化长效化，强化广大党员干部群众"国家、国土、国防、国民"意识。充分发挥党性教育实践基地的作用，利用一系列党建共建创新载体，牢牢把握了话语的主动权，加强了党员干部群众的理想信念教育，形成了继承和发扬党的优良传统，立足不同岗位，争当口岸先锋的良好氛围。

二是形成了口岸发展的"催化剂"。通过党建共建，深入推进中俄互市贸易区深度开放、中欧铁路货运班列常态化运营、综合保税区封关运行等一批深化改革项目，极大地激发了口岸经济发展活力。各联检联运部门开创了"延时服务式""预约施检式""随叫随办式""假日值班式"四种服务模式，满洲里国际公路口岸率先成为全国"单一窗口"试点口岸，航空港率先在全国实现"三互"通关模式，铁路口岸已开通了54条跨境班列线路，年运行跨境班列占全国跨境班列的1/3，年货运量稳步保持在3000万吨以上，有力推动了"一带一路"建设。

三是铸就了边境稳定的"稳压器"。强化"帮扶强边"工作举措，开展了"万名党员帮扶、千户家庭解困""党员干部进社区、引领服务零距离"等系列活动，共帮扶居民群众2万余人次，解决实际问题1.7万余件。各边防派出所与社区共同开展治安巡逻为主、视频监控为辅的全天候动态化防范模式，有效地维护了边境地区的安全稳定。

四是打造了强基固本的"压舱石"。各社区"三有一化"水平大幅提升，新一届社区"两委"成员大专以上学历占98.9%，社区党组织全部配备了专职副书记；社区工作者工资待遇正常增长机制逐步完善，月平均工资标准上涨；社区办公活动场所条件持续改善，平均面积达1268平方米，其中500平米以上的11个；建立了以"政府投入为主，驻区单位协助，社会力量辅助"的多渠道保障机制，各社区年可用经费均达30万元以上。城市管理体制改革稳步推进，恢复了"市—街道—社区"三级管理体制，减少了行政管理层级，提高了行政运行效率，初步实现了"强街道、精社区"的目标。

四、主要启示

在工作实践中，我们通过抓基层、打基础，不断强化推进新时代国门党建工作的举措，使党在边疆民族地区口岸城市的执政根基更加稳固，形成了以下几点重要启示。

推进国门党建，必须坚定不移地扛起地方党委抓基层党建工作的主体责任。近年来，满洲里市委不断强化抓基层党建工作的主体责任，通过建机制、拓载体、做服务等一系列强有力举措，引导基层党组织书记强化主责主业意识，形成了固本强基的鲜明导向。实践证明，全面加强基层组织建设不是"虚功"，只有通过实打实的硬措施来保障基层党建工作责任落实，不断提升党建工作的科学化水平，才能推动形成边疆民族地区各级基层党组织和广大党员齐抓共管的良好氛围。

推进国门党建，必须坚定不移地强化共驻共建的共同体意识。满洲里市是典型的边境口岸城市，驻在条管单位、军警部队多，外来人口多，形成了开放包容的城市精神。近年来，满洲里市充分发挥地方党委总揽全局、协调各方的领导核心作用，引导党群、地企、军民等各方打破固有条块分割藩篱，探索形成了"一体化"的基层党建工作格局，并逐步演化提升为"国门党建"的核心要素。实践证明，做好边疆口岸城市的基层党建工作，必须强化共驻共建意识，形成"心往一处想、劲往一处使"的良好局面，打造独具口岸城市特色的国门党建工作品牌。

推进国门党建，必须坚定不移地统筹好党的建设与党的事业的关系。近年来，满洲里市委致力于统筹好党的建设与党的事业的关系，通过实施"一体化"党建工作模式，把党建工作融进口岸经济发展、基层治理、城市建设、社会发展的方方面面，着力在边境地区、街道社区、工业园区有效整合党建共建资源，有力地促进了各项事业发展。实践证明，抓好边疆民族地区基层党建工作，必须强化融合思维，促进党的建设与中心工作的有机融合，实现两手抓、两手都要硬，以国门党建的有力举措保障深度开放、口岸通关、产业升级等事业健康发展，形成了各级党组织一心一意抓党建、抓好党建促发展的良好氛围。

推进国门党建，必须坚定不移地提升基层党组织的组织力。党的基层组织是党在社会基层组织中的战斗堡垒，是党的全部工作和战斗力的基础。近年来，满洲里市不断提升基层党组织的组织力，把基层党组织建设成为宣传党的主张、贯彻党的决定、领导基层治理、团结动员群众、推动改革发展的战斗堡垒，领导和引领各级组织将口岸优势逐步拓展为发展优势，使一批制约口岸发展的问题得到有效化解。实践证明，抓好边疆民族地区口岸城市基层党建工作，必须以提升基层党组织的组织力为重点，选优配强基层党组织"带头人"，增强基层党组织的凝聚力、向心力和战斗力，充分发挥广大党员的先锋模范作用，才能把党的主张转化为广大党员干部群众的自觉行动。

西旗拜年记

今年春节，我和弟弟巴特尔专程前往老家拜年。尽管我们平时也经常回老家看看，但这次拜年的意义不同，从小家来讲，有很多高兴有趣的事儿需要和大家共享；从大家来讲，中华人民共和国第十四届冬季奥运会（简称"十四冬"）在家门口举行，热情好客的呼伦贝尔人，秉承着"我为冬运添光彩、冬运因我更精彩"的理念，积极参与筹备工作和赛事活动各项服务。通过中央电视总台体育频道开幕式现场直播，我看到在呼伦贝尔市人力资源和社会保障局工作的侄子那日松在现场忙碌的身影，和多数家庭一样，我们感到很自豪，也感到家与国的距离很亲近、很亲切。祖国北疆到处洋溢着热烈、喜庆的节日氛围。

从我们家（鄂温克族自治旗，简称"鄂旗"）到老家（新巴尔虎右旗，简称"西旗"）来回近 600 公里，老家的亲人们听说我们要去拜年，热切期盼，认真准备，心中千言万语，等待开怀畅谈。这一道我们哥俩也从家乡的变化聊到家族的变化，一路上我们哥俩儿有唠不完的家常。

一

20世纪50年代末，我的父母从学校毕业被分配到呼伦贝尔市西旗工作，从此安家立业，在呼伦贝尔地区形成四代家族。

父亲这一方兄弟姐妹五个，只有二叔二婶健在；母亲这一方兄弟姐妹也五个，只有老姨健在。爸爸家族姓李，妈妈家族姓安。父辈李氏三兄弟共养育了我们这一代七个堂兄妹，我和巴特尔是亲兄弟，排行老大、老二。母亲家族在呼伦贝尔市的有大姨家二姑娘王育勤（从农村到我们家读初中、高中，比我年长四岁）。老姨家有兄妹五个孩子，其中一个在北京。我还有一个同母异父的姐姐叫玉光，她们全家三代七口人常住新巴尔虎左旗（简称"东旗"）阿木古郎镇（简称"阿镇"）。我们堂兄妹七个和老姨孩子都在西旗成家立业，爱人也都是西旗老户。其中，我的爱人是汉族，祖籍河北唐山。从父母这一代横向延伸的两个姑姑、三个姨和一个舅舅家的孩子都在通辽、兴安盟一带工作生活，按直系三代计算共有200多人。

我刚懂事儿时感觉家庭结构有些特殊，别人的家庭结构有爷爷和奶奶，而我们家没有奶奶，但却有两个爷爷。稍微懂事儿时，爸爸告诉我，我爷爷辈儿有兄弟姐妹六个，四男二女，爷爷在兄弟间排行老三。日本侵华战争造成无数家庭民不聊生、流离失所、妻离子散、家破人亡。爷爷和他大哥（大爷爷）被抓去当劳工，大爷爷负责修工事，爷爷给一个日军部队食堂做饭。没过几个月大爷爷积劳成疾，吐血而亡。爷爷最小的弟弟20多岁刚结婚不久，因食用日军带有细菌的食物，小两口双双中毒身亡。爷爷千方百计逃回了家，并于1943年从现在的吉林省松原市农村迁至内蒙古兴安盟科尔沁右翼前旗好仁苏木张家屯。奶奶30岁出头患了伤寒，因无条件治疗，丢下五个孩子离世了。为了谋生，特别是孩子们的感受，爷爷没在续弦，和当时也没有成家的二哥一起承担了养家糊口的重任。两个姑姑年轻时在当地出嫁了，全家先供我爸爸一个孩子上学，爸爸在当地的一个师范学校毕业后被分配到西旗一小当教员，成家后就把两个爷爷和两个叔叔接到西旗一起生活。父母在 1960 年、1962 年有了我和弟弟。他俩的工资除了家庭开销外，还赡养两个爷爷、供老叔上中学，以及帮助二叔上师范学校，直到两个叔叔毕业并先后参军入伍。

听家里大人讲，爷爷思想进步，积极向党组织靠拢，参加过土地改革，当过村主任，但因家庭负担太重慢慢脱离村子的工作。两个爷爷基本不识字，但我小时候经常听爷爷晚饭后自己捧读《毛主席语录》，听到他基本上一个字一个字地蹦，令我产生了深刻的印象。爷爷捧读《毛主席语录》不是给别人听、给别人看的，而是一种真实情感的表达，是爷爷亲身经历新中国成立前后的变化，由衷感恩毛主席和中国共产党。爷爷的这一习惯，一直保持到我当兵离开家乡。

二

百善孝为先，孝是天生的德。中华民族极为重视孝文化，人类从自然人向社会人过渡主要体现在人与人之间的关系上，孝文化体现家庭成员之间的关系拓展到社会关系的行为规律。大年初三晚上的聚会上，二叔二婶发表长篇感言，包括第二天与老姨家聚会时的话题一样，中心思想表达了现在赶上了一个好时代，儿孙满堂，承欢膝下，享受天伦之乐，幸福美满。这里有个最重要的原因是孩子们特别孝顺，他（她）们讲了很多具体的事儿。

大家在集中讨论话题期间，巴特尔讲到曾经在陈巴尔虎旗人民法院担任院长期间，根据青年思想实际主持举办以"百善孝为先"为主题的培训班的故事。有位聘用书记员参加培训，他高中、大学期间以及毕业后的三四年里长期和父母逆反，受到培训后产生了很大的变化，当父母看到儿子写的关于孝文化的结业总结后，感动得泪流满面。后来经过努力，这位书记员通过公务员考试考入了额尔古纳市公安局。

孝道除了物质回报、养儿防老等传统观念以外，更有以宽容、耐心、贴心来呵护人性尊严的丰富内容。我们家族男孩较多，岳父家族女孩较多，给我的一个重要感受是：女孩对父母的孝敬更多体现在体贴入微，这对于心态脆弱的老年人来说格外重要。每当父母患病、直到养老送终从我爱人和弟妹的担当、悉心照顾的过程中都体会到了这一点。几年前，我的岳父、老叔也先后去世，两位老人病重、特别是最后卧床期间都是我的小姨妹毕颖、弟妹包丽光牵头照料到最后，使两位老人有尊严地离开了人世。

每逢佳节倍思亲。我们深切缅怀离开我们的亲人们，按照节日传统，大年初五早上7点，我们到呼伦湖岸边举行简易祭祖敬老仪式。

纵观人类社会发展，无论从最初以血缘为基础、最后以地域为基础的社会组织中，孝文化都是家族制度发展的源头。同时，社会制度的不断演变也赋予了孝文化新的内涵。

三

姐妹兄弟情同手足。我的两个叔叔均在部队入了党，老叔还提了干。他们复员、转业后都被安排在西旗党政机关工作。成家后，他们第一件事儿就把两个爷爷一人一个接到家里照顾，直到养老送终。自我懂事以来，二叔经常叨念一件终生难忘的事儿：1960年8月29日，二叔考上了海拉尔师范学校，即将出发时，妈妈把自己身上穿着的短袖衫脱下来给二叔穿上，这是妈妈夏天上班时穿的唯一一体面的衣裳。几十年来，两个叔叔和婶婶都非常尊敬我的爸爸妈妈，我从未见过他们兄弟妯娌之间红过脸。1994年1月，妈妈病危期间，二叔、老叔和我们兄弟一起轮流照顾到送终。我们这一代堂兄妹、表兄妹之间的手足之情都是从长辈们那里延续下来的。

尊老爱幼、妻贤夫安，母慈子孝、兄友弟恭，耕读传家、勤俭持家，知书达理、遵纪守法，家和万事兴等中华民族传统家庭美德，铭记在中国人的心灵中，融入中国人的血脉中，是支撑中华民族生生不息、薪火相传的重要精神力量，是家庭文明建设的宝贵精神财富。

四

父亲家族蒙汉兼通。父亲名叫乌力吉那仁。从父亲、我和我的儿子身上可以看出，我们家族擅长语言文字表达。父亲上学期间是蒙古语授课，在西旗当过小学教师，后被调到党政机关从事意识形态相关工作，先后担任西旗团旗委书记、旗委宣传部部长、旗语文工作委员会主任等职务。他的汉语言文字能力是在工作岗位上锻炼提高的，属于民族地区比较标准的蒙汉兼通干部。父亲根据不同民族、不同语言特点，随时可以用蒙、汉两种语言准确传达、解读中央和上级文件精神，用两种文字撰写工作总结、党课报告、通讯报道、理论文章等。当年的西旗自然灾害较多，记得有一次父亲在担任旗委宣传部部长期间，写了一篇关于抗灾救灾的文章，得到时任旗委领导乌力吉（后当选为内蒙古自治区政府主席）的高度评价。父亲也是《呼伦贝尔日报》（蒙汉文版）的高产通讯员。记得他在旗语文工作委员会工作期间，撰写的关于研究民族地区语言文字工作的文章，在内蒙古自治区级媒体汉文版发表。

我在办公部门从事公文写作 14 年，从事组织工作近 20 年，在中组部组织局、内蒙古自治区党委组织部的指导下，在新巴尔虎左旗还牵头创办了内蒙古自治区农村牧区党员干部现代远程教育东部区蒙语译制基地，先后创作了 11 部党建专著，其中《北疆基层党建实践与创新》（蒙、汉文版）在 2012 年 12 月全国首届党员教育培训教材展示交流活动中被评为创新教材。这些都是受到父亲潜移默化的影响打下的思想基础。在家族中，关于我儿子李蒙的话题比较多一些，亲属们也感觉到，李蒙虽然搞科学研究，但他对职责和业务的语言文字表达也十分突出，因此也多次被航天五院推荐接受中央级媒体采访。特别是 2022 年 4 月 17 日，在神舟十三号飞船完成飞行任务回落时，担任央视国际频道直播嘉宾，接受 5 个多小时的采访，面对关注中国航天事业的国内外广大观众，他对轨道业务知识如数家珍，对宣传纪律与科普界限的严谨把控，对现场提问对答如流，对基础理论严谨缜密的推理，赢得了央视国际频道节目组的高度赞扬和广大观众的好评，出色地完成了组织交给他的对外宣传科普任务。儿子李蒙和儿媳白梵露都特别喜欢古典音乐，曾专程去奥地利首都维也纳金色大厅学习，李蒙还被聘为北京理工大学的音乐客座讲师。"吉祥三宝"的布仁巴雅尔和乌日娜老师也非常喜欢他。2016 年 6 月 18 日，老布夫妻还参加了李蒙和白梵露的婚礼。同时，作为他们这一代的大哥大嫂，也成为弟弟妹妹们学习的榜样。孩子们个个都很努力，这次团聚还见到了在东北农业大学上学的欣欣（四弟通拉嘎和萨日娜的女儿）、内蒙古大学上学的楠丁（老妹乌尼尔和宇青的大儿子）和在海拉尔一中试验班学习的李欣宇（六弟和包丽光的大儿子）。

我从事基层党建研究，深刻体会到，在民族地区传播党的创新理论，党务工作者有对党的理论深刻理解和精准解读，只有这样才能做到党的民族政策在基层有人懂，民族工作在基层有人抓。

五

母亲家族具有实业型特点。母亲名叫安桂凤，家族多数成员集中在通辽地区，我向来佩服母亲家族个个务实、勤奋、坚韧的性格特点和不屈不挠的精神。当年，母亲的蒙古文和汉文硬笔书法写得很漂亮，在全旗都很有名。小时候，母亲经常带着我和弟弟到单位加班，当时她在西旗革委会办公室做文秘工作。后来调到旗妇联，自此伏案写作的时间变少了，骑马下乡的时间变多了。为了照顾女同志，组织上给她配了一匹性格相对温顺的马，这是一种有着特殊步法的雪白色"走马"，这里说的"走"是一个骑术上的专门术语，指一种同侧两腿同时并举的快步溜蹄走法。这种步法比平时走法快，又不同于双蹄疾奔，骑在马背上犹如水上行舟，非常舒适。有人说，线条和色彩是人类造型艺术中的两大因素。母亲骑着这匹心爱的白马，永远驰骋在这片千里草原上。我感恩母亲生我养我，也感恩她把向上向善的追求和向往深深铭刻在我们心灵的家园里。

在母亲家族的亲属中，大姨一家的文化比较突出。大姨父出生在农村的知识分子家庭，大姨也在她们四个姐妹中最有天赋，从小秀外慧中、心灵手巧，还知晓《易经》。大姨家有四个孩子，一男三女。恢复高考的第一年，只有初中学历，正在家务农，但已是三个孩子父亲的王玉宝不负众望，被破格录取到大学。记得有一天我一进屋，姐姐正拿着一封信在流眼泪。我理解她，这是远在他乡的妹妹得知哥哥考上大学喜极而泣的眼泪。姐姐在西旗高中毕业后下乡到贝尔公社当知青，第二年考上扎兰屯师范学校，后来参加了专升本考试。毕业后分配到海拉尔二中当老师，并与在图书馆工作的姐夫成家。这为她的儿子金晓秋后来考上清华大学创造了优秀的家庭和学习环境。当然，这与孩子自身的天赋、努力是分不开的，同时与姐姐比较特殊的教书育人的科学方法也是分不开的。这一点我深信不疑，我的平面几何从基础到技巧课程都是她给补的课，1977年、1978年我两次参加高考，虽然都没有考上，但我清楚记得这两次平面几何题我都没丢分。记得当年，晓秋本来按部就班从小学一年级到六年级，姐姐根据当时的教学进度和晓秋的实际能力，果断做出让晓秋跳过六年级直接上高一的决定。金晓秋在清华大学毕业后，曾就职于中国国际金融股份有限公司，2017年5月至今，担任绵阳科发股权投资基金管理有限公司总裁、北京金拓资本有限公司管理合伙人。2023年夏，他还应邀参加呼伦贝尔市委、市政府招商引资洽谈会。

老姨、老姨父一直同姥姥和姥爷一起生活，是老安家的有功之臣。1977年，老姨带着姥姥和五个孩子迁到西旗，从开小商店开始，带着五个孩子做买卖。大年初四一起吃饭时，回想起40多年的苦心经营，尝尽人间百味，充满酸甜苦辣、悲欢离合。现在，苦尽甘来，生活富裕了，特别在小儿子丁柱这一代上，以文化产业为突破口创业，赢得了整体经营战略转机，正在步入北京市场。老姨的外孙白文渤谈及一年来在市委宣传部的工作情况和得到组织进一步重视的好消息。期间，大家还回忆了季亚楠（二表妹萨仁和天山的女儿）上小学时候就人小主意大、爱憎分明的个性和选择职业时的执着劲头，这孩子在辽宁大学本科毕业和武汉大学法律专业研究生毕业后，基本没和家里商量，自己拿主意直接当了律师，目前来看在业务上顺风顺水，又收获爱情组建了家庭。

六

岳父岳母对我恩重如山。父母和岳父母年轻时就是同事和朋友，关系相处得非常融洽。遗憾的是母亲 60 岁那年患了重病，临终前对我岳母说："桂霞，哈斯就要剩你一个母亲了！"这是两位母亲之间的交接啊！岳父岳母也像亲生子女一样待我，爱人家族的兄弟姐妹们和所有亲属之间都体现着浓浓的亲情。更重要的是，我们的小家庭暂时还离不开牧区的情况下，儿子李蒙从幼儿园、小学、中学直到考上大学都在海拉尔（1982 年岳父调到呼伦贝尔盟交通处办公室工作）岳父岳母家成长成才。岳父岳母也因我们而骄傲，经常在他们朋友、同事面前夸我们，其中有的同事后来成为领导干部，有的甚至成为国家领导人。如：培养我入党的赵金才（时任新巴尔虎右旗政府副旗长、曾任呼伦贝尔市委副书记）、包七月（时任新巴尔虎右旗政府办公室副主任、党支部书记）等。1974 年，盟委下派一名副处级干部到西旗阿拉坦额莫镇（简称"阿镇"）党委任党委第一书记。当时听很多人讲，阿镇来了一名挂职干部，理论水平相当高，经常挑灯夜读（当时西旗还没有全时段供电，每天夜晚供电到 11 点）刻苦钻研马列原著。十年后，通过岳父我才知道他叫陈奎元。20 世纪 70 年代初，岳父从西旗人事局调到阿镇担任镇党委书记，两个书记就这样一起工作了一年。在家里，岳父经常给孩子们讲当年他们在一个办公室工作的情景，两家也经常来往，孩子们也都叫他陈叔。1985 年至 2003 年，我多数时间在西旗、陈旗党政两办工作，因而有机会通过接待、参加会议、学习文件等聆听和研读陈叔（当时已担任呼伦贝尔市委书记）的大会讲话、小组讨论发言等。据岳母回忆，一次她在西旗从家去往那达慕会场的路上，遇到陈叔的车，陈叔老远就认出了她，下车前去打招呼。2003 年 10 月，我到东旗担任组织部部长，第二年建军节，陈叔（当时已任全国政协副主席）慰问驻军部队，同时接见地方四大班子领导，我也同陈叔见了面。那次见面，陈叔还详细询问了我岳父岳母的身体和生活近况。回忆当年，我都深深钦佩他严谨的工作作风和处世态度。从他身上深切体会到掌握和运用科学世界观和方法论体现出的强大力量。这一切影响着我的"三观"，将我引向感党恩、听党话、跟党走的道路，这种氛围时刻感染着我、改变着我。

七

我们是一个团结、友爱、和谐的大家庭。2001年，我们的小家被评为陈巴尔虎旗"五好家庭"和呼伦贝尔市"学习型家庭"；2008年9月，二叔被评为新巴尔虎右旗十佳道德模范；2019年5月，二叔二婶家被评为新巴尔虎右旗"最美家庭"，中国共产党成立100周年之际，又被授予"在党50年"的荣誉称号；2019年，三弟朝勒门和乌兰的家庭被评为呼伦贝尔市廉洁持家"最美家庭"。朝勒门主持大年初三的晚宴时讲道，过去的一年里，我们这个大家族里的成员都有新收获。二哥（巴特尔）和他的侄女璐璐（朝勒门和乌兰的女儿）在同一个考场以相同的分数考取全国法律职业资格证书（A证），乌兰娘儿俩都有A证，季雅楠和她的爱人董嗣彬也双双考取A证，我们两代人中共有5个A证。季雅楠和董嗣彬刚成家，董嗣彬是汉族，从此老姨家族也增加了一个优秀的汉族成员，嗣彬也娶了一位贤惠善良的蒙古族媳妇。许多亲属在这次交谈中才知道我的儿媳妇白梵露是满族。我们家族的成员也由族和蒙古族两个民族增加至三个民族，去年，儿媳妇还光荣加入了中国共产党。席间，我们把聚会照片发到"心灵家园，守望相助"的家人微信群中，姐姐王育勤看到群里一家人团聚的照片后说道："在共产党的领导下，国家富强了，才有我们今天富裕幸福的小家庭。"这是我们所有家庭成员的共识。

八

蒙古马精神成为这次拜年的又一个热门话题。在老姨家团聚时和董嗣彬、侄女吴凡谈到党史、党建话题的时候，董嗣彬很熟悉律师行业党建工作情况，当他们得知我即将要出版的《新时代蒙古马精神文集》（以下简称《文集》）时，都非常感兴趣，让我聊聊《文集》创作的背景和主要内容。我用唠家常的方式谈了其中一些内容，大家听得很专注，同时觉得不解渴，董嗣彬更是强烈要求讲得再细一些。于是我就把口语表述的内容进行简单的文字整理，并编入此稿中。

第一，蒙古马精神是人的精神，是赋予新时代内涵的共产党人的精神。从人和马的生产形态到文化形态的深度融合中，会锻炼、培养出人新的品质、新的素质和新的思想认识，从而有效促进人的全面发展。美国人类学家摩尔根在《古代社会》中指出："发明和发现，以及政治观念、家族观念、财产观念的发展，都表现出人类的进步；我的目的是想沿着这些进步的线索并通过人类顺序相承的各个文化阶段，提出一些证据。"当前，学界对蒙古马精神有着多种不同的解读，《新时代蒙古马精神文集》是从新时代全面从严治党向基层延伸新实践的角度出发提出一些理解。《文集》的全部观点始终遵循着一个原理：党的建设不只是工作，更是科学。用恩格斯的话说，马克思的整个世界观不是教义而是方法。什么是科学世界观和方法论呢？按照大家的理解方式简单解读，科学的价值不是告诉你做什么，而是告诉你确定目标后怎样实现的方法。我举例谈了当年确定呼伦贝尔市基层党建要走向全国的目标后，怎样实现目标的经历，最深刻的感想是我们共同追求和坚守的世界观和方法论得到全党的认可。

第二，习近平总书记对呼伦湖的重要指示精神赋予蒙古马精神生态文明新内涵。党的十八大以来，习近平总书记高度重视民族地区的发展，原创性地提出把铸牢中华民族共同体意识作为新时代党的民族工作和民族地区各项工作的主线的重要论断，并把这一主线具体化、本土化，如：在生态文明建设方面提出"绿水青山就是金山银山""保护生态就是保护生产力"的新发展理念,为保护养育我们的母亲湖作出"加快呼伦湖、乌梁素海、岱海等水生态综合治理"等重要指示批示,同时,高度重视少数民族具有自然生态特点的文化艺术事业。在对内蒙古工作重要讲话中谈到反映游牧生活传唱千年的《敕勒歌》、两次提到德德玛演唱的现代草原经典歌曲《美丽的草原我的家》,多次强调发扬蒙古马精神、乌兰牧骑精神,讲述三千孤儿入内蒙、齐心协力建包钢和乌兰夫、多松年、刘洪雄等内蒙古老一辈革命先辈的故事。习近平总书记强调,"'结合'的结果是互相成就,造就了一个有机统一的新的文化生命体,让马克思主义成为中国的,中华优秀传统文化成为现代的,让经由'结合'而形成的新文化成为中国式现代化的文化形态"。"两个结合"理论为新时代蒙古马精神的孕育形成创造了理论与实践相结合的更加广阔的空间。

第三,家乡的变化为新时代蒙古马精神的孕育形成提供历史和实践证据。巴尔虎草原水草丰美,而草的命脉在水。呼伦湖水域面积的91%、贝尔湖在中国境内的全部水域面积均在新巴尔虎右旗境内。特殊的地理位置肩负特殊的使命。新巴尔虎右旗坚持"保护生态就是保护生产力"的理论,始终走在时代前沿。2018年,新巴尔虎右旗被内蒙古自治区党委、政府确定为全区牧区现代化建设试点单位。按照党中央决策部署和内蒙古自治区党委、呼伦贝尔市委的工作安排,旗委、政府坚持以生态优先、绿色发展为导向,把技术创新、产权变革和产业转型转换成高质量发展的重要动力,为民族融合因素的增长提供坚实的物质基础。同时,深化"两个结合"内涵,保护和挖掘游牧文化蕴含的优秀思想、培育绿色家庭等生态价值观、科学自然观和生态审美观,不断唤醒和激发每个草原儿女内心深处的绿色基因、绿色情怀、生态意识、生态技能和生态品格,把对生活的热情、草原的深情、家乡的亲情、事业的激情汇聚成热爱家乡、建设边疆的强大精神动力,建设和守护着祖国北疆这片绿色净土,逐步走出一条高质量党建引领牧区高质量发展的新路子,为探索民族地区与全国同步实现中国式现代化积累宝贵经验。

60 多年前，我和弟弟出生在这里。小时候就记得爸爸母亲作为党员干部长年骑马下乡，走遍这里的山山水水，熟悉这里的一草一木，把党的创新理论传播到牧区的千家万户。回顾半个世纪的历史，无论家乡的变化还是我们家族的变化已是今非昔比。我目睹、经历了民族地区的面貌、各民族的面貌、民族关系的面貌发生了翻天覆地的变化。我们是一个由多民族成员组成的团结和谐的大家族，和大多数家庭一样，体现着人类家庭形态从低级向高级发展的变化过程，成为社会发展的推动力，展现着在社会主义和谐民族关系下家庭形式发展的新阶段。

2020 年 9 月至 2022 年 3 月，我分别担任呼伦贝尔市委民族政策新巴尔虎右旗宣讲团团长、党史学习教育第十二巡回指导组组长，同新巴尔虎右旗各族干部群众共同完成铸牢中华民族共同体意识和党史学习教育阶段性任务，这些都为我研究蒙古马精神提供了新的证据和鲜活的案例。

无论家人团圆，还是同学聚会，我最爱听的是草原音乐，最爱唱的是《牧民歌唱共产党》，最想表达的歌词是："勤劳的牧民建设着祖国的边疆，草原人民永远歌唱共产党！"

祝福我们的老人健康长寿，祝福我们的孩子茁壮成长，祝福亲爱的家乡繁荣兴旺，祝福伟大的祖国国富民强！

哈斯　巴特尔

2024 年春节

第四篇章

新时代蒙古马精神蕴含的
"两种生产"理论

恩格斯在《家庭、私有制和国家的起源》中指出："根据唯物主义观点，历史中的决定性因素，归根结底是直接生活的生产和再生产。但是，生产本身又有两种。一方面是生活资料即食物、衣服、住房以及为此所必需的工具的生产；另一方面是人自身的生产，即种的繁衍。一定历史时代和一定地区的人们生活于其下的社会制度，受着两种生产的制约：一方面受劳动的发展阶段的制约；另一方面受家庭的发展阶段的制约。"编入本章的《促进人才合理流动是区域经济一体化的重要推手》《效益来自哪里》《充分发挥党建研究高端智库作用》等文章，针对能力不足的危险，提出素质结构与产业结构一体化理念，并进行论证。

● 素质结构与产业结构一体化

促进人才合理流动是区域
经济一体化的重要推手

——赴西安市学习考察"院士创新创业工程"报告

为贯彻落实满洲里市十五届五次全委（扩大）会议和市十四届人大二次会议精神，积极推进满洲里市人才活力开发战略和"院士带动企业"计划的启动实施，满洲里市人才工作领导小组组织考察团赴陕西省西安市对西安"院士创新创业工程"（以下简称"工程"）进行了专题学习考察，现将考察情况报告如下：

一、基本情况

西安，陕西省省会城市，是我国西部地区重要的政治、经济、文化中心，也是我国西部重要的人才集散地和重要的科研、高等教育、国防科技工业、高新技术产业基地。

考察团一行先后对"工程"的主要实施载体——西安高新技术产业开发区（以下简称西安高新区）创业园发展中心、西安软件园、留学人员创业园、西安国际港务区综合保税区、铁路集装箱中心站等进行了实地参观考察，并分别与西安市委组织部人才处、西安高新区管委会、西安高新区创业园发展中心、西安国际港务区管委会等相关部门负责人，就创新人才工作进行了座谈。

二、主要做法

（一）实施背景

为充分利用和有效发挥院士的技术、品牌、资源和信誉优势，搭建科研院所、重点院校与西安互动发展的桥梁，增强西安科技创新能力和发展动力，西安市委、市政府以高新区管委会为依托，以高新区创业园发展中心为载体，从 2003 年起实施该项"工程"。

"工程"主要是指院士参与到高新技术产业开发中，通过充分利用院士的优势资源，与企业开展紧密型的技术、产业及管理方面的创新创业研究与合作，主要为西安电子信息、先进制造、生物医药、现代服务业等主导产业和通信、光伏与半导体照明、电力设备与能源技术、电子元器件、汽车、软件与服务外包、生物制药、创新性服务业等产业集群提供产业发展咨询与研究。

（二）实施方式

"工程"主要实施方式：一是院士作为西安高新区企业主要负责人，组建创业团队；二是院士与西安高新区企业合作，转化科技成果；三是院士与西安高新区企业共同设立工程技术研发中心；四是院士作为高新区企业顾问或特聘科学家，为园区企业发展作指引，为企业项目把关，用院士领衔创办的实验室、研究室和院士团队丰富的人才资源为企业提供支持服务；五是院士作为西安高新区发展的产业专家和行业顾问，从整体上优化高新区产业结构，完善优势产业链。

为保证"工程"的有效实施，西安市财政每年安排专项资金作为"工程"基金。对每名参与创新创业工程活动的院士一次性最高资助 100 万元。"工程"基金由西安高新区创业园发展中心管理，目前，累计发放基金 2640 万元。"工程"资助方式分为投资、无偿资助和院士咨询补贴三种形式。

随着"工程"的逐步实施，其开展方式不断创新多元，同时活动规模不断扩大，已由最初的高新区独家邀请院士个人入区开展活动，扩大到科技部、中国国际科学交流基金会等国内科技界和产业界领头羊联合组织邀请，院士组团来西安创新创业。"院士创新西安行"已成为西安市重点招商引资引智活动之一。

（三）实施成效

"工程"以多种形式吸引院士积极参与，最大限度地挖掘院士团队资源，以"工程"基金和优质服务联合助推院士项目成长，密切院士资源与产业对接。截至目前，西安高新区共引进两院院士 68 名，参与"院士创新西安行"活动的院士及专家超过 50 人，通过"院士大讲堂"开展科技讲座的院士 20 余位。院士入股参与项目产业化 25 项，创办收入规模超千万企业 10 余家，院士团队与企业重大项目合作研发 1 项，院士作为科技顾问进行科技咨询 35 项。

院士通过科研成果转化领衔创办企业，极大地提高了研发产品国际国内市场占有率和品牌影响力，所办企业蓬勃发展，销售收入年均增速60%。同时，领军企业的发展也带动了上下游关联企业和产业的同步发展。院士通过开展技术咨询、产业发展指导和引育高端人力资源，使西安在主导优势产业领域内的技术水平和科研能力均得到了快速大幅提升，增强了区域自主创新能力，促进了自主创新体系建设。

"工程"的深入实施，受到了国内外众多权威媒体的广泛关注和全方位报道，在两院院士中引起了强烈反响和积极好评，吸引了更多的知名人士、专家学者和高层次人才赴西安市创业发展。

三、几点启示

"工程"的实施，为西安加快产业发展和推动经济转型升级注入了强大动力。从他们的实践中，我们发现西安市通过紧抓"工程"，以点带面，全面扩散，有力地促进了全市整体人才工作水平的提升。从中我们得到以下几方面启示。

（一）坚持党管人才原则是做好人才工作的重要保障

人才工作是一项着眼长远、事关区域发展的战略性工作，更是一项系统工程，需要凝聚各方力量协同推进。只有坚持党管人才的原则，强化组织部门牵头抓总的职能，才能统筹协调，整合资源，健全机制，调动各有关单位和社会力量共同参与人才工作的积极性，发挥"集团作战"优势，才能形成整体合力，协调一致地做好人才工作。

近年来，西安市坚持党管人才原则，着力推动"一把手抓第一资源"，加强人才工作机构建设，强化宏观指导、统筹协调。建立并完善了市、区、县和市级各部门的党委人才领导机构，组织部门牵头抓总作用进一步强化。陆续出台和完善了市委人才工作领导小组《议事规则》《工作程序》等相关制度，充分发挥市委人才办的职能，实施目标管理，落实任务分工。各职能部门、各类群团和社会组织等力量得到有效调动，左右衔接、上下贯通的人才工作体制基本建立。建立了党政领导干部联系高层次人才、人才工作重大事项报告、工作信息报送、重点工作跟踪督查等工作制度，确保全市人才工作各项任务的落实。同时，西安始终坚持人才工作经费优先投入，不断加大人才发展投入力度。每年市财政安排人才工作经费500万元，除重点投入"院士创新创业工程"以外，还安排引进海外高层次人才专项经费3000万元，足额保障人才创新创业投入支持，分别给予50万、30万、10万不等的创新创业资助。

（二）促进人才合理流动是区域经济一体化的重要推手

随着生产社会化的发展，区域经济一体化趋势日益明显。推动区域经济合作，在区域内优化配置生产要素，从而促动区域经济协调发展，是每个城市、地区把握经济发展主动权的必然选择。人才是经济社会发展的关

221

键要素，人才举则百业兴。实施区域人才开发一体化战略，构筑人才高地，对于充分发挥区域间的协同发展优势，促进区域间整体快速的可持续发展有着非常重要的影响。

西安作为新亚欧大陆桥中国段——陇海兰新铁路沿线经济带上最大的西部中心城市，是国家实施西部大开发战略的桥头堡，具有承东启西、连接南北的重要战略地位。近年来，西安积极加强与长三角经济区、环渤海经济圈以及新亚欧大陆桥经济带的联系，促使关中经济带的崛起。在加强区域经济合作的同时，西安牢固树立"人力资源是第一资源"的理念，积极推进人才一体化。本着"不求所有，但求所用"的用人理念，注重柔性引才和人才共享，以"院士创新创业工程"为突破口，主动作为，积极与京、津、苏、浙、沪等地进行人才开发合作交流，在区域人才市场人才服务合作、专家互访、人才培训、公务员交流、人事政策信息共享等方面加强合作，建立人才共享机制。截至目前，西安的综合科技实力仅次于京、沪两地。人才集聚推动产业集群，带动产业升级。2009 年，西安市与全国 15 个副省级城市产业竞争位势分析中居于前列。

（三）构筑高端人才堡垒是撬动先进生产力和地区竞争力的巨大支点

高层次人才是人才中的精英与核心，具有战略决策者、智能专家、技能核心三大属性。它是提升城市核心竞争力、增强城市自主创新能力的必然要求和有效途径，是经济社会进步与发展不可忽视的重要力量。一个地区或城市只有最大限度地集聚人才、用好人才，特别是发挥好高层次人才对整个人才队伍建设的引领、带动和辐射作用，才能抓住机遇、加快发展，实现脱胎换骨的赶超和跨越。

西安市立足建设国际化大都市，建设创新型城市和统筹科技资源改革示范基地的市情，结合五大主导产业和重点发展领域人才需求，实施了引进海外高层次人才"5211"计划，着力改善西安市五大主导产业高层次人才结构。2011 年，西安市已成功引进 210 人，引才数量和质量都在全国副省级城市位居前列。同时，西安坚持人才发展重心下移，市财政重点支持各开发区的重大人才工程，特别是高新区开展的"院士创新创业工程""高端人才引进工程"，经济技术开发区开展的"高层次人才选拔培养工程"等均成效明显。其中，高新区已引进各类高层人才5068人，留学人员创办企业580家，形成了电子信息、先进制造、生物医药、现代服务业为主导的一批具有高成长性、高竞争力的产业集群。西安高新区主要经济指标增速始终保持在30%以上，2010年被商务部评为"中国最具投资潜力经济园区"。

（四）弥补"素质短板"，优化人才素质结构，实现与产业结构的有效对接是地区经济发展的内生动力

党中央明确指出要强化人才教育培训，围绕推进科技创新和产业结构优化升级，统筹推进各类人才队伍建设。人才资源是推动区域经济发展的核心资源，坚持以人才结构优化引领产业结构升级，实现人才素质结构与产业结构的有效对接，已成为推动经济转型升级的最佳路径。引进急需紧缺人才、加强人才教育培训和优化人才资源配置，是优化人才素质结构的不二法门。其中，加强对现有人才的大规模教育培训，弥补人才"素质短板"是优化人才素质结构、实现人才与产业结构对接的最有效方法，是推动地区经济发展的内生动力。

西安市立足于资源整合，坚持配置最优化、效能最大化的原则，以重大人才工程实施为抓手，强化人才教育培训，弥补人才"素质短板"，统筹推进各类人才队伍建设，做到以人才知识结构的转型升级推动产业结构转型升级。例如：依托"院士创新创业工程"，实施"创新创业人才开发工程"，设立"院士专家工作站"，每年通过组织"院士西安行""院士大讲堂"等活动，进行学术讲座、政策报告、企业参观、技术交流与项目对接等，培养了一批高层次创新人才和高水平创新团队，有效带动了西安市相关产业技术研发水平升级。实施"企业经营管理人才能力提升工程"，采取专项培训、境外研修、技术交流等多种形式，强化了企业经营管理人才对现代企业制度的掌握和运用能力。此外，西安还实施了"高技能人才队伍建设工程""基层人才振兴工程"和"社会工作人才建设工程",均开展了有针对性的人才教育培训,促进了队伍整体素质的提高,适应了产业结构发展的需要。

四、客观分析满洲里人才发展的成绩与差距

近年来,满洲里市坚决贯彻落实中央和内蒙古自治区的一系列重大决策部署,牢固树立"人才是第一资源"的理念,结合试验区建设实际,坚持"强化制度抓落实,抓好引进保需要,加大培训提素质"的人才工作主题,以"草原英才"工程为抓手,扎实推进人才队伍建设。一是强化组织领导,形成了较为完善的人才工作格局。成立了人才工作领导小组,各职能部门明确分工,落实职责,初步形成了党委统一领导、组织部门牵头抓总、有关部门各司其职的工作格局。完成了"十二五"人才规划编制工作,制定出台了《满洲里市本土人才开发实施意见》《满洲里引进人才(智力)工作意见》《满洲里市市级优秀人才选拔管理暂行办法》《事业单位公开招聘工作人员办法》《关于取得博士硕士学位人员享受特殊岗位政府补贴的通知》《满洲里市机关、事业单位引进高层次和紧缺人才工作细则》(绿色通道)等多个地方性政策规定,建立了一整套相关人才工作制度,为整合全市人才资源、优化人才环境,构筑了有力的政策平台。二是加大培训力度,形成了较为稳定的人才成长平台。按照"送出去、请进来"的工作思路,创新教育培养机制,在职培训能力有了较大提高,人才教育培训力度不断加大。重点开展了"重学习、提素质、转作风、促发展"的干部"大培训、大交流、大讨论"活动,建立了名家(满洲里)论坛、"星期五课堂""6+1"自学模式等载体,拓建了高等院校、发达地区培训机构等培训基地,相继建立和完善了对国家公务员、专业技术人员的知识更新、继续教育和专业培训等一系列制度,人才教育培训机制正在逐步完善。三是坚持正确导向,形成了较为浓厚的干事创业氛围。建立健全了满洲里人才工作目标责任制,完善了人才工作评价考核制度,强化督

查督办和评价结果运用。认真落实国家和内蒙古自治区有关人才方面的政策待遇，广泛听取各类人才的意见建议，积极协调解决存在的困难和问题。结合创先争优活动，开展"人才工作月"活动、举办全市人才工作座谈会、组织开展优秀人才评选表彰等，着力营造有利于各类优秀创新创业人才脱颖而出和充分发挥作用的社会环境。四是着力优化配置，形成了较为灵活的人才引进体系。根据我市人才结构需求，采取公开选拔、到各高校"上门选才"、与高校建立毕业生实习基地等方式引进各类人才，5年来，全市共引进各类人才680余人，其中硕博毕业生109人。采取柔性引才、项目引才、国际学术交流等方式，加大对高层次、高技能人才的引进力度。例如，柔性引进俄罗斯博士沙布林、柳芭来满洲里研究"艾米乐微生物菌剂"和"艾米乐饲料添加剂"；聘请俄罗斯专家为客座教授定期来满洲里市进行国际学术交流与俄语教学指导；扎赉诺尔工业园区项目引进拉动人才就业；等等。

肯定成绩的同时，我们也清醒地看到，由于自然、历史、地域、经济社会发展等原因，满洲里市人才发展总体水平较低，与试验区建设人才需要差距较大，主要表现为：一是人才工作开展的合力不足。从目前人才工作情况来看，各相关部门的职能作用没有充分发挥，社会各方面力量参与有限，人才工作推进机制不够健全，人才工作投入力度有待加大等。二是对人才一体化的理念认识不深。近年来，满洲里市积极推进区域融合发展，提出了经济互融、交通互联、产业互接、旅游互拓、市场互动、生态互建的融合式区域合作发展模式。但对推动区域经济协调发展至关重要的人才一体化理念认识不深。存在人才共享观念不强、人才管理体制不畅、人才开发市场化程度较低、人才共享政府推动机制尚未建立等问题。三是高层次人才所占比例极低。从人才队伍现状来看，高层次人才所占比例极低，仍是一块"短板"。根据我国人才队伍实际状况和人才统计口径，从学历上讲，具有硕士研究生以上学历的人才即可称为高层次人才；从职称上讲，具备副高级以上职称的人才即属高层次人才。满洲里市硕士以上的高学历人才仅占人才队伍的0.8%；具有副高级以上职称的仅占专业技术人才总量的 14%。高层次人才引不进、留不下，是困扰满洲里市人才队伍建设的难题。究其原因在于：缺乏高层次人才引进的政策优势；"软""硬"件环境不够优化，地方吸引力不强；产业发展层次较低，技术含量不高，管理水平不强，高层次人才英雄无用武之地；高层次人才培养使用机制不完善；等等。四是人才结构与社会需求、产业结构不完全适应，与满洲里市产业发展布局不尽相符。主要表现在：人才总量不足，队伍整体素质不高，目前全市体制内人才不足 1 万人，占全市总人口的 2.5%。各类人才部门间、产业间分布不合理，以专业技术人员分布为例，满洲里市的专业技术人才主要集中在教育、卫生行业，占全市人才总数的 82%；经济领域仅占 2.3%；科技领域则是空白；工业、金融、项目建设管理等经济人才非常短缺；优先发展的外经外贸、跨境旅游、进出口资源加工、国际物流等特色产业的人才队伍规模偏小；社会工作领域，接受过系统专业教育的社会人才比例很低，这与经济社会快速发展的人才需求很不相称。可以说，思想认识不高，培训体系不健全、协调配合不通畅等是导致上述问题的主要症结。

五、对策建议

推动科学发展、创新发展、转型发展，必须优先发展人才。引进人才和本土人才均是地方经济社会发展的重要引擎，本土人才越多，一个地方的人才资源实力也就越雄厚，本土人才对地方经济社会发展有着重要的支撑作用。本土人才除了自身拥有的专业素养之外，还对本地有着深厚的感情，对本地发展更愿意投入较多精力。同时他们谙熟本地现状，能够提出更加切合地方发展的意见和建议。因此，借力外来人才加强对本土人才的培养，不断提高本土人才的数量和质量，进一步增强内生性人才竞争力，是一个城市或地区实现经济转型跨越发展的必然选择。

为推动产业结构调整与人才素质结构优化协调互动，实现二者一体化，我们建议：根据当前满洲里重点开发开放试验区人才结构需求，立足于强化本土人才教育培训，围绕引进高端人才、开发教学资源、打造特色课件、推进培训产业形成等环节，弥补人才"素质短板"，实现人才素质结构与产业结构的有效对接。同时，积极探索构建智库产业示范区，从更深层次、更大层面上推进高端智力引进与产业集群发展的共建双赢。

（一）突出开放式教育，优化人才队伍素质结构

按照中央组织部提出的"坚持人才结构优先调整，促进人才结构与经济社会发展需求相适应"的要求，根据试验区人才结构需求，启动"开放式培训计划"，依据木桶原理，本着"缺什么，补什么"的"补短板"式培训与"何处长，用何处"的"扩长板"式培训相结合的原则，开展深入的人才教育培训工作。要深入调研，把握我市产业结构特征，找准人才和干部队伍"素质短板"，合理安排培训班次，科学设置培训课程，探索多元化的培训模式，在全市掀起大规模教育培训热潮。

建立开放式教育培训平台。一是培训机构向社会开放。建立以党校为主阵地，社会中介机构、国内一流高校同时开展培训的"一主多元"格局，不断提高人才培训的针对性和实效性。各区、各部门、各大企业要根据满洲里市产业结构和全市工作重点，立足本职工作，有针对性地提出国内外专家学者、企业精英邀请培训计划，市政府统筹安排，建立各类培训专家资源库，通过现场讲堂、互动研讨、远程授课、播放课件及走出去等多种形式，进行常态化开放式教育培训。二是培训内容向学员开放。依托互联网，建立面向全社会的统一教育培训信息平台，使各类人才据已所需、据实完成应学内容，丰富头脑，不断提升综合素质与能力。三是培训主休向公众开放。合理组织学员，计领导干部、基层党员、企业骨干、各行业的社会从业人员，都有机会参加开放式的教育培训。在互联网上建立学员学习培训电子档案，实现对人才教育培训的精确动态管理，增加人才教育培训的透明度，促进各类人才主动学习。

打造系统化培训产业。结合试验区建设实际，利用得天独厚的边境红色旅游资源和整合两国资源的口岸优势，引入市场运行机制，积极探索培

训产业的形成。一是要注重培训产业的特色性。按照"学科引领、资源优化、重点突出、整体带动"的培训建设原则，以信仰教育为核心，注重"满洲里精神""试验区精神"和边城文化的熔铸，以满足市场需求为主体，培育满洲里创新文化，打造系统化培训产业，形成人才培训链条。二是要注重培训产业的连带性。把握加快试验区建设的机遇，依托产业发展需求不断拓宽培训渠道，积极鼓励和支持社会各方面力量，引进国家部委及内蒙古自治区相关产业培训项目，将开放式培训触角延伸辐射到周边国家和地区，探索市场化运行的利益机制，开发培训市场，探索培训产业的形成。三是注重培训产业的体系化。围绕加快建设面向东北亚的区域性国际贸易基地、跨境旅游基地、进出口加工制造基地、能源开发转化基地、国际物流中心和科技孵化合作平台，采取"先试点后铺开"的方式，实施"百名培训专家走进试验区"工程。鼓励"培训专家"带项目、带团队运营，建立"培训联络员团队"，鼓励引导企业参与培训活动，逐步建立起市委牵头、政府协调、企业运作、联络员跟踪的教育培训体系。并且从长远来看，培训产业不仅能为满洲里发展打造人才供应的永续平台，而且必将拉动餐饮住宿、会议会展、广告宣传、印刷发行、休闲娱乐、旅游观光、交通运输、通信服务等多种行业的发展，具有巨大和潜在的市场价值，满洲里市应高度重视该领域的推动发展。

积极转变教育培训理念。一要树立人才资源共享的理念。推动建立人才信息共享机制，建立区域人才信息网，实现区域内人才信息网站互联、人才信息数据库共享。定期轮流或联合举办跨地市的人才交流和技术、项目洽谈活动。要以打造满洲里培训产业为依托，用好用足引进的高端人才资源，依托区域内高校、科研院所和培训机构等培训资源，将其优化整合，建立区域培训合作平台与机制，开展跨地市的社会化人才培训。在培训师资、培训项目与内容选择、培训硬件设施建设等方面进行统一规划、资源共享和协调发展。要适应区域企事业单位和各类人才的不同需要，拓展人事人才服务领域和内容，通过相互的异地人事代理等人才服务项目，搭建区域内共通的人才服务框架，形成区域内统一的公共人事服务体系。

二要树立培训资源最优化的理念。集聚各相关部门人才教育培训投入力量，充分挖掘用好本土人才资源，科学安排培训任务。各区、各部门和企业拟聘培训专家学者经审核批准后，统一发放聘书，相关部门统筹设置课程，制作课件，作为人才培训的基本教材，邀请单位自行承担所聘专家学者的相应费用。三要树立"以实践为课堂"的理念。把试验区作为理论与实践相结合、培养人才的实验基地，注重总结提炼新经验，解决新问题，形成"理论指导实践、实践检验理论"的良性循环机制。打破条块分割的格局，强化关联部门、行业之间、机关和基层之间的交流轮岗力度，全面增强实践能力，让党员干部在实践中接受更真实、更丰富、更有效的培训。

努力优化人才资源配置。遵循"哪里要发展，哪里就需要人才；哪里需要什么样的发展，就为哪里提供什么样的人才；哪里需要多大规模的发展，哪里就要布局相应规模的人才队伍"的人才发展规律，强化资源培训和引导。清理挡在人才流动面前的 5 个"拦路虎"（户口、编制、档案、子女上学、出入境管理），组建自己的创新团队，实现产学研无缝对接。坚持"一手抓人才培训，一手抓产业发展和成果转化"，鼓励科技创新人才在创业过程中，积极将引进、集成、转化外来技术、经验、科技成果与自主研发创造相结合，促进技术链和产业链"两链"融合，推动生产技术和科技成果迅速转化为现实生产力。坚持人才开发的市场导向，依托优势产业和重大课题聚才引智，实施投资拉动、项目带动和创新驱动"三动"机制，引导人才向全市重点领域、重大项目和急需行业有序流动。

（二）突出高端引智，深化专家指导与项目跟进

注重人才有机组合，打造"智囊团队"。探索成立"政府决策顾问团"。在满洲里市人才工作领导小组的统筹领导下，发挥组织部门职能作用，柔性引进院士等国家层面专家学者，担任政府决策顾问团的特聘顾问。院士专家不仅拥有智力资源和学术专业优势，而且拥有丰富的工作经验和广泛的人脉。他们可以围绕市委、市政府中心工作建言献策，对关乎

全局的重大问题提供决策咨询，还可调动其强大的团队资源，发挥自身学术专长亲自参与具体领域具体工作。同时，聘请经验丰富、熟悉满洲里地区发展的本土退休干部和专业技能人才为政府决策顾问团的专家委员，针对满洲里市经济社会发展布局和全市重点工作开展调研，献计献策，助力开发开放试验区建设发展。

凸显院士"发散作用"，实现项目跟进。院士是我国科学技术和工程技术界的领军人物，对经济社会可持续发展起着重要的支撑作用。引进产业领军型人才是加快产业优化升级、提升区域核心竞争力的捷径。要结合满洲里重点开发开放试验区实际，启动"院士带动企业"计划，积极打造创新创业载体，形成集聚领军型人才的"强磁场"。要围绕满洲里市产业结构优化和产业转型升级，强化人才引进与产业发展的统筹规划，优先在产业链的重点环节引进掌握核心技术、开展高新技术研发的院士专家等高层次人才和团队，优先引进掌握自主知识产权、携带重大产业化项目的院士专家等领军人才和团队。以人才集聚引领产业发展，以产业发展带动人才集聚，形成"引进一批人才、发展一片产业、培育一个经济增长点"的链式效应，有力推动经济转型升级。

强化载休活动带动，推进"智力支边"。启动实施"1113人才计划"（计划在三年内引进100名高层次人才；三年评选一次"边城100名优秀人才"；三年内重点培养100名创新创业人才，三年内柔性引进30名外国专家学者），通过技术合作、讲学、咨询、学术交流、科技项目招标等非落户型的服务形式，借外脑引智力、引技术，切实提高满洲里市的综合科技实力。活化人才输送方式，国际贸易、跨境旅游、进出口加工制造、能源开发转化、国际物流、科技孵化合作等重点领域的急需紧缺人才，可向国家相关部委、内蒙古自治区相关部门提出申请，邀请对口干部、专家来满洲里市挂职工作，以解当下燃眉之急。同时，在人才引进的过程中，注重优化人才发展环境。把工作重心转移到营造引才留才的综合配套环境上，加快生态和谐宜居城市硬环境和人才服务软环境建设进程，从服务功能、产业载体、社会生活、文化氛围等方面，全方位营造能够满足各类人才发展的社会环境。

（三）突出资源优化整合，探索构建智库产业示范区

智库产业示范区是基于传统工业区、文化创意产业区和高新技术区，同时又高于它们之上的一种全新模式。一般而言，智库产业示范区主要包括产业发展智库核心区、科教人才培育区、文化休闲旅游综合区、商务及服务配套区等几大主体功能区。它更加注重对各类资源的优化整合，强化本土人才教育培训，突出以"智"而制的产业核心竞争力，综合职能和潜在前景相当可观。在满洲里重点开发开放试验区建设推进过程中，人才尤其是高端人才的紧缺是制约发展的最大问题。没有人才集聚就不会有产业集群，经济发展转型就是一句空话。建立满洲里（中俄蒙）国际智库产业示范区是改变这一现状的最有效、最长远的策略。满洲里市应当积极探索，超前谋划，立足于智库产业示范区的建立，完善区域产业结构，增强综合竞争力，提升城市整体水平。树立"智库引领发展"的全新理念，积极与中国智库研究机构对接，对我市传统优势产业、新兴产业和周边区域产业发展整合情况进行调研摸底，提出切合实际的智库产业示范区发展设想和规划。积极与国家相关部委及自治区相关部门联系，争取政策倾斜和资金支持，努力推进智库产业示范区项目落地开工，从而有效解决区域决策能力、人才短缺、产业转型升级、技术和制度后发优势、区域竞争等诸多问题。

呼伦贝尔市林地党建一体化调查与建议

——从生态文明和美丽中国建设谈提升党的领导力

【内容摘要】 林地党建一体化是针对呼伦贝尔市林业与地方、各种治理主体的生态功能与各级党组织的政治功能建设特殊管理体制和隶属关系提出的。党中央做出停止天然林商业性采伐的重大决策，全面深化林区社会融入地方、经济融入市场和内部体制的改革，各级党委积极探索基层党建工作创新，进一步夯实党领导生态文明建设的基层基础。同时，分析研判改革中存在的党建与业务脱节、人和事"两张皮"等问题，贯彻落实党的十九届四中全会精神，探索"形成党的中央组织、地方组织、基层组织上下贯通、执行有力的严密体系"新途径，并从各级党组织与各治理主体之间的关系、人与自然之间的关系着手，推进党的建设与生态文明建设的深度融合，进一步增强"四个意识"、坚定"四个自信"、做到"两个维护"。

【关键词】 生态文明　林地党建一体化　全面深化改革

呼伦贝尔市位于内蒙古自治区东北部，总人口254.6万人，自古就是多民族聚居之地，目前有42个民族，少数民族人口占总人口比例的20%，被誉为中国北方游牧民族的历史摇篮。全市总面积25.3万平方公里，下辖14个旗市区，是我国陆地面积最大的地级市，毗邻俄蒙，边境线长1733.32公里，有8个国家一类口岸，是欧亚大陆桥的枢纽，"一带一路"建设的重要节点，被国家确定为中俄蒙合作先导区。境内有12万多平方公里的森林、8万多平方公里的草原、1.06万平方公里的耕地，500多个湖泊和3000多条河流，地表水资源量占内蒙古自治区地表水资源总量的73%，地下蕴藏着丰富的矿产资源。草原、森林、湿地、水系、农田等构筑形成完整的呼伦贝尔生态系统，也成为我国北方重要的生态安全屏障。

内蒙古大兴安岭重点国有林管理局（以下简称重点国有林管理局）生态功能区跨呼伦贝尔市、兴安盟9个旗市、25个乡镇，面积10.67万平方公里，区域内涉林人口近100万。生态功能区内森林覆盖率达到78.39%，森林面积、活立木总蓄积、森林蓄积均居全国国有林区之首，在建设祖国北疆生态安全屏障中具有重要战略地位，在维护边疆和谐稳定中负有重大责任，在推动区域经济社会发展中具有不可替代的重要作用。

呼伦贝尔市行政辖区与重点国有林管理局生态功能区交叉重叠，共同肩负祖国北疆生态文明和美丽中国建设的历史重任。截至目前，区域内地方与林业的各级各类基层党组织5244个，占呼伦贝尔市党组织总数的66.1%（其中：林业基层党组织1337个，地方基层党组织3907个）；党员103076名，占呼伦贝尔市党员总数的67.4%（其中：林业党员25309名，地方党员77767名）。进入新时代，呼伦贝尔市委和重点国有林管理局党委深入贯彻落实习近平新时代中国特色社会主义思想，在内蒙古自治区党委的领导下，结合呼伦贝尔市在全区特殊的地理位置和生态地位的实际，强化分类指导，努力把党的领导贯穿到对外开放、推进生态文明和美丽中国建设各环节、全过程，形成"党委领导、政府主导、企业主体、公众参与"的一体化工作格局。

一、林地党建一体化提出的重要意义

随着改革的深入和全面从严治党向基层延伸，2016年10月，呼伦贝尔市第四次党代会按照内蒙古自治区党委"积极构建以林业单位党组织为支撑点、党建联席会为纽带、街道社区党组织为依托的点线面结合的林区党建一体化格局"的要求，提出"一片林、一家人、一条心"的发展理念和林地党建一体化的具体思路。

（一）推进林地党建一体化是落实习近平总书记对内蒙古生态文明建设重要讲话精神的需要

习近平总书记对内蒙古生态环境保护十分关心。2014 年 1 月，习近平总书记在内蒙古考察时指出，"内蒙古的生态状况如何，不仅关系内蒙古各族群众生活和发展，而且关系华北、东北、西北乃至全国生态安全"，并高瞻远瞩为内蒙古谋划了以生态优先、绿色发展为导向的高量发展新路子。2019 年 7 月，习近平总书记来到内蒙古赤峰市喀喇沁旗马鞍山林场，听取当地生态文明建设和马鞍山林场造林护林工作情况汇报后强调："中国是世界上最大的人工林贡献国。这么大范围地持续不断建设人工林，只有在我国社会主义制度下才能做到。筑牢祖国北方重要的生态安全屏障，守好这方碧绿、这片蔚蓝、这份纯净，要坚定不移走生态优先、绿色发展之路，世世代代干下去，努力打造青山常在、绿水长流、空气常新的美丽中国。"这就要求我们在工作中，必须立足于呼伦贝尔市在全区乃至全国特殊的地理位置和生态地位，始终把落实习近平总书记关于内蒙古生态文明建设的重要讲话精神作为行动指南，增强政治自信、生态自信，不断武装头脑、指导实践、推动工作。

（二）推进林地党建一体化是党的建设与生态文明建设深度融合的需要

习近平总书记在党的十九届三中全会上指出，"深化党和国家机构改革，是坚持和加强党的全面领导、加强党的长期执政能力建设的必然要求"。近年来，在基层"林权证"和"草原使用证""扯皮""打架"现象屡见不鲜，这在呼伦贝尔市林草结合部地区尤为突出。按照历史形成的体制，内蒙古大兴安岭重点国有林区自 20 世纪 50 年代初建立管理机构以来，隶属关系及林区行政区划几经变更，生态功能均归属原国家林业部和原国家林业局管辖，特别是从 1999 年国家实施天然林保护工程以来，原内蒙古大兴安岭林管局改为内蒙古大兴安岭森工集团，以企业经营形式承接国家

"天保工程"项目。2015 年，按照习近平总书记在内蒙古考察时的重要讲话精神和党中央统筹推进"五位一体"总体布局、协调推进"四个全面"战略布局的要求，全面停止天然林商业性采伐，推动林区全面进入由木材生产为主转变为生态修复和建设为主、由利用森林获取经济利益为主转变为保护森林提供生态服务为主的新阶段。2017 年 2 月，内蒙古大兴安岭森工集团名称变更为内蒙古大兴安岭重点国有林管理局，在生态业务垂直领导、企业性质经营职能暂没有改变的前提下，人事和党建工作隶属关系有所调整，新成立的重点国有林管理局党委隶属于内蒙古自治区直属机关工委。2018 年 2 月，按照《中共中央关于深化党和国家机构改革的决定》要求，从国家层面到各旗县均成立林业和草原局。两大管理系统的整合，在基层涉及多方面治理主体职能和利益关系的调整，需要做大量整合分散的生态环境保护职责，广泛深入开展群众思想政治工作，引领基层社会治理等。

（三）推进林地党建一体化是促进边疆民族地区经济转型发展的需要

随着全市对生态环境保护和淘汰落后产能工作的不断推进，固有的资源型产业模式正在面临前所未有的压力，对经济增长的贡献度正在逐年下降，2018 年全市工业增加值占 GDP 的比重仅为 21.9%。资源型产业单一、产业链条短、环保整改等问题和压力正在集中显现。"山水林田湖草是生命共同体"，也"是人类生存发展的物质基础。"① 在长期的发展历程中，呼伦贝尔市各民族共同书写生态历史、共同创造生态文化、共同建设美丽家乡、共同培育民族精神，为内蒙古自治区赢得并长期呵护"模范自治区"的荣誉作出了积极贡献。习近平总书记强调："做好民族工作关键在党，关键在人。"② 是 70 多年来中国特色解决民族问题的宝贵经验。把习近平生态文明思想与呼伦贝尔生态大市和民族大市的特点相结合，牢固

---

① 全国干部培训教材编审指导委员会编写：《推进生态文明 建设美丽中国》，人民出版社、党建读物出版社，2019 年，第 14 页。
② 《中央民族工作会议暨国务院第六次全国民族团结进步表彰大会在北京举行》，《人民日报》2014 年 9 月 30 日。

树立人与自然是生命共同体和保护环境就是保护生产力意识，在全面实施山水林田湖草系统治理的过程中，"把党的领导贯彻到党和国家所有机构履行职责全过程，推动各方面协调行动、增强合力"①，对于在更高层次上与自然、环境、经济、社会相结合，促进呼伦贝尔市经济转型发展，深入持久开展民族团结进步创建工作，铸牢中华民族共同体意识具有重要的现实意义和深远的历史意义。

二、林地党建一体化实践探索和阶段性成果

（一）林地党建一体化为生态文明建设提供坚强组织保证

拓展生态文明建设参政议政渠道。重点国有林管理局共有新一届全国、自治区、市、旗、乡镇（苏木）"两代表一委员" 269 名。各级党委高度重视各级党代表、人民代表、政协委员和社会各界关于生态文明建设的提案、议案、意见和建议。例如：2015 年以来，重点国有林管理局党委认真答复呼伦贝尔市政协委员关于提高林业少数民族干部职工比例的提案，并在招工、培养、使用等方面提出优先照顾少数民族干部、人才的具体措施；呼伦贝尔市人大采纳林区人大代表的建议，与重点国有林管理局共同研究制定《内蒙古大兴安岭汗马国家级自然保护区条例》等地方性实体法规；随着经济融入市场、社会融入地方的深入，内蒙古自治区党委加大地方与林业厅级干部交流力度，并拓展林区干部参与全区重点工作的渠道和平台，2018 年内蒙古自治区党委从林区抽调一名厅级干部和两名处级干部，担任呼伦贝尔市新巴尔虎左旗扶贫工作总队队长、副队长，协助地方党委如期完成脱贫攻坚工作任务；根据林区党代表的建议，呼伦贝尔市委 2017 年从林区选拔 13 名优秀副处级以上青年干部到 13 个旗（市、区）挂职担任分管生态文明建设的副旗（市、区）长；2019 年，自治区直属机

---

① 《中共中央关于坚持和完善中国特色社会主义制度 推进国家治理体系和治理能力现代化若干重大问题的决定》，新华社 2019 年 11 月 5 日。

关工委把重点国有林管理局林业党校确定为自治区直属机关干部生态教育体验基地。

林地党建一体化使全面从严治党向生态产业延伸。呼伦贝尔市结合中俄蒙合作先导区建设优势，采取举办绿色产业博览会、经贸洽谈会暨商品展销会等措施，推进基础设施、旅游、生态、开放等方面一体化发展。各级党委不断探索牧区党建新路径、区域化党建大格局和"北疆基层党建长廊"建设新实践。例如：2018年新巴尔虎右旗被中组部组织二局确定为全国牧区党建联系点；经内蒙古自治区党委批准创建满洲里国门党建学院，并以辐射全市的28个教学点及具有地区特点的生态体验基地为载体，使党性教育、生态教育同步提高，党员干部政治意识和生态理念同步增强；2015年以来，林区19个林业局党委与所在旗（市）、乡镇党委全部建立林地党建一体化工作机制和制度；重点国有林管理局按照国有林区改革要求，将林区"两供一业"职能剥离给地方，共有4218名干部职工到地方工作，通过改革促进地方与林业融合因素的增长，并逐步打破"大企业小政府"和"铁路警察各管一段"条块分割的传统观念。

数字化发展条件下探索网络党建"内容为王"新模式。信息革命为生态文明建设提供了强大的支撑。《中国智慧林业发展指导意见》指出："智慧林业的本质是以人为本的林业发展模式。"为了引领全面应用云计算、物联网、移动互联、大数据、智慧地球等新一代信息技术条件下生态文明建设的政治方向，各级党委高度重视网络党建工作。从互联网上生成和公开呈现的理论宣传、新闻舆论、文化表达、知识表述、政务资讯以及与民生相关的各种服务和消费信息着手，把握网络社会对整个网民的思想行为、价值取向以及社会的舆论导向产生广泛而具有深远影响的规律，积极探索网络党建内容为王新模式。2008年7月，在新巴尔虎左旗建立了内蒙古自治区农村牧区党员干部现代远程教育东部区蒙语译制基地，逐步解决边疆民族地区集中培训难、语言沟通难的问题；2018年，重点国有林管理局党委研究制定《重点国有林管理局党委网络意识形态工作责任制实施细则》，加强网上内容建设，做到正能量充沛、主旋律高昂；2019年，在内蒙古自治区党委组织部指导下，呼伦贝尔市委组织部与重点国有林管理局党委组织部共同拍摄的 20 集党建专题片《红色务林人》，先后在内蒙古网络频道《北疆先锋》和中央组织部《共产党员网》上全集展播。同时，坚持网上网下一体化，努力解决网络党建重技术、轻内容、"懂党的不懂网，懂网的不懂党"等突出问题。

（二）林地党建一体化促进全市生态文明建设走在全区全国前列

推进林地党建一体化机制，使地方和林区各基层党组织在居民居住环境治理、妥善安置剥离人员、林草系统职能衔接、农村牧区集体产权制度改革、重大火情火灾和疫病防控等方面，坚决执行和贯彻落实"三大攻坚战"、乡村振兴、扫黑除恶、边疆治理等党中央重大决策部署，特别是在生态文明建设方面，呼伦贝尔市委、市政府提出从源头、根本上实施好呼伦贝尔大草原、大兴安岭森林、以呼伦湖为重点的河湖水系、呼伦贝尔黑土地四大重要生态系统保护和修复工程，并开展生态草牧业试验试点区、全国水生态文明试点城市等工作。在禁牧和草畜平衡监督管理、天然草场保护利用、打击毁林毁草、非法采挖和收购运输草原野生植物等方面采取一系列有效措施，制定出台一系列地方性法规、制度和意见，取得显著成效。目前全市 91.9% 的土地面积列入全国、全区生态主体功能区规划，草原生态系统保护工作走在内蒙古前列。重点国有林管理局党委按照改革要求，围绕理论、思想、制度构建体系，围绕权利、责任、担当设计制度，先后制定出台《内蒙古大兴安岭重点国有林管理局党建工作综合考核评价办法（试行）》和《生态保护与绿色发展规划》等一系列制度和规划方案，加快改革和林业生态可持续发展。实施天保工程 20 年间，林区林地面积净增 138.74 万公顷，森林面积净增 99.45 万公顷，森林覆盖率提高了 9.25 个百分点，森林蓄积净增 3.01 亿立方米，活立木蓄积净增 2.66 亿立方米，保持了林地、森林面积、覆盖率持续增长态势。

三、存在问题及经验启示

（一）存在问题

一是在落实党中央决策过程中，一些党组织对基层党建、干部人事工作、生态领域的人才工作调查研究不够，分类指导缺乏针对性。

二是在第二批"不忘初心、牢记使命"主题教育期间通过调研了解到，一些旗市之间、苏木之间、嘎查之间、户与户之间，甚至一些机关与嘎查、牧户之间草场纠纷比较普遍，在林草结合部林与草的界线纠纷更为突出。

三是一些党组织对生态文明建设新实践总结和提炼不够，在人们的思想意识当中，生态大市形象还没有完全树立起来；在生态文明建设中人和事"两张皮"、素质结构与产业结构"两张皮"的现象仍然突出。

四是在改革中，党的建设与中心工作结合不紧密，"四个同步"不到位现象比较普遍。

五是存在用行政代替党建的本末倒置现象。例如，一些地区因改革编制、职数等原因，领导班子配不齐，基层党组织存在长期不能按期换届的问题。

（二）经验启示

一是必须正确处理人和事"两张皮"现象。恩格斯强调："经济学研究的不是物，而是人和人之间的关系，归根到底是阶级和阶级之间的关系；可是这些关系总是同物结合着，并且作为物出现。诚然，这个或那个经济学家在个别场合也曾觉察到这种联系，而马克思第一次揭示出这种联系对于整个经济学的意义，从而使最难的问题变得如此简单明了，甚至资产阶级经济学家现在也能理解了。"① 呼伦贝尔大草原、大森林、大水系、大湿地、大湖泊是各族群众赖以生存和发展的物质基础。党领导的中国特色社会主义制度，充分体现了迄今人类社会产生以来最先进最科学的人与社会、人与自然的关系。组织群众、动员群众、凝聚群众、服务群众，把习近平生态文明思想变成人民群众的自觉行动，是各级党组织和广大党员干部特殊的初心和使命。

二是必须把新发展理念运用到干部、人才工作中。人民是生态文明建设的主体，而干部、人才是带领人民前进的骨干。要认真总结和研究解决改革当中干部、人才工作的新情况新问题。改革越到深水区，越要按照好干部标准，让更多优秀干部在改革前沿奋发有为、充分涌现，让各类人才在转型发展中都有成长成才、脱颖而出的通道和施展才华的广阔天地。同时要整治不担当不作为干部占指数、拖后腿、阻碍改革和发展政治生态。各级党委对改革期间由林业划转到地方的干部、特别是具有生态经验和技能的各类人才要一视同仁，不能用保留职级待遇代替干部的动态管理、培养和成长成才。要认真贯彻落实中央《关于促进劳动力和人才社会性流动体制机制改革的意见》等一系列人才工作重大决策，树立大人才观念，特别是要根据林区各类生态人才聚集的特点，加大林地之间干部、人才交流力度，打破体制壁垒，扫除身份障碍，推动机构整合、人员融合和工作流程磨合，完善党政机关、企事业单位、社会各方面人才顺畅流动的体制机制和制度体系。

三、意见建议

按照党的十九届四中全会"把党的领导落实到统筹推进'五位一体'总体布局、协调推进'四个全面'战略布局各方面"的要求，从以下几方面提出意见建议。

---

① 《马克思恩格斯文集》（第二卷），人民出版社，2009，第604页。

（一）把林地党建一体化机制列入顶层设计建设

建立重大课题研究制度。鉴于内蒙古大兴安岭重点国有林区生态功能建设隶属于国家林业和草原局垂直领导，人事和党建工作隶属地方党委领导的具体实际，建议建立归口统一、责任明晰、有机衔接的党建工作领导体制。例如：建立内蒙古自治区党委与国家林业局党组沟通会商机制或内蒙古自治区党委党建研究会与全国林业职工思想政治工作研究会重大课题共同研究机制。

建立各级党委沟通协商机制。建议建立有业务指导关系、资产监管关系、属地共建关系、干部和党组织隶属关系的内蒙古自治区党委组织部、国资委党委、机关工委、林业厅党组和重点国有林管理局党委、所在地方盟市党委等为成员单位的常态化工作机构，通过建立双向沟通协商等制度，协调理顺多个管理主体交叉，多种管理模式并存的隶属关系。

增强基层的"顶层"意识。上级制定大政方针以后，在操作细则上还需要基层界定，在基层干与不干、干多干少、这样干或那样干，弹性空间很大。要通过采取智库论坛、基层党建研究基地、信息采集中心等措施，创新研究载体，培养研究型党务人才，解决"懂"的问题、"准"的问题、有理说不出的问题和说了也传播不远的问题，努力改变因"有劲使不上"造成党的执政资源不经意间造成惊人的磨损、流失等状况。

发挥"两代表一委员"的作用。各级"两代表一委员"，特别是党代表和党员人民代表、政协委员，要充分利用与人民群众广泛联系的主渠道，既宣传党的理论和路线方针政策，更要拓宽人民群众反映党的工作的意见建议渠道。

（二）抓住林地党建一体化建设的薄弱环节

习近平总书记在十九届中央全面深化改革领导小组第一次会议上强调，"最为关键的是，无论改什么、改到哪一步，坚持党对改革的集中统一领导不能变"。

坚持理论联系"人"这个实际。理论是系统化了的理性认识。它是思维活动反复和深化的结果。所以，理论联系实际，首先要联系"人"这个实际。马克思在《〈黑格尔法哲学批判〉导言》中指出："理论只要彻底，就能说服人。所谓彻底就是抓住事物的根本。但人的根本就是人本身。"

支部是党同人民群众血肉联系的桥梁和纽带。支部是一个政党开展活动的基本单元，对于一个执政党来讲，支部是执政的标志。实践以浓缩的形式包含着全部社会关系，而"人是一切社会关系的总和"。所以，一个人的行为是社会的缩影，时代的缩影，一名党员的行为是组织的缩影，政党的缩影。要按照支部建在连上的原理、"抓住了士兵就抓住了军队"的原理、"干部的第一身份是党员"的原理、党的一切工作到支部的原理，把起决定性作用的党的自身建设放在首位，党中央定于一尊、一锤定音的权威才能时刻体现到所有组织体系的"神经末梢"。党的力量来自组织，组织的力量来自党员，党员的力量来自信仰，而理论是信仰的存在形态和传播方式。马克思指出："工人的一个成功因素就是他们的人数；但是只有当工人通过组织而联合起来并获得知识的指导时，人数才能起举足轻重的作用。"①

弥补"向自己开刀"这个短板。当前，既存在重业务轻党建现象，同时也存在一些执纪执法部门重视业务领域的法律法规而轻视党章党规的现象，一方面政绩观出现偏差，造成执法不公，甚至执法犯法；另一方面，追下不追上，对决策失误、集体违规行为监督问责少。一些地方用单纯"给钱给物"代替群众情绪，用"业务能力"代替政治能力。各级党委特别是执纪执法部门要按照"不忘初心、牢记使命"主题教育制度化要求，在提高业务能力的同时，更要围绕党的建设面临的新情况新问题，用马克思主义立场观点方法具体问题具体分析，用伟大的自我革命推动伟大的社会革命这一理论逻辑、实践逻辑和革命逻辑，弥补向自己开刀这个"问题导向"短板。

---

① 《马克思恩格斯文集》（第三卷），人民出版社，2009，第13-14页。

以激发支部活力强化政治功能。党的建设无小事，对于每名共产党员来说，件件都涉及马克思主义与非马克思主义界限的预见和辨别，处处都面临政权的强化与弱化的洞察和表态。林业和草原及生态环境系统、各部门和地区，都要牢固树立党的一切工作到支部的鲜明导向，健全基本组织，建强基本队伍，开展基本活动，落实基本制度，强化基本保障，特别是要加强党支部书记队伍建设。支部要履行教育党员、管理党员、监督党员职责，特别是要站在人类道义的制高点上，加强马克思主义世界观教育。每个支部在塑造党员政治品行过程中，要把创新、协调、绿色、开放、共享的新发展理念，作为新时代共产党人的理想信念、价值理念、道德观念和弘扬中华优秀传统文化、革命文化、社会主义先进文化的重要内容，真正使生态战线上的每个支部都成为教育党员树立生态价值观的学校、提升公民生态环境素养的旗帜、打赢污染防治攻坚战的堡垒、构建生态环境保护社会行动体系的保障，让党旗在千里边防、绿色海洋高高飘扬！

（三）构建具有地区特点的生态文化体系

呼伦贝尔市特殊的自然生态，形成具有地域特点、并集游牧文化、森林文化、农耕文化于一体的北方少数民族文化。人是文化的主体，文化的核心是人与自然和谐共生的价值观在经济社会发展中的落实及其成果的反映。后续有林，后继无人，"端着金饭碗讨饭"是在"唯GDP"观念影响下，针对当年呼伦贝尔人"资源丰富，开发不足"的历史评价。在以人为本的生态文化逐步成为生态文明时代主流新发展理念的今天，对生态文化价值提出了更高要求和标准。因此，一方面应加快生态专业人才队伍建设。建立高等学院、科研院所等事业单位专业技术人员在生态文明建设各实体挂职、兼职和离岗创新创业制度。吸引支持企业家、党政干部、专家学者、医生教师、技能人才等通过多种途径、各种方式将现代理念、现代科技、生产方式、经营模式和工商资本引入生态领域；另一方面，要树立乡土人才、人人成才、人尽其才、人民主体、群众首创理念，建立学历教育、技能培训、实践锻炼等多种方式并举的人力资源开发机制，唤醒、培植和凝练每个呼伦贝尔人的生态潜能、生态技能、生态情感、生态审美、生态精神和生态品格，重构呼伦贝尔生态文化价值，进而把生态大市的人口资源变成人才资源。在此基础上，将其作为绿水青山转换为金山银山的系统工程思路，进一步促进素质结构与产业结构一体化，并以人的全面发展为核心和纽带，推进第一、第二、第三产业深度融合，把美丽的大草原和广袤的大兴安岭建设成为"河的源头、云的故乡、花的世界、林的海洋、珍禽异兽的天堂"。

（本文为第三届中国共产党领导力论坛征文）

弘扬蒙古马精神　实干担当促发展

——内蒙古森工集团弘扬蒙古马精神的实践探索

内蒙古森工集团保护、经营着我国面积最大、集中连片、保存最好的国有林区，维护着呼伦贝尔草原和东北粮食主产区的生态安全。在内蒙古中国式现代化建设新征程中，内蒙古森工集团党委以党的二十大精神为指引，把弘扬蒙古马精神与习近平总书记交给内蒙古的五大任务和全方位建设模范自治区两件大事相结合，紧紧围绕"筑牢我国北方重要生态安全屏障"的战略定位和孙绍骋书记"一定要守护好这片林海"的要求，找准林区在落实国家重大战略中的作用，在服务内蒙古自治区经济发展大局中的定位，以生态优先、绿色发展为导向，在森林生态系统上做优存量、扩大增量，用好生态品牌这一无形资产，不断凸显林区在全国的生态地位。

准确把握蒙古马精神建设生态文明的新内涵，擦亮生态底色，筑牢绿色屏障。林区全面停伐10年来，森工集团始终以走在前列的姿态推深做实"林长制"，构建了纵向三级、横向"林长+警长+检察长+法院院长"联动工作机制，实现了内蒙古首例"以碳代偿"，打造了"林长制"样板；高质量实施东北森林带生态保护和修复、天然林保护、森林质量精准提升等国家重大生态工程，森林经营实现大规模跨区域作业，举全林区之力实施额尔古纳河流域生态保护修复工程，累计完成人工造林2000多万亩，是塞罕坝造林的9倍；根据第九次全国森林资源连续清查结果显示，内蒙古大兴安岭林区森林面积比开发建设初期提高200万公顷，活立木总蓄积增加3.73亿立方米，森林覆盖率提高18.29%。经中国林科院评估，林区森林和湿地生态系统服务功能价值达每年6160亿元。

准确把握蒙古马精神实践力量的新内涵，不断深化改革，实现高质量发展。内蒙古森工集团党委自觉把林区改革发展融入自治区发展大局，以实施新一轮国有企业改革深化提升行动和国有企业改革"突围"行动为契机，加快构建高效顺畅的运行机制，加快培育调整产业结构，努力探索资源型地区转型发展新路径，把生态"高颜值"转化为经济"高价值"，以生态"含绿量"提升经济"含金量"；加快发展林下经济、培养康养旅游、做强林业碳汇，在有链强链、缺链补链、优势产业延链、新兴产业建链的变革性实践中拓展林业产业功能，努力走出一条生态美、产业兴、职工富的绿色发展之路。这些都是全面停伐、改革发展带来的重大成果，也是实现绿色高质量发展的鲜明底色，更是助力内蒙古"闯新路、进中游"的时代答卷。

准确把握蒙古马精神服务群众基层的新内涵，厚植转型根基，夯实基层基础。内蒙古森工集团党委坚持好、运用好贯穿习近平新时代中国特色社会主义思想的立场观点方法，贯彻落实中央和内蒙古自治区的各项决策部署，以推动林区绿色高质量发展的新成效检验主题教育成果。内蒙古森工集团党委深入实施"双碳"战略，锚定"双碳"目标，积极稳妥推进森林碳汇试点建设，积极探索生态产品价值实现新路径，通过先试先行打造以红色党建引领绿色发展，以红色引擎激活绿色动能的林业碳汇品牌，探索出一条可持续的生态产品价值实现路径，为内蒙古自治区落实国家"双碳"战略提供有力保障和绿色方案。截至目前，内蒙古森工集团累计销售碳汇产品5029万元，在全国率先探索出了一条提升森林生态产品价值的新路子。阿尔山森工公司打造了中国森林健康养生50佳、最佳森林时光休闲体验地、中国阿尔山避暑之都、中国阿尔山森林之都等品牌。大力开发林下林间资源，依托退耕还林聚集的土地资源，打造了内蒙古自治区面积最大、集中连片、极具潜力的 6.9 万亩沙棘种植基地和阿尔山寒地沙棘品牌。连续三年成功举办了阿尔善"冰雪越野英雄会 雪地摩托英雄会"，打响了"阿尔善"旅游品牌，不断把阿尔山这张"生态名片""绿色名片"擦得更亮。莫尔道嘎森工公司党委以实干开局，着力打造国家级旅游度假区，编制《莫尔道嘎国家级旅游度假区总体规划》。与呼伦贝尔旅业集团、大兴安岭旅游公司、室韦农牧场深化合作，在委托运营管理、旅游品牌打造、联票业务拓展、客源互推共享等多方面联合发力，开通室韦—奥洛契庄园界河游航线，使林业发展从单纯的"利用"变成可持续的"经营"，让森林旅游产业迈入发展"快车道"。图里河森工公司党委坚持把开展主题教育与产业发展相结合，构建"1＋N"绿色产业体系，持续打造匠心"图林"白酒品牌，加大"森林生态白酒"的研发推广，大力发展食用菌产业，林药间种万寿菊工作稳步推进，目前已经同海南云浩生物科技有限公司签订了万寿菊种植合作协议。绰源森工公司党委坚持"两手抓、两促进"，加快清洁能源产业发展，集中力量推进生物质能源颗粒在产业链、供应链、创新链上协同发展，全力推进清洁能源供暖系统维修改造项目，在林场、管护站推行生物质能源替代燃煤供暖，优化环境，降低成本，节能减排，产生优质钾肥用作种苗培育和中草药种植，推动形成绿色低碳的生产生活方式。

效益来自哪里

谈到企业亏损，人们已不足为奇。尤其牧区企业基础差、底子薄、起步晚、速度慢，加之长期以来受传统计划经济体制观念影响下的经营思维方式已不能适应市场经济的要求，使多数企业面临新的困难，有的甚至处于生死存亡的严重境地。造成这种状况的原因是多方面的，有历史的原因，有现实的原因，有客观方面的原因，也有主观方面的原因。这既是现实的问题、普遍的问题，也是涉及整个边境牧区改革开放、经济发展和社会稳定的大问题。各级政府、各级组织、各企业领导特别是企业广大干部职工都非常关注这一态势的发展，都在积极努力地探索解决问题的各种途径。

问题再多、矛盾再大，能否有解决的方法呢？答案是有解决的办法。从一定意义上讲，世界是人的世界，世界上的一切现象都与人的行为有关，人的一切行为都同他们的利益有关。正如古人云："天下熙熙皆为利来，天下攘攘皆为利往。"

问题和矛盾无论怎样纷繁复杂，盘根错节，只要我们在研究人的行为和利益上下功夫，顺藤摸瓜找出此事与彼事、此人与彼人、此事与彼人、此人与彼事之间的内在联系，并用科学的方法调整他们的利益关系，一切矛盾和问题就会迎刃而解了。

市场是大环境，企业是小环境，大环境是小环境的组合体，大环境又决定着小环境的前途和命运。企业领导要熟悉本单位的情况，掌握矛盾的特殊性，突出独立性，同时要了解市场这个大环境的方向性、主流性这一矛盾的普遍性因素，找出企业与市场相互作用、相互影响的内在联系，使企业的发展因素、效益因素同市场的趋向性、主流性因素搭上钩、挂上车，使其变成"你中有我，我中有你"不可分割的有机整体。只有这样，我们的每一个企业才能成为市场经济大环境中永不消失的积极因素，大市场又为企业的生存和发展创造更多的机遇，成为企业效益的源泉，为企业的不断发展壮大提供更广阔的天地。

以呼伦贝尔市为例，面临着人口众多，地域辽阔，基础工业雄厚，自然资源丰富的俄罗斯大市场，随着世界经济一体化、国际市场一体化进程的加快，我们的地理位置显得日益重要，扩大对外开放，发展外向型经济，利用好两个市场，重新配置资源，为企业的发展创造了新的机遇。在具体方法上，我认为应该从以下几方面进行探讨。

第一，探讨发展集团企业的新路子。在对外开放起初，我们利用地理优势，捷足先登纷纷活跃于俄罗斯、蒙古国市场，并创造了一定的效益。然而，好景不长，随着中俄贸易活动的日趋发展，市场对经营规模，企业档次的要求越来越高，俄方当局对进出口商品和过境人员的管理越来越严格。在这种情况下国内兄弟省市和一些大型企业纷纷涉足中俄贸易活动，以雄厚的经济实力逐步占领中俄贸易市场。使我们这些小企业的竞争对象由过去的俄罗斯客户转变为以俄罗斯为媒介的国内客户。因此，我们要在调整内部利益关系的基础上，发展企业集团。使个人行为，小团体行为按一定的秩序组合成规模较大的群体行为，以整体优势跻身市场竞争的行列中。

第二，要重用人才，在挖掘人才潜力上下功夫。市场竞争从根本上说是人才的竞争。因此，发现人才，不惜一切代价重用人才已被越来越多的人认识和接受。目前我们的企业实力弱，以有限的财物作为合作条件开展竞争显然不是我们的优势。因此，更应该重视人才的发现、培养和重用，努力探索以经验、技术、方法为合作条件的新路子。一个合格的企业领导，可以使一个亏损企业扭亏为盈，起死回生，也可以开拓新的领域，从无到有，从小到大创办新的企业。呼伦贝尔市提出把企业办到国外去的思路，我认为大有文章可做。

第三，克服急于求成的思想，脚踏实地注重阶段性成果。经验告诉我们，许多成功的企业家，并不是一口气完成企业行为的全部过程，而是在知己知彼的基础上，步步为营，环环相扣，注重阶段性成果。以谈判为例，谈判是办企业做生意的重要步骤和必要前提，谈判一旦通过并经法律认可，就确立了买卖双方的权利义务关系。事实上任何买卖、任何合作都是权利义务关系作为互为约束的基础，并贯穿全过程。不存在没有义务的权利，也不存在没有权利的义务。只要有了债权，就掌握了主动性，给重新谈判创造有利的条件。谈判的成果包含两层意思：一是执行合同完成共同的目标，则双方得利；二是如果完不成合同，一定是有一方因没尽义务而终止合同，那么就要赔偿另一方的合同中规定的损失。可见，从谈判阶段就可以产生债权债务本身又是效益的一部分。

只要我们用科学的方法、求实的精神、开拓的勇气面对现实，我们的企业就能在错综复杂的矛盾中绝处逢生，摆脱困境。

● 党建高端智库

充分发挥党建研究高端智库作用

——在包头市成立党的建设研究会上的贺词

包头市成立党的建设研究会并隆重召开第一次会员代表大会，这也是包头市委喜迎党的二十大胜利召开的一个重要举措。有幸受邀，我谨代表特邀研究员，感谢包头市党建研究会对我们的信任！

回顾党的百年奋斗史，党建研究工作历来是党的理论创新和科学决策的基础和前提，毛泽东同志指出，"共产党人一万年也要搞调查研究"。党的十八大以来，以习近平同志为核心的党中央赋予马克思主义这一"伟大认识工具"新的时代内涵。特别是习近平总书记对全国党的建设研究会第六次、第七次会员代表大会先后作出两次重要批示，要求"充分发挥党建研究高端智库"作用，"为推进新时代党的建设贡献智慧和力量"，随着中组部《关于进一步发挥全国党建研究会党建高端智库作用的意见》的深入实施，党建智库成为中国特色新型智库体系的重要组成部分，并取得了中国化的马克思主义党建理论体系建设研究等重大成果，开辟了马克思主义建党学说新境界。

包头有着悠久的历史沿革，深厚的文化底蕴，更是一个有着光荣革命传统的地区。早期革命家王若飞、乌兰夫等曾在这里领导过地下斗争。抗日战争期间，共产党领导包头地区各族军民，开创了大青山抗日游击根据地，与日寇进行了艰苦卓绝的斗争。新中国成立以后，党和国家号召全国齐心协力建包钢，建成了中国境内以冶金、稀土、机械工业为主的综合性工业城市，成为国家和内蒙古重要的能源、原材料、稀土、新型煤化工和装备制造基地，被誉称"草原钢城""稀土之都"。同时，包头的历史也是各民族交往交流交融的历史，包头的发展史更是一部铸牢中华民族共同体意识的实践史，涌现出"草原英雄小姐妹"等许多民族团结进步事业创建典范，一部《草原晨曲》传唱祖国大江南北，成为体现民族区域自治制度和新型民族关系最经典的文化作品之一。改革开放和社会主义现代化建设过程中，包头市的整体发展、各项工作始终成为全区各盟市学习的榜样，许多领域走在全国前列，特别是"稀土+"产业领域的一批科技成果达到世界先进水平。

党的事业发展到哪里，党的建设就要加强到什么程度。随着全面从严治党向纵深发展，许多新情况新问题需要研究，特别是进入网络时代，懂党的不懂网，懂网的不懂党等结构性矛盾比较突出，理论传播存在"最后一公里"等问题依然严峻。包头市委深入贯彻落实党中央关于加强党的建设和中国特色新型智库建设的部署要求，以研究新时代党的建设重大理论和实际问题、加强决策咨询为主攻方向，坚持开门办智库、开放搞研究和人才强库理念，搭建专兼结合、内外互补、上下联动、多种合作形式的研究平台，是落实党中央"各级党委（党组）书记每年都要开展一次全面从严治党调查研究"的党建工作责任制的体现，是内蒙古自治区第六届党建研究会"工作研究化，研究工作化"理念的体现。作为党的理论工作者，我们要牢记总书记的嘱托，借助包头党建研究会这个大平台，齐心协力，攻坚克难，为包头市党建研究工作贡献一份力量。

党建"智库"课题组组建理念

2016年，习近平总书记在全国党建研究会第六次会员代表大会上指出："希望全国党建研究会坚持正确政治方向，发挥党建高端智库作用，发扬成绩，发挥优势，围绕协调推进'五位一体'总体布局和'四个全面'战略布局，深入研究党建理论和实际问题，深入总结全面从严治党实践经验。为构建中国化的马克思主义党建理论体系，为加强和改善党的领导、确保党始终成为中国特色社会主义事业的坚强领导核心作出新的更大贡献。"

智库是党和政府决策的思想库和智囊团，是国家软实力的重要载体之一。加强中国特色新型党建智库建设，是推进全面从严治党的现实需要，也是探索党的建设规律、构建中国化的马克思主义党建理论体系的根本举措，将为加强和改进党的领导、推进党的建设新的伟大工程提供强有力的理论支撑和智力支持。新形势下，中国特色新型党建智库建设以服务党的建设决策为宗旨，以研究党的理论和实际问题为主业，以提高研究能力和决策咨询水平为重点，以改革创新为动力，以健全管理制度为保障，强化理论创新、咨政建言、学术研究、舆论引导、社会服务、凝聚人才等智库功能势在必行。

一是以工作岗位为"切入点"进行分组。坚持党务专业研究与工作岗位参与相结合的形式，以课题组成员工作岗位的类别进行分组，广泛调动课题组各专业、各岗位参与的积极性，建立党建专家学者和党务工作者人才型"智库"，促进党建"智库"要素优化互补。课题组成员将个人工作阶段性成果或零散式工作内容分享到"智库"平台，由"智库"工作人员对工作成果按照中央文件、思想政治建设、组织建设、党风廉政建设、党建研究等类别进行整理归档服务，同时为课题组成员建立个人工作资料库，方便成员查阅个人工作成果。"智库"成员可在平台中共享调查研究新成果，交流党建前沿新动态、学习借鉴其他成员的工作成果，使自身工作岗位与党建"智库"一体联动，提高自身工作效率和提升工作水平。对于归档的个人资料库成果，在一定阶段的积累后，由课题组专家进行总结提炼，将党建研究理论成果转化为各级党组织深化改革发展的决策依据。在大数据时代背景下，实现人才资源、组织资源、阵地资源强强联合，形成研究合力，研究解决党建重大课题。充分发挥"智库"覆盖部门多、联系范围广的优势，对党委组织部和机关单位的类别进行分组，与成员共同分享对党员和群众进行工作经验的指导、工作能力的培训、工作成果的展示，作为各级基层党组织开展工作提供有效参考。

二是以兴趣爱好为"带动点"进行分组。党员干部的兴趣爱好反映着理想信念和价值追求，关系到事业的发展，体现着个人品行，影响着社会导向。健康的兴趣爱好不仅是党员干部立身做人的基本功，更是党员干部干事创业的必修课。党建"智库"坚持以事业凝聚为目标，为各类人才尽显其才提供了发挥的舞台。课题组成员根据自身兴趣爱好创建组群，使具有相同兴趣爱好的成员进行优化组合，由"智库"工作人员为组员搜集小组兴趣爱好的最新资讯、搭建发挥课题组成员能力和特长的平台，通过相同兴趣爱好，提高课题协作效率，与其他成员一同激发对课题的研究兴趣，拓宽人脉交际关系，增强党员队伍的创造力、凝聚力、战斗力，不断挑战自我，培养优良的兴趣品质，丰富党内活动，推动工作更好地开展。

三是以地域原则为"结合点"进行分组。建立更为灵活的"智库"人才管理机制，打破人才流动、使用、发挥作用中的体制机制障碍，集中智慧攻坚克难，不断强化团队对课题研究项目的支持作用，提升协同创新能力。根据课题组成员工作所在地区，以地区邻近原则为主，把同一地区或相邻地区的相同工作领域的党建智库人才组建为一个课题组进行课题协同研究，课题组成员对同一地区有共同课题可共同完成，对相邻地区的课题也可作辅助性参与，共同探索党建工作的思想、内容、互动方式、开发、融合，多提供成员之间点对点、面对面交流的机会，让其凝聚共识、凝聚智慧、凝聚力量，有利于开展课题研究的共同讨论，理论知识的相互学习，政治资源与研究成果的共同分享，促使工作联系进一步密切，提高党建成果转化率和工作效率。

四是以交叉任职为"共融点"进行分组。交叉任职是指依靠自身特长，充分融入擅长领域课题的每一个环节，点对点进行课题内容对接和完成每一个课题项目需求。在每一个课题节点上，都不断地进行着自身价值的传输。课题组成员可按照课题研究需要以担任组员、组长的方式交叉参与其他课题组的理论研究和课题攻关，充分发挥智库平台灵活性强、覆盖领域多、联系范围广的优势，使各成员在擅长的领域课题研究中发挥主要带头作用，提高党建课题研究的多样化、专业化水平，从而"拢指合拳"形成研究合力。通过课题组的交叉任职，打通"条条""块块"之间的壁垒，灵活交叉协同研究，各成员相互借鉴学习，在思想上合心、研究上合力，提高课题研究效率。同时，成员在参与多项课题的调查研究中，在新接触的课题研究中发挥辅助学习、搜集资料、提供素材的作用，即使"智库"人才的能力得到全方位提升，又使经验丰富积累，促进智库要素优化互补，更好地激发和调动广大党建研究工作者的积极性和创造性。

五是以按照成果运行为"延伸点"进行分组。智库的作用在于贡献智慧、研究的目的在于应用。课题组成员的课题研究内容取得的阶段性成果，由"智库"工作人员对成果进行分类整理进行成果汇编，并根据研究课题内容，聘请政治素质高、研究能力强、研究成果多的同志作为智库专家，将涉及领域内的专家学者进行分组，组织开展重大党建课题攻关，将研究的党建课题理论成果继续拔高，促进深层次的交流和学术成果的共享，推进课题的研究，扩大阶段性成果的影响力。按照不同标准对课题予以经费资助，借助专家学者成熟的智慧为我们提供有价值的课题成果，党建"智库"将为专家学者提供必要的有偿服务费用，包括课题指导费用、专家学者进行授课指导的将对其提供授课费用等，确保课题研究有效推进。对取得优秀研究成果的，将课题费用按百分比的形式支付给课题组或主要执笔人，同时对课题组以追加经费的形式予以激励。

第五篇章

新时代蒙古马精神蕴含的艺术情感

文化既是一种精神体系，又是一种社会功能体系，站在新的历史起点上，我们要从历史长河中看待文化推动人类文明进步的重要功能，在时代大潮中把握文化引领社会变革的重要作用，在人的全面发展中发挥文化创造美好生活的重要价值。中国式现代化的一个突出特色，就是物质文明和精神文明相协调的现代化。新时代新征程的使命任务，要求我们把文化建设作为全面建成社会主义现代化强国的重要内容和重要支撑，自觉担负起新的文化使命，大力推动社会主义文化强国建设。

情感的力量

人非草木，孰能无情。社会中的人们每时每刻都在体验着由自身的生理变化和外部客观世界的刺激引起的内心的喜悦、悲哀、得意或悔恨等感受，同时还常观察到别人的愤怒忧虑、快乐或烦恼等情感情绪的反应。有道是心有千千结，情有万万端。一个人来到世间，不仅本身是人类进化过程中某种情感因素的结晶，而且对于他以后的生存和发展，在与外界进行物质能量和信息的转换过程中，无不伴随着情感的交流与沟通。没有情感的生活是不可想象的，没有情感的行为也是不存在的。也正因为如此，所有的人无不都从生活经历中，就各自的角度对情感问题进行描述和探讨。

行为科学认为，人的心理行为主要包括：认识过程、情感过程和意志过程等。认识过程就是通过注意、感知、思考、记忆在实践中去辨别事物、思考问题、积累经验、展望未来。情感过程是人在认识的基础上对客观事物所持态度的体验，认识是产生情感的基础。认识领域是无限的，它以人脑为中心无止境地向外界开拓扩展，情感也伴随着认识的发展变化逐步摆脱人的感官局限趋向无限广阔的领域。人在实践活动中随着活动领域的不断扩大、社会交往日益广泛、接触的客观事物越来越多，情感也逐步集中渗透于它的载体——人本身及所处的生存环境中，表现在对自身、对家庭、对朋友、对民族、对祖国乃至对人类的态度中，同时还倾注于山川田野、江河湖海、森林草原乃至整个宇宙空间以及能够被意识到的一切思维领域中，天地无边情无限。由此可见，每个人情感的组成因素是丰富多彩的和千变万化的。

列宁说："没有人的情感，就从来没有也不可能有人对于真理的追求。"情感从人的认识过程产生的同时又反过来影响人的认识活动，情感可以发动或终止认识，情感状态可以强化与情感一致的信息的接受和回忆，可以促进带有情感的信息归类和图式的形成。成为人们从事实践活动的巨大动力，从而推动人的认识活动向纵深发展，丰富充实认识内容。

尽管情感过程与认识过程之间密不可分，但二者并不相同，更不能相互替代。认识过程是对客观事物的一种反映，是反映事物的特殊性和发展规律，而情感不像认识那样严格地合乎客观规律，它往往超出由生理需要所产生的本能内驱力，从而对人的行为产生重大影响。如人类的高级目的行为和意志行为的动力中都包含了情感因素，认识和目的本身并不包含驱动性，驱使人去探索的是兴趣和好奇心理，驱使人去实现目标的是愿望和期望。实现目的的愿望越强烈，它所启动的驱动力就越大，引起思想感情、沟通心灵的程度越深刻，对人的行为的影响力就越大，常言说："只有知之深，才能爱之切。"

人的情感与他所从事的事业有着十分密切的联系。事业是一种代表人类多种生活意义的精神现象，追求事业的过程就是将这一精神现象不断转化为现实的过程。这个过程既包含着人的最基本的生存需要，同时也体现着一个人在社会中不断发展的需要以及为满足需要而产生的强烈的期望激情。事业所体现的这种需要，是人类需要中最主要的需要，它是人们在社会历史发展过程中逐步形成的人类所特有的需要。这就是人不仅有参加物质生产、享受物质福利的需要，而且有参加经济、政治生活的民主管理的需要，有广泛参加社会交往、交流信息、参与决策的需要。不仅有结成集体、相互帮助的需要，而且在集体中有发挥各方面才能和表现自己丰富个性的需要。人的这些社会需要也叫作高级需要，由这种高级的社会需要是否获得满足而产生的一种体验称为高级的社会情感，社会情感是人所特有的情感。

一个人无论有怎样的才能和热情，在人类历史的长河中是微不足道的，要想获得事业的成功，必须选择代表多数人的利益，符合人类情感倾向的事业。如《三国演义》突出了诸葛亮的韬略奇才，然而，他的个人才华如果不以同心协力、救困扶危、上报国家、下安黎庶的忠义思想等社会情感为基础，不将远大目标与每个人最基本的生存和发展愿望相统一，不为三顾茅庐、求贤若渴的求才欲望和生死与共、肝胆相照、坚贞不渝的友谊所激励和感化，特别是不把这一切情感因素由弱变强、由小到大地汇集成足以使三军将士出生入死、浴血奋战的一股股强烈的激情，任何神机妙算都将成为泡影。因此，诸葛亮的实际才干不仅体现在出谋划策、领兵打仗这一战术问题上，更体现在代表他战略思想的严谨务实、平易近人的作风上和为共同事业兢兢业业、呕心沥血、鞠躬尽瘁、死而后已的奉献精神上。他以自己的一言一行在与符合世代相袭绵延不绝的文化心理和特殊情感方式的交流与沟通过程中，深深赢得了广大将士的尊敬和爱戴，并寻找到了存在于人们内心深处的为实现仁义立国方针所产生的源源不断的动力源泉。正是这一原因，他既实现了一生所追求的报答知遇之恩、建立蜀汉政权的夙愿，同时也为后人留下了世代传颂的功名美德。卢梭也指出："热心可以弥补才能之不足，而才能不能弥补热心。"科学家哥白尼说，他在天文学上的思想都是从他那"不可思议的情感高涨和兴奋"中产生的。恩格斯也曾说，社会领域内进行活动的全是"凭激情行动"的人。由此可见，情感与事业有着十分密切的内在联系。情感不仅是人的个体行为过程中的个性因素，同时也是能否营造和谐社会、实现人的全面发展的重要的环境因素。

人的情感虽然和人的社会性需要相联系，并在社会生活实践中形成、发展和变化，但并不是只停留在无条理的直觉和不确定激情的感情幻想上，而是要按照一定的对象疏导和倾注自己的情感，行为科学称之为情感倾向。一方面，人的情感倾向总是要受社会的价值取向、社会规范的影响。同样的事物，对不同社会的人具有不同的社会历史意义，因而产生不同的情感倾向。无论在什么样的社会，人的情感越符合客观实际，越接近社会价值取向，则越有机会体现自身的价值，个人情感就越有意义；另一方面，一个人对社会的影响力，不仅仅体现在其能力和素质上，还更多地体现在其精神风貌和气质上，体现在他是否能向人民展示更多的友爱和包容，体现在他人是否从他那里感受到更多的亲切与热情。荀子也认为"知而能容愚，博而能容浅"，大包容才能大和谐。

情感的外部表现是一个人阅历和修养程度的标志，也是成熟的标志。

一定意义上讲，事业发展的程度首先是人本身成熟的标志，因为任何一项事业说到底都是人的行为结果。因此，成熟不仅体现在文化修养和经验的积累上，而且体现在多种情感体验的丰富程度上，体现在多方面的、稳定的、深刻的、高级的社会情感的积蓄并使其内化为具有开拓性和创造性的饱满精神力量上。余秋雨说："成熟是一种无须声张的厚实，一种不理会哄闹的微笑，一种不再需要对别人察言观色的从容，一种终于停止向周围申诉求告的大气。"成就一项事业，没有文化不行，光有文化也不行，比文化更重要的是能力，比能力更重要的是将个人情感融注于人类高尚情感的波澜与脉络中所形成的坚定信念。

人的资质有先天的差别，但情感不能用先天的功能来代替，而必须是亲身经历和感受。在实践活动中，积极的激情、热情，可以促使人投入活动。每个人都只有当他既在理论上认识了，又在情感上体验了，既觉得合理又感到合情，才会积极地行动起来。激情、热情还会使人表现出极大的劳动主动性、积极性、创造性。这是一种巨大的精神力量。这种力量的有无，不仅是活动持续进行的必要因素，而且在关键时刻可以化为巨大的物质力量，决定着活动的成败。无数次的革命其实都是一种社会情感的积累。首先由时代杰出人物登上人类道义的制高点，进而源源不断地启动并释放更多群体人性本源的情感能量，形成汇聚战胜一切艰难险阻的勇气和力量，成为在追求真理的道路上义无反顾、舍生忘死、披荆斩棘的典范。当然，体验情感的过程是一个长期的过程，是体验人间苦与乐、得与失、爱与恨、美与丑和生与死的情感积累的过程，是以人类心灵真谛为纽带和桥梁，不断促进人的自然有机体向社会有机体转化的过程。有人这样说，是不是幸福的引路人，不能光看他的宣言，而是必须看他是不是从实际行动上关注他人的痛苦，看他本人是不是关心和解决人民疾苦的积极组织者和称职的讲解员。血的历程水不能取代，只有实实在在亲身体验和经历这一过程，将个人的痛苦与欢乐融会在一个时代的痛苦与欢乐里，正直的精神才不会死亡，个人的生命才最富有、最绚烂。

天边的思念

我和布仁巴雅尔（老布）、乌日娜是中学同学，1975 年在海拉尔第一中学上初二时，与老布在校文艺队相识。由于乌日娜是低年级学生，他们成家后我才认识这个鄂温克族同学。5 年前，老布在呼伦贝尔市因病去世。惊悉噩耗，我和他的亲人朋友同样无法接受和相信这个消息，我们在人间草地与你的天堂草原遥遥相望，回首间，那深邃广袤的天堂草原上又多了一颗耀眼的星！

受乌日娜和呼伦贝尔学院党委委托，由我组织起草老布的生平，并协助筹备葬礼。老布在世时，我们总是盼望着能听到他更多的新作品。现在，每当听到他的歌声就潸然泪下，他的歌声总是把我们带回美好的学生时代，带回交往 40 多年的各种回忆中，进而回想起他很多鲜为人知的故事，更感觉到他身上还有我们似乎刚刚发现的许许多多可亲可爱的个性特征和高尚品质。

记得在海拉尔第一中学文艺队时，老布给我们留下很多优美动听的歌声。然而，艺术成就需要一个千锤百炼、炉火纯青的过程。

当年我们都在学校住宿，他家在新巴尔虎左旗莫达木吉苏木，我家在新巴尔虎右旗阿拉坦额莫勒镇。那时，海拉尔第一中学的文艺队很出名，我和老布都在校文艺队，他学唱歌，我学吹中音号。我和老布间的故事离不开一个重要角色，那就是和我同班的文艺队舞蹈演员并源立。他和老布来自同一个地方，当年扮演《大寨亚克西》里的新疆老大爷特别出色。当时老布是伴唱，我是伴奏。平时我们都在各自的班级里上课，集中排练、下乡演出时吃住在一起。

老布除了唱歌，还是一个幽默十足的人。他能够从一个人很平常的言谈举止和日常生活中捕捉到有趣、可笑而意味深长的事物，经他稍一加工就变成搞笑段子，令人捧腹大笑。有人这样说，一个人的幽默感和情商成正比。我同意这一观点。我们现在所欣赏的好多喜剧类艺术作品之所以百看不厌，无不遵循着"天赋+创作"的艺术规律。

记得1975年的夏天，我们应邀到鄂温克族自治旗锡尼河西苏木特莫胡珠嘎查演出。晚上两三人一组被安排在牧民家住宿，我和老布、井源立三个男生被安排在一个蒙古包里住宿。主人很高兴地安置我们休息。我是个大"汗脚"，那时也没有天天洗脚的习惯，半夜就把头挨着我脚的方向睡觉的这家老爷子熏得够呛。老爷子睡不着，半夜起来好一顿埋怨。我想表达歉意但词不达意，在和老爷子对话过程中闹出了很多笑话，场面一度十分尴尬。这让睡在旁边的老布看个一清二楚，他不但不圆场，第二天一大早还添油加醋地传了出去，井源立也没闲着，第一个幸灾乐祸协助老布扩大声势。不仅如此，老布挑人家的毛病从不显山露水，而是先物色一个合适的人透露出去，引起哄堂大笑时，他却毫无表情像个局外人，被捉弄的人反应过来时，他看出情况不妙早已躲得远远的。

老布非常聪明，他和乌日娜不仅精心经营着他们的家庭，更出色地经营着他们热爱的艺术事业。他们夫妻俩特别重情义，即使出了名也没忘本。朋友有需要，他们总是亲力亲为给予帮助。

离开学校后第一次见到老布和乌日娜已是十几年后的一个夏天。那时我调到陈巴尔虎旗（以下简称陈旗）政府办公室工作。他们已定居北京市，并有了诺尔曼。由于多年没联系，他们不知道我在陈旗工作，那次也不是奔我去的，但见面时格外高兴。老布已是人高马大，言谈举止今非昔比。晚餐时，大家免不了邀请他们唱歌助兴，大家还以为一般性地唱唱歌、助了兴，多一点话题、多喝一点儿而已。但谁也没想到，乌日娜唱了一首高音歌曲震撼全场。我记得当时在座的人惊讶得忘记了鼓掌。

从1987年开始，老布和乌日娜先后获得第一届内蒙古自治区蒙古族歌曲电视大奖赛二等奖、第一届全国少数民族青年歌手大奖赛一等奖，个人专辑《天边》获全国"金唱片"奖。2006年以来，三次参加中央电视台春节联欢晚会；2007年，荣获中共中央宣传部颁发的第十届精神文明建设"五个一工程"奖；2009年《五彩传说》专辑获全国最佳其他语言奖及最佳组合奖。在他们30余年的音乐艺术生涯中，创作、演唱了大批优秀音乐作品，他们的歌声传遍祖国大江南北，也拉近了草原儿女与全国观众的距离。

2003年开始，他们的歌声走向国际舞台。曾多次参加中央宣传部、中央统战部、中国文联、国务院侨务办公室主办的国际文化艺术交流活动，先后出访英国、法国、德国、瑞士、荷兰等40多个国家。他们用不断丰富、创新和创作富有民族特点、各族群众喜闻乐见的文化艺术形式，展示了各民族丰硕的艺术成就，回报了养育他的内蒙古大草原和呼伦贝尔父老乡亲，也为推进中国特色社会主义艺术事业的繁荣发展作出了重要贡献，他们也成为内蒙古自治区文化艺术"高原"上的一座"高峰"。

2006年，应呼伦贝尔市委、市政府的邀请，布仁巴雅尔夫妇创作"五彩传说呼伦贝尔儿童合唱团"舞台剧。第一批入选的37名儿童演员是从360多报名的孩子中，通过面试等程序逐一遴选出来的。这个过程他们非常辛苦，从当年2月到5月期间，他们每周休息日都专程从北京市飞到呼伦贝尔市进行排练，排练时老布还摔伤了肋骨。当年"五一"黄金周，孩子们在呼伦贝尔市政府礼堂连续演出3天，场场座无虚席，许多观众都连续观看了3天。

2013年3月，习近平总书记出访俄罗斯，"五彩传说呼伦贝尔儿童合唱团"部分演员随团出访，新闻联播报道了他们在莫斯科演出的实况。

和天下的所有父母一样，老布和乌日娜深深地爱着他们的宝贝女儿诺尔曼。爸爸老布是蒙古族著名的音乐家，妈妈乌日娜则是鄂温克族出色的艺术家。出生在这样自带音乐基因的家庭里，诺尔曼从小便展现着音乐天赋。我长期从事教育培训工作，老布和乌日娜培养孩子、学生及无数音乐人才的过程，使我深受启发。

老布尊重孩子的选择，让孩子为自己的事情做主。在此基础上，他们耐心发现、精心启发、倾心培养其内在的艺术潜力。长此以往，诺尔曼在音乐方面开始有了自己的独特理解。8岁时，她因为思念出国学习的爸爸，创作了自己的第一首歌曲《乌兰巴托的爸爸》，体现了这种父女之情。18

岁时更以首张个人全唱作专辑作为自己的成人礼物。2011年1月，诺尔曼考入美国伯克利大学音乐学院，主攻电影音乐配乐。

2016年央视春晚上，诺尔曼与父母一同在呼伦贝尔分会场上演唱了歌曲《春天来了》。有一次，我在央视综艺频道《天天把歌唱》栏目中，听到诺尔曼作词、作曲和自己演唱的歌曲《奶奶的摇摆颂》，感觉诺尔曼成熟了，作品也有了自己的风格，唱出了浓浓的草原味道，就像歌词中唱到的，"奶奶想我就缝着衣裳，你寄过来我穿上，是那么暖那么香，我小时候身上也有——这种羊的味道……"我边听边流泪。因为我知道，诺尔曼失去爸爸的那年冬天奶奶也去世了。最近，她的作品《因为有了你》获得2022年长三角科学道德和学风建设论坛"歌曲作品"一等奖。2023年对于诺尔曼有着特殊意义，因为在她身上发生了两件大喜事儿，一件事是以优异成绩考入中央民族大学民族学博士，研究方向是音乐人类学；另一件事是在7月29日与金载民先生在她的家乡举行了隆重的新婚典礼。

就像诺尔曼的作品来自"这种羊的味道"一样，老布的作品也离不开马的味道。吉祥三宝一家来自蒙古马的故乡，听老布的弟弟巴图讲，老布七八岁时就跟着他的外祖父学习骑马。新巴尔虎左旗莫达木吉苏木与鄂温克族自治旗西尼河苏木尽管相邻，但与乌日娜家也有上百里距离，老布经常骑马赴约。搬到北京后，老布说他非常想家，有一次在北京大街上看到一辆马车，他就骑着自行车跟了好长时间，就想多闻一闻马的味道。还有一段关于马的故事令我感动。他和陈巴虎旗三河马扩繁场场长朝鲁门是好朋友。朝鲁门曾给我讲，老布为了听马的睡觉声，让朝鲁门把录音机拴在马脖子上过夜，第二天对所录制的声音进行分析研究。艺术来源于生活，草原音乐来源于草原生活，看来真是不假。

在历史的长河中，理想为人们提供了反思现实的价值标准、超越功利的精神视野、摆脱平庸的崇高境界。这一切，正是艺术一直以来所追求的完美境界。老布的艺术理想同样离不开理性地关注生活、关注时代。老布深深地爱着这片草原，他的艺术源自草原，走向世界，又魂归草原。正如他的专辑《我的生命我的草原》一样，他义无反顾地用生命歌唱草原的高尚人格永远激励着我们对正义和真理的追求。

老布虽然离开了我们，但令我们感到高兴的是，他所追求和坚守目标和信念以及为守护这片绿色净土所付出的一切与新时代人与自然生命共同体理念的高度契合，成为他艺术生命永恒的文化基因。

著名歌唱家阎维文这样评价《天边》："我们以前听到过很多蒙古族的民歌，但这首歌会一下子直接击中你的心房。"愿布仁巴雅尔安息！愿他带着"天边"的祈祷在天堂草原上快乐地翱翔！

快乐的原则

思想和行为是人类所专有的特征，而寻求快乐和避免痛苦是生活中的主要目的。弗洛伊德的快乐原则，又称为"快乐追求原则"，这个原则探究了人类的欲望如何影响我们的行为和心理状态。弗洛伊德把这一目的当作自己关于人类动机理论的根本基础。尽管有人认为弗洛伊德坚持的快乐原则在很大程度上是有争论的，但只要认真分析，快乐原则与我们每一个人的行为有着十分密切的联系。

快乐的原则主要包含以下几个方面：

第一，米塞斯在《人的行为》中认为，人能够行为，因为他有能力发现那些宇宙间事物变化和形成的因果关系。行为必须先有因果关系的范畴。只有人会就因果关系来观察世界，所以只有人够格行为。在这个意义上，我们可以说因果关系是行为的范畴。手段与目的这个范畴必须先有原因与结果这个范畴。在一个没有因果关系和现象规则性的世界，也就没有人的推理和人的行为。这样的世界，一定是一大混乱，甚至不是人所可想象的。

第二，人们在不断追求一个又一个新的目标时，从引起情感因素的领域中总是忽视时间因素。我们制定的目标方案无论怎样科学合理严密周到，时间秩序是不能用认识来代替的。实现目标的情感动力是与目标有关的，在实施过程中各个不同阶段也会产生不同的积累，因此，以单纯快乐作为追求目标的情感动力是主观的、脆弱的，它很容易被实际体验到的相反的情感所抵消，因而也就容易失去信心。

第三，从引起情感的强烈程度上看，意外因素引起的情感比预料到的可能性因素引起的情感更强烈，更带有刺激性而认识功能不可能认识到意外因素的具体程度，能认识到的意外不能称之为意外。

第四，行为人是极想以较满意的情况代替不满意的。在完成每一个行动目标的整个构思中，人们很难使知识经过一次组合就符合目标需要，而往往要经过多次组合运动才能达到知识、技能、环境和目标的统一。不管冲动或本能的来源如何深奥莫测，为着冲动或本能的满足，人所选择的一些手段，总是由一个理性的考虑即代价和成功的可能来决定的。

第五，伊壁鸠鲁的快乐主义也是有所节制的，因而并不等同于享乐主义。他将快乐分为动态快乐和静态快乐，即指身体健康和心灵的安宁。身体如果正在遭受痛苦，心灵也会不得安宁；心灵如果被扰乱，身体健康也会受损。求生欲、保持自己的生命，并利用一切机会来增强自己的活力，这是生活的基本特征。但是就人而言，服从这个欲望并不是非此不可的。与动物不同的是，当人的生活环境到了不可忍受的时候，他会牺牲自己的生命，人是能够为一个大义而死的。就人而言，活着，是一个选择的结果，也是价值判断的结果。

快乐的原则对人的行为的影响同其他引起情感的因素一样，是十分复杂的、深刻的、微妙的，靠认识功能无法在有限的时间内剥离出每一个行为因快乐情感引起的所有原因，而受其支配的行为往往是身不由己的。当我们实现所追求的目标时，总是伴随着丰富的情感因素；特别是快乐的情感因素能够从而使人对下一个目标产生兴趣。

情感是人喜怒哀乐的一种心理表现，快乐是各种复杂情感中的一种因素。情感的两极性规律告诉我们，有爱就有恨有乐就有悲，乐极生悲，苦尽甜来，世界上没有离开痛苦的快乐，也没有离开快乐的痛苦，各种情感的有先有后，相互交替是每一个人实现目标的实际动力。

而那些单纯追求快乐的人，当自己亲身经历的体验达到足以证明生活中确实不存在纯粹的快乐时，他就会失去追求新的目标的信心。心理学家汤姆金斯说："焦虑能使人突然冲出卧室，恐惧能使人丧失食欲，绝望能使人用剃须刀片做出致命的轻率举动。"

对于快乐原则，我们应坚持实事求是的科学态度。要不断增强意外意识和时间观念，不断总结和提高情感因素在人脑中复杂运动过程的认识，不断揭示情感因素影响或支配人们行为的更深层次的内在联系，只有这样，我们才能找到关于快乐原则的正确的理解方式，支配我们的人生，让生命获得高质量的滋味。

快乐是一个过程，追求快乐的过程，也是打磨心智的过程。快乐无极限，但需要超越和战胜自我。

摘自全国党员教育培训创新教材——《北疆基层党建实践与创新》（哈斯著）。

龙马精神与"十四冬"

在全国各族人民喜迎 2024 年龙年春节之际，中华人民共和国第十四届冬季运动会春节期间在内蒙古自治区呼伦贝尔市举行，来自全国 35 个代表团 3000 余名运动员共赴冰雪之约。

内蒙古自治区党委、政府把举办"十四冬"作为党中央、国务院交给全区人民的一项重要政治任务，在国家体育总局指导下，发扬吃苦耐劳、一往无前、不达目的绝不罢休的蒙古马精神，争分夺秒、周密细致地做好各项筹备工作，向全国人民奉献了一场展现新时代、新气象，体现内蒙古特色，精彩热烈、激情飞扬、文明和谐的冰雪盛会。

热情好客的呼伦贝尔人，树立"我为冬运添光彩、冬运因我更精彩"的理念，积极参与，热情服务。无论到现场观看比赛还是观看央视体育频道直播，特别是亲属朋友用不同方式参与和服务"十四冬"，这十几天，所有呼伦贝尔人都感到央视体育频道与我们这样亲近，家与国之间如此亲切。甲辰龙年春节，在祖国北疆到处洋溢着热烈、喜庆的节日氛围！

"十四冬"搭建起祖国北疆与全国各地冰雪运动的桥梁，我想起了美国人类学家摩尔根的《古代社会》。摩尔根在远离欧洲的美国，对古代社会以他自己的方式，仅仅通过对印第安易洛魁人亲属制度的长期观察和所作的卓越研究，不仅开辟了人类研究的新纪元，而且就"重新发现了四十年前马克思所发现的唯物主义历史观，并且以此为指导，在把野蛮时代和文明时代加以对比的时候，在主要点上得出了与马克思相同的结论。"这正是让马克思和恩格斯激动的地方，因为摩尔根独立研究的结果证明了，历史唯物主义不是马克思和恩格斯凭空想象，而是从原始社会开始就存在着的人类历史的一般过程和规律。这本书的基本观点是："人类历史的起源相同、经验相同、进步相同。"

一、初现雏形的龙马精神

龙是中华民族的图腾，具有刚健威武的雄姿、勇猛无畏的气概、福泽四海的情怀、强大无比的力量，既象征着五千年来中华民族自强不息、奋斗进取的精神血脉，更承载着新时代新征程亿万中华儿女推进强国建设、民族复兴伟业的坚定意志和美好愿望。人类史前文化比过去所知有远为长久和灿烂的历史。龙作为中华民族的图腾，其形象的形成经历了漫长的过程。马，虽然被驯养的时间较晚，却居于六畜之首。同是大自然造物，马从最初被人驯化，进而共同生活，古人更常将良马以"龙"喻之。因此，"龙马"之意象早已为中国人所熟知。早在西周时期，"龙马"这一名词就出现，其意义随着时代发展，经历了多重演变，龙马的形象也呈现出不同的样貌。据考证，成书于战国与《易经》《黄帝内经》并称为"三大奇书"的《山海经》记载，中国远古传说中的"神""神人""英雄"，大抵都是以"人首蛇身"和"人首马身""鸟身人面"为表现形式，但更突出的是"人首蛇身"。"龙"的图腾形象，是蛇加上各种动物而形成的。它以蛇身为主体，《伏羲考》中记载其"接受了兽类的四脚，马的毛，鬣的尾，鹿的脚、狗的爪、鱼的鳞和须"。这些是关于龙马精神原始状态的观念和记载，这一时期也是人类社会意识形态和上层建筑的初始阶段，它的成熟形态便是原始社会的图腾活动，这些又逐步发展成精神延续至今，深刻影响着人们。摩尔根在《古代社会》中指出，"人类的一切主要制度都是从早期所具有的少数思想胚胎进化而来的。这些制度在蒙昧阶段开始生长，经过野蛮阶段的发酵，进入文明阶段以后又继续向前发展"。马克思在《摩尔根〈古代社会〉一书摘要》中指出："在野蛮期的低级阶段，人类的高级属性开始发展起来……想象，这一作用于人类发展如此之大的功能，开始于此时产生神话、传奇和传说等未记载的文学，而业已给予人类以强有力的影响。"

二、龙马精神的艺术再现

美是人性的体现，是人类历史的伟大成果。美学家周来祥认为，唯物论美学和唯心论美学的根本分歧点，就在于他们对于艺术和现实的关系问题。美国通俗作家亨德里克·威廉·房龙在《人类的艺术》中认为，自然界通过万物与人类接触，人类则以万物表达自己。这种表达的形式，其实就是艺术。李泽厚先生在《美的历程》一书中认为，《乐记·乐象篇》中记载的诗、歌、舞，是原始人们特有的区别于物质生产的精神生产即物态化活动，它们即是巫术礼仪，又是原始歌舞。到后世，两者才逐渐分化，前者成为"礼"——政刑典章，后者便是"乐"——文学艺术。关于龙马精神的文学艺术作品很多，如李白在《天马歌》中写道："天马来出月支窟，背为虎文龙翼骨。"李贺在他的《马诗二十三首》中写道："龙脊贴连线，银蹄白踏烟。"

春节，是中国民间最隆重最富有特色的传统节日之一。春节历史悠久，起源于早期人类的原始活动，人们会在年初时举行祈求来年五谷丰登、人畜兴旺。原始礼仪中的社会情感是强烈炽热而含混多义的，包含着大量的观念、想象，却又不是用理智、逻辑、概念所能诠释清楚，当其演化和积淀于感官感受时，自然变成了一种好像不可用概念言说和穷尽表达的深层情绪反应。这种祈福活动随着时间的推移逐渐演变为各种庆祝活动，带有浓郁的中华各民族优秀文化的特色，图腾歌舞分化为诗、歌、舞、乐的艺术形式并延续至今。在甲辰龙年来临之际，蕴含着龙马精神的文化符号元素成为龙年春节重要的艺术形式。在"十四冬"开幕式文艺展演上，在热烈奔放的马头琴声中，数十名身着骏马装束的演员，跳着雄壮有力的舞步展现着不惧风雪、忍过严寒驰骋奔腾的蒙古马的风采。在十四冬闭幕之际，中国国家体育总局向第十四届全国冬季运动会承办地内蒙古自治区赠送雕塑工艺马纪念品，标志着这一活动的重大意义成为龙马精神的组成部分。

三、呼伦贝尔地区爱马善骑的传统

在呼伦贝尔地区生活的巴尔虎部落是中国历史上较为悠久的部落之一。巴尔虎部落曾生活在贝加尔湖以东的巴尔古真河一带，后迁入辽宁、黑龙江、新疆、内蒙古锡林郭勒盟及赤峰市等地。从 1732 年开始，巴尔虎部落大规模迁入并定居呼伦贝尔，其姓氏演变、文化教育、人口数量、经济结构、风俗习惯等也进入了一个相对稳定的时期。呼伦贝尔市以"巴尔虎"为名称的三个旗由此而来。

目前，呼伦贝尔市常住人口达到 219 万，居住着汉族、蒙古族、鄂伦春族、鄂温克族、达斡尔族等 42 个民族。随着民族区域自治制度的实行和完善，各民族交往交流交融的进程加快，水草丰美的自然生态提供天然的生产生活资料。呼伦贝尔因呼伦湖和包括在呼伦湖水系的贝尔湖得名，特别是在射猎、游牧、耕作、邮驿、运输等各民族绵延千年的生产生活模式中，马一直相伴，而爱马和善骑也是巴尔虎部落的传统。

蒙古马耐力好，不畏寒冷，能适应极粗放的饲养环境，适应性和抗病能力极强，能够在艰苦恶劣的条件下生存。耐力素质是运动能力的重要组成部分，是指身体在长时间工作或运动中克服疲劳的能力，也是反映健康水平或体质强弱的一个重要标志。蒙古马的耐力并不单纯的奔跑耐力，而是一种综合耐力，是一种在极其艰苦的自然条件下所进化出来的生存耐力。呼伦贝尔是蒙古马的故乡，全市马匹存栏数从 2007 年的 15.53 万余匹增加到 2019 年的 23.7 万余匹。十多年间，马匹数量增加了 8.17 万匹。从养马区域看，主要集中在牧区四旗，共存栏 17.73 万匹。新巴尔虎左旗有着"耐力马故乡"的美誉，100 公里的耐力赛马是新巴尔虎左旗地方传统体育赛事之一。如：1940 开始举办的蒙古马耐力赛，赛程由阿木古郎镇出发至海拉尔为终点，赛程距离为 165 公里。

第六篇章

案 例

"案例教学"最初起源于 19 世纪 70 年代"哈佛大学"的情景案例教学课，学员在对贴切的、生动的、具体的案例进行处理的过程中，运用在理论中所学到的知识技能通过自己的思考和智慧解决问题。中国共产党历来重视党员干部教育培训工作，特别是聚焦各项事业发展和党员干部成长需要持续创新教育培训形式。2023 年 9 月 19 日，中共中央发布了修订后的《干部教育培训工作条例》，其中在"教育培训方式方法"一章中指出"干部教育培训应当根据内容要求和干部特点，综合运用讲授式、研讨式、案例式、模拟式、体验式、访谈式、行动学习等方法，实现教学相长、学学相长。"在全党开展的学习贯彻习近平新时代中国特色社会主义思想主题教育也着重强调"党支部依托'三会一课'、主题党日，通过交流研讨、宣讲阐释、案例教学、线上培训等方式组织党员学习，深刻领悟习近平新时代中国特色社会主义思想的真理力量和实践伟力。"各领域通过主题教育选树了一批正反面典型，而内蒙古自治区呼伦贝尔市新巴尔虎右旗一直以来在加强和改进党的民族工作、推动产业融合发展、边疆民族地区基层治理等方面树立了正面案例，突出案例教学，组织学员"带着案例来、围着案例讲、学着案例干"，为以新时代蒙古马精神推动高质量发展形成了可供借鉴的经验做法。

以高质量党建推动牧区高质量发展

——新巴尔虎右旗牧区现代化试点建设党建工作研究报告

【内容摘要】按照中央以党史学习教育成效促进高质量发展的要求，围绕新巴尔虎右旗牧区现代化试点建设两年来取得的阶段性成果，探索构建高质量党建与牧区高质量发展深度融合框架体系：一是以高质量政治建设，提高各级党委（党组）建设水平，充分发挥党组织政治功能，把各领域各级党组织建设成为实现党的全面领导、维护党中央集中统一领导的坚强战斗堡垒，把强大政治优势转换成发展优势；二是以高质量思想建设，坚持马克思主义在意识形态领域的指导地位，有效发挥党的科学实践伟力，繁荣发展牧区文化事业和文化产业，汇集铸牢中华民族共同体意识的文化动力；三是以高质量组织建设，配强领导班子这个经济社会发展的决策层和指挥部，并通过推进党支部建设，树立党的一切工作到支部的鲜明导向，把"五化协同、大抓基层"的领导制度和工作机制全面融入牧区经济发展和社会治理。

【关键词】党史学习教育　牧区现代化建设试点　新巴尔虎右旗经验

党的十九届五中全会把农业农村现代化作为全面建设社会主义现代化国家的重大任务，作为解决发展不平衡不充分问题的重要举措和推动农业农村高质量发展的必然选择，这也为以畜牧业为基础产业的边疆民族地区推进牧区现代化建设进一步指明了方向。2018年新巴尔虎右旗被确定为内蒙古自治区牧区现代化建设试点单位，按照习近平总书记"着力抓好农牧业和牧区工作，促进牧区又好又快发展""积极打造现代畜牧业"的要求和内蒙古自治区党委、呼伦贝尔市委的工作部署，新巴尔虎右旗委、政府把牧区现代化试点建设与牧区基层党组织建设深度融合，积极探索以高质量党建推动牧区高质量发展的新途径，经过两年的丰富实践取得了阶段性成果。

新巴尔虎右旗位于内蒙古自治区呼伦贝尔市西南部，北、西、南三面与蒙古国和俄罗斯接壤，全旗总面积 2.52 万平方公里，总人口 3.5 万人，其中蒙古族人口 29430 人，占总人口的 83.63%，从事畜牧业生产人口 1.7 万人。全旗辖 3 个镇、4 个苏木、12 个社区、51 个行政嘎查村，其中牧业嘎查共 44 个。全旗共有 184 个党组织、3721 名党员。新巴尔虎右旗是全区 19 个边境旗县之一，边境线长 515.4 公里。旗内有对蒙古国开放的阿日哈沙特口岸，东北部与全国最大的陆路口岸城市满洲里市毗邻。

一、基本情况

（一）把新发展理念融入牧区现代化新实践

一是坚持把新发展理念作为试点工作的先导。2015 年，习近平总书记在主持起草"十三五"规划时，创造性地提出了创新、协调、绿色、开放、共享的新发展理念，成为编制和实施"十三五"规划的根本遵循。党的十九届五中全会通过的《中共中央关于制定"十四五"规划和二〇三五年远景目标的建议》（以下简称《建议》）中明确以高质量发展为主题，突出以新发展理念为指导。习近平总书记强调："新发展理念是一个整体，必须完整、准确、全面理解和贯彻。"新发展理念在内蒙古的创新实践主要体现在要扎实推动经济高质量发展、以高水平保护促进高质量发展、坚持以人民为中心的发展思想、坚持马克思主义民族理论中国化、把党的建设贯穿新发展理念的始终。新巴尔虎右旗牧区现代化试点工作起步于"十二五"期间，并把新发展理念贯穿发展全过程和各领域，促进和带动重点领域提档升级，将以较好的成绩、较高的起点步入"十四五"规划和二〇三五年远景目标建设时期。2020 年 8 月 9 日，全区推进牧区现代化试点工作现场会在新巴尔虎右旗成功举办，试点工作得到内蒙古自治区、呼伦贝尔市两级党委、政府的充分肯定，在产业发展、生态保护、体制机制等方面提出了许多具有可行性的指导意见和实施建议，形成了许多基础性、前沿性理论成果，为全区牧区高质量发展提供了"新右旗方案"。二是进一步激发广大党员干部干事创业和各族群众高质量发展的热情。内蒙古自治区政府批复《方案》后，市、旗两级高度重视牧区现代化试点建设工作，分别成立以党委、政府主要领导为组长的试点建设领导小组，制定试点建设三年规划，印发试点建设工作要点，建立工作制度，统筹推进牧区现代化试点工作。通过宣传发动、组织筹备全区现场大会，进一步提高广大党员干部的政治站位和高质量发展的本领，为提前开始谋划全旗范围内的牧区现代化建设凝聚起强大的精神动力。三是通过模式创新，抢抓机遇积极参与区域协调发展。党中央针对我国区域发展出现的新情况新问题，进一步完善与优化区域空间治理，按照主体功能定位划分政策单元，对重点开发地区、生态脆弱地区、能源资源地区等制定差异化政策，分类精准施策，增强保障粮食安全、生态安全、边疆安全等方面功能，形成优势互补、高质量发展的区域经济布局。作为生态大旗，面对发展不足的实际，从制度体系着眼，从体制机制突破，先行先试，纵向上得到各级党委、政府的支持和关怀，横向上补短板、强弱项、保功能，不断拓展空间布局，以崭新姿态赢得新的发展机遇。

（二）探索形成牧区现代化建设新模式

新巴尔虎右旗委加强对牧区现代化试点工作的集中统一领导，有效做好重大工作的顶层设计、总体布局、统筹协调、整体推进、督促落实，为牧区现代化建设提供了强有力的政治保障。全旗所辖七个苏木镇党委在夯实基层党建基础上下真功夫，围绕强化嘎查"两委"抓队伍、围绕壮大集体经济抓发展、围绕拓展服务范围聚人心，由领导干部带头、走访入户、广泛深入调查摸底、宣传动员、解决试点工作的实际困难，为精准确定试点嘎查提供科学依据；政府各部门加快转变职能，延伸服务触角，优化牧区现代化发展环境。在此基础上，结合纯牧区、半农半牧区并存的实际，以培育专业合作组织，创新经营体制为重点，由小到大拓展试点户数比例。目前已在 19 个嘎查开展试点工作,占全旗嘎查总数的 37.25%。入社户数为 1917 户,入社人口 4330 人,入社率为试点嘎查的 66.47%。初步形成各有特点的"芒来新型股份合作社"和"七村一体化"两种模式。

"芒来新型股份合作社模式"主要针对草牧场已承包到户的嘎查,按照牧民自愿的原则,依据草畜平衡标准,将承包经营的草场及牲畜作价入股,组建新型股份制专业合作社。一是生态方面。拆除草场网围栏,整合连片草场,科学调整设置放牧点,恢复传统轮牧,在有效轮牧的过程中草原得以休养生息,植被覆盖度、单位产草量较往年均有所提高。二是生产方面。充分发挥合作社集约化、标准化、规模化优势,通过组织化生产有效降低生产成本,采取统一销售提高市场竞争力。利用草原自然优势和传统游牧文化底蕴,加快休闲体验型草原生态旅游发展,促进各产业融合。三是生活方面。加强基础设施和 4G 网络建设,提升试点嘎查无线网络覆盖,生产保障水平不断提高。通过试点建设,入社牧民有了资产性收益和工资性收入,实现了多行就业,多业增收,社员生活条件不断改善。

"七村一体化模式"主要针对中心镇城郊相邻嘎查人口相对集中、草牧场没有承包到户、实施联户经营的聚居地,在各嘎查组建集体经济组织合作社,并成立合作联社整体经营管理,统筹资源配置,推进农牧旅贸融合发展。一是推进产业融合发展。以集体经济产权制度改革为突破口,侧重七个嘎查的人力资本、基本草原、耕地、牲畜、机械设备等传统要素的合理配置,重点打造肉牛养殖基地建设,围绕传统手工奶制品、有机蔬菜、瓜果及酱腌菜加工等,推进产业融合发展。二是加大现代化项目拉动。投入 1180 万元,建设集养殖、饲料储备、机械设备、防疫、办公等五大区域功能的希日塔拉嘎查养殖基地,提高试点嘎查合作经营的科技含量和产值效益,促进高质量就业。同时,带动建档立卡贫困户持续稳定就业,实现巩固拓展脱贫攻坚成果同乡村振兴有效衔接。三是推进旗、镇、嘎查公共服务一体化。适应人口结构和经济社会形态的变化,强化公共服务供给旗、镇、嘎查统筹,推动形成旗、镇、嘎查功能衔接互补的公共服务体系。同时,七个嘎查村的各族农牧民充分享受旗域内教育、医疗卫生等公共服务均等化成果。

（三）促进重点领域提档升级

新巴尔虎右旗依托牧区现代化试点建设的有利条件，结合嘎查（社区）、苏木镇换届，夯实组织基础，抓实各项重点工作建设，凝聚党心民心，全面统筹推进六个提档升级，不断推动生产、生活、生态协同发展。一是推动生态保护提档升级。新巴尔虎右旗始终保持加强生态文明建设的战略定力不动摇，坚守生态保护红线，把保护草原作为首要任务、构建国土空间开发保护格局，实现山水林田湖草沙一体化系统保护和动态监测管理。近年来，全面落实新一轮草原生态奖补政策，奖补面积3413万亩、完成草畜平衡2798.7万亩、禁牧草原面积614.3万亩、天然草原退牧还草207万亩、草原生态修复29.81万亩、呼伦湖综合治理总面积23.27万亩、生态移民搬迁228户、整改完成中央环保督察"回头看"及草原生态环境专项督察问题34项，推进巴尔虎黄羊自然保护区建设。建立生态资源管理长效机制，生态文明制度不断健全与完善，全旗生态环境状况明显好转，牧民群众生态保护意识的主动性和积极性不断增强，使生态文明体制改革落到实处，让良好生态环境成为全旗高质量发展的增长点、高品质生活的支撑点，进一步构建人与自然和谐共生的现代化新格局。二是推动产业转型提档升级。着眼于高质量发展的时代要求，坚持产业生态化、生态产业化，强化科技和装备支撑，提高良种化水平，优化产业布局，实施品牌战略，努力提高畜牧业发展质量效益和竞争力。创新畜牧业经营体制机制，培育新型经营主体，打造优良畜种培育、扩繁、养殖、加工、销售全产业链，建立6家"龙头企业+合作社"产业化利益联结机制，推动实施种羊扩繁基地提标改造工程和发展壮大集体经济积累。建立生态畜牧业大数据平台，以"电商+"为引领，建设完成电子商务示范基地，推动数字产业化平台建设。加快旅游业发展，结合发展畜牧业的优势，全面推广建设现代智慧生态家庭牧场，开展牧户体验旅游，打造多产业融合发展的游牧文化产业，提高草原旅游产业内涵，提升服务业效能，以培育新技术、新业态、新模式，推动牧区第一、第二、第三产业融合发展。三是推动民生改善提档升级。坚持把提高牧民生活品质摆在牧区现代化建设的重要位置，实施就业优先战略，牧民经过就业培训实现了多行业就业、多就业增收。着力完善苏木镇、嘎查水、电、路、通信网络、物流、户改厕等基础设施建设，丰富"一环四线+"路网框架。全力推进"农信驿站"、动物诊疗服务、饲草料供应等社会化服务工作，聚焦牧民群众"急难愁盼"，全面提升"我为群众办实事"质量。实现生态资源、智慧牧场、畜牧管理等资源共享，为牧民提供精细化服务，不断完善共建共治共享的格局。深入巩固脱贫攻坚成果，经过几年的持续奋斗，全旗 391 户 1041 人建档立卡贫困人口全部实现脱贫，贫困人口人均纯收入由最初识别时的 8489.18 元，增长到目前的 23621.36 元，年均增幅 16.02%，如期完成了新时代脱贫攻坚目标任务。全旗牧民群众在文化、教育、卫生、体育、就业及生产生活等方面整体水平明显提高，不断增强牧民群众的获得感、幸福感、安全感。四是推动社会文明建设提档升级。以铸牢中华民族共同体意识为主线，以思想引领为重点加强理论武装，重点围绕学习贯彻习近平总书记关于加强和改进民族工作的重要思想，进一步夯实理论思想武装。严格落实意识形态责任制，实行意识形态阵地网格化管理，充分依托嘎查村、社区党组织和红色堡垒户，全旗共设置 299 个网格、992 名网格员。加快文化事业及产业繁荣发展，大力弘扬新巴尔虎右旗"乌兰牧骑"精神，推进新时代文明实践中心（所、站）建设，充分发挥新时代"红色文艺轻骑兵"作用。全旗 58 个"蒙古包哨所、牧民哨兵"建设取得新成效，以"每一个蒙古包就是一个哨所、每一个牧民都是一个哨兵"为建设目标，千里边防更加稳固。依托"边境之窗建设工程"，努力扩大对蒙古国外宣的影响力，进一步拓展"克鲁伦"外宣项目传播力，推动中华文化走出国门，进一步增强文化软实力。五是推动人才培育提档升级。按照《国家中长期人才发展规划纲要（2010 年—2020 年）》精神，加快各类人才队伍建设，全面抓好"一心多点"引才聚才效能。全旗以人才队伍向高素质专业化发展为目标，持续加强与各高校、科研院所合作交流，同浙江大学、内蒙古党建研究会、中国林业思想政治工作研究会合作开展了党建引领助力牧区现代化课题研究，充分发挥"智库"支撑引领作用。持续推进实施"克鲁伦英才""一合作社一专家顾问""一嘎查村一名大学生"人才工作，全旗目前共有 13 名"克鲁伦英才"、15 名合作社技术专家（旗级 12 人、市级 3 人）、6 名法律顾问、56 名"一嘎查村一名大学生"人才，逐渐壮大人才储备队伍。旗委、政府坚持把选优配强驻村工作队力量作为人才培养的重要举措之一，全旗共选派驻村工作队 51 支 162 人（含派驻嘎查第一书记 51 人），驻村工作队的选派培养锻炼了一批基层党政管理人才和专业技术人才，锻造了一支综合素质优良、能堪当时代重任的精锐队伍，赓续蒙古马精神，提振了全旗干部的精气神，形成人才向牧区基层一线流动的鲜明导向，并把到牧区一线工作锻炼作为培养、考察识别干部的重要途径，也为全旗推动牧区现代化和乡村振兴战略提供了人才支撑。六是推动基层党组织建设提档升级。党的十八大以来，按照党中央决策部署和上级党委的具体要求，各级党组织和广大党员干部以"三年打基础、五年争优先"为目标，认真贯彻全面从严治党向基层延伸的重大举措。结合实际创新载体，以打造北疆红色堡垒户、重点工作巡访制度、培养党建助理员为抓手，持续扩大"克鲁伦先锋"牧区党建品牌效应，以推进"五化协同、人抓基层"和坚强堡垒"模范"支部创建党群服务中心建设为着力点，加大基层党组织培训力度，抓实"三级书记"讲党课工作机制，不断赋予基层党建新内涵。截至 2020 年末，全旗共创建坚强堡垒"模范"支部党支部 44 个，建成党群服务中心 70 处，党群服务点 28 个。芒来嘎查党群服务中心被确定为呼伦贝尔市委党史学习教育第一批红色资源教学点，为全市开展党史学习教育提供了生动教材，充分发挥了宣传教育功能。在全党建党 100 周年之际，芒来嘎查党支部书记、嘎查达米吉格道尔吉被评选为"全国优秀党务工作者"荣誉称号，为全旗党员群众树立了先锋模范作用。2018 年，新巴尔虎右旗被中组部组织二局确定为全国牧区基层党建联系点，特别是经过"不忘初心、牢记使命"主题教育和党史学习教育的洗礼和考验，全面完成嘎查"两委"、苏木镇党委换届工作，选优配强了一支高素质专业化的基层干部队伍，使各级党组织的战斗堡垒作用和党员先锋模范作用明显增强，驾驭复杂局面、科学应急管理和风险治理能力明显提高。积极深入推进基层党风廉政建设和反腐败斗争，以净化基层政治生态为突破口，在全市率先建立"三务"公开网络监督平台、优化营商环境"码上监督"平台，切实保障人民群众监督权、知情权、参与权，融会贯通各领域、全方位监督，实现了正风肃纪反腐的良好成效。全面深化各领域改革，整体推进了全旗的高质量发展，进一步推动全旗党员干部增强"四个意识"、坚定"四个自信"、做到"两个维护"。

二、存在问题及原因分析

（一）存在的问题

1. 草原生态脆弱、各种灾害频繁。新巴尔虎右旗自然生态相对较为脆弱，受旱灾、鼠灾、虫灾等自然灾害和各类极端天气的影响，导致草原生态环境脆弱、生物多样性减少、草原退化、沙化等问题。一是流动沙地埋没部分草场，导致可利用草场面积减少。个别植被退化，低劣杂类草比例上升，牧草的产量和质量明显下降。二是气象灾害发生频繁，每年春、秋两季大风季节沙尘暴天气时常发生，干旱程度加剧，环境质量下降。以上因素很大程度上制约着牧区现代化的发展。三是草场纠纷比较多，在各类信访中的比例比较高。

2. 当地经济社会发展总体水平缓慢。新巴尔虎右旗经济发展水平较低，且自我发展能力还有待提高。由于牧民受传统生活方式的影响，多数牧民居住分散、相互隔绝、与外界之间少有联系，一般只从事传统的草原畜牧业生产，生产方式、劳动技能、收入结构单一，资金来源不稳定，使得牧民收入增长缓慢，增收乏力。目前以畜牧业为主导的产业面临着调整经济结构、转变生产方式和提高社会生产力水平的艰巨任务，进而影响了整体经济发展水平明显滞后于其他地区，牧区现代化的任务更加艰巨繁重。

3. 现代公共服务水平普及不足。新巴尔虎右旗地处边境地区，受地理区位因素的影响相对闭塞，再加上牧民"散居"的生活方式，目前牧区普遍存在有知识、身体强壮、有经济基础的年轻人大多都在城镇工作和生活的现象，其家中的畜牧业主要由中、老年群体承担，导致牧区嘎查村劳动力缺乏，适应牧区经营，特别是现代化建设的技能型乡土人才、经验型人才极少。劳动力减少和经济收入减少，直接影响牧区现代化人力物力财力的投入，致使现代化建设起点较低。从整体上来看，与城市、农区相比，牧区的生产生活成本较高。机关干部服务意识和现代公共服务水平还有待进一步提高。

4. 专业型人才相对匮乏。现代化建设对各类人才队伍建设提出新要求、新标准。人才是高质量发展的第一资源，人才匮乏就会制约区域的发展，国家对民族地区支持力度持续加大和民族地区基本公共服务能力建设仍然薄弱并存，经济社会发展短板制约各类人才的发现、培养、使用和引进。新巴尔右旗处于欠发达地区，尤其是边疆民族偏远地区，存在高层次专业技术人才和企业经营管理人才少、人才培养教育体系不够完善、人才发展体制机制障碍尚未消除、人才资源开发投入不足等问题，最终导致人才引进与培养难度大。

5. 牧区基层党建工作存在薄弱环节。新巴尔虎右旗在党的理论建设方面力度还有差距，一些党员、干部和基层党组织负责人对党支部引领牧区现代化，特别是引领合作社运行存在模糊认识，单纯依赖经济组织发展现代化的想法占上风；语言文字交流沟通仍然存在很大障碍，特别是少数民族语言教材少，导致党的创新理论的传播受到一定局限；牧民居住分散党员之间的居住地距离较远，党员集中开展学习活动难，集中开会或开展活动难度很大；一些党员干部存在轻党建重业务现象，教育培训缺乏针对性，工学矛盾依然突出；一些嘎查党支部书记过于依赖党建助理员，忽视了日常学习和对自身素质的提升。一些嘎查党支部对牧区党员教育引领作用发挥不够，基层党组织廉洁教育开展次数不多，监督委员会职能履行不到位，监督作用发挥不充分。苏木镇纪委（监察办公室）监督力量薄弱，苏木镇纪检干部达不到专职要求，发现问题能力不足。

（二）产生问题的原因

1. 政治建设意识不强。一些党组织和党员干部对政治建设的要求理解不深，在思想建设、组织建设、作风建设、纪律建设以及制度建设、反腐败斗争中存在政治标准不高的现象。如：在铸牢中华民族共同体意识的宣传教育上还不够精准、不够深入、不够全面；缺乏对党的建设的调查研究，对自治区党委提出的基层党建四个专项整治与实际结合得不够紧密，缺乏有效对策；对民族工作、宗教工作、群众来信来访等意识形态等领域存在的问题缺乏从政治上看问题的敏锐性；一些党员、干部为民办实事与思想政治工作结合不够密切，围绕"五个着力"不够充分；在产业转型、乡村振兴、生态文明、数字经济、特别是现代畜牧业方面贯彻新发展理念存在不少差距，八项执政本领亟待提高。

2. 思想建设缺乏主动性。一是一些党员干部没能把思想建设作为确定政治路线、完成政治任务的基础和前提，例如：理论学习缺乏问题导向，对党的民族理论和民族政策的学习、理解、解读、宣传、运用缺乏针对性，更缺乏用群众的理解方式解读宣传和传播，有的比较泛泛，有的甚至长期停留在口号上；二是缺乏首位意识。没有把思想政治建设真正放到各级领导班子建设的首位。存在思想政治工作方法单一，内容不鲜活，没有找到思想政治工作的切入点。存在针对热点焦点问题分析研判不准，抓不住重点，意识形态责任落实不到位等突出问题。三是对思想政治建设主体理解存在偏差。多数人认为这是宣传部门、文化部门、新闻媒体的工作，从而忽视各领域党组织、党员干部队伍的主体作用和先锋模范作用，忽视壮大社会力量，更忽视把自己摆进去。四是在党史学习教育中，停留在听故事、讲故事层面比较多，悟思想不够深刻，特别是对党的百年历史中路线政策的历史发展学习研究得少。

3. 组织建设存在不平衡。思想建党与制度治党、思想建设与组织建设结合不够紧密。干部"德"的考核差异化标准体系还不够完善；理论学习、理论修养、用理论解决实际问题的能力还没有成为鲜明导向；领导干部双重组织生活还存在许多薄弱环节，特别是以普通党员身份参加组织生活质量不高；作风建设和纪律建设不够扎实；高素质专业化干部队伍、各领域人才队伍建设还不完全适应牧区高质量发展需要，对本土人才的发现、培养、评价不科学、不完善，人人成才、人尽其才的理念还没有彻底转变；一些党委、领导干部对基层党组织建设重视程度不够，投入精力不足。甚至把基层组织当作底层组织，民主不够广泛，党员主体地位亟待提高。

三、对策建议

党的十九大提出全面推进党的政治建设、思想建设、组织建设、作风建设、纪律建设，把制度建设贯穿其中，深入推进反腐败斗争，不断提高党的建设质量。党的十九届五中全会通过的《中共中央关于制定国民经济和社会发展第十四个五年规划和二〇三五年远景目标的建议》。习近平总书记在主持起草《建议》的过程中进一步指出，"高质量发展不仅仅指经济领域，还包括党和国家事业发展的其他各个领域。"党的十九届六中全会审议通过的《中共中央关于党的百年奋斗重大成就和历史经验的决议》（以下简称《决议》）确立习近平同志党中央的核心、全党的核心地位，确立习近平新时代中国特色社会主义思想的指导地位，这是党的十八大以来最重要的政治成果。我们要深刻领会"两个确立"的相互关系、基本内涵、重大意义和实践要求，确保"两个确立"全面落到实处。要结合新巴尔虎右旗实际，广大党员干部必须进一步增强"四个意识"、坚定"四个自信"、做到"两个维护"。在以牧区现代化推动重点领域提档升级的基础上，从立足新发展阶段中把握历史新方位、从贯彻新发展理念中把握工作新导向、从构建新发展格局中把握战略新使命，更快更稳地迎来各项事业高质量发展的新机遇。

坚持党的领导是抓好党的事业的根本前提，加强党的建设是推动事业的根本保证。党的十九届五中全会《建议》提出"提高党的建设质量"要求，为深入推进全面从严治党、加强和改进党的建设明确了目标任务和前进方向。我们要深刻领会和把握这一要求，以高质量党建推动牧区各项事业高质量发展。

（一）高质量抓好党的政治建设，充分发挥党推动经济社会发展的强大政治优势

坚持党的全面领导、加强党中央集中统一领导，是"十四五"时期经济社会发展的首要原则和根本保证。2020 年，内蒙古自治区人民政府办公厅印发了《牧区现代化三年行动方案（2020—2022 年）》，使今后的目标任务更加具体明确。作为全区牧区现代化示范旗之一，新巴尔虎右旗肩负着更为艰巨的攻坚任务。越是这样，就越是要坚持正确的前进方向、保持坚强的政治定力、形成强大的发展合力，也就越要坚持党的全面领导，坚决做到"两个维护"。习近平总书记强调："讲政治是具体的，'两个维护'要体现在坚决贯彻党中央决策部署的行动上，体现在尽职尽责、做好本职工作的实效上，体现在党员、干部的日常言行上。"因此，要结合本地区实际，高质量抓好党的政治建设，针对特点找好切入点。

把"两个确立"重大政治成果体现到各项事业全过程。习近平总书记始终深情牵挂内蒙古各族人民，高度重视内蒙古各项事业的发展，发表一系列重要讲话，作出一系列重要指示批示。其中，关于"着力抓好农牧业和牧区工作，促进牧区又好又快发展""积极打造现代畜牧业"和关于呼伦湖保护区的重要讲话和重要指示批示精神，符合新巴尔虎右旗具体实际，表达了全旗各族人民共同心声，也指明了发展方向。全旗上下要持续深入领悟，不断深化贯彻落实习近平总书记的重要讲话精神和内蒙古自治区第十一次党代会精神，以"十三五"规划圆满收官、"十四五"良好开局、全面完成全区牧区现代化试点建设三年规划，如期实现全面建成小康社会和各项事业步入高质量发展轨道为新起点，开启向第二个百年奋斗目标进军的新征程。

带头做到"两个维护"，彰显党政机关政治属性。习近平总书记在中央和国家机关党的建设工作会议上指出，"中央和国家机关必须牢固树立政治机关的意识。各部门和单位职责分工不同，但都不是单纯的业务机关。中央和国家机关是践行'两个维护'的第一方阵，如果党的理论和路线方针政策在这里失之毫厘，到了基层就可能谬以千里"。各部门和单位一把手要把"两个维护"作为政治建设的首要任务，要履行政治机关、特别是践行"两个维护"的第一方阵职责，抓住"关键少数"，实施"一把手"政治能力提升计划，把牢守住政治首关。作为民族地区，要学懂弄通习近平总书记关于民族工作和党史学习教育重要论述，善于从一般事务和历史中发现政治问题，善于从倾向性、苗头性问题中发现政治端倪，善于从错综复杂的矛盾关系中把握政治逻辑。要加大党组织领导工会、共青团、妇联等群团组织政治动员、政治引领、政治教育工作力度，更好地承担起引导民族地区各族群众感党恩、听党话、跟党走的政治任务。

优化机构职能，系统性增强党的领导。2018年2月，按照《中共中央关于深化党和国家机构改革的决定》要求，从国家层面到各旗县均成立林业和草原局。两大管理系统的整合，在基层涉及多方面治理主体职能和利益关系的调整，需要做大量整合分散的生态环境保护职责，广泛深入开展各族群众思想政治工作，引领基层社会治理等。要结合牧区现代化建设下一步发展需要，加大协调力度，抓紧核算草原的生态系统服务功能价值，加快研究和建立碳汇交易机制，科学量化生态价值，为牧区现代化建设提供科学依据。各部门各单位都要按照党中央和上级党委的统一部署，深化简政放权、放管结合、优化服务改革，推动机构整合、人员融合和工作流程磨合，把习近平总书记提出的"把党的领导贯彻到党和国家所有机构履行职责全过程，推动各方面协调行动、增强合力"要求落到实处。

突出政治标准，以正确的用人导向引领干事创业导向。按照中央要求，各级领导干部要用政治眼光观察和分析经济社会问题。各级党委要引导党员、干部牢记自己的第一身份是党员、第一职责是为党工作，深化自身对"政治工作是一切经济工作的生命线"的理解，真抓实干把党中央决策部署贯彻到经济工作各方面，为立足新发展阶段、贯彻新发展理念、构建新发展格局，更加强化重品德、重才干、重担当、重实绩、重公认的导向，彰显新时代正确选人用人导向对于干事创业的重要引领作用。

（二）高质量抓好党的思想建设，有效发挥党的科学理论的实践伟力

提高党的思想建设质量，就要全党深入开展好党史学习教育，深入学习贯彻习近平新时代中国特色社会主义思想，不仅将党的创新理论转化为坚定的理想信念、正确的政治立场、科学的思维方式、有效的政策举措、显著的工作成效，而且用各族群众能够理解的文化形式表现出来，使先进的思想文化转化为强大的物质力量。

加强和改进思想政治工作方法创新。随着全面建设社会主义现代化国家新征程的深入推进，我国社会结构、社会观念、社会行为都将继续发生深刻变化。新形势下，思想政治工作面临新环境新问题新挑战，特别是进入新媒体时代，信息交互在时空上实现了跨越，人们获取信息的途径更多、更灵活，这极大地改变了教育与受教育者主动与被动的固化关系。一方面，要借助新媒体的形态语态，改变传统的说教方式，代之以平等式、交互式、引导式的交流方式，增强思想政治工作的亲和力和吸引力。另一方面，要防止工作和学习"两张皮"，做到工作研究化、研究工作化。遵循从实践中挖掘新材料、发现新问题、提出新观点、构建新理论的必然程序和过程。在此基础上，提炼出具有学理性的新理论，概括出有规律性的新实践。在目前的新形势新环境下，要把优良传统和高度概括的理论问题、价值观问题、理想信念问题，通过用群众语言、图解、视频、音频等传播形式宣传阐释。注重讲理与办实事相结合，重视群众来信来访，着力化解社会矛盾，特别要集中精力重点解决围绕草场纠纷等影响高质量发展的突出问题，优化发展环境。

围绕区域协调发展推动文化产业带建设。文化具有很强的关联性，有助于提高相关产业的附加值。推动高质量发展，必须推进文化和相关产业

深度融合。从地理位置上看，新巴尔虎右旗推动高质量发展既有短板也有优势。党中央实施区域协调发展战略，对民族地区、生态功能区、农产品主产区以及边境重点城镇和口岸建设、沿边开放试验区布局，将建立健全长效普惠性的扶持机制和精准有效的差别化支持机制，促进人口、土地、资金、技术等各类生产要素合理流动和高效集聚，补齐区域协调发展的短板。新巴尔虎右旗以国土面积空间格局、天然草原、生态文化、绿色产品和一头在外一头在内的"一带一路"双循环"前沿"位置的优势更加明显。一是文化与旅游融合。内蒙古高原是北方游牧文化的摇篮，是中华文化的重要组成部分。草原文化崇尚自然，珍视生态环境，注重资源永续利用。要让更多文化资源、文化要素转化为旅游产品，用创建农村牧区"文明家庭""文明嘎查（社区）"丰富旅游的内涵，提高社会文明程度；以新时代乌兰牧骑精神拓展旅游空间，用先进文化的养分滋养休闲牧业和乡村旅游；以现代理念、数据农牧业提升"逐水草而居"游牧文化的生态智慧，进一步推动旅游的特色化、品质化、效益化发展。同时，依托旅游的产业化、市场化手段丰富文化产品的供给类型和供给方式，让旅游为社会主义核心价值观弘扬传播、为中国特色社会主义文化繁荣发展搭建广阔平台，在传承生态文明中促进各民族文化认同。二是文化与品牌融合。增强"绿色内蒙古"、呼伦贝尔、大兴安岭等区域性形象品牌意识，引导和培育草原生态等地质景观文化、巴尔虎民俗等民族民俗文化、"西旗羊肉"等"内蒙古味道"品牌文化优势资源向区域品牌聚集，并随着电商推销、冷链物流运输的开通和羊肉交易项目的运营管理，加强与产品流通区域的文化交流与合作，用绿色建立鲜明的品牌定位，用品牌文化提高相关产业附加值，放大相关产业优势和产品市场知名度，同时，在促进和加大区域间各族群众交往交流交融中，深入推进文化产业带建设，推动形成消费者群体在精神上对品牌的高度认同和独特信念。三是文化与科技融合。《建议》对创新在我国现代化建设全局中的核心地位和创新实施文化惠民工程提出明确要求。按照内蒙古自治区政府把种子工程作为牧区现代化先导性工程来抓的要求，新巴尔虎右旗积极深度融入"科技兴蒙"行动，努力打造现代化、智慧化、标准化呼伦贝尔羊扩繁基地；按照牧区现代化试点规划，整体推进19个试点嘎查数字化管理，从下往上实现牧户、嘎查、苏木镇、旗四级无缝对接，"数字化牧场""智慧畜牧业"全覆盖正在形成，"电子商务综合示范旗"和畜牧业社会化综合服务平台建设项目稳步推进。牧区现代化将极大促进新一轮科技革命，这给文化创意和设计服务与实体经济深度融合创造了更广阔的空间，将极大促进文化元素、内容与科技方法、手段有机结合，并不断催生出新技术、新工艺、新产品，不断满足各族群众对具有高质量文化品位的科技产品的需求。四是文化与人才融合。功以才成，业由才广。要加快培养高素质文化人才队伍，要改进人才评价方式，拓宽人才评价渠道，创新乡土人才和阶段性成果塑造机制，挖掘和提升手工制作等凝结在原生态产品上的劳动价值，重视基础性产品、初级产品、原创作品、半成品的价值，降低准入门槛，同时积极探索多方面柔性引智渠道，使初级产品、原创作品、半成品通过引智合作，把更多先进理念、先进文化、先进经验融入原创作品中，把更多时尚元素融入传统产品中，扩大优质文化产品供给，解决当前文化人才有"高原"缺"高峰"的难题。

把维护国家网络空间主权作为边疆民族地区网络建设的核心内容。随着国际网络空间主权争论的升级，有效维护我国网络空间主权成为边疆民族地区各级党委确保国家安全、政权安全又一新的特殊使命。1992年，新巴尔虎右旗阿日哈沙特对蒙古国口岸正式通关，2017年被批复为双边性常年开放公路客货运输口岸，对外开放不断扩大。同时，随着两国人民交往交流交融的不断深入，不同价值观的博弈也成为最隐蔽最深刻最持久的文化现象和意识形态。边境地区的各级党组织和广大党员干部要按照习近平总书记考察内蒙古时提出的"与邻为善、以邻为伴"和国家"亲、诚、惠、容"的周边外交理念，不断加强双边交流合作。在网络日益成为双边重要的交往交流交融方式和"一带一路"国内国际双循环过程中，要以"克鲁伦"中蒙跨国传媒平台为主渠道，让各民族共享的中华文化符号"走出去"，充分展示大国人民讲信义、重情义、扬正义、树道义的正确义利观，以讲好中国故事、传播中华文明、体现中国价值为己任，为守护网络空间阵地、维护网络空间主权作出新的贡献。

（三）高质量抓好党的组织建设，配强领导班子这个经济社会发展的决策层和指挥部

党管干部是执政的标志。以全区组织工作提升年为契机，在新发展阶段要学党史、应变局、育新机、开新局、谋复兴，关键是要把各级领导班子配强，进一步把干部、人才队伍建强，切实提高选人用人质量。

改进推动高质量发展的政绩考核。新巴尔虎右旗作为中组部组织二局牧区党建联系点，要结合实际带头贯彻落实中央组织部印发的《关于改进推动高质量发展的政绩考核的通知》。一是把贯彻落实习近平总书记重要指示批示精神和党中央决策部署，贯彻新发展理念、推动高质量发展的实际表现和工作实绩，作为评价领导班子和领导干部政绩的基本依据，作为检验是否增强"四个意识"、坚定"四个自信"、做到"两个维护"的重要标尺。二是精准设置牧区现代化建设关键性、引领性指标，形成推动高质量发展的指标体系、政策体系、标准体系、统计体系，坚持定性与定量相结合，考人与考事相结合，以奖惩分明激励党员、干部担当作为。三是要按照内蒙古自治区党委的要求，今后发展党员、提拔干部时，要把懂不懂民族工作、会不会搞民族团结作为考察与识别党员干部的重点。

构建"三位一体"党员干部教育培训体系。一是深度融入满洲里干部学院教育培训体系。按照呼伦贝尔市委党员、干部教育培训规划要求，要加强对干部培训需求的调研分析，努力打造好新巴尔虎右旗教学点，充分发挥好新巴尔虎右旗党校（行政学院）优势资源，同时根据"缺什么补什么"的要求，精准做好全旗党员干部教育课程设置，强化分众化培训力度，探索"一对一""面对面""点对点""键对键"培训模式，使基本原理与地区特点深度融合、党性教育与专业训练同步增强、政治生态与自然生态同步建设，推进多样化常态化全覆盖。二是开发党员教育培训基本教材。基层适用教材开发工作相对滞后，特别是双语教材的缺乏，已成为牧

区基层党员干部教育培训的普遍性短板。要按照中央《2019-2023年全国党员教育培训工作规划》精神和牧区现代化示范点建设要求，组织编写新时代党员干部教育培训基本教材工作。要突出习近平新时代中国特色社会主义思想与牧区"三大攻坚战"、草原生态、民族团结、乡村振兴、牧区高质量发展、党史学习教育相结合，建立较为完备的课程培训体系，开发一批教学案例和现场教学点，探索编制聚焦高质量发展基本任务的党员、干部教育培训教材，组织好党建重大课题研究，全面系统总结建党100周年来新巴尔虎右旗党的建设取得的成就和经验，推出一批高质量课题成果。

三是建立线上线下阅读基地。要推进用学术讲政治这一党校教学改革进程，充分挖掘合理利用党校、各党性教育教学点、党员活动室、公共图书阅览场所及网络等阵地培训资源，拓展资料资源利用价值。提高党校教师、学校思政课教师、社会兼职专家学者的解读能力，并形成合力，引导不同群体的阅读潜力。要统一规划，分层次设计、筛选、对接阅读内容和服务对象，优化不同群体共享空间，通过建设"党建连心桥"手机应用等方式，随时能阅读到所需要的正版图书和权威资料，以缓解边疆民族地区师资力量和培训资源的不足。

以"五化协同，大抓基层"提升牧区基层党建组织力。围绕党的十九届五中全会高质量发展主题，进一步深化"五化协同、大抓基层"的思想认识，进一步抓实"五化协同、大抓基层"的重点举措，进一步增强"五化协同、大抓基层"的责任担当，扎实推进抓基层党建促民族团结进步、促乡村振兴，抓好组织衔接、力量衔接和保障衔接，推进高质量基层党建与高质量经济社会发展深度融合。一是按照"五化"标准衡量和提高基层党建质量。各级党组织要积极推进全旗基层党组织政治功能大排查，对"一支部一对策"量身整顿，加快构建党组织领导的治理体系。要按照"五化"标准和内蒙古自治区12项重视项目整体对接，并根据不同领域、行业和对象特点，选项认领，分类细化基础项目、重点项目和创新项目。把全旗184个基层党组织围绕高质量发展的系统性指标和关键性环节列入基础项目；进一步探索创新"五边行动""国门党建""红色堡垒户"等边疆民族地区特色载体，把坚强堡垒"模范"支部创建、发展壮大嘎查村集体经济列入重点项目，把19个牧区现代化试点嘎查加快培育农牧民合作社、家庭牧场等新型畜牧业经营主体列入创新项目。在深化集体经济产权制度改革，加快发展嘎查村集体经济的同时，以高质量作风建设、纪律建设和反腐败斗争，确保经济合作组织及各类经济实体规范化运行，营造和维护基层经济社会发展的良好政治生态。二是协同推进思想建党和制度治党同频共振。以党章为根本、以党的组织法规制度、党的领导法规制度、党的自身建设法规制度、党的监督保障法规制度等"1+4"体系为依据，全力抓好习近平新时代中国特色社会主义思想教育，深刻领悟习近平总书记关于党史学习教育的重要论述，深入学习"四史"，坚持读原著学原文悟原理，加强党内法规的学习研究和宣传解读，形成各级党组织和全体党员学习教育长效机制。同时，按照群众的理解方式，广泛深入开展思想政治工作，引导各族群众深刻理解习近平新时代中国特色社会主义思想和中国特色社会主义制度对人类政治文明的重大贡献。在此基础上，要通过一套完整的制度体系，把党组织的领导全面融入牧区现代化建设的各环节全过程，特别是将党支部的政治优势、组织优势同合作组织的经济优势以及群众的能动性相结合，形成协同推进政治、经济、社会价值取向的一致性、规范对象的相融性、功能发挥的互补性和制度建设的衔接性，确保制度体系建设的党性同人民性相统一。三是深化党建引领社会治理现代化。要进一步健全和完善总揽全局、协调各方的党的领导制度体系，通过加强"五个三"党群服务中心建设和数字化、网络化治理以及党建引领网格化治理，把党的领导落实到基层治理各领域各方面各环节。领导机关基层党建要带头理顺各领域党组织与各治理主体之间的关系，带头推进党建与业务工作深度融合。政府各部门要通过党的建设增强宗旨意识，通过专业训练提高服务技能。特别是理顺行业系统党组织抓基层党建的体制机制，落实行业系统基层党建工作责任制。努力做到"四个打成一片"：与全旗领导机关党支部打成一片，在机关党委的协调指导下，面向基层，资源下沉，形成共同推进牧区现代化建设的强大合力；与嘎查及生产一线党支部打成一片，把各嘎查及生产单位党支部作为重要抓手，详细调查研究，根据不同特点找到一把钥匙开一把锁的思路和方法；与广大牧民打成一片，在与各族群众血肉联系中问计于民，找到实现牧区现代化的力量源泉；与合作组织打成一片，通过培育和服务合作组织，在现代化建设新实践中增强经营意识，转变经营方式，才能深度融入市场，找到新的经营组织与新产业新业态的衔接点和结合部。

（四）高质量抓好党的作风建设和纪律建设，着力筑牢新时代全面从严治党的政治保障

党的十九大把坚持全面从严治党作为新时代坚持和发展中国特色社会主义的基本方略之一，提出了抓思想从严、抓管党从严、抓执纪从严、抓治吏从严、抓作风从严、抓反腐从严，构成了全面从严治党的完整布局和工作体系，为进一步夯实治党根基、提高管党治党水平提供了基本遵循，我们要在新发展格局中要认准方向、找准定位，不断深化全面从严治党向纵深发展，一体推进不敢腐、不能腐、不想腐，为新巴尔虎右旗实现高质量发展提供坚强保障。

坚持抓思想从严，着力教育引导全旗党员干部坚定理想信念。坚定理想信念是开展党内政治生活的首要任务，需要科学把握坚定马克思主义的信仰和做好马克思主义中国化这两个着力点。一是需要加强理论学习和思想政治教育。通过学习马克思主义中国化的经典著作提高政治素养，坚持用习近平新时代中国特色社会主义思想武装头脑，要求广大党员干部不断净化政治灵魂，把初心使命转化为锐意进取、真抓实干的自觉行动，着力筑牢信仰之基、补足精神之钙、把稳思想之舵，用正确的思想占领意识形态阵地。二是要始终坚持共产主义的远大理想。通过创新实现马克思主义和国情、时代、群众相结合，解决好本土化、发展化、普及化的问题，实现马克思主义理论普遍原理和具体的、民族的、特殊的实践相结合，坚定对中国特色社会主义的道路自信、理论自信、制度自信、文化自信。

坚持抓监督从严，推动监督管理常态化。我们要构建党统一领导、全面覆盖、权威高效的监督体系。强化政治监督，做实日常监督，主要是要保证党和人民赋予的权力能够得到正确行使。要发挥超前预防和查纠"四风"问题协作机制的作用，进一步创新监督方式，深化国家监察体制改革，把党内监督同国家机关监督、民主监督、司法监督、群众监督、舆论监督贯通起来，织密监督网络，让权力在阳光下运行。要紧扣"两个维护"强化政治监督，全旗各级纪检监察机关要依据《政治建设监督台账》，紧盯习近平总书记重要指示批示，特别是对内蒙古工作重要讲话精神落实情况强化监督，促进各级党组织和广大党员干部在现代化建设中尽心尽责、奋勇争先。

坚持抓治吏从严，优化选人用人环境。领导干部作为"关键少数"，要发挥全旗党员干部示范带头作用，要坚决整治用人上的腐败和不正之风，坚决防范"七个有之"，加强日常管理，发现问题，及时谈话函询，提醒纠正，使党员干部真切地感受到严管就是厚爱。要坚持正确用人导向，坚持标准、坚守责任、坚持原则，从严选拔、从严管理、从严监督，防止干部"带病提拔"，及时纠正选人用人错误偏向，保证公道正派。要注重基层、注重实干，要选拔经过基层历练有基层经验的干部，培养锻造出选拔一批新时代的好干部。

坚持抓作风从严，把以人民为中心的理念贯穿始终。作风建设的核心是保持党同人民群众的血肉联系，把百年奋斗历程中汲取的丰富营养转化为履职尽责的动力，持之以恒纠"四风"。一是要密切联系群众，贯彻群众路线。密切联系群众是党的作风建设的关键，各级党组织要从基层实际出发，着力加强党员干部思想政治建设，强化宗旨意识和群众观念。纪检监察机关持续关注群众反映强烈的突出问题，推进"上访变下访"，落实"末端工作法"，让群众在反腐"拍蝇"中收获作风建设成果。二是结合党史学习教育做好"我为群众办实事"工作。要结合党史学习教育，把"我为群众办实事"办实办好，切实解决好群众普遍关心的"急难愁盼"问题。要推动巩固拓展脱贫攻坚成果同乡村振兴有效衔接加压升温，不断增加人民群众的获得感、幸福感和安全感。

坚持抓反腐从严，着力扎紧制度的笼子。坚持无禁区、全覆盖、零容忍，一体推进不敢腐、不能腐、不想腐，不断取得全旗更大治理成效。一是加强教育，推进廉政文化建设。要从思想层面不断提升领导干部的规则意识，严明党的政治纪律和政治规矩，树立对人民、组织、法纪的敬畏之心，树立正确的权力观，保证权力使用的公正、依法、为民、廉洁。二是惩防结合，整体推进反腐败斗争常态化。要从规范党内政治生活和加强党内监督两个方面入手，上下联动，从战略上举全党之力，让反腐败无死角，形成不敢腐的威慑力、不能腐的约束力和不想腐的内驱力，不断提升新形势下反腐败的含金量，去除腐败分子的"白手套"和"障眼法"，让腐败分子无所遁形，保证政治生态风清气正，推进全旗全面从严治党向纵深发展。

新巴尔虎右旗以高质量党建推动牧区高质量发展，使全旗各族干部群众以新时代、新实践、新作为跨入社会主义现代化建设的新征程，在新时代的新征程上争取赢得更加伟大的胜利和荣光！

边境牧区高质量发展重点任务

——关于开展党的十九届六中全会精神 巡听旁听情况的报告

呼伦贝尔市委党史学习教育领导小组：

按照呼伦贝尔市委党史学习教育领导小组《关于做好党的十九届六中全会精神巡听旁听和党史学习教育巡回指导工作的通知》要求，市委党史学习教育第十二巡回指导组全面加强新巴尔虎右旗委、市教育局党组、市广播电视台党组、市呼伦湖自然保护管理局党组党史学习教育巡回指导和督促指导工作。对所联系、指导地区和单位理论学习中心组学习贯彻党的十九届六中全会精神情况开展网上交流沟通，认真审阅学习方案、研讨发言汇编和媒体报道等情况，并提出点评意见。按照市委及时上报鲜活经验的要求，现将与新巴尔虎右旗委理论学习中心组开展学习研讨情况总结上报，为指导各地建立党史学习教育常态化长效化制度机制提供参考。

呼伦贝尔市委党史学习教育第十二巡回指导组
2022 年 1 月 22 日

关于新巴尔虎右旗学习贯彻党的十九届六中全会精神 进一步推动牧区高质量发展重点任务的对策与建议

一、把"两个确立"重大政治成果体现到各项事业全过程

党的十九届六中全会审议通过的《中共中央关于党的百年奋斗重大成

就和历史经验的决议》（以下简称《决议》）。确立习近平同志党中央的核心、全党的核心地位，确立习近平新时代中国特色社会主义思想的指导地位。这是党的十八大以来最重要的政治成果。我们要深刻领会"两个确立"的相互关系、基本内涵、重大意义和实践要求，确保"两个确立"全面落到实处。要结合新巴尔虎右旗实际，广大党员干部必须进一步增强"四个意识"、坚定"四个自信"、做到"两个维护"。

习近平总书记始终深情牵挂内蒙古各族人民，高度重视内蒙古各项事业的发展，发表一系列重要讲话，作出一系列重要指示批示。其中，关于"着力抓好农牧业和牧区工作，促进牧区又好又快发展""积极打造现代畜牧业"和关于呼伦湖保护区的重要讲话和重要指示批示精神，符合新巴尔虎右旗具体实际，表达了全旗各族人民的共同心声，也指明了发展方向。全旗上下要持续深入领悟，不断深化贯彻落实习近平总书记重要讲话精神和内蒙古自治区第十一次党代会精神，以"十三五"规划圆满收官、"十四五"规划良好开局、全面完成全区牧区现代化试点建设三年规划、如期实现全面建成小康社会和各项事业步入高质量发展轨道为新起点，不断巩固拓展党史学习教育成果，团结带领全旗各族人民，开启向第二个百年奋斗目标进军新征程。

二、进一步坚持以人民为中心的发展思想

《决议》强调，"贯彻新发展理念是关系我国发展全局的一场深刻变革"。我们要对旗情进行再认识，坚持补短板，强弱项，立足资源禀赋、发展条件、比较优势等实际，找准把握新发展阶段，贯彻新发展理念，融入新发展格局，实现高质量发展、促进共同富裕的切入点和发力点。实践告诉我们，发展是一个不断变化的进程，发展环境不会一成不变，发展条件不会一成不变，发展理念自然也不会一成不变。在推进牧区现代化建设进程中，生产实践者最了解把党的创新理论与生态产业、现代畜牧业相结合的条件、进程、特点和规律。要深化马克思主义劳动创造价值的理解，尊重基层首创精神，坚持牧民主体地位。深度挖掘和聚集在人与自然长期和谐共处、特别是在社会生产实践中形成的向上向善、孝老爱亲、重义守信、勤俭持家的人际关系，总结和把握现阶段现代科技还不能完全替代、主要靠人工付出的生产技能、生产流程、特别是社会化生产所形成的社会心理结构乃至社会情感倾向的一般规律。要把每一个牧民当作物质财富和精神财富的创造者，把每一家牧户当作社会生产的组织者和经营管理者，在推进牧区现代化建设新实践中培养新的品质、新的素质、新的理念，特别是提升新的境界，进而挖掘并形成强大的社会潜力、精神动力和发展合力，加快物质向精神、精神向物质的创造性转化，促进人的全面发展。

三、把铸牢中华民族共同体意识作为树立正确民族观的主线

回顾党的百年历程，党的民族工作取得的最大成就，就是走出了一条中国特色解决民族问题的正确道路。改革开放特别是党的十八大以来，以习近平同志为核心的党中央既一脉相通又与时俱进，团结带领全国各族人民，坚持和完善民族区域自治制度，坚定不移走中国特色解决民族问题的正确道路，坚持把铸牢中华民族共同体意识作为党的民族工作主线，推动新时代党的民族工作高质量发展，巩固和发展平等团结互助和谐的社会主义民族关系，促进各民族共同团结奋斗、共同繁荣发展。新巴尔虎右旗是边疆民族地区，推动新时代党的民族工作高质量发展，首先要走出民族理论就是"少数民族理论"的误区，要把铸牢中华民族共同体意识作为进一步塑造党员干部科学世界观的主线。应加大对马克思主义民族理论原理的研究、阐释和推广普及，为正确理解铸牢中华民族共同体意识理论渊源提供科学的世界观和方法论，把铸牢中华民族共同体意识上升到民族地区党员干部世界观、人生观、价值观这个"总开关"层面，从人类道义的制高点，一览众山小，时刻把握处理民族问题的主动权。在铸牢中华民族共同体意识新实践中，要牢记中国共产党是什么、要干什么这个根本问题，把党的民族理论和民族政策的学习贯彻与"三会一课"等党内政治生活具体制度相衔接，聚焦基层党建四个专项整治，确保党的民族理论和民族政策到基层有人懂、民族工作在基层有人抓，用党的自我革命推动社会革命。

四、把绿色作为牧区高质量发展的鲜明底色

《决议》指出："党从思想、法律、体制、组织、作风上全面发力，全方位、全地域、全过程加强生态环境保护。"草原生态是新巴尔虎右旗最大特点和优势。坚持山水林田湖草沙一体化保护和系统治理是我们的使命。为此，既要坚持保护生态环境就是保护生产力，改善生态环境就是发展生产力的理念，更要结合实际探索出高水平保护、高质量发展相衔接的途径和模式。要巩固党和国家机构改革的成果，把生态文明建设融入政治、经济、文化、社会、党的建设的各方面和全过程，使各级组织、各部门、各行业的功能、职能和职责进一步聚焦绿色发展，为各行业各方面的劳动者、企业家、创新人才、各级干部创造发挥作用的舞台和环境。根据不同群体强化习近平生态文明思想宣传和培训的针对性，挖掘人口资源潜力，树立素质结构与产业结构一体化理念，促进生态产业化、产业生态化进程。同时顺应科技革命和产业变革的方向，实施素质提升工程，在沿着绿色循环低碳发展方向扎实推进过程中，形成更多新的经济增长点。要把生态道德教育列入社会公德教育的重要内容，把是否具有良好的生态道德意识作为衡量一个人全面素质的重要尺度和一个地区、一个行业文明程度的重要标志。要努力营造人的自由而全面发展的社会环境，不断唤醒蕴藏在每个草原儿女内心深处的绿色基因、生态意识、生态技能、生态情感、生态审美和生态品格，使"绿水青山就是金山银山"理念成为各族群众的追求、向往和自觉行动，把对草原的深情、家乡的亲情、事业的激情、生活的热情汇聚成强大的情感动力，不断壮大生态文明建设的社会力量，形成人人参与、人人尽力、人人都有成就感的生动局面，加快实现由生态大旗向生态强旗转变。

五、以社会主义核心价值观引领文化建设

《决议》指出："党坚持物质文明和精神文明两手抓、两手硬，推动社会主义文化繁荣发展，振奋了民族精神，凝聚了民族力量。"文化具有传

统血脉。新巴尔虎右旗处于呼伦贝尔大草原的核心，我们的先民们 270 年前来到这里，深入挖掘游牧文化蕴含的优秀思想观念、人文精神、道德规范，充分发挥其在凝聚人心、教化群众、淳化民风中的重要作用。随着马克思主义在草原的传播和中华人民共和国成立，党坚持用社会主义先进文化、革命文化、中华优秀传统文化培根铸魂，各民族以社会主义核心价值观为引领的丰硕的文化艺术成果，成为祖国 56 个民族文艺百花园中的组成部分。进入新时代，习近平总书记高度重视少数民族文化艺术事业的繁荣发展。在对内蒙古工作重要讲话中曾深情谈到反映游牧生活的《敕勒歌》、现代草原歌曲《美丽的草原我的家》，强调发扬乌兰牧骑精神、发扬蒙古马精神，带头讲述三千孤儿入内蒙、齐心协力建包钢和乌兰夫、多松年、刘洪雄等老一辈蒙古族无产阶级革命家的故事。我们要正确把握中华文化和各民族文化的关系，在保护传承的基础上，创造性转化、创新性发展。要以各族群众的火热实践为创作源泉，以基层生产生活、特别是乡村振兴新实践为现实题材，繁荣发展文学、音乐、舞蹈、美术、摄影、书法以及各种形式的民间文艺、群众文艺、网络文艺。按照内蒙古自治区党委、政府印发《关于培育文化新业态 推动文化产业高质量发展的意见》的要求，要立足草原、森林、河湖、湿地等绿色优势，挖掘冰雪、温泉、口岸、古迹、民俗等地域特色，大力发展生态文化旅游、文化创意工艺品及衍生品生产加工、现代休闲娱乐等特色文化产业，科学布局数字内容、创意设计、精品演艺、传统工艺、马文化旅游等文化产业。人是文化的第一要素。要深度挖掘人的文化要素潜力，培育挖掘乡土文化本土人才，开展文化结对帮扶，引导社会各界人士投身乡村文化建设，扩大文化交流与合作，在与各民族交往交流交融中扬长避短，形成合力，提升品位，逐步解决有"高原"缺"高峰"难题。要结合实施休闲农牧业和乡村生态旅游精品工程，活跃繁荣文化市场，丰富文化业态，大力发展特色文化产业。文化艺术要讴歌时代、讴歌牧区现代化建设中涌现出来的先进典型，做到举旗帜、聚民心、育新人、兴文化、展形象。

六、健全党管乡村人才振兴领导体制机制

人才发展体制机制改革是全面深化改革的重要组成部分，是党的建设制度改革的重要内容。要坚持党管人才原则，创新党管人才方式方法。结合新巴尔虎右旗人才工作现状，要着眼于破除长期束缚人才发展的思想观念和体制机制障碍，解放和增强人才活力。要认真落实中共中央印发《关于深化人才发展体制机制改革的意见》和《关于加快推进乡村人才振兴的意见》，抓紧做出新巴尔虎右旗适应高质量推动乡村振兴的人才工作制度安排，出台相关政策，形成制度优势。要打破户籍、地域、身份、学历、人事关系等人才流动障碍，研究制定吸引非公有制经济组织和社会组织优秀人才进入党政机关、国有企事业单位的政策措施，促进人才资源合理流动、有效配置。要改进人才培养支持机制，建立市内外、区内外高校学科专业、类型、层次和区域布局动态调整机制，建立城乡、区域、校地之间人才培养合作与交流机制，加快培养职业农牧民、生产经营、乡村公共服务、乡村治理和科技人才队伍。支持和引进高校、科研院所等企事业单位科研人员、专业人员离岗兼职创业。促进人才规模、质量和结构与经济社会发展相适应、相协调、相融合。要搭建乡村引才聚才平台。加强人才驿站、人才服务站、专家服务基地、青年之家、妇女之家等人才服务平台建设。公共就业和人才服务机构党组织应当建立健全流动人才党员党组织，理顺流动人才党员组织关系，加强和改进流动人才党员日常教育管理。要建立优化财政人才开发支出结构，实施重大建设工程和项目统筹安排人才开发培养经费，加大基层社会服务岗位政府购买服务力度等多元人才发展投入机制。要强化分类施策。根据不同领域、行业特点，坚持从实际出发，具体问题具体分析，增强改革针对性、精准性。纠正人才管理中存在的行政化、"官本位"倾向，防止简单套用党政领导干部管理办法管理各类专业人才。建立乡村振兴专家决策咨询制度，组织智库加强理论研究。要树立不唯地域引进人才，不求所有开发人才，不拘一格用好人才和人人成才、人尽其才的新时代人才发展观，探索构建民族地区乡村人才振兴新途径。

七、进一步增强党组织政治功能和组织功能

新巴尔虎右旗各级党组织和广大党员是团结带领全旗各族群众实现牧区社会主义现代化建设目标的领导核心和骨干力量。要按照党中央的统一部署和内蒙古自治区、呼伦贝尔市委党史学习教育领导小组具体要求，扎实推进党史学习教育，从党的百年奋斗重大成就和历史经验中汲取智慧和力量。要统筹疫情防控和经济社会发展，进一步深化我为群众"办实事"实践活动。对在党史学习教育中查摆出来的问题要认真进行整改，并建立长效机制。要坚持问题导向，教育引导广大党员干部深刻理解党委、党组、基层党委、党总支、党支部、党小组不同的功能界限、各级党组织在不同领域发挥领导核心、政治核心作用的针对性及特点和规律，充分体现党对一切工作的绝对领导。要以提高双重组织生活会质量为切入点，严格按照党章党规加强对党员领导干部第一身份的教育、监督和管理，在内蒙古自治区党委、呼伦贝尔市委的坚强领导下，从源头上着力净化和修复长期被污染和破坏的政治生态。要注重在基层一线、生产一线、生态一线和困难艰苦地区、在重大工作和重大斗争中培养锻炼干部，让更多的好干部在风雨中茁壮成长。要坚持"五化协同、大抓基层"为创新载体，以推进坚强堡垒"模范"支部创建为抓手，深入推进抓党建促乡村振兴、促基层治理、促民族团结进步。邀请中组部组织二局、国家林业和草原局经济研究发展中心、中国林业职工思想政治工作研究会、全国党建研究会专家先后到新巴尔虎右旗就边疆党建和草原牧区高质量发展调研指导意见，积极探索以高质量党建推动牧区高质量发展的新途径。

八、立足比较优势深度融入国内国际双循环

新巴尔虎右旗把融入国内国际双循环，积极构建新发展格局列入《国民经济和社会发展第十四个五年规划和 2035 年远景目标纲要》重要内容。充分体现了党的十九届五中、六中全会和中央经济工作会议精神。结合落实内蒙古自治区党委、呼伦贝尔市委经济工作会议具体部署，新巴尔虎右

旗要抓住国家结构政策着力畅通国民经济循环新机遇，加快中俄蒙合作先导区建设，深化东北、沿海等区域及周边区域合作，加强招商引资工作，在打通生产、分配、流通、消费各环节上寻找切入点。在国家推动各民族共同走向社会主义现代化进程中，要抓住完善差别化区域支持政策，特别是支持民族地区全面深化改革开放、基础设施建设、产业结构调整、优化经济社会发展和生态文明建设整体布局的有利时机，通过全面推进乡村振兴、推进新型城镇化建设、加快产业升级创新、加速数字化发展、深化改革创新，提升自我发展能力，练好内功，迎头赶上。随着国际国内碳市场活跃度大幅上升和国家对森林草原碳汇创新项目和重点工程建设的加快，要深刻学习领会林草在应对气候变化中的特殊作用，积极融入国家实施2030年前碳达峰2060年前碳中和战略，开发草原碳汇项目，主动参与碳排放权市场交易，吸纳更多社会资本投入草原生态修复，不断开辟草原生态产品价值实现新路径。要积极参与内蒙古自治区推进绿色能源产业、建筑业绿色化、冶金化工等基础工业绿色化、交通业绿色化等融合发展碳汇经济与绿色产业体系建设，进一步提升草原生态在全区碳汇经济中的功能定位。要进一步突出草原独特优势，积极探索拓展草原碳汇经济与国际国内碳市场的链接途径，与草原保护、建设、修复等生态建设相融合，以草原生态服务功能为载体拓展生态农牧业、生态旅游业、生态建设保护等相关产业。不仅在实践上，而且在草原生态理念上、理论上先学一步、学深一步，在理论与实践的结合上进一步加快生态产业化、产业生态化步伐。进入新时代，牧区各族干部群众要加强经济学知识、科技知识学习，特别是要悟透习近平生态文明思想和以人民为中心的发展思想，坚持正确政绩观，敬畏历史、敬畏文化、敬畏生态。要加强调查研究，坚持"三严三实"，坚决防止简单化、乱作为，坚决反对不担当、不作为。

九、坚持理想信念教育常态化开展、制度化推进

共产主义远大理想和中国特色社会主义共同理想的确立和巩固，是一个长期的、历史的过程。为防止理想信念教育大而化之、笼而统之，需要

构建优良的教育培训生态，使理想信念教育刻骨铭心进头脑。要结合实际，逐条落实《干部教育培训工作条例》，将坚定理想信念作为各级领导班子思想政治建设的首要任务，在各类教育培训中放在突出位置。要促进理想信念、党性教育与业务知识、科学人文素养等方面教育培训深度融合，在融合中强化理想信念教育的引领作用和导向功能。要完善管理体制，旗委干部教育领导小组或者联席会议成员单位按照职责分工，负责相关的教育培训工作，推动理想信念教育政治站位跟上理论创新、思想观念跟上形势发展、工作内容跟上需求变化、传播方式跟上技术进步。要增强教育培训的针对性和实效性，各类培训都要提前制定培训方案，结束时要有高质量的培训报告，核心内容要公开发表，使培训过程和质量自觉接受组织监督、群众监督、社会监督。要实行领导干部上讲台制度。把这种制度既作为领导干部通过备课讲课提高自学质量、自身素质，作为领导干部讲党性、讲理想、讲作风、讲纪律的一种展示，作为优化师资队伍结构的重要途径，也作为赋予"行动学习法"新内涵的一种探索，把交流互动作为一种调研、研讨、谈心，把共识作为一种使命、任务，集思广益，共同完成。按要求每年领导干部到党校讲课的总课时，占党校主体班次总课时的比例不低于20%。要把群众路线教育作为理想信念教育的落脚点。要把调查研究贯穿于决策和执行全过程。要进一步规范基层，特别是嘎查村挂职干部、选调生、"一村一大"、党建助理员服务期限的管理，把生产实践当课堂，把劳动群众当老师，以掌握技能为试卷，创造价值为答卷，把文章写在大地上。要强化公职人员公文培训，推动素质短板"速成"。要把提炼生产一线关键环节流程、季节性生产特点和对新情况新问题的分析研判作为公文写作实战的一项技能列入经常性培训内容，加强分类指导并增加培训工作考评权重，形成生产培训一体化制度体系。随着牧区现代化试点建设的成熟并形成模式，特别是列入国家林业和草原局草原高质量发展重点案例推广范围，在积极选用中央有关部门组织编写、推荐的权威教材和学习读本的基础上，组织编写具有牧区特色的干部教育培训教材。要发挥满洲里干部学院教学点作用，探索建立干部教育培训师资库和精品课程库，实现优质课程资源共享。同时，探索创新"中心组、专家组、课题组"等形式的理念和方法，加大新时代理想信念教育研究力度。

十、把数字化转型作为打造高质量发展新引擎

要借助国家实施数字技术与实体经济深度融合战略，延伸了产业链，促进行业从纵向发展到跨界合作，人与人、人与物、物与物之间的关系正在重新定义，给产业发展逻辑、产业组织形态、产业发展形态带来结构性、颠覆性变化，开始形成新的产业网络。这为加快补齐乡村振兴、新型城镇化领域数字化改造短板和促进传统产业升级弱项创造最大数字空间。一方面，要按照"十四五"规划加快新型综合性数字信息基础设施建设；另一方面，要加快促进牧区现代化建设合作组织、龙头企业等 4715 个市场主体领域数字化转型步伐，充分结合物联网、云计算、大数据和人工智能等前沿技术，落地牲畜生长监测、作物生产监测、农产品溯源等场景，推进数字农牧业示范基地和农牧业物联网应用示范点建设。数字技术是典型的通用目的技术。各互联网企业正在从平台侧更多转向产业侧，挖掘新的增长空间成为数字经济新趋势。要把推进服务业数字化转型作为优化营商环境重要内容，探索建设企业数据共享平台，整合数字化资源，打通企业之间的数据链条，深入推进中小企业"上云上平台"行动。数字经济具有高创新性、强渗透性、广覆盖性。这为充分挖掘人的潜能技能、激发内生动力，特别是个性化定制平台建设创造最大可能。要加快数字资源的开发利用。将目前已经掌握的互联网运用技能、计算机技术、通信技术以及多媒体技术相互融合运行的数字资源，包括各级组织、单位、个人建立的数据库、微信公众号，连同印刷文献以数字形式发布、存取、利用。特别要利用好一切官方共享平台及 PDF、电子邮件、社交媒体信息、录音文件、短信息、网站等各种免费的商业化数据库资源，形成具有地区特色、并使阶段性成果与国家从"数据大国"迈向"数据强国"的历史进程随时融合的数据资源优势。随着全旗发展数字经济、建设数字政府、打造数字社会进程的加快，全面升级电子政务外网，实现苏木镇街道全覆盖，社区、嘎查灵活接入，非涉密政务专网实现"应并尽并、应迁尽迁"，加快推进全旗一体化政务服务平台建设。要提高各级领导干部数字经济思维能力和专业素质，增强发展数字经济本领，强化安全意识，推动数字经济更好地服务和融入新发展格局。同时要以上率下，团结带领全民全社会提高数字素养和技能，充分调动社会力量参与信息化建设，夯实牧区数字经济发展社会基础。

十一、为推进以人为核心的新型城镇化提供组织保障

以全国城市基层党建工作会议为标志，城市党建已由"居委会党建""街道社区党建"开启"城市基层党建"创新发展阶段。这是对党的长期执政规律认识的进一步深化，是落实新时代党的建设总要求、主动适应城市改革发展和城市基层治理的关键之举。特别是党的十九届五中、六中全会提出实施城市更新行动，促进大中小城市和小城镇协调发展。各地结合实际提出促进城乡融合发展、优化城乡空间布局、提升城镇功能和品质、强化城乡基础设施建设等一系列规划和措施。这也为新型城镇基层党建不断提出新要求。要深化新型城镇化建设新理念，把握新型城镇基层党建创新发展新阶段，构建以社区党组织为核心，有机联络单位、行业及各领域党组织，实现组织共建、资源共享、机制衔接、功能优化的新型城镇基层党建新格局。要深化"社区吹哨、部门报到"改革，理清各级党组织与各治理主体之间的关系，纵向上理顺党组织隶属关系，横向上整合执政资源，用强化党组织政治功能引领各领域社会治理。防止"行政上级"命令"党建下级"，转变昔日的行政任务代替党建任务，加快"行政末端"加速向社会问题"治理枢纽"转变。各级党组织、全体共产党员要严格遵守党章，有效开展群众思想政治工作，按照社区党组织的具体部署，要把工作做到户、做到人，特别是重点户、重点人。要坚持问题导向，增强工作的针对性，把可能出现的信访问题解决在萌芽状态。要按照内蒙古自治区党委基层党建"四个专项整治"要求，把铸牢中华民族共同体意识作为新型城镇党建的重要内容，把党的民族理论和民族政策的学习宣传与贯彻落实

党支部工作条例七项职责相衔接，管在日常，严在经常。在完善中心镇"旗镇融合"共建机制的基础上，积极推进区域党建互联互动，探索引导各领域党组织打破体制、隶属、级别壁垒，建立开放型的互联互通纽带。对牲畜转场、契约经营、项目合作、人才引进等方面，要与合作方所在地方党组织建立互联互动平台，按照党史学习教育常态化、长效化制度机制要求，把双方合作项目列入双方所在党组织服务群众项目清单，及时为群众提供政策、信息、科技服务，同时防范各种形式的经营风险。

努力提高民族地区全面从严治党调查研究实效

——以全国乡村治理示范村芒来嘎查为例

调查研究是党的优良传统，是马克思主义中国化"伟大的认识工具"。党的十八大以来，以习近平同志为核心的党中央高度重视调查研究工作，并赋予新的时代内涵，从党的群众路线教育实践活动到党史学习教育历次全党集中学习教育活动中，对调查研究都提出明确要求。2018年4月，中央办公厅印发《加强调查研究 提高调查研究实效的通知》；随着全面从严治党向纵深延伸，中央办公厅于2020年3月印发《党委（党组）落实全面从严治党主体责任规定》，进一步明确各级党委（党组）书记每年都要开展一次全面从严治党调查研究的责任；2016年3月和2021年1月，在全国党建研究会第六、第七次代表大会召开之际，习近平总书记作出发挥党建研究高端智库作用和在充分调查研究基础上，深入研究推进新时代党的建设新的伟大工程面临的重大理论和实践问题的重要批示，推动全党形成大抓基层、大抓支部的良好态势。

以内蒙古自治区呼伦贝尔市新巴尔虎右旗克尔伦苏木芒来嘎查为例，该嘎查在被确定为全区牧区现代化试点建设到被评为全国乡村治理示范村过程中，受到各级组织、部门和社会各界的关注，从各自的角度积极探索可推广、复制的先进典型，形成正面宣传为主的浓厚氛围。然而，在调查研究过程还存在许多薄弱环节，从宣传材料和调查报告的内容上看，主要表现在全面从严治党方面的调查研究不够深入、不够系统、不够本土化，宣传内容上党的建设内容比例低。例如：存在用"办实事"代替群众工作、用业务工作、经济工作代替党建工作等现象。究其原因，一些党员、干部特别是党组织负责人搞不清什么是党的建设、什么是党的事业，不少基本概念混淆、模糊，甚至把自我革命与社会革命等重要概念、基本逻辑进行颠倒。为此，我们应从以下七个方面努力提高调查研究实效。

一、使调研的过程成为加深对党的创新理论领悟的过程

提高调查研究实效，首先要加强马克思主义基本理论的学习，不断深化对习近平新时代中国特色社会主义思想的理论渊源的理解，使调研的过程成为加深对党的创新理论领悟的过程。要深悟历史中的决定性因素"生活资料的生产"和"人自身的生产（种的繁衍）"的"两种生产"原理，深化家庭是经济细胞和社会生活的组织形式的理解，增强"正家而天下定矣"的信心；要深悟"经济学研究的不是物，而是人和人之间的关系，归根到底是阶级和阶级之间的关系"的原理，深化对人类社会形态演变、更替规律的理解，增强社会主义必然代替资本主义的信心；深悟新时代坚持和完善中国特色社会主义制度、推进国家治理体系和治理能力现代化的重大意义，深化对社会主义制度的本质特征和制度优势是坚持中国共产党领导的理解，增强全面加强和改进党的领导的信心。

基层不是底层。要按照"各级领导干部联系点要成为解剖'麻雀'、破解难题、探索试验的窗口，而不能成为堆盆景、垒大户的特殊单位。"的要求，无论哪一级领导机关搞调查研究，都要放下架子、俯下身子，同干部群众面对面交流、心与心沟通，都要增强"四个意识"、坚定"四个

自信"、做到"两个维护",坚持从政治上研究和把握问题,注重从党和国家工作全局分析思考问题,注重把党中央精神同地方、部门实际结合起来思考。要发扬"支部建在连上""抓住了士兵就抓住了军队""抓住党员队伍,就抓住了党的建设的基础"的优良传统和新时代"党员队伍必须过硬"的要求,坚持理论和实践相结合,两种生产相统一,实事求是地反映影响全面从严治党向基层延伸中存在的突出问题。

二、从落实"一肩挑"制度中,提炼党的建设的决定性作用

芒来嘎查与其他地区一样,虽然完成换届任务,但过程并不顺利,一些群众甚至一些党员干部对村党组织书记、村委会主任"一肩挑"心存疑惑,甚至抵触。要从党的建设与党的事业的关系着手深刻理解"一肩挑"的内涵。"一肩挑"就是一头挑党的建设、一头挑党的事业。这与领导干部的第一身份是党员和每个领导干部都要严格落实"一岗双责"责任制是一个道理。调查研究要采取一对一、面对面、一把钥匙开一把锁的方法和耐心深入调查研究,把"打铁还需自身硬"的道理讲清楚,用各族群众容易理解的方式,把用党的自我革命推动社会革命的逻辑关系讲清楚。

三、在传承红色基因中,提炼致富带头人成长成才的规律

百年党史也是红色基因传承史。带头人的培养不是偶然的、短期的、一届的。芒来嘎查党支部书记米吉格道尔吉从少年时代就一直很优秀,在成长成才的道路上受到良好的家庭和学校教育,受到社会各方面的关心关怀和培养,受到历届两委班子特别是很多老党员代代相传的感党恩、听党话、跟党走的优良传统教育和熏陶。例如,乌力吉图嘎查牧民党员那木斯

米学党章、信党章、用党章的感人故事，成为芒来嘎查乃至全旗党史学习教育的生动教材。习近平总书记指出，"'七一勋章'获得者都来自人民、植根人民，是立足本职、默默奉献的平凡英雄。他们的事迹可学可做，他们的精神可追可及。"米吉格道尔吉多次被评为各级各领域的先进典型。最让他难忘是在 2013 年获得第十七届中国青年五四奖章的时候，作为青年代表受到习近平总书记的亲切接见。习近平总书记关切地问米吉格道尔吉，草场是否能实现轮休，并叮嘱他既要保护好大草原，又要带领牧民们致富。要认真学习研究习近平总书记与米吉格道尔吉的谈话精神，并与对内蒙古工作的重要讲话精神相结合，充分体现"全党必须完整、准确、全面贯彻新发展理念"的要求，并结合实际的"要把新发展理念贯彻到经济社会发展全过程和各领域，更加注重共同富裕问题，继续深化改革开放，坚持系统观念，善于从政治上看问题。"同时，还要跟踪提炼米吉格道尔吉内心不断升华的感想，作为教育引导身边人的生动教材和强大精神动力。

四、在全面从严治党向基层延伸中，提炼党支部建设新成效

党的十八大以来，全党连续开展集中学习教育活动，广大党员、干部的党性不断受到洗礼和考验，各领域党支部政治功能进一步强化。内蒙古自治区党委、政府出台《巩固拓展脱贫攻坚成果与乡村振兴衔接政策》。内蒙古自治区党委组织部制定下发《五化协同，大抓基层》的实施方案。2018 年，新巴尔虎右旗被自治区党委、政府确定为全区牧区现代化建设试点单位。呼伦贝尔市、旗、苏木三级领导机关、领导干部建立层层包联苏木、嘎查机制。按照机关党建走在前、作表率的要求，要理顺各级党组织与各治理主体之间的关系，加强部门职能和组织功能同步对接，促进党建与业务深度融合，在坚持和完善党的领导制度体系、推进全面从严治党向基层延伸、特别是探索完善党建引领基层治理体系和治理能力现代化体制

机制中，从更大范围分析研究党的政治领导和经济发展的关系，特别是加强党的建设与修复经济增长带来的矛盾的深层问题，进而提炼形成新生产力的历史逻辑、理论逻辑和实践逻辑。各级党委、各领域党组织要把党赋予的所有资源和渠道，特别是把强化政治功能建设聚焦在凝聚人心，巩固政权上。

五、在民族团结进步创建中，提炼铸牢中华民族共同体意识新实践

党的十九届四中全会《决定》明确"坚持各民族一律平等，铸牢中华民族共同体意识，实现共同团结奋斗、共同繁荣发展"是我国国家制度和国家治理体系的显著优势之一。做好民族工作，关键在党。芒来嘎查党支部书记米吉格道尔吉是党在民族地区培养出来的"时代楷模"，获得第十七届中国青年五四奖章后，2020年荣获"全国劳动模范"荣誉称号，在建党100周年被中共中央授予"全国优秀党务工作者"称号，成为全党全国人民学习的榜样。民族观是世界观在民族和民族问题上的表现。要提炼米吉格道尔吉世界观、党史观、民族观形成的规律和特点，并以此为榜样，在传播党的民族理论和民族政策、进一步推动民族事务治理体系与治理能力现代化过程中，做到党的民族理论在基层有人懂，民族工作在基层有人抓，努力把铸牢中华民族共同体意识上升到民族地区党员干部和各族群众世界观、人生观、价值观这个"总开关"层面，进而正确认识科学世界观与语言文字的辩证关系，从人类道义的制高点，一览众山小，时刻把握处理民族问题的主动权。要通过提炼牧区现代化建设进程中促进民族融合因素增长的先进经验，讴歌民族团结进步创建，在草原深处、边境一线焕发出新的生机与活力。

六、在家庭文明建设中，提炼立德树人的切入点

人类社会的家庭形式随着习俗和生产的发展，围绕私有制从母权制到父权制男女地位的变化和从血缘家庭到一夫一妻制家庭形式的变迁，始终追求的是"一种向两性权利完全平等的接近"。而这样的家庭，只有在社会主义社会才能够实现。芒来嘎查总人口 119 户 358 人。实行草畜双承包责任制 40 多年，每个家庭都是一个生产单位，形成特殊的家庭与畜牧业生产融为一体的生产经营结构和社会组织结构。119 户家庭 358 人，就是 119个生产单位，也是"家庭、私有制和国家的起源"的延续。因而，民族地区既要在横向比较中看到差距，更要在纵向分析中从人类共同的祖先，特别是 5000 年中华文明延续至今的人与自然生命共同体、中华民族共同体、人类命运共同体中寻找思想共鸣，进而梳理种的繁衍、人的成长和家庭建设规律，深刻领悟《中华人民共和国家庭教育促进法》将家庭教育由传统"家事"上升为新时代的重要"国事"的重大意义，要把中华民族家庭美德这一支撑我们每个民族、每个家庭生生不息的重要精神力量提炼出来，作为"芒来模式"的重要经验之一。

七、在找差距、补短板、强弱项中，突出调查报告的党性特征

实事求是反映情况是调查研究的作风要求，也是党性要求。全面从严治党调查报告要突出党性特征。列宁指出："写作事业不能是个人或集团的赚钱工具，而是根本不能是与无产阶级总的事业无关系的个人事业。"无论对于哪一级的领导机关、多有权威的专家学者来讲，不断变化的新情况新问题什么时候都是导向，为了群众、相信群众、依靠群众任何时候都是调查研究最根本的出发点和方法论。看一个基层党员党性强不强，看一个基层党支部发挥作用好不好，不能光注重形式、看文字材料、听口头汇

报，而是要投入极大精力从实际工作中归纳总结他们聚焦党群关系的"肢体"语言。例如：在完成脱贫任务过程中，他们是怎样与贫困户及家庭成员按照其理解方式谈心谈话的，进而怎样把中央脱贫攻坚精神坚定不移地传播到千家万户的方法和规律。要按照党章党规对标对表，对照全面从严治党新实践和群众满意度找差距，要按照"党委（党组）书记应当加强对全面从严治党的调查研究"的具体要求，各级党委（党组）书记查找是否通过开展牧区党建工作的调查研究，吃透了情况。为防止先入为主、以偏概全、断章取义、各取所需，开展"三问"活动要时刻摆正"三个位置"，即学生的位置、公仆的位置、党员干部永远是"人民的一小部分"的位置。写出"两个不颠倒两个不分家"的调查报告，即理论逻辑不颠倒、主仆关系不颠倒，人和事不分家、党建与经济不分家。

做好边境一线党建研究工作
努力提高民族地区高质量发展决策水平
——新巴尔虎右旗党建研究工作综述

新巴尔虎右旗位于内蒙古自治区呼伦贝尔市西南部，地处中俄蒙三国交界。全旗总面积 2.52 万平方公里，总人口 35012 人，其中蒙古族人口 29441 人，占总人口的 84.1%，从事畜牧业生产人口 1.7 万人。全旗辖 3 个镇、4 个苏木、12 个社区、51 个行政嘎查村，其中牧业嘎查共 44 个。全旗共有 204 个党组织、3955 名党员。新巴尔虎右旗是内蒙古自治区 19 个边境旗县之一，边境线长 515.4 公里，旗内有对蒙古国开放的阿日哈沙特口岸，东北部与全国最大的陆路口岸城市满洲里市毗邻。

2018 年，新巴尔虎右旗被确定中组部组织二局牧区党建联系点单位。

一、主要做法

近年来，在内蒙古自治区党建研究会和呼伦贝尔市委组织部的具体指导下，边境一线党建研究工作取得阶段性成果，特别是通过党史学习教育，回顾党的百年奋斗历程，新巴尔虎右旗委和广大党员、干部进一步深化党建研究工作历来是党的理论创新和科学决策的重要性的认识，深入领会理论来自实践，更来自研究的道理、学理、哲理，牢牢把握习近平新时代中国特色社会主义思想的世界观和方法论，运用贯穿其中的立场观点方法，结合边疆民族地区实际，探索形成铸牢中华民族共同体意识与全面从严治党向基层延伸相结合的鲜明研究特色，为完成习近平总书记交给内蒙古的五大任务和全方位建设模范自治区提供决策依据。

（一）以习近平总书记关于党建研究工作的重要指示精神为指导，提高科学决策能力

深刻领会习近平总书记关于党建研究的重要指示精神。党的十八大以来，习近平总书记对全国党的建设研究会第六次、第七次会员代表大会先后作出两次重要批示，要求"充分发挥党建研究高端智库"作用，"为推进新时代党的建设贡献智慧和力量"。随着中组部《关于进一步发挥全国党建研究会党建高端智库作用的意见》的深入实施，党建智库成为中国特色新型智库体系的重要组成部分，全国党建研究工作也迈上新台阶进入新时代。期间，全国党建研究会以上率下，充分发挥党建高端智库作用，带头研究习近平总书记提出的重大课题，取得了"中国化的马克思主义党建理论体系建设研究"重大研究成果。这一成果刚刚出版，通过"学习强国"推荐，新巴尔虎右旗委理论学习中心组第一时间做到人手一册，在自主学习的基础上，还邀请参与此项课题研究的全国党建研究会特邀研究员王乃波同志亲临新巴尔虎右旗具体指导，进一步明确新时代党的建设研究工作"研究什么、怎么研究"的政治方向问题，结合实际研究制定了《关于新巴尔虎右旗委高质量党建实施纲要》。

认真落实习近平总书记对内蒙古工作的重要讲话精神。旗委坚持党的创新理论指导实践，以习近平新时代中国特色社会主义思想凝心铸魂，组织全旗党员、干部和各族群众学习领会习近平总书记对内蒙古工作四次调研、五次重要讲话和一系列重要指示精神，全旗各族群众一致认为习近平总书记关于"着力抓好农牧业和牧区工作，促进牧区又好又快发展""积极打造现代畜牧业"、关于呼伦湖保护区和"筑牢我国北方重要生态安全屏障，是内蒙古必须牢记的'国之大者'"等重要讲话和指示精神符合新巴尔虎右旗具体实际，特别是在全面建设社会主义现代化国家开局起步的关键时期，习近平总书记亲临内蒙古考察并勉励我们"在中国式现代化建设中闯出新路来"，为内蒙古明确了新的更高目标，全旗各族人民备受鼓舞、倍感振奋。

旗委坚持将习近平总书记对内蒙古工作的重要讲话和指示精神不折不扣贯穿到各项事业的全过程各环节，在大局下谋划、在大势中推进、在大事上作为，聚焦高质量完成习近平总书记交给内蒙古的五大任务和全方位建设模范自治区两件大事，促进和带动生态保护、产业转型、民生改善、社会文明、人才培育、基层党组织建设全面提档升级。

（二）坚持把全面从严治党调查研究贯穿新时代民族工作高质量发展全过程

认真研究落实全面从严治党主体责任。旗委认真贯彻落实中央关于《党委（党组）落实全面从严治党主体责任规定》，进一步明确了各级党委（党组）书记每年都要开展一次全面从严治党调查研究的责任，从 2021 年开始，旗委主要领导亲自谋划、亲自部署、亲自推动，亲自担任课题组组长深入边境一线嘎查村、社区、机关、学校、企业党组织开展调查研究，按期完成内蒙古自治区党委部署的基层党建 4 个专项整治任务，认真总结铸牢中华民族共同体意识和基层党建新实践经验，提出把党的民族理论和民族政策的学习贯彻与"三会一课"等党内政治生活具体制度相衔接的有效措施，探索形成全面从严治党调查研究和民族理论从严教育常态化、长效化制度机制。对内蒙古自治区党委、呼伦贝尔市委的部署要求，坚持党建研究服务中心工作、重点工作，旗委党建工作领导小组及时开展深度研讨、统一思想、确定选题，并研究部署。

党建智库作用初步显现。三年来，研究形成《以高质量党建引领牧区高质量发展》等一批研究成果编入内蒙古自治区党建研究会百年党建理论成果论文集。其中，旗委党建课题组与呼伦贝尔市委党史学习教育第十二巡回指导组和内蒙古自治区党建研究会共同研究完成的《抓住提升党内政治生活质量的关键环节》《发扬蒙古马精神 激励干部担当作为》的理论文章先后在全国党建研究会会刊《党建研究通讯》上发表；《把铸牢中华民族共同体意识作为进一步塑造党员干部科学世界观主线》等调查与建议，被全国政协民宗委监督报告吸纳，并经全国政协相关领导审核批转给内蒙古自治区党委。《党建引领边疆民族地区基层治理》《以党的二十大为契机不断夯实乡村振兴基层基础》两篇课题报告，同时在全区"学习贯彻党的二十大精神，推动党建工作高质量发展"征文活动中获奖。结合今年呼伦贝尔市委市政府招商引资任务实际，旗委党建课题组先后开展党建链助推产业链的市场调研，与内蒙古呼伦贝尔商会党支部组成商协会学习考察组，先后到内蒙古赤峰商会、内蒙古酒业商会、陕西商会、山西商会学习考察，完成了《充分发挥党支部在商会组织中的引领作用》的考察与建议，为招商引资搭桥铺路，并上报内蒙古自治区党委组织部、统战部、工商联党组等单位。旗委书记布和巴雅尔亲自带队深入驻旗重点企业中国黄金集团内蒙古矿业有限公司调研，深度挖掘"企牧和谐、形成合力"的经验做法，完成了《以红色基因为纽带 探索党建引领优化营商环境新途径》的调查报告，也为深入开展第二批主题教育树立以上率下大兴调查研究的示范。

推进各民族共有精神家园建设有形、有感、有效。探索用党建研究引领和提升基层思想政治工作质量和水平。党建课题研究成果必须转化为群众语言，才能让党的创新理论"飞入寻常百姓家"。2022年11月，在新巴尔虎右旗融媒体中心开通"北疆基层党建实践与创新"专栏，用各族群众的身边事儿和理解方式、语言体系，宣传党的创新理论，使文风创新与理论创新相辅相成、一体推动。在旗委党校建立铸牢中华民族共同体意识研究基地，同时加强民族团结进步教育体验馆建设，系列开展内容丰富的"民族政策宣传月""民族法治宣传周""坚守初心使命，弘扬雷锋精神"等"石榴籽"新时代文明实践活动，举办"铸牢中华民族共同体意识"专题培训、"民族、宗教三级网络人员"培训班、精湛民间技艺民族服饰培训班和铸牢中华民族共同体意识知识竞赛，配合内蒙古自治区民族事务委员会等部门深入开展民族古籍征集调研，推进各民族共有精神家园建设有形、有感、有效。

（三）把党建课题研究作为培养党务人才和拓展网络党建内容的有效措施

旗委坚持马克思主义学风，坚持以正在做的事情为中心，在理论联系实际上下功夫，防止出现党建研究与岗位工作"两张皮"现象。

探索中心组、专家组、课题组"三位一体"理论建设体制机制创新。在贯彻落实上级党委统一部署的理论中心学习重点任务的同时，旗委根据牧区理论研究人才少的实际，广泛加强与全国党建研究会秘书处、全国政协民宗委办公室、中央党校、中央社会主义学院、国家林业和草原局发展研究中心、中国林业职工思想政治工作研究会、内蒙古自治区党建研究会、内蒙古自治区党校、内蒙古自治区艺术学院和呼伦贝尔市农牧业局、林业和草原研究所等研究部门的联系，聘请相关专家学者加强指导，把整合理论资源不仅作为党建研究的重要途径，同时作为招才引智工作的重要内容。在理论学习中心组带领下，专家学者的指导下，在全旗文化、生态、信访等各领域广泛建立兼职党建课题组，为党建引领边疆民族地区基层治理不断壮大研究力量和社会力量。

探索一对一、面对面、一把钥匙开一把锁的培训模式创新。采取集中培训、分众化培训相结合，在完成主题班次培训任务的同时，对理论研究过程中的重点环节集中力量、集中时间重点攻关。针对每个人对党的创新理论理解程度的差别，对筛选出来的课题组成员进行集中培训。期间，仔细观察每个成员的综合素质，在对党的创新理论跟进学习、理解、消化、运用的过程中，认真帮助查找自身短板，并通过阅读、记录、听抄、研讨、谈心谈话、起草公文等方式，不断提升每个成员的思想境界，提高用理论思维解决思想问题和实际问题的能力，把短板变为强项。

把维护网络空间主权作为边疆民族地区网络党建内容的新拓展。新巴尔虎右旗阿日哈沙特口岸西邻满洲里陆路口岸、东邻新巴尔虎左旗额布都格口岸，向北开放的桥头堡作用日益显现，内陆变"前沿"的进程进一步加强。筑牢经济安全屏障、生态安全屏障、文化安全屏障、思想安全屏障、组织安全屏障和有效维护我国网络空间主权成为新巴尔虎右旗网络党建工作的重要内容。旗委全面推进数字化转型战略，采取研究制定《牧区网络党建平台建设方案》等措施，打造高质量党建引领牧区高质量发展新引擎，结合牧区居住分散等特点，不断完善"一个牧民就是一哨兵，一个蒙古包就是一哨所"的经验做法，进一步强化"红色堡垒户"的政治功能和组织功能。同时，针对"懂网的不懂党，懂党的不懂网"的严峻形势，提出提高各级领导干部数字经济思维能力和专业素质以及全社会提高数字素养和技能，充分调动社会力量参与信息化建设，夯实牧区数字经济发展社会基础的新要求。

二、主要经验和启发

通过开展具有边疆民族地区特点的新时代党建研究工作，积累很多新鲜经验，受到很多有益启发。

党内集中教育有力推动党建研究工作。党的十八大以来，以习近平同志为核心的党中央立足新的历史方位，把开展党内集中教育作为推进党的自我革命的重要途径，要求全党牢记中国共产党是什么、要干什么这个根本问题，推动全面从严治党向纵深发展。每次开展的党内集中教育都把理论武装作为首要任务，一以贯之在学深悟透党的创新理论上下功夫，推动学习贯彻习近平新时代中国特色社会主义思想往深里走、往实里走、往心里走，要求把握好这一思想的世界观、方法论，坚持好、运用好贯穿其中的立场观点方法，指导各项工作。旗委认识到，每次党内集中教育都对理论武装提出新要求新标准，为此，开展党建研究工作必须把功夫下在平时，才能在党中央集中统一领导下，高质量完成各项理论武装任务。

党建研究是建立社会和谐关系的最好氛围。《共产党宣言》深刻阐述了马克思主义的科学世界观，从事党建研究首先要提高政治站位，站在人类道义的制高点，才能一览众山小，不断提高政治判断力、政治领悟力、政治执行力，掌握一切问题的主动权。党建研究以解决大党独有难题为重大任务，同志之间为了共同的目标开诚布公，红脸出汗，随时提出意见建议。三年来，专家组向旗委多次提出工作建议，其中用书面提出问题建议10余次，并在相互尊重和信任的基础上，经过深度交流主要观点多数被采纳。在与群众交流中，切实把每一名群众当朋友当主人，摆正公仆关系，才能听到真话、实话、有价值的话，源源不断为决策提供真知灼见。

党建研究能够近距离了解干部"三观"情况。要近距离接触干部，观察干部对重大问题的思考，看其见识见解；观察干部对群众的感情，看其品质情怀；观察干部对待名利的态度，看其境界格局；观察干部处理复杂问题的过程和结果，看其能力水平。通过广泛组织不同领域的党建课题组、建立党建微信群、观察不同场合的言行举止、研讨最熟悉的身边人身边事，特别是观察平时在所在党支部组织生活的情况和态度，能够近距离接触了解每一名干部对重大问题的思考、对群众的感情、对待名利的态度和对处理复杂问题的能力水平。党建研究成为边疆民族地区干部群众不断深化对"两个确立"决定性意义认识的重要渠道，同时成为了解和塑造干部政绩观、权力观、事业观最好的社会学校和灵魂工程师。

三、对策建议

习近平总书记在中央政治局第六次集体学习时强调，"马克思主义理论研究和建设工程要不断深化理论研究阐释，重点研究阐释我们党提出的新理念新论断中原理性成果"。这为新时代党建研究提出新要求新标准。我们只有在原理性成果上下功夫，把握马克思主义这个魂脉，才能找到解决民族地区具体问题的根本方法。

（一）树立人人研究、人人成才理念

党的建设，是一项工程，也是一门科学。搞好党建研究，必须培养一支高素质专业化的研究人才队伍。然而，按照人才成长规律，必须认真实施公民道德提升工程，提高干部队伍整体能力，树立人人成才、人尽其才理念，为每一个人创造人人参与、挖掘潜能、发挥特长、成长成才的平台和环境。要把每一个基层群众当作物质财富和精神财富的创造者，把每一家农牧户当作社会生产的组织者和经营管理者，在推进牧区现代化建设新实践中培养新的品质、新的素质、新的理念，特别是提升新的境界，进而挖掘并形成强大的社会潜力、精神动力和发展合力，加快物质向精神、精神向物质的创造性转化，促进人的全面发展。同时，党建研究防止就党建论党建，要本着党建与各方面业务深度融合的执政规律，培养出具有各方面特长、各方面专业的各方面研究人才队伍。

（二）坚持工作研究化，研究工作化

一些党员、干部认为党建研究远水解不了近渴，说起来重要，忙起来不要。党建研究既要以忠诚为党护党、全力兴党强党为根本使命，又要具体化本土化，解决具体问题和实际问题。例如：在公文写作方面，基层普遍存在总结上下功夫多，而对存在问题剖析研判不深刻、不全面，思路对策过于宏观落不了地，甚至苍白无力等突出问题，造成年年整改、年年老问题，已成为自我革命的严重阻碍。要把党建研究作为完成岗位任务和推动中心工作的思路对策，常态化对表对标党章党规剖析问题，坚持刀刃向内，从党的创新理论中寻找到整改落实和加快发展的方法措施，要努力改变"头重脚轻、虎头蛇尾"式的不良文风。

（三）拓宽研究成果转化渠道

近几年，研究成果质量明显提高，但成果转化周期过长，转化渠道过窄。一些同志对研究工作总想一口吃个胖子，只要结果忽视过程。为此，推动基层党建研究工作要抓住关键环节。一是既要注重结果，更要注重过程。领导干部要重视研究过程，要解决研究过程中的人员、经费、场所等方面的问题和困难，更重要的是把组织领导和参与研究过程，作为自身学习提高的过程，要把党建研究作为新的伟大工程中的重中之重，成为新时代党建研究称职的参与者、实践者、组织者和领导者。二是按照新发展理

念，整合研究资源。马克思主义政党的组织优势是最大的优势，这种优势同样体现在党建研究领域。要按照内蒙古自治区党建研究会加强跨地区、跨领域、跨学科合作研究的要求，党建研究要把研究功能作为基层党组织政治功能和组织功能的重要内容，努力改变党建研究只靠研究部门和专家学者的路径依赖，树立不靠编制靠组织的新理念；要认清十年来党的建设和组织工作取得突破性进展、发生格局性变化新形势，树立扩大横向联合，形成研究合力的新理念。三是建立党建研究基地，推动党建研究工作制度化。按照内蒙古自治区第六届党建研究会全区建立 10 个党建研究基地和 20 个党建信息收集基地的规划，申请建立自治区级的党建研究实践基地。

党建引领边疆民族地区基层治理调查与建议

——以新巴尔虎右旗为例

新巴尔虎右旗是内蒙古自治区 19 个边境旗（市）、33 个牧业旗和自治区首批牧区现代化建设试点旗之一。近年来，新巴尔虎右旗委、政府带领全旗各族人民，以习近平新时代中国特色社会主义思想为指导，立足内蒙古自治区"两个屏障""两个基地""一个桥头堡"的战略定位，结合边境口岸特点、生态大旗特点、少数民族聚集特点，按照《中共中央 国务院关于加强基层治理体系和治理能力现代化建设的意见》的统一部署和内蒙古自治区党委、呼伦贝尔市委的工作要求，把习近平总书记"正确处理党组织与各治理主体之间关系"的科学论断和方法论，贯穿党建引领边疆民族地区基层治理各环节全过程，逐渐探索出一条以高质量党建引领边疆民族地区基层治理的新路子。

一、党建引领边疆民族地区基层治理实践的经验探索

（一）创新基层党建服务载体，推动"三强三优"

新巴尔虎右旗按照基层党建"三强三优"工作目标，秉承"守望相助"理念，紧紧围绕建设服务型党组织、提升服务群众工作能力、筑牢祖国北疆安全屏障"三大重点任务"，以推进"五化协同、大抓基层"和坚强堡垒"模范"支部创建为着力点，持续扩大"克鲁伦先锋"牧区党建品牌效应，不断巩固拓展党史学习教育成果，加大基层党组织培训力度，持续完善嘎查社区"三务公开"制度，推进党组织"比武争星"工作机制，

探索出以"一带双联三到"为主要内容、以"红色堡垒户+网格化管理"为主要模式的牧区基层党建新路子，培育了一支具有牧区特色的示范群体——"北疆红色堡垒户"，不断赋予基层党建新内涵。充分发挥社区在基层治理中的重要作用，制定"五包一"工作制度，建立网格长+网格员+楼栋长的网格体系，逐渐健全完善网格治理体系，实现"多网合一、一网统筹"机制，使基层党组织的凝聚力和战斗力得到明显增强。截至目前，全旗共建立 211 个网格，配备 684 名网格员，形成由 7 个苏木镇党委抓总、51 个嘎查"两委"分管、130 个北疆红色堡垒户及牧民党员代表协管的"网格化"管理体系，从而解决了牧区基层党组织服务群众"最后一公里"和"空白点"问题，提升了党建引领基层治理能力，助推了"北疆基层党组织固本工程"落实落地。2021 年，全旗完成嘎查"两委"、苏木镇党委、旗委换届工作，选优配强了一支高素质专业化的基层干部队伍，积极推行嘎查（社区）党组织书记"一肩挑"，嘎查（社区）"两委"班子成员交叉任职体系。芒来嘎查党支部书记米吉格道尔吉被评选为"全国优秀党务工作者"荣誉称号，其其格乐嘎查党支部书记石广德被评选为"全区抓党建促乡村振兴先进个人暨乡村振兴担当作为好书记"荣誉称号。

（二）推进基层治理体系现代化，提升治理效能

新巴尔虎右旗以中央政法委印发的《全国市域社会治理现代化试点工作指引（第二版）》精神为指引，立足新巴尔虎右旗位于边境口岸、地广线长、人口居住分散等客观实际，进一步突出党建引领，严防"五类风险"，统筹抓好"五治"，以解决域内影响国家安全、社会安定、人民安宁等问题为着力点，构建党委领导、政府负责、民主协商、社会协同、公众参与、法治保障、科技支撑的社会治理体系。注重发挥基层人大代表、政协委员作用，增强苏木镇议事协商能力，强化"诉源治理"，全旗各类人民调解组织均配备移动智能终端，使用率达 100%，人民法院及各司法所通过专用 APP、"网上法庭"实现案件的线上委派、线上审理，充分体现大数据平台的便捷性与时效性。着力防范化解网络安全风险，建立重大突

发和热点舆情快速响应与应急协同处置工作机制，实行 24 小时网络舆情监测制度，建立重点平台、人（群）关注名单，及时掌握网上舆情信息及网络安全动态。以新时代"草原 110"建设为统领，以边境大数据平台及"草原 110"实战平台为基础，在各边境派出所设立苏木镇维稳指挥部，依托"雪亮工程"总体规划，在边境辖区各重点区域安装智能电子卡口和视频监控探头 242 台，以"数字化边境"建设提升基层治理水平。结合各苏木镇换届选举，全旗 6 个边境派出所主要领导进入苏木镇党委班子，有效推动警务与乡村治理深度融合，全面提升了阵地管控水平，逐步探索出适合边疆民族地区特色的基层治理模式，进一步推进了全旗市域社会治理现代化进程。

（三）加快牧区现代化试点建设，创新治理模式

2018 年内蒙古自治区政府决定：大力推进牧区现代化建设，确定在新巴尔虎右旗先行先试，并于 2019 年 9 月批复了《新巴尔虎右旗牧区现代化试点方案》。新巴尔虎右旗委、政府把党建引领基层治理与牧区现代化建设试点工作深度融合，以高质量党建推动牧区高质量发展，全力推动生态保护、产业转型、民生改善、人才培育和基层党组织建设提档升级，围绕强化嘎查"两委"抓队伍、壮大集体经济抓发展，探索出一条牧区生产、生活、生态"三生"协同发展、共同致富的合作经营之路，在此基础上形成了"芒来"模式和"七村一体化"模式，并作为典型案例在全国范围内进行推广。三年来，新巴尔虎右旗以党建工作为引领，以"芒来""七村"两个模式为蓝本，成立了 19 个试点嘎查专业化合作社，整合了草场和牲畜，推行四季轮牧；建立了合作社经营管理、生产保障、公开监督等机制，扎实做好清产核资、股权量化等工作；创新了畜牧业经营体制，培育新型经营主体，打造优良畜种培育、扩繁、养殖、加工、销售全产业链，建立了 6 家"龙头企业+合作社"产业化利益联结机制；为 19 个党建工作较强的嘎查争取中央扶持发展壮大集体经济项目资金共 2375 万元，重点向牧区现代化试点嘎查倾斜，实现"清零达标"，2021 年全旗嘎查完成集体

经济经营性收入 2713 万元；通过严格监管、规范运作、透明监督，落实2019 年至 2022 年中央扶持发展壮大嘎查集体经济项目 19 个，其中 8 个嘎查项目总收益达到 263 万元，有力增强了边境嘎查的发展后劲。在此基础上，努力推行基层治理与产业振兴有机结合、项目化运作的工作模式，芒来嘎查荣获"全国乡村治理示范村""全区抓党建促乡村振兴先进集体"，阿拉坦额莫勒镇《探索实施"七村一体化"促发展党建引领致富路》案例荣获全国"2021 乡村振兴示范案例"，阿拉坦额莫勒镇"畜牧产业基地"入选"人民优选（乡村振兴）产业示范基地"。

（四）提升边疆文化品牌功能，促进德治教化

新巴尔虎右旗以社会主义核心价值观为引领，加强社会公德、家庭美德、职业道德、个人品德建设，坚持以社会主义先进文化、革命文化、中华传统文化培根铸魂，加快文化事业及产业繁荣发展，大力弘扬新巴尔虎右旗乌兰牧骑精神，充分发挥新时代"红色文艺轻骑兵"作用。按照内蒙古自治区党委、政府印发的《关于培育文化新业态推动文化产业高质量发展的意见》精神，依托"边境之窗建设工程"，扩大对俄罗斯和蒙古国对外宣传的影响力，拓展"克鲁伦"外宣项目传播力，充分发挥草原、森林、河湖、湿地等绿色优势，深入挖掘草原、冰雪、山泉、湖泊、口岸、古迹等地域特色，着力打造生态文明、游牧文化、边疆特色和边贸经济相融合的精品游线，推动中华民族文化走出国门，增强文化软实力。广泛开展"劳动模范""最美家庭"评选等活动，依托各级"妇女之家""儿童之家"开展家庭教育指导服务，注重发挥家庭家教家风在基层治理中的重要作用。近年来，旗委课题组撰写的《以高质量党建推动牧区高质量发展》编入在内蒙古自治区党建研究会《百年党建铸就辉煌》论文集，旗委课题组参与的内蒙古自治区党建研究会课题报告《发扬"蒙古马"精神，激励干部担当作为》经组织推荐，在全国党建研究会会刊《党建研究通讯》2022 年第 3 期刊登发表，也是内蒙古自治区唯一一个在党史学习教育期间在全国党内刊物上发表的重要理论成果。同时，该理论成果也推动了

全旗广大党员干部政治站位跟上理念创新，思想观念跟上形势发展，引导各族群众在思想观念、精神情趣、生活方式上向现代化迈进，进一步为全旗党员干部群众树立了正确的党史观、民族观。

（五）防范化解政治安全风险，强化"五边行动"

新巴尔虎右旗按照内蒙古自治区"五边行动"工作部署要求，紧紧围绕"思想筑边、组织固边、兴边富民、帮扶强边、共建稳边"工作目标，坚持维护边疆稳定以党建为抓手，以铸牢中华民族共同体意识为主线，大力实施"民族团结进步+"深度融合发展行动，积极创建"民族团结进步示范旗"，依托嘎查、社区党组织和红色堡垒户，严格落实意识形态责任制，实行意识形态阵地网格化管理，防范和打击境外敌对势力利用宗教从事渗透活动，进一步防范涉宗教风险。深入学习贯彻习近平法治思想和《法治政府建设实施纲要（2021–2025年）》，提升了民族事务治理法治化水平。积极推进新时代文明实践中心（所、站）建设，以"每一个蒙古包就是一个哨所、每一个牧民都是一个哨兵"为目标，以"北疆红色堡垒户+蒙古包哨所+牧户"为工作模式，共设置了58个"蒙古包哨所"，带领周边牧民群众开展联防联治、自防自治活动，协助军警部队消除社会管理盲区，做好外来人口管理、防范抵御境外势力渗透颠覆破坏等活动。经过协作共建，全旗总体上形成了边防连队管一线，边防民警管二线，联防民兵管三线，贯通"草原110"报警点、"蒙古包哨所""牧民哨兵"全覆盖一体化的"三线一网"建设格局，构建了党政军警民"五位一体"的边境管控体系，实现了管理服务效率进一步提高、互助协作意识进一步强化、示范带动作用进一步彰显、基层治理触角进一步延伸，促进边境党建与基层治理"双提升"，涌现出一批像图门一样守望相助、三代守边戍边的"牧民哨兵"先进典型。

（六）防范化解公共安全风险，增进民生福祉

新巴尔虎右旗全力推动牧区现代化建设，着力打造乡村振兴战略蓝

325

本，加强防范化解安全生产、道路交通、消防、市政、公共卫生、自然灾害等领域风险隐患，发挥系统效应，推动基础设施向苏木镇、嘎查延伸，公共服务向边远牧区覆盖辐射；加快补齐偏远嘎查在供水、供电、道路、信息、物流等方面的基础设施，因地制宜推进牧区人居环境整治、垃圾污水治理、"厕所革命"等工作，着力推动公共服务均等化、基础设施一体化，2019 年开始实施牧区生活垃圾分类试点建设工作并逐步扩大示范户，通过统一定制分类袋、挂牌示范，以示范引导、宣传教育推动带动人人自觉建设清洁美丽新家园。加快推进基层民主建设，提高依法治理嘎查社区水平，督促全旗 63 个嘎查社区全部修订了《村规民约》《居民公约》。借鉴先进地区发展经验，落实民生保障政策，完善防范化解重大风险体制机制，逐步形成了特色化、全覆盖的社会保障体系和民生改善体系。加强法治政府建设，全面提升政务服务水平，以苏木镇、嘎查社区党群服务中心和服务站点为依托，积极搭建"一站式"政务服务平台，全力开展政务综合服务和帮办代办服务，实现服务全覆盖，健全了幼有所育、学有所教、劳有所得、病有所医、老有所养、住有所居、弱有所扶等基本公共服务制度体系和公共安全体系，努力实现了群众安居乐业、社会安定有序。

（七）防范化解社会治安风险，提升群众安全感

全面推动"一站式"矛盾纠纷调处平台、综治中心规范化建设，依托"两队一室"警务模式改革，设立嘎查、社区警务队，创新推出"一区两警两辅"、蒙汉双语、专兼结合的新型警务工作模式。选派嘎查、社区民警到所辖嘎查、社区担任兼职副职，精耕细作嘎查、辖区警务，就地接处纠纷和求助警情，承担管理实有人口、掌握社情民意、组织安全防范、维护辖区秩序、服务辖区群众等职责任务，延伸管控触角，为派出所警务实战提供基础支撑，切实提升社会治安基础防范效能。推行"警组联动、一警多能"多元化警务模式，推行警格与网格化服务管理联动机制，一名嘎查、社区民警联系辖区多个网格员，以"1+N"的模式强化群防群治力量，共同参与基层治理，提升社区网格化管理水平。加强矛盾纠纷排查化解，

常态化开展扫黑除恶斗争，实行"七分调纠法"，不断加强信访矛盾源头预防、根源化解力度，健全矛盾纠纷排查、研判、评估三项机制，切实把矛盾纠纷化解在萌芽状态，社会治安案件逐年递减，连续多年未发生重大社会治安风险事件，人民群众安全指数逐年递增。探索创建"警格长"制度，按照"定格、定人、定责、定序"标准，深入嘎查、社区走访、服务群众、治安管理等工作，有效解决了矛盾纠纷排查不深入等问题，推动警务与基层治理深度融合，有效提升了全旗精细化管理水平。

二、党建引领边疆民族地区基层治理的问题和原因分析

（一）存在的问题

一是党建引领基层治理的作用发挥不够明显。新巴尔虎右旗部分党员、干部和基层党组织人员的工作方法由于受客观因素制约，系统治理、依法治理、综合治理、源头治理能力不够强，对党组织引领牧区现代化治理认识不够清晰，组织协调和向上向下对接能力不够灵活和顺畅，存在单纯依赖经济组织发展现代化的想法，致使在基层各类组织中领导核心作用发挥不够；一些组织设置基本延续原来的体制模式，不能很好地适应现代基层治理模式，存在定位低、功能弱、作用小的问题，加上语言文字沟通交流方面的障碍，导致党的创新理论的传播受到一定影响；由于牧民党员居住分散且相对较远，导致党员组织集中学习、开展活动或召开会议的难度较大；一些党员干部存在轻党建、重业务的现象，教育培训缺乏针对性，工学矛盾比较突出，一些嘎查党支部书记往往会忽视日常学习和自身素质提升。二是基层党组织领导的自治组织作用不够突出。由于长期受到传统观念的影响，牧民自治委员会核心作用不强，牧民参与地区政治建设、经济建设、文化建设、社会建设、生态文明建设途径单一；党组织领导的乡村体系大多数侧重依法治理方式，缺乏以德治理的方法，个别牧民

因草原生态保护奖补资金问题导致个人经济利益冲突，引发家庭矛盾；农牧业生产靠天养畜现象比较普遍，引领高质高效、科学集约养殖方法路径探索不足；农畜产品精细化、品牌化，产业链条科学化、体系化建设仍需加强；在基层治理、公共事务和公益事业中，牧民自我管理、自我服务、自我教育、自我监督意识不强；嘎查人才"精英"外流现象严重，政治素质好、干事能力强、群众认可度高的基层干部相对匮乏，嘎查"两委"换届中会出现选人用人难的问题；基层党组织在带队伍、聚力量、想办法、谋出路、促发展等方面还有待提高。同时，嘎查党员干部法治能力不足，基层党组织书记学历程度普遍不高，部分基层党员干部对法律法规条文理解不深不透，不习惯运用法治思维、法治方式、法治手段开展基层治理，这也让基层党建引领基层治理的权威性受到影响。三是边疆地区网络安全意识还不够强。边疆民族地区存在着利益多元、发展不平衡的特点，处于不同地区、不同民族、不同层次的人群价值追求存在差异. 同时，由于边境地区交通、通讯、网络技术等基础设施相对滞后，部分群众的信息意识、技能素质相较于发达地区还有一定差距，制约着其对于网络安全意识认知、辨析、甄别等方面的判断能力，容易受到负面信息的误导和迷惑，加之一些通过网络传播的负面信息和边疆地区本身就存在的各类复杂的矛盾交织演化，极易形成基层治理的风险隐患。四是多元化防范化解社会矛盾机制不完善。从近年来全旗信访总量和治安突出问题来看，全旗社会矛盾突出的问题主要集中在草场纠纷、家庭纠纷和合同纠纷等方面，由于矛盾纠纷预防和多元调处化解体系还不健全，各领域矛盾纠纷多发、频发，一些矛盾纠纷因不能及时化解容易升级激化。面对复杂且严峻的形势，随着党建引领作用的不断加强，基层党组织在治理要素整合中存在的问题逐步凸显出来，出现治理水平和治理能力不足、牧民群众参与基层治理积极性不高等现象，归根到底，是因为缺乏健全有效的多元化防范化解社会矛盾机制。

（二）原因分析

一是基层党建与治理资源缺乏有效整合。一些基层党组织不善于搭建平台、整合力量，各治理主体之间构建不出多层次、覆盖广的实体平台和虚拟平台，多元主体共同参与基层治理合力难以形成，没有真正发挥党建牵引领航作用。受数字经济影响，依托大数据平台发挥网络数字智慧治理能力和水平不高，群众参与基层治理的能动性、创造性不强，还未真正成为公共服务的提供者、基层治理的参与者。二是边疆基层治理人才匮乏。由于受地理位置、经济发展等因素的制约，导致边疆民族地区各类人才总量偏小，人才队伍发展不平衡，在年龄、性别、素质、理念等方面的差距较大，人才短缺矛盾已经成为制约边疆民族地区经济发展的主要问题。从新巴尔虎右旗当前情况分析，因子女上学、老人就医等因素导致专业技术和管理型人才流失较多，大学毕业生返乡数量逐年减少，解决好人才的数量和质量问题，已经成为一项极为紧迫的政治任务。三是信访领域党建工作弱化。一些群众"权大于法"的思想认识根深蒂固，认为"谁的官大就找谁"，抱有"领导好说话、说了算数"的心态，不愿意通过正常法律途径解决问题，觉得法律渠道程序太过复杂，耗费大量的时间、精力和财力。在接待来信来访时，一些单位和工作人员对信访工作缺乏足够的政策理论水平和解决信访案件的决心，存在重治标、轻治本现象，缺乏创新思维和切实可行的化解措施，对《信访工作条例》的解释和运用还不够到位。

三、党建引领边疆民族地区基层治理的对策与着力点

（一）推进党建引领边疆民族地区基层治理必须加强党组织建设

发挥党组织政治引领作用，坚决做到"两个维护"。习近平总书记在参加党的二十大广西代表团讨论时号召各级党组织和广大党员干部要学深悟透"五个牢牢把握"，新巴尔虎右旗作为边疆民族地区，将以党的二十大精神为引领，坚定不移加强党的全面领导，坚持不懈推进党的建设，抓

住党组织"关键少数"，实施"一把手"政治能力提升工程，加强基层政权治理能力建设，动员全旗党员发挥政治优势，凝聚政治力量，建立发挥党代表、人大代表、政协委员等在基层治理中作用的工作机制，推动在职党员、"两代表一委员"、共青团、妇联等群团组织到嘎查社区、网格参与志愿服务和基层治理，建立平时根植群众发挥作用、应急状态下配合开展工作的机制。将"两个维护"作为基层治理政治建设的首要任务，善于从一般事务和历史中发现政治问题，善于从倾向性、苗头性问题中发现政治端倪，善于从错综复杂的矛盾关系中把握政治逻辑，全力加快牧区现代化试点建设规划任务，如期实现各项事业步入高质量发展轨道，持续巩固拓展党史学习教育成果，团结带领全旗各族人民，在第二个百年奋斗目标新征程上谱写新巴尔虎右旗现代化新篇章。

不断探索提高干部队伍政治素质体制机制。党的二十大报告指出："建设堪当民族复兴重任的高素质干部队伍，坚持德才兼备、以德为先、五湖四海、任人唯贤，树立选人用人正确导向，选拔忠诚干净担当的高素质专业化干部，选优配强各级领导班子，加强干部斗争精神和斗争本领养成，激励干部敢于担当、积极作为。"新巴尔虎右旗将认真贯彻落实内蒙古自治区党委《关于认真学习宣传贯彻党的二十大精神的决定》，以"发扬蒙古马精神，激励干部担当作为"作为参考依据，在全旗范围内大力开展蒙古马精神宣传阐释，教育引导全旗各族干部群众深刻理解把握蕴含其中的丰富内涵、时代价值、实践要求，切实把蒙古马精神转化为干事创业的强劲动力，进一步激发全旗党员干部担当作为、以上率下的示范引领作用。按照呼伦贝尔市委党员、干部教育培训规划要求，加强对干部培训需求的调研分析，充分发挥好旗党校（行政学院）资源优势，探索打造苏木镇教学点，延伸和拓展基层教育培训常态触角，根据"缺什么、补什么"的要求，精准做好全旗党员干部教育课程设置，强化分众化培训力度，使基本原理与地区特点深度融合、党性教育与专业训练同步增强、政治生态与自然生态同步建设，推进多样化常态化全覆盖。

完善增强党组织政治功能和组织功能制度。新巴尔虎右旗 3781 名党员、188 个各级党组织是团结带领全旗各族群众实现中国式现代化建设目标的领导核心和骨干力量。始终坚持问题导向，教育引导广大党员干部深刻理解党委、党组、基层党委、党总支、党支部、党小组不同的功能界限、各级党组织在不同领域发挥领导核心、政治核心作用的针对性及特点和规律，以提高双重组织生活会质量为切入点，严格按照党章党规加强对党员领导干部第一身份的教育、监督和管理，从源头上着力净化和修复政治生态。牢固树立在基层一线、生产一线、生态一线和困难艰苦地区、在重大工作和重大斗争中培养锻炼干部的鲜明导向，把抓基层、打基础作为长远之计和固本之举，坚持"五化协同、大抓基层"为创新载体，以推进坚强堡垒"模范"支部创建为抓手，深入推进抓党建促乡村振兴、促基层治理、促民族团结进步，把基层党组织建设成为领导基层治理的坚强战斗堡垒，使党建引领基层治理的作用得到强化和巩固。继续以中组部组织二局、国家林业和草原局发展研究中心先后到新巴尔虎右旗就边疆党建和草原牧区高质量发展调研指导意见为纲领，积极探索以高质量党建推动牧区高质量发展的新途径。

发挥党组织核心作用，牢牢把握意识形态主动权。新巴尔虎右旗属于多民族聚居的边远地区，在推动新时代党的民族工作高质量发展的道路上，将始终把铸牢中华民族共同体意识作为进一步塑造党员干部科学世界观的主线，按照党的二十大"以铸牢中华民族共同体意识为主线，加强和改进党的民族工作"的要求，加大对马克思主义民族理论的研究阐释和推广普及，为正确理解铸牢中华民族共同体意识理论渊源提供科学的世界观和方法论，把铸牢中华民族共同体意识上升到拧紧全旗党员干部世界观、人生观、价值观这个"总开关"层面，时刻把握好处理民族事务的主动权。新巴尔虎右旗要认真贯彻落实国家民委等九部门印发的《关于铸牢中华民族共同体意识 扎实推进民族地区巩固拓展脱贫攻坚成果同乡村振兴有效衔接的意见》，在具体实践中将学习贯彻党的民族理论和民族政策与"三会一课"等党内政治生活制度进行有效衔接，聚焦基层党建 4 个专项整治，确保党的民族理论和民族政策到基层有人懂、民族工作在基层有人抓，以党的自我革命引领社会革命。同时，紧紧围绕边疆民族地区基层治理中的意识形态问题，加强思想政治引导，做到政治认同、民族认知、治理认可。

健全党管乡村人才振兴领导体制机制。党的二十大报告指出："科技是第一生产力、人才是第一资源、创新是第一动力，把各方面优秀人才集聚到党和人民事业中来。"作为边疆民族地区，更要落实好中共中央印发的《关于深化人才发展体制机制改革的意见》和《关于加快推进乡村人才振兴的意见》，打破户籍、地域、身份、学历、人事关系等人才流动障碍，结合边疆民族特色和各行业实际，把引才引智、学习培训作为推动旗域发展的一项重要任务，大力实施人才培训培养战略，科学设置培训内容、制定培训计划、认真安排实施，不断优化本土人才培养和引进模式，向内挖掘资源，增强本土人才竞争力和支撑力。进一步壮大基层党建和基层治理骨干力量，加强对基层治理人才的培养使用，在选人用人方面优先使用具备法治思维的人才，促进人才资源合理流动、有效配置，在加强与国家林业和草原局发展研究中心、内蒙古艺术学院等机构合作的基础上，逐步与内蒙古自治区其他盟市、高等院校、其他旗县、人才工作站建立有效联系，建立市内外、区内外高校学科专业、类型、层次和区域布局动态调整机制，完善区域、校地、城乡之间人才培养合作与交流机制，加快培养职业农牧民、产业经营、乡村公共服务、乡村治理和科技人才队伍，全面促进人才规模、质量、结构与经济社会发展相适应、相协调、相融合。

（二）推进党建引领边疆民族地区基层治理必须构建多元主体协同治理模式

加强防范化解政治安全风险，强化宗教工作规范化制度化建设。党的二十大报告指出："坚持我国宗教中国化方向，积极引导宗教与社会主义社会相适应。"加强国内宗教界思想建设，积极推进习近平新时代中国特色社会主义思想、法律法规、民族团结进步等内容，实现"六进"宗教活动场所。进一步指导帮助全旗各宗教场所制作更新宗教政策法规宣传栏和图板，开展民族政策进宗教活动场所专题宣讲活动，引导全旗宗教人士信教必先守法。加强各项制度建设，坚持宗教独立自主自办原则，不断强化宗教活动场所自我管理。一方面，制定符合新巴尔虎右旗实际的相关制度性文件，促进宗教活动场所管理制度化、规范化；另一方面，全旗各宗教活动场所按照宗教条例规定，在法律法规和政策允许范围内依法规范开展宗教活动，全面加强对教职人员的爱国主义教育、法治教育、国情教育和民族团结进步教育，筑牢国家意识、公民意识和法治意识。

加强防范化解网络安全风险，把维护国家网络空间主权作为边疆民族地区网络建设的核心内容。党的二十大报告指出："巩固壮大奋进新时代的主流思想舆论，加强全媒体传播体系建设，推动形成良好网络生态。"随着国际网络空间主权争论的升级，有效维护我国网络空间主权成为边疆民族地区各级党委确保国家安全、政权安全又一新的特殊使命。新巴尔虎右旗阿日哈沙特口岸于 1992 年正式通关，2017 年被批复为中蒙双边性常年开放公路客货运输口岸，实现了常年对外开放，随着两国交往交流交融的深入，不同价值观的博弈也成为最隐蔽、最深刻、最持久的文化现象和意识形态。边疆民族地区的各级党组织和广大党员干部需要按照习近平总书记考察内蒙古时提出的"与邻为善、以邻为伴"和"亲、诚、惠、容"以及党的二十大报告提出的"秉持真实亲诚理念和正确义利观加强同发展中国家团结合作，维护发展中国家共同利益"等外交理念，充分利用好阿日哈沙特口岸交往交流这一载体，落实好党的二十大"加快建设贸易强国，推动共建"一带一路"高质量发展，维护多元稳定的国际经济格局和经贸关系"的奋斗目标，在网络日益成为双边重要的交往交流交融方式和"一带一路"国内国际双循环过程中，以"克鲁伦"中蒙跨国传媒平台为主渠道，让各民族共享的中华文化符号"走出去"，充分展现大国干部和大国公民讲信义、重情义、扬正义、树道义的正确义利观，以讲好中国故事、传播中华文明、体现中国价值为己任，为守护网络空间阵地、维护网络空间主权做出新贡献。

健全和完善共建共治共享的基层治理制度。党的二十大报告指出：

"完善社会治理体系，健全共建共治共享的社会治理制度，提升社会治理效能，畅通和规范群众诉求表达、利益协调、权益保障通道，建设人人有责、人人尽责、人人享有的社会治理共同体。"按照中共中央、国务院《关于加强基层治理体系和治理能力现代化建设的意见》的要求，力争用5年左右时间，在全旗建立起党组织统一领导、政府依法履责、各类组织积极协同、群众广泛参与、自治、法治、德治相结合的基层治理体系，将习近平法治思想贯彻落实到法治政府建设全过程和各方面，积极发挥法治保障作用，进一步完善法治政府建设推进机制。要充分发挥自治强基作用，进一步规范基层干部，特别是加强嘎查村驻村干部、选调生、"一嘎查村一名大学生"、党建助理员的管理，把生产实践当课堂、把劳动群众当老师，使他们在基层中释放自身价值。在全旗基层公共事务和公益事业中广泛实行群众自我管理、自我服务、自我教育、自我监督，拓宽群众反映意见和建议的渠道。苏木镇党委将积极探索自治法治德治相融合，指导全旗各嘎查、社区继续完善《村规民约》《居民公约》，以《村规民约》作为村风文明治理机制的抓手，探索实施党建引领信访工作机制，完善正确处理新形势下人民内部矛盾有效机制，健全信访制度，坚持将矛盾纠纷化解在萌芽状态、化解在基层，推动完善信访、调解、仲裁、行政裁决、行政复议、诉讼等社会矛盾纠纷多元预防调处化解综合机制。坚持以社会主义核心价值观引领文化建设，充分运用全旗各族人民群众长期生产生活中形成的"天人合一"的生态文明理念和游牧文化蕴含的优秀思想观念、人文精神、道德规范方面优势，发挥其在凝聚人心、教化群众、淳化民风中的重要作用，进一步加强社会公德、家庭美德、职业道德、个人品德建设。

健全生态文明制度体系，防范化解自然灾害等公共安全风险。草原生态是新巴尔虎右旗最大的特点和优势，始终坚持山水林田湖草沙一体化保护和系统治理，既要坚持"保护生态环境就是保护生产力，改善生态环境就是发展生产力"的理念，更要结合实际探索出高水平保护、高质量发展相衔接的途径和模式，始终将生态文明建设融入新巴尔虎右旗基层治理全过程。在国家推动各民族共同走向社会主义现代化进程中，要抓住完善差别化区域支持政策，特别是支持民族地区全面优化经济社会发展和生态文明建设整体布局的有利时机，通过全面推进乡村振兴、推进新型城镇化、加快产业升级创新，提升生态自我发展能力。随着国际国内碳市场活跃度大幅上升和国家对森林草原碳汇交易项目及重点工程建设的加快，要深刻学习领会林草在应对气候变化中的特殊作用，积极融入国家实施2030年前碳达峰、2060年前碳中和战略，积极探索拓展草原碳汇经济与国际国内碳市场的链接途径，主动参与碳排放权市场交易，吸纳更多社会资本投入草原生态修复，以草原生态服务功能为载体拓展适合新巴尔虎右旗发展的生态农牧业、生态旅游业、生态建设保护等相关产业，不断开辟草原生态产品价值实现新路径。

发挥智治支撑作用，建强数字化治理新模式。一方面，按照新巴尔虎右旗"十四五"规划加快新型综合性数字信息基础设施建设；另一方面，要加快促进牧区现代化建设合作组织、龙头企业等市场主体数字化转型步伐，充分结合物联网、云计算、大数据和人工智能等前沿技术，在牲畜生长监测、作物生产监测、农畜产品溯源等方面推进数字农牧业示范基地和农牧业物联网应用示范点建设。实施"互联网+基层治理"行动，完善各苏木镇、嘎查（社区）基础数据，共建全国基层治理数据库，推动基层治理数据资源共享，完善各苏木镇与旗政务信息系统数据资源共享交换机制，推进全旗嘎查（社区）数据资源建设，实行嘎查（社区）数据综合采集，实现一次采集、多方利用。将推进服务业数字化转型作为优化营商环境的重要内容，探索建设企业数据共享平台，整合数字化资源，打通企业之间的数据链条，深入推进新巴尔虎右旗中小企业"上云上平台"行动。进一步加快数字资源的开发利用，将目前全旗已经掌握的互联网运用技能、计算机技术、通信技术及多媒体技术相互融合运行的数字资源以及各级组织和单位建立的数据库、微信公众号、文献以数字形式发布、存取、利用，利用好官方共享平台的数据库资源，形成具有地区特色的科技支撑。随着全旗发展数字经济、建设数字政府、打造数字社会进程的加快，全面升级电子政务外网，实现苏木乡镇全覆盖，社区、嘎查灵活接入，非涉密政务专网实现"应并尽并、应迁尽迁"，加快推进全旗一体化政务服务平台建设，切实提升基层公共服务水平。同时，要提高旗域各级领导干部数字经济思维能力和专业素质，增强发展数字经济本领，强化安全意识，使基层治理体系和治理能力现代化水平明显提高，推动数字经济更好地服务和融入全旗新发展格局中。

以红色基因为纽带
探索党建引领优化营商环境新路径

2023 年 5 月 21 日，新巴尔虎右旗地企党建课题组到中国黄金集团内蒙古矿业有限公司开展调查研究。新巴尔虎右旗委书记、地企党建课题组组长布和巴雅尔介绍了近几年旗委党建引领基层治理的情况，中国黄金集团内蒙古矿业有限公司党委书记、董事长张化武介绍了近几年公司推进地企党建一体化和公司生产经营情况，双方就地企党建一体化、党建引领优化营商环境、"党建链"助推"产业链"等问题进行深入研讨。现将研讨情况整理如下。

一、中国黄金集团内蒙古矿业有限公司的做法与经验

中国黄金集团内蒙古矿业有限公司隶属中国黄金行业唯一一家中央企业中国黄金集团有限公司，是其上市公司中金黄金股份有限公司控股子公司，重点开发乌努格吐山铜钼矿。公司是"国家级高新技术企业""国家级绿色矿山""国家 CNAS 认证企业""全国和谐劳动关系示范企业""内蒙古自治区科技领军企业""内蒙古自治区级企业研发中心"内蒙古自治

区纳税百强企业，荣获"全国五一劳动奖状""全国工人先锋号""中央企业先进集体""中央企业先进基层党组织"等荣誉。

中国黄金集团内蒙古矿业有限公司现有党组织 9 个，其中党委 1 个（配备党委委员 5 个），基层党支部 8 个（每个支部配备 5 名支部委员，党支部书记、组织委员、宣传委员、纪检委员、文体委员）。公司党委下设党委办公室、党委组织部、党建工作部（党委宣传部），纪委下设纪委办公室。公司现有党员 332 名，其中：男性党员 245 名，女性党员 87 名；少数民族党员 53 名；大专及以上文化程度党员 290 名。

（一）旗帜鲜明讲政治引领

作为第一批开展学习贯彻习近平新时代中国特色社会主义思想主题教育的央企，公司党委按照党中央在全党深入开展学习贯彻习近平新时代中国特色社会主义思想主题教育的统一部署和中国黄金集团党委关于开展主题教育的工作要求，组织了为期 3 天的"学习贯彻习近平新时代中国特色社会主义思想主题教育及党的二十大精神专题培训"，还举办了学习贯彻习近平新时代中国特色社会主义思想主题教育读书班开班仪式暨第二次党委中心组扩大学习研讨会并讲授了专题党课。积极开展主题活动，开展了庆"七一"文艺汇演、党员清雪义务劳动、观看红色电影《革命者》等独具特色的主题党日系列活动。与呼伦镇地方党委联合开展主题党日活动，邀请中央党校（国家行政学院）教授讲授主题鲜明、内涵丰富的专题党课，提升了地企全体党员干部的党性修养和素质能力。全面推动党建工作引领生产经营活动，促进党建与生产经营深度融合，创新性地开展党员先锋岗、党员创新工作室"双创"工作。2022 年全面启动"党员创新攻关项目"工程、"我为乌山发展献一策"活动、"巾帼建新功 奋斗新征程"科技创新巾帼行动。其中，确立的"选矿厂一期球磨机时空置换延时加球法""斑岩型铜钼矿石新型环保药剂的探索与研究""智慧食堂系统建设"等 22 项党员创新攻关项目，创造经济效益 1401.75 万元；"我为乌山发展献一策"共征集了"选矿厂水管路锈蚀淤堵解决方案"等金点子 22 条，全面激发了党员干部创新创效新活力。

（二）持之以恒抓经济建设

中国黄金集团内蒙古矿业有限公司全力促进主题教育与生产经营深度融合，形成公司全体干部职工各司其职、各负其责、各尽其力的良好作风与行动状态，着力破解制约公司高质量发展不利因素与难题，营造出饱含激情、充满活力、积极向上的干事创业氛围，切实将主题教育转化为推动公司高质量发展的强大动力。牢牢扭住科技是第一生产力这一根本，组织实施以"自动化、智能化、智慧化"为导向的科技创新项目。持续推进无人驾驶系统矿卡编组纯无人化运行、三维实景建模、智慧化乌山等重点项目，改善了工作环境，大幅提高了生产效率，公司被内蒙古自治区应急管理厅、工业和信息化厅、大数据中心、通信管理局联合确定为"四化"建设试点单位，通过近年来的积极探索，公司共获得省部级以上科学技术奖32项，国家专利授权50项，其中发明专利10项、实用新型专利40项，被评为内蒙古自治区2022年度科技领军企业。投产至今，累计生产铜金属量86.32万吨，生产钼金属量5.63万吨；实现产值432.75亿元，实现利润总额112.34亿元，上缴地方各项税费97.28亿元

（三）矢志不渝强文化基因

中国黄金集团内蒙古矿业有限公司党委积极打造主题教育、中国特色社会主义核心价值观等主流舆论思想的宣传阵地，营造浓厚氛围，印发了《2022年企业文化建设推进方案》，增加可视化宣传力度，更新、更换可视化宣传展板，推进红色党建文化进程。充分利用线下的标语、宣传海报、文化墙、LED屏幕、橱窗、条幅以及线上的微信群、OA办公系统、"学习强国"等平台以"线上线下相结合"的方式进行理念、作风及红色宣传，营造了浓厚氛围。通过"三八"妇女节、五一劳动节、"9.16"文化艺术节等重大节日开展系列活动，不断丰富职工业余文化生活。公司党委、各党支部牢牢把握目的导向、结果导向，将先进性和纯洁性作为主线长期贯

穿于支部党员的日常教育与文化活动中，相继开展了知识竞赛、原著诵读、青年突击劳动、技能比武、学习楷模、慰问帮扶、探访红色教育基地等活动，在活动中强化党员党性锻炼，跟进党性教育，提高党员意识，发挥先锋模范作用，深入挖掘党员干部红色基因。

（四）久久为功提社会效益

中国黄金集团内蒙古矿业有限公司始终牢记中央企业职责使命，与地方人民共享企业发展红利，坚持走好"企牧和谐、共享发展"之路，多措并举打造和谐企地关系，切实铸牢中华民族共同体意识。截至 2022 年末，累计向地方政府公益捐赠 2000 余万元。安置呼伦贝尔籍各类人员就业 776 人，为周边牧民缴纳养老保险累计 1131 人次，为地方经济社会和谐稳定发展作出了突出贡献，不断增进民族团结和民生福祉。公司把习近平总书记关于安全生产重要论述进行整理汇编并下发，层层签订《安全生产工作目标责任书》，做到"层层负责、人人有责、各负其责"，实现安全生产"四零"目标和隐患动态清零，提高了公司本质安全水平。

（五）锲而不舍保生态文明

公司党委深入践行习近平生态文明思想，坚定不移走以生态优先、绿色发展为导向的高质量发展新路子，积极践行"建设与绿化同步、剥离与复垦对接、治理与保护并重"工作思路，截至 2022 年末，在生态环境保护、草原恢复治理和环境监测等方面已累计投入资金 8.88 亿元，提高了公司生态环境治理水平，全面展现了公司担当作为的中央企业良好形象。特别是 2022 年，公司将生态修复工作作为"重中之重"，累计组织 3 万余人次，投入资金 1650 余万元，完成矿区内复垦绿化面积 285.9 公顷，矿区内可复垦绿化区域已全部完成复垦绿化工作；在尾矿库生态环境质量提升方面，投入了 7000 余万元；在重点区域粉尘治理方面，投入 1700 余万元。2022 年，公司生态环境治理累计投入 1.6 亿元，环境治理效果显著。2022 年 7 月，公司环保督察问题整改工作高分通过了股份公司的预验收和集团公司的正式验收。2022 年 10 月，在中央生态环境保护督察办公室完成销号工作。公司环保督察整改速度、力度与成效也得到了呼伦贝尔市委、政府的高度认可，被呼伦贝尔市委作为正面典型上报至内蒙古自治区。2023 年 2 月，公司先进典型宣传视频还被内蒙古自治区上报至中央电视台。

二、几点启示

通过本次实地调研，党建课题组对中国黄金集团内蒙古矿业有限公司的相关做法及经验有了更深入地了解与体会，得到了几点启示。

（一）以"党建链"助推"产业链"，构建了新发展格局

经过调研与座谈了解到，中国黄金集团内蒙古矿业有限公司与新巴尔虎右旗在党建联建机制、就业岗位安置、重点项目建设、社会保障帮扶等方面加强联络，服务地方经济与社会发展，不断深化地企协作，这些做法在以"党建链"助推"产业链"等方面给予了很大的启发。新巴尔虎右旗委与中国黄金集团内蒙古矿业有限公司党委根据区域重点产业发展需要，在搭建创新资源要素交流平台，成立产业创新集群党建联盟持续加大力度，通过常态化开展支部结对拓展到研发结对、购销结对等方面，推动地企联建共建，打造"党建+产业"发展共同体，实现地方与"链"内企业信息互联、资源共享、同向发展，推动组织堡垒强在"链"上、地企协同发展融在"链"上、服务赋能抓在"链"上，以党建链领跑产业链，有力促进党的政治优势、组织优势转化为发展优势。

（二）坚持地企人才一体化发展

加快发展离不开人才，通过企业发展将各类高端人才凝聚到企业所在地区，通过人才的发展促进地方各项事业的发展。例如：黄金集团内蒙古矿业有限公司党委书记、董事长张化武，先后在陕西、新疆等省区矿山任职，其间入选中央企业优秀党务工作者名单受到表彰。张化武同志不仅党

务工作强，而且管理能力强、业务精，被引进到新巴尔虎右旗内蒙古矿业有限公司后，为公司和地方带来了先进经营理念、先进管理经验、先进生产技术，企业效益明显提升。内蒙古矿业有限公司制定了985、211院校人才引进机制，开展中层干部公开竞聘工作，致力打造成为中国黄金集团人才培养储备基地。通过地企党建一体化，加强与企业的合作，实现人才共享共用，破解了边疆地区地理位置偏远、引才难的困境，促进了其他地区优秀人才向新巴尔虎右旗区域高质量集聚，从而高效赋能新巴尔虎右旗和黄金集团内蒙古矿业有限公司的快速发展。黄金集团内蒙古矿业有限公司不仅高标准"引进人才"，同时高质量"就地取材"，充分利用好本土人才资源，与地方人民共享企业发展红利，累计吸收吸纳呼伦贝尔籍各类人才就业776人次。公司"一揽子"解决人才落地生根等各方面问题，为接送孩子员工增发通勤车次、为哺乳期女工提供爱心小屋，让各类人才安身安心安业，让边疆人才用得好留得住。

（三）黄金集团科学采矿技术为挖掘红色基因"富矿"提供启示

黄金集团内蒙古矿业有限公司将露天开采的原矿经粗碎后，通过皮带廊进入储矿堆，再经过磨破、浮选、脱水等一系列流程后最终打包进入市场，通过系列繁琐且艰辛的采金流程，最终挖掘提炼出促经济富民生的金属资源富矿。挖掘红色基因同样如此，各级党组织结合主题教育，通过"三会一课"、民主生活会、组织生活会，广泛调查研究、开展谈心谈话，深入群众了解民情民意。同时借助"智库"力量不断将红色基因系统化、理论化，规范形成体系。把传承红色基因与培育时代新人有机结合起来，将红色基因本上化，把研究的理论成果按照群众的语言解读宣传，让基层一线党员和牧民群众读得通、看得懂，引领党员群众传承领会红色基因，不断提升党员群众尤其是年轻群体的整体素养，作为强化青年人世界观、人生观、价值观建设的重要因素。

三、深挖具有"黄金"特色的红色基因

（一）借助党史学习教育，进一步弘扬红色基因

红色基因伴随着马克思主义的传播和中国共产党的诞生而产生，记录了中国共产党艰苦卓绝的奋斗之路，是共产党人的生命密码和基因，也是促进国有企业做大做强的精神支柱和力量源泉。党的二十大报告指出："坚持理论武装同常态化长效化开展党史学习教育相结合，引导党员、干部不断学史明理、学史增信、学史崇德、学史力行，传承红色基因，赓续红色血脉。"以县处级以上领导干部为重点在全党深入开展主题教育。党史学习教育为进一步挖掘发扬红色基因带来新的机遇。在党史学习教育中，进一步激发党员干部红色基因，对教育党员干部树立正确的权力观、政绩观、事业观，引导广大党员干部学思想、强党性、重实践、建新功，推动主题教育走深走实具有重要意义。

新巴尔虎右旗的红色基因根植在一代代共产党员、一届届的领导班子团结带领全旗各族人民的过程中、植根在先辈们的精神遗产和 37000 余名党员干部群众的灵魂深处。马克思主义在中国传播 100 多年来，红色基因为边疆民族地区铸牢中华民族共同体意识、进一步弘扬蒙古马精神、促进地方发展提供源源不断的精神动力。新巴尔虎右旗委高度重视党建研究工作，深入挖掘红色基因，并在"高质量党建推动牧区高质量发展""发扬蒙古马精神，激励干部担当作为""党建引领边疆民族地区基层治理调查与建议"等方面取得了较多理论成果。

（二）深化党建引领，持续优化营商环境

优化营商环境需要坚持党建引领，目前在一些地方存在贯彻落实中共中央、国务院各项优化营商环境政策不到位现象，其根源在于缺乏党建引领，党建责任制较为弱化。中国黄金内蒙古矿业有限公司高度重视党建引

领，与新巴尔虎右旗呼伦镇党委联合开展主题党日活动，邀请中央党校（国家行政学院）公共管理教研部教授、博士生导师黄小勇教授讲授专题党课。坚持党建引领优化营商环境对激发市场主体活力，促进经济高质量发展具有重要意义。各级党委、政府要强化对企业的服务意识，加强学习营商环境法律法规，逐条落实国家《优化营商环境条例》和《内蒙古自治区优化营商环境行动方案》《内蒙古自治区贯彻落实全国深化"放管服"改革优化营商环境电视电话会议重点任务分工方案》等优化营商环境政策法规，把党和政府优化营商环境的各项措施落到实处，把制度优势转化为发展优势、经济优势。在党中央集中统一领导下，各领域的党组织形成合力，充分发挥基层党组织"四个领导核心"作用，使党的各项决策部署在全过程各环节全面贯彻落实。在企业所属辖区内，以企业党组织与地方各级党委、部门、行业党组织为纽带建立联席会议、联合党支部、临时党支部等制度，协调工程建设中的重大问题、方向性问题，使各种分歧意见在党建平台上充分交流、深入研讨，并按照"团结—批评—团结"的原则达成共识，妥善解决，为各类市场主体投资兴业营造稳定、公平、透明、可预期的良好环境，同时能够激发和弘扬企业家精神，助力做好尊商亲商、安商便商工作，构建亲清政商关系，营造市场化、法治化、国际化一流营商环境。

（三）促进企牧和谐，形成发展合力

2023年6月，习近平总书记在内蒙古考察时强调，要"牢牢把握党中央对内蒙古的战略定位，完整、准确、全面贯彻新发展理念，紧紧围绕推进高质量发展这个首要任务，以铸牢中华民族共同体意识为主线，坚持发展和安全并重，坚持以生态优先、绿色发展为导向，积极融入和服务构建新发展格局，在建设'两个屏障''两个基地''一个桥头堡'上展现新作为，奋力书写中国式现代化内蒙古新篇章"。特别是关于"铸牢中华民族共同体意识是新时代党的民族工作的主线，也是民族地区各项工作的主线。民族地区的经济建设、政治建设、文化建设、社会建设、生态文明建

设和党的建设等，都要紧紧围绕、毫不偏离这条主线"的新论述，充分体现了习近平新时代中国特色社会主义思想的世界观和方法论以及立场、观点、方法，使"铸牢中华民族共同体意识"逐步上升到世界观、人生观、价值观这一思想和行动的总开关上。广大党员干部和各族群众深刻体会到，只有不断提高政治站位，不断深化铸牢中华民族共同体意识的认识，才能自觉增强对"两个确立"的政治认同、思想认同、理论认同、情感认同，才能把坚持党中央集中统一领导这个最高政治原则落实到行动上、体现到工作中，真正把马克思主义看家本领学到手，用马克思主义之"矢"去射新时代内蒙古之"的"。新巴尔虎右旗各级党组织要向中国黄金集团内蒙古矿业有限公司党委学习借鉴开展第一批学习贯彻习近平新时代中国特色社会主义思想主题教育形成的先进经验做法，正确认识理解权力观、政绩观、事业观的深刻内涵，高质量完成第二批学习贯彻习近平新时代中国特色社会主义思想主题教育各项目标任务，推动新巴尔虎右旗在中国式现代化之路迈上新征程。

（四）以铸牢中华民族共同体意识为主线，推动兴边稳边固边，促进各民族广泛交往交流交融

中国共产党内蒙古自治区第十一届委员会第六次全体会议上通过了《内蒙古自治区党委关于全方位建设模范自治区的决定》，进一步明确要感党恩、听党话、跟党走，在铸牢中华民族共同体意识、兴边稳边固边等方面走在前、作表率，尤其是提出了全面创建铸牢中华民族共同体意识示范区的目标。《决定》特别强调要集中各方面智慧和力量深化研究，积极推进打造以各民族交往交流交融、守望相助、共同弘扬蒙古马精神和"三北精神"、铸牢中华民族共同体意识为基本内容的"北疆文化"品牌，增强对中华民族优秀文化的认同。中国黄金集团内蒙古矿业有限公司紧盯社会效益与文化建设，利用中华民族传统节日开展系列活动并以先进性、纯洁性为主线长期贯穿于支部党员的日常教育与文化活动中，还通过为周边的呼伦镇伊和诺尔嘎查牧民缴纳养老保险累计1131人次等举措，为地方经济社会和谐稳定发展作出了突出贡献，不断增进民族团结和民生福祉。要借鉴好中国黄金集团经验并进一步创新举措，新巴尔虎右旗各级党组织、党员干部要深入推进《做好边境一线党建研究工作 努力提高民族地区高质量发展决策水平》课题研究，深刻领会落实习近平总书记关于党建研究的重要指示精神与对内蒙古的重要讲话精神，坚持把全面从严治党调查研究贯穿新时代党的民族工作高质量发展的全过程，推进中华民族共有精神家园建设有形、有感、有效，同时在理论建设体制机制、培训模式、拓展网络党建内容上积极创新，把党建课题研究作为培养党务人才和拓展网络党建内容的有效措施。要弘扬好新时代蒙古马精神，教育引导党员干部传承好心向党、心向党中央的红色基因，在教育党员干部、引导广大群众的过程中传承好内蒙古各族人民识大体、顾大局、讲风格、求奉献、有担当的宝贵品质，教育引导广大干部群众牢牢铭记"六句话"的事实和道理，深植厚培忠诚维护、感恩奋进的情感之基和力量之源。要巩固党政军警民合力强边固防局面，促进各民族团结进步、共同繁荣的同时也要促进军政军民团结，形成一体推进强边、安边、固边、富边、睦边的合力，促进边境繁荣发展、边民团结幸福、边防安全稳固。

新巴尔虎右旗提升基层党组织"两个功能"系统解决草原过牧问题推动传统畜牧业转型升级工作方案

为全面贯彻落实党的二十届三中全会精神和习近平总书记在内蒙古考察时的重要讲话重要指示精神，新巴尔虎右旗坚持守望相助理念，登高望远，规划事业、谋求发展，跳出当地，积极探索融入新发展格局新途径。结合内蒙古自治区党委和呼伦贝尔市委提出的"系统解决草原过牧问题，推动传统畜牧业转型升级"等重点任务，新巴尔虎右旗委、政府以北京市社会组织党建联合会支持呼伦贝尔市发展为契机，采取党建链服务人才链，人才链服务产业链等有效措施，进一步加强对外合作，并制定实施方案。

一、总体要求

坚持以习近平新时代中国特色社会主义思想为指导，全面贯彻党的二十大和二十届三中全会精神，以铸牢中华民族共同体意识为主线，按照呼伦贝尔市委创建"守望相助"党建品牌工作要求，引导广大党员干部深刻认识习近平总书记在内蒙古首次提出"守望相助"重要论述的重大意义、精神实质、实践要求，聚焦现代化农牧业发展需求、乡村人才振兴、农村牧区高质量发展，促进党建链、人才链、产业链的有机衔接与良性互动，推动传统畜牧业转型升级，为书写中国式现代化内蒙古新篇章做贡献。

二、基本原则

(一) 坚持党的全面领导

坚持党的全面领导是全面深化改革的根本保证。党的领导是全面的、系统的、整体的,党员干部坚持新时代"四个特别"好干部标准,紧密团结在以习近平同志为核心的党中央周围,加强世界观的改造,始终把党的领导贯穿于推动传统畜牧业转型升级、创新运用"三链"机制改革工作的各方面全过程。

(二) 坚持以人民为中心

以人民为中心的发展思想是改革的出发点和落脚点。始终把农牧民利益与需求摆在首位,尊重基层首创精神,发挥牧民的主体作用,加快高素质牧民队伍建设,充分吸纳牧民意见建议,真正让牧民群众成为改革的参与者和受益者,最终实现共同富裕。

(三) 坚持守正创新

深刻领会和把握进一步全面深化改革的重大原则,坚持守正和创新相统一,着力提高牧区人口整体素质,以"三变"改革与"三位一体"12个试点嘎查为切入点,培训产业为抓手,持续提升高素质牧民培训质量,加快塑造素质优良、总量充裕、结构优化、分布合理的现代化人力资源。

(四) 坚持系统观念

进一步落实全面深化改革实践的要求,深化地企合作,加强"三链"机制与建设全国统一大市场高效融合,全面培育富有内生动力与创新活力的市场主体。

三、目标任务

（一）以"党建链"赋能，补齐畜牧业发展短板

牢固树立"抓好党建是最大政绩"理念，以系统解决草原过牧，推动传统畜牧业转型升级为契机，强化党建赋能，引领各级党组织着力在强基础、补短板、创品牌、促发展上持续发力，加强分类指导，以党建优化发展布局，加快提升草原畜牧业规模化、标准化、品牌化、信息化发展水平，实现产业布局、项目推进同频共振，切实将党的政治优势、组织优势转化为发展优势，补齐发展短板。

（二）以"人才链"聚能，助推畜牧业转型升级

加强党对人才工作的全面领导，坚持把打通机制体制壁垒作为激发人才创新创造活力的关键，破除人才培养、使用、评价、服务、支持、激励等方面的障碍，推动用人主体人才评价与培养、使用、激励的有机衔接，推动各类柔性引才载体在产学研转化、本地人才培养、技术创新等方面持续产出实质性成果，使人才供给结构与畜牧业转型升级发展更好匹配，着力打造出一支素质高、能力强的牧区特色产业人才队伍，助推畜牧业产业结构优化升级。

（三）以"产业链"蓄能，促进牧区经济高质量发展

基于"两个屏障""两个基地""一个桥头堡"的战略定位，围绕牧区资源禀赋及产业基础，集中打造绿色农畜产品加工等产业集群，不断提高畜牧业生产总量和畜产品质量，促进畜牧业与第二、第三产业深度融合，延长产业链，提升附加值，实现嘎查集体经济从"自负盈亏"向"合作共赢"的转变，不断促进牧区经济高质量发展。

四、工作措施

新巴尔虎右旗聚焦系统解决草原过牧问题推动传统畜牧业转型升级，采取党建链服务人才链，人才链服务产业链等有效措施，探索"三变"改革和实现途径，将党的政治优势、组织优势转化为产业优势，发展优势。

（一）聚焦现代化农牧业发展需求建强"党建链"

按照党的二十届三中全会构建全国统一大市场，建设高标准市场体系新趋势新要求，旗委、政府根据内蒙古自治区"立足8大产业集群16条产业链"要求，着力布局上下游产业，实现产业集中集聚、产业链延伸和产业集群化发展，全面提升产业链创新水平。各级党委、各领域党组织和广大党员干部要在党中央集中统一领导下，以不断完善党建链服务人才链，人才链服务产业链体制机制深度融入新发展格局。一是各级党委抓统筹。旗委要进一步发挥统揽全局、协调各方的领导核心作用，形成党委领导牵头、牵头部门（责任部门）统筹、重点部门配合的工作机制，班子成员履行"一岗双责"责任制，强化组织赋能，构建产学研用深度融合的政策支持体系。按照深耕细分领域，强化产业间的协同合作要求，旗委按照党组织隶属关系坚持重大事项请示报告制度，及时得到上级党的工作部门指导的同时，要加强链上党组织沟通协调，如，按照京蒙协作工作要求，加强与北京市社会组织和各领域各链上党组织的对接，更好凝聚深化改革和推动发展的领导合力。二是基层党组织抓跟进。在边疆民族地区全面融入新发展格局过程中，做到"产业链延伸到哪里，党组织就建到哪里，作用就发挥到哪里"。特别是要强化各链条党组织的"两个功能"，进一步发挥农村牧区基层组织"四个领导核心"作用，把正确处理党组织与治理主体的关系贯穿高质量发展的全过程各领域，把党的一切工作到支部的鲜明导向落到实处。三是发挥党员先锋模范作用。党员要增强党性意识，提高用党的自我革命推动社会革命的自觉性。提高党员主体地位，充分发扬党内民主。党员领导干部牢记"第一身份"职责，以普通的党员身份过好双重组织生活，主动接受所在党支部和身边党员的管理、教育和监督，带头做一名合格共产党员，在交往交流交融中带头展示新时代党员的风采；党员要在高质量发展上担当作为，提高学习党的创新理论和专业知识能力，特别是把握习近平新时代中国特色社会思想的世界观和方法论，运用贯穿其中的立场观点方法，以正在做的事情为中心，履行好新时代新征程中国共产党的使命任务。

（二）聚焦乡村人才振兴"党建链"服务"人才链"

一是抓住党管人才工作重点。旗委及时研究部署人才工作，组织部牵头抓总，各相关职能部门各司其职、密切配合，持续改进党管人才的方式方法，以基金为抓手，激励产业发展、乡村治理，凝聚致富带头人和乡土人才助力家乡发展。二是优化党管人才工作机制。完善党建工作责任制，发挥旗委党建工作领导小组牵头抓总作用，面向产业链上的党组织，坚持开门办智库、开放搞研究和人才强库理念，探索牧区党建、项目落地、人才引进、产业发展、产业链壮大的更优途径；打造好新巴尔虎右旗教学点，充分发挥新巴尔虎右旗党校（行政学院）优势资源，科学规划"1个主基地（旗委党校）+若干教学点（基层党校和试点嘎查基地）"，与高等院校合作建成乡村振兴实训基地，搭建多媒体教学、会议交流、餐饮住宿、基地实践等全链式培训阵地。三是健全乡村人才素质提升保障。建立组织部"牵线搭桥"、行业部门"协同指导"的育才机制，突出传统畜牧业转型升级、乡村振兴2个主题，精细化课程管理，并联系北京社会组织邀请畜牧产业发展、市场营销、乡村发展、基层治理等领域专家学者，提供精准教学帮扶。

（三）聚焦农村牧区高质量发展，"人才链"赋能"产业链"

一是围绕产业配置人才链，夯实人才基础。坚持人才发展与产业布局一体谋划推进，建强牧区骨干核心队伍，成立嘎查后备力量人才储备库，注重从致富带头人、外出务工经商人员、复员退伍军人等群体中发现培养，通过全程跟踪管理，每个嘎查至少储备3至5人作为"两委"后备力量（书记岗位储备2人）。研究制定牧区乡土人才选拔和管理、乡土人才激励办法等有关政策，让优秀乡土人才"候鸟归巢"；做好紧缺人才需求清单摸底，有针对性地引进培养人才；入驻京蒙高科技孵化园，搭建好服务平台。二是培养新质人才为现代畜牧业提供有力保障。依托乡村产业振兴带头人培育"头雁"项目、高素质农牧民培育计划、专家学者教学帮扶等相关工作，开设畜牧养殖技术、民族手工艺制作、电子商务等课程，打造全产业链培训。各行业部门对接上级教学资源，积极推荐基层各类人才参与自治区级、市级培训项目，有计划选派各领域优秀人才赴外省先进地区"取经"，回本乡本土"实战"；坚持将乡土人才培育作为推动畜牧产业发展的关键举措。立足特色优势产业，以家畜繁育改良、畜牧技术推广、农畜产品加工、动物防检疫等为主要内容，以龙头企业、养殖大户、合作社为培养重点，组织专家服务团、科技特派员、专业技术人才采取"点对点"模式开展技术服务，做到科技服务直接到户、改良技术直接到场、技术要领直接到人。三是人才链与产业链深度融合。抓好六个"倍增计划"，强化交流互访、合作共建，积极围绕旗委、政府中心工作、重点项目开展牵线搭桥工作，促成更多合作项目签约落地；探索推进畜牧业生产社会化服务模式和机制，重点依托现有兽医社会化试点工作，持续推动"防疫+诊疗"兽医社会化服务模式；抢抓"歌游内蒙古 欢乐冰雪季"呼伦贝尔冬季旅游季有利时机，深度挖掘打造独具特色的草原旅游品牌，拓宽增收致富渠道；对呼伦湖拴马桩辅助功能区、阿敦础鲁地质公园、达石莫圣泉、夏营地等旅游景区基础设施进行新建或提升，让闲置劳动力转移到本土第二、第三产和社会化服务工作中；优化口岸跨境游、草原深度游、民俗体验游等草原最美旅游环线，突出专业人才对草原畜产品加工业的指导引领作用；全力促进特色优质农畜产品品牌建设与提升，加大"西旗羊肉"品牌保护及宣传力度，提升本土企业经济效益，以品牌建设推动产业发展。

五、保障措施

（一）加强组织领导

将"三链"机制列入系统解决草原过牧问题推动传统畜牧业转型升级工作中，按照"人才+产业"双轮驱动的工作思路抓统筹，强化"一把手"抓"第一资源"责任落实。转型升级工作指挥部负责统一领导和组织工作，常态化抓好跟踪问效工作，将"三链"机制工作纳入督查检查工作中，对推进落实情况进行全面督促、检查、指导，推进相关工作落实。

（二）加强部门协调配合

各苏木镇、旗直部门形成高位推动、分工明确、运转高效的工作体系，分头落实"三链"机制。旗委组织部、各级党组织共同开展"党建链"相关工作，全面推进党建工作责任制；旗委组织部、人力资源和社会保障局、农牧和科技局等有关部门共同开展"人才链"相关工作，严格落实人才工作机制。农牧和科技局、林业和草原局、文化旅游体育局、发展改革委员会等行管部门共同开展"产业链"相关工作，整合人力、物力、财力等各种资源，合理分配到畜牧业转型升级工作中。

（三）强化资金保障

不断完善投入机制，多渠道、多层次引进资金，逐步建立以政府为引导，市场运作为原则，龙头企业、牧民合作社等参与的多主体、多渠道、多元化投入保障体系。以北京社会组织党建联合会支持呼伦贝尔市发展为契机，积极争取党建引领产业发展项目，提升畜牧业发展水平。

（四）营造良好氛围

加大宣传力度，广泛宣传党建引领畜牧业转型升级发展的重大意义、进展成效和典型经验。动员社会各界积极参与，形成共同推动畜牧业转型发展的良好氛围。

新巴尔虎右旗牧区产业全链条
培训实施方案

为深入贯彻中央人才工作会议、中央一号文件精神，强化乡村振兴人才支撑，激活乡村人才振兴"蓄水池"，切实提升全旗牧民的专业技能水平和综合素质，以高质量、全链条教育培训为全面推进乡村振兴、加快农业农村现代化提供人才保障和智力支撑，加快推动新巴尔虎右旗农牧业高质量发展，现结合本地区实际，制定如下实施方案。

一、总体要求

以习近平新时代中国特色社会主义思想为指导，深入贯彻中央人才工作会议、中央农村工作会议精神和习近平总书记关于推动乡村人才振兴的重要指示精神，以呼伦贝尔市"守望相助·边疆党旗红"党建品牌为引领，确定"党建链服务人才链，人才链服务产业链"工作思路，按照《呼伦贝尔市系统解决草原过牧问题推动传统畜牧业转型升级工作方案》相关要求，以满足农民需求为核心，以提升培训质量为重点，持续加强牧民教育管理培训工作，大力培育适应农村牧区经济发展需要的实用型和技能型人才，推动农村牧区人才队伍素质整体提升。

二、基本原则

（一）坚持党管人才，强化政治引领

充分发挥基层党组织的政治优势、组织优势，加强党组织在农村牧区事业发展中的核心作用，以基层组织建设为引领，培育新生代牧民人才，转变新生代牧民的思想观念和生产方式，培育更多高素质、职业化的牧区人才。以深入学习贯彻习近平新时代中国特色社会主义思想为主题主线，全面开设综合素养课程，坚持不懈用党的创新理论凝心铸魂、强基固本，引导广大牧民感党恩、听党话、跟党走。推动新时代爱国主义教育常态化制度化，持续抓好党史、新中国史、改革开放史、社会主义发展史和中华民族发展史教育培训，引导广大牧民知史爱党、知史爱国，不断坚定中国特设社会主义共同理想。强化铸牢中华民族共同体意识宣传教育，把铸牢中华民族共同体意识贯穿于乡村人才振兴工作全过程，引导牧民进一步树立正确的民族观念，当好铸牢中华民族共同体意识的践行者、促进者、守护者。

（二）服务产业发展，坚持守正创新

紧紧围绕党建、人才、产业"三链"机制，瞄准"全产业培训、全节点增效"，从历史、理论和应用三个方面综合考虑，结合新巴尔虎右旗实际，创新教育培训模式，分领域、分产业、分层级开展系统培育，着力培育农村牧区技术型人才，促进小农户、小牧户和现代畜牧业发展有机衔接，推动农牧业高质量发展。精心挑选能够满足高素质牧民培训实训及参观需求的基地作为现场教学场所，探索建立"课题+基地"培训模式，提供"一对一"指导帮扶，激发牧民学员兴趣。以培训为契机，加强牧民交流合作，支持牧民在产业发展、生产服务、营销促销等方面开展联合与合作，依托协会、联合会、创业联盟等组织协作发展。鼓励牧民参加多种形式的展览展示、发展论坛和专业技能大赛等活动，实现牧民跨省区交流，不断拓宽理念、视野，促进理论成果转化，成为懂技术、善经营、会管理的高素质牧民。

（三）多方协同推进，注重质量效能

充分发挥新巴尔虎右旗委统揽全局、协调各方的领导作用，站位全局、真抓实干、强化保障，凝聚各方智慧、汇聚各方力量，全力以赴推动农村牧区人才培养工作取得新成效。统筹利用团旗委、农广校（牧民科技教育培训中心）、农技推广机构、牧民专业合作社等各类资源，充分发挥农广校等部门专门机构作用，健全完善"专门机构+多方资源+市场主体"教育培训体系，积极支持农民专业合作社、龙头企业等承担培育任务，着力提升培育质效。将高素质牧民培育纳入地方乡村振兴战略规划和政府公共服务考核体系，压实各级各部门责任，强化乡村振兴人才支撑。争取财政、发改、教育、人社等部门支持，形成多部门协同、多资源聚合、多力量参与的工作新格局，助推农村牧区人才培养工作高质量发展。

（四）注重实践导向，严格准入条件

根据上级文件要求，由旗人民政府联合市人社部门全面摸清新巴尔虎右旗人力资源现状，重点聚焦初中学历以上、40岁以下的牧业人口，调查掌握人员分布、产业状态及就业创业需求。精准识别两类关键牧民群体，一是长期以畜牧业为生，面临过牧问题的牧民；二是具有参与第二、第三产业意愿，渴望通过多元化发展实现增收的牧民。在两类关键牧民群团中通过嘎查（社区）申请、苏木镇级推荐、旗级甄选的程序，层层筛选，逐级审核，确定热衷联农带农、善于接受新技术、新理念的牧民为牧区产业全链条培训对象。在选取的培训对象中，着重开展对家庭农牧场、牧民合作社、农牧业企业、专业型社会化服务企业和农村牧区集体经济组织等主体带头人、农村牧区青年、嘎查村两委成员、返乡大学生、农民工、退役军人、女牧民等群体的全链条培训，增强培训实效。

355

三、主要任务

推动建立完善的组织架构和管理机制，以提高研究能力和研究水平为重点，定期组织课题研究专业委员会、会员单位和特邀研究员开展课题研究，建设集培训、科研、示范为一体的全链条牧民素质提升培训研究机构。持续做优理论实操融合培训模式，转变新生代牧民的思想观念和生产方式，推动畜牧业发展改革创新，培育更多高素质、职业化的牧民人才，为推动传统畜牧业向现代化、可持续化转型升级提供人才支撑。

（一）深化课程设置的研究

依据实际情况，设置综合素养课、专业能力课、实用技能课、案例教学课四类课程。利用互联网搭建线上线下相结合的培训体系，通过开展集中学习、自主学习、观看直播、录播课程等学习方式，促进学习常态化、长效化。采取现场教学、交流发言、结业考试等相结合的形式，强化牧民学员理论基础、激发学习热情，提升培训实效。

综合素养课程以党的理论教育、党性教育和履职能力培训为重点，包括但不限于思想政治、农牧业通识、农业农村政策法规、文化素养等课程。

专业能力课程包括但不限于乡村治理、农牧业生产技术、农牧业经营管理、集约饲养模式、智慧畜牧业、农畜产品营销、草原过度放牧相关等课程。

实用技能课程包括但不限于公文写作、计算机技能、销售与市场营销、健康与安全、团队协作能力等。

案例教学课程旨在形成"原理学理哲理加案例"的培训交流机制，将抽象理论具体化、生动化，带领牧民"走出去"学习典型经验，实地到示范家庭牧场、合作社示范社、龙头企业等进行深度体验学习。通过家庭农牧场、牧民合作社、农牧业企业、专业型社会化服务企业和农村牧区集体经济组织等主体带头人互访、经验交流等方式，在交流体验中提升干事创业、联农带农能力。

甄选培育机构及师资。按照有依托主体、有产业基础、有实训场所、有设施设备、有管理团队、有专家服务的标准，委托旗农广校等部门开展需求调研、培训组织、过程管理和延伸服务等工作，支持鼓励市场主体建设实训基地和农民田间学校等教育培训场所。充分发挥各类实训基地的作用，为高素质牧民提供各类便捷服务。结合培训课程内容，按照层次高、技术新、接地气的原则，积极邀请自治区级、市级科研院所的专家，给牧民传经验、教方法、授技巧，提升农牧区实用型技能。

（二）深化培训与畜牧业转型升级相融合的研究

按照呼伦贝尔市委、政府"决定将'系统解决草原过牧问题，推动传统畜牧业转型升级'作为贯彻落实工作的第一课题和第一改革事项"的要求，积极创新培训模式，努力打造一支高素质、专业化的牧民队伍，为畜牧业转型升级提供坚实的人才支撑。着重抓好牧民党员教育培训，充分发挥党员先锋模范作用，带领牧民领办合作社、组建社会化服务队伍，以实际行动带动周边牧民投身转型升级实践。将三变改革的"资源变资产、资金变股金、农民变股东"相关知识理论纳入培训课程，配套实施案例式教学，现场观摩"芒来模式"试点，依托自身实际情况，开展牧区牧业现代化排头兵试点。实施"文旅人才培养行动"，擦亮"歌游内蒙古"文旅品牌、"呼伦贝尔大草原"市域公用品牌等具有地方特色的党建品牌，深入打造阿贵洞、克鲁伦营地、牧歌星空营地等具有边境一线特色的教学点，开发培训教材，培植培训产业，从新生代牧民中培养一批懂文化、会经营、善管理的文化旅游人才，以文旅人才培养赋能呼伦贝尔文旅产业高质量发展，有效实现牧户增收的同时为农村牧区工作发展提供智力支撑。

（三）深化创新教育培训模式的研究

将铸牢中华民族共同体意识主线贯穿全链条培训全过程，打造双语培训模式，加强蒙古语授课和汉语授课互促共进，努力提高牧民学习交流与发展能力。与新巴尔虎左旗农村牧区党员干部现代远程教育蒙语译制基地开展深入合作交流，借鉴少数民族语言党性教材资源，解决民族地区理论传播"最后一公里"问题。培养乡村振兴青年先锋，组织开展团干部培训等青年培训项目，积极开展青年宣讲培训交流、青年志愿者培训等多形式的教育培训，增强青年人才服务基层意识。落实"创业就业巾帼行动"，面向女性牧民、城乡无业妇女开展举办家政、手工艺等技能培训，带动妇女创业就业，实现培训全覆盖、无死角。

四、组织保障

（一）强化组织领导

建立健全培育培训工作机制，成立由旗委书记担任组长，旗委常委为副组长，相关部门单位主要负责人为成员的高素质牧民培育工作领导小组，定期召开领导小组会议，提出要求、明确任务、强化保障、统筹协调，推进培训工作科学化、制度化、规范化、高效化开展。

（二）注重统筹结合

人社、教育、就业、发改、农牧、林草等相关部门要切实提高政治站位，将高素质牧民培育工作作为推进乡村人才振兴重点工作，多做客观分析，树立长远眼光，制定本部门实施方案，加强部门沟通协作，实现信息共享、优势互补，形成工作合力，确保全链条培训工作落地见效。注重将培育工作与人才吸纳、推优荐才等工作结合起来，努力将工作成果转化为组织成果和政治成果。

（三）加大宣传力度

充分利用广播、电视、报刊、转发政策、业务、技能、知识手册和宣传视频等方式，加强对高素质牧民培育工作的宣传，力求宣传到户到人。认真总结新情况新进展，推广好经验好做法，让牧民充分了解畜牧业转型升级的支持政策和优惠措施，增强牧民转型信心和动力。同时，积极协助牧民获取基础设施建设、信贷保险等方面支持。积极组织牧民学员参加先进典型评选活动，发掘和选树一批成功转型的牧民典型，充分发挥先进典型示范引领作用，帮助牧民认识到科学养殖、品牌经营的重要性，树立绿色、高效、可持续的现代畜牧业发展理念。

（四）强化跟踪问效

各相关部门明确专人负责全链条培训工作，定期对牧民培训情况进行全面总结，包括培训内容、参与情况、学员反馈、培训成效等方面，形成书面报告。培训结束后，开展训后跟踪延伸工作，通过项目推介、技术指导等方式，为牧民培育对象提供长期技术指导。同时，在跟踪服务方面，注重强化机械装备支撑，提升生产能力和生产效率，加大融资对接力度，使畜牧业生产融资贷款更加便捷，保险覆盖更加全面，金融助牧更加有力。

党建工作推动素质结构与产业结构一体化
——赴内蒙古青年创业企业联合会调研纪实

近年来，内蒙古青年创业企业联合会深入贯彻落实习近平总书记关于青年工作、实体经济、人才培养使用的重要讲话和党中央关于党管人才、人才发展体制机制改革等重大决策意见。2024 年 10 月 30 日，作为全国"两优一先"代表、内蒙古自治区党建研究会党建研究智库专家库成员，我应邀赴内蒙古青年创业企业联合会（以下简称"内蒙古青联会"）开展调查研究。深入了解青联会发展思路、工作路径和京蒙人才协作背景，就素质结构与产业结构一体化等研究课题进行深入交流。现将调研成果情况总结如下。

一、瞄定发展目标，持续发挥优势作用

（一）内蒙古青联会自身优势和特点

内蒙古青联会注册成立于 2020 年 8 月，是由内蒙古自治区民政厅注册、工商联直属、团委等部门指导并面向全区的商协会，总部位于包头市九原区。近年来，内蒙古青联会充分发挥自身优势和特点，指导各类青年社团开展活动，营造创新氛围、带动创新实践，为推进自治区经济社会的全面发展而努力奋斗。一是地方党委、政府的坚强领导。包头市九原区党委、政府高度重视，充分利用企业家资源，高起点谋划、高质量运行，努力打造成为高端优质社会组织，切实为会员企业人才结构优化、产业结构升级、经济社会发展搭建服务平台。二是执行会长经历经验丰富。执行会长刘博同志长期从事投资行业，积累了丰富的经营经验和优质的社会关

系，为内蒙古青联会开展各项工作夯实了基础。三是包头市资源丰富，发展尽头较足。包头市工业基础雄厚，营商环境优良，各项经济指标增速逐年上升，第二产业经济走在全区前列，吸引了诸多全国性的大体量优质工业企业。

（二）会长单位发展优势和特点

九耀控股（内蒙古）集团有限公司作为会长单位，其业务板块涉及产业投资、装备制造、环境保护、新能源、电网建设、配售电等多个领域。在装备制造领域，2019 年，时任内蒙古自治区党委书记石泰峰同志到包头市调研时提出了"充分利用包头市工业优势，优化产业结构"的建议。2021 年 12 月，轴承项目正式落户包头市九原区，其致力于打造轴承全产业链，填补包头市高端轴承制造领域的空白，得到包头市委、市政府的大力支持和积极推动。在新能源领域，2023 年，高效太阳能绿色建材应用产品研发及产业化项目分别与包头市九原区、湖北省当阳市签约。此项目作为建筑行业实现"双碳"目标的重要路径，可为内蒙古光伏产业及低碳领域带来示范引领作用。在环境保护领域，2023 年，动物尸体无害化处理项目签约落户包头市东河区。项目达产后，将满足整个包头市病死畜禽无害化处理、资源化利用的需求，保障区域生态环境安全和公共卫生安全。在电网建设领域，2021 年，施工团队以整体工期短短 6 个月的成绩，顺利完成 220 千伏大全一期变电站项目。在配售电领域，九耀控股集团积极参与电力体制改革，秉承"先行先试"的理念，积极推动包头稀土新材料产业园区增量配电试点项目。

二、夯实党建基础，推动素质产业结构一体化发展

人才是第一资源，是经济发展的源头活水。青年人才作为国家战略人才力量，在我国高质量发展的过程中起关键作用。同时，产业是基础，人才是支撑，人才结构是产业结构优化升级的重要前提，也是产业发展的内

在动力，二者既相互促进，又相互影响，人才结构与产业结构的同频共振对区域经济的发展具有举足轻重的特殊作用。

内蒙古青联会自成立以来，始终以"服务党和国家工作大局、服务共青团中心工作、服务青年企业家茁壮成长"为宗旨，致力于通过服务青年、服务企业，为建设亮丽内蒙古贡献力量。在内蒙古落实新发展理念、加快产业转型之际，青联会始终把准方向，扎根本土，充分发挥自身优势与服务功能，助力人才结构优化，推动人才工作与产业发展"齐步走"。

一是以青联会为龙头，突出"引领地位"。内蒙古青联会积极思考如何充分发挥自身引领作用，组织青年交流研讨，帮助青年提高素质，指导青年创业就业，使更多本土高质量人才向内蒙古基层党建链聚焦，向内蒙古重点产业链聚集，从而实现青联会的独特价值，打造青联品牌的知名度和美誉度。

中共中央、国务院印发的《中长期青年发展规划（2016—2025年）》，首次明确"党管青年"重大原则。党的二十大报告明确要求"全党要把青年工作作为战略性工作来抓"。内蒙古青联会作为政企沟通、整合资源的平台，必须具备敏锐的政治意识、大局意识、核心意识、看齐意识，进而融入创业意识、先进意识、守正意识和服务意识，在建设过程中健全自身组织制度，加快建立党团组织。通过实践表明，党团组织的建立有助于加强非公组织与党组织的紧密联系，跟随党的脚步，明确前进方向，打牢政治底色，有助于提高非公组织生产力、竞争力、凝聚力、影响力，搭建对外沟通交流的新渠道，有助于将党建工作作为非公组织向前发展的新的发力点，与业务工作互融共促。

二是以实践观为基础，善于"升华理论"。马克思主义理论学而不用，无异于坐而论道、凌空蹈虚；反之，只干不学，则容易"盲人骑瞎马，夜半临深池"，难免错失方向、事倍功半。面对新形势新挑战，一些青年企业家常常出现"本领恐慌"，说到底在于没有把握好理论学习与实践之间的良性互动。古今中外的企业家精神也是在实践中总结出来的，我们要勇于实践，善于总结，坚持理论与实践相结合，在实践中加强磨炼、增强本领，在总结中提升方法和思想，明确方向道路。

理论是行动的先导，做到理论学习与实践运用的"结合"文章，首先要"眼到、口到、耳到"，着重分析理解贯穿理论的方法逻辑和科学思维。其次需"入脑、入身、入心"，将思想理论紧密联系工作实际，用解决问题、推进工作的实效来检验学习成果。我们要传承党的优良作风，立足自身岗位，经常对自己日常工作、参加会议、交流研讨等进行系统记录、深入思考和总结提炼，探索理论创新和模式创新。大家在创业领域已经走到广大青年的前列，更要对已有的实践成果予以总结，突破重点、攻克难点、提炼亮点，将成果从"地面"上落在"纸面"上，把自身经历变成有效经验，为广大青年人才提供范例。

三是以出精品为索引，打响"宣传品牌"。理论研究和传播的成本很低，但过程较长，很多人重视理论成果，忽视其建设和成型的过程。中国之问、世界之问、人民之问、时代之问给我们提出的新考题比过去更复杂、更难解答，迫切需要我们从理论与实践的结合上寻找答案。结合新的实践不断推进理论创新，用发展的思想指导实践，扎实承担理论建设的责任。通过制定针对性课题、组建调研专班等，从企业的创造性实践中总结新经验，提炼出新的理论成果，不断研判补正，最终向全区相关部门提供有价值的实践案例和决策依据，服务保障全区贯穿一条主线、办好两件大事和实现"闯新路、进中游"目标。

四是以价值观为支撑，延伸"建党精神"。自成立至今，中国共产党取得的一切成就，都留有强大精神力量的印记，"坚持真理、坚守理想、践行初心、担当使命，不怕牺牲、英勇斗争，对党忠诚、不负人民"的伟大建党精神，是中国共产党人一张最耀眼的政治名片。而以"吃苦耐劳、一往无前，不达目的绝不罢休"的蒙古马精神，是激励我们不畏艰难、勇往直前的宝贵精神财富。对内蒙古而言，无论是办好两件大事，还是推进"六个工程"，都需要广大干部群众大力弘扬蒙古马精神，只争朝夕、紧抓快干，夯实铸牢中华民族共同体意识的思想基础，构筑好中华民族共有精神家园。在打造价值观的过程中，青年企业家结合地域实际、行业实际、组织实际，形成具有统一的核心价值观和独特内涵的组织价值观，进一步发展成组织文化。还要把提高技能和培养精神高度融合，经常鞭策自身，发展壮大组织，科学培育人才。

五是以"人才链"为先导，孵化"素质结构"。内蒙古青联会充分发挥平台优势，以人才工作机制为切入点，创新"党管人才"方式方法，全面挖掘、拓展青年人才培训业务范围，为解决民族地区人才短缺问题贡献力量。坚持"党管人才"原则，充分发挥党的组织优势和密切联系群众优势，正确认识内蒙古自治区尤其是边境旗市区人才引不进、留不住问题。一方面，通过"人才飞地"等柔性引才模式，使高端人才智力顺利承接转化，完成本地区产业转型升级；另一方面，重视本土人才的发掘、培养和任用，积极建设高素质人才队伍，助推区域经济高质量发展。以全方位京蒙协作为契机，搭建京蒙人才联络平台，开展人才培训工作，努力实现线上培训和线下培训相结合、集中培训和到岗培训相结合，为各行业用人主体提供指导，帮助其识才、养才、造才、用才，持续打造内蒙古自治区人才工作模范品牌，并将成功经验向全区乃至全国边境地区大力推广。

三、加强协同联动，汇聚课题研究强大合力

本着"党建搭台、经济唱戏"的理念，内蒙古青联会创新方法、共享资源，积极融入"党建带领团建，团建服务党建"新格局，加强与呼伦贝尔市新巴尔虎右旗团委、山东工商学院团委、烟台内蒙古商会团委的交流合作。深度参与京蒙人才协作等项目，与相关部门联合成立课题组，立足各方组员自身岗位，充分利用青联会实践素材、团委等部门现有成果、选调生基层工作优势，主动承担课题研究，加快形成典型案例，做到资源共享、人才共享、经验共享，不断把党的政治优势、组织优势转化成为非公组织的发展优势、治理优势，切实凝聚起推动内蒙古现代化建设强大合力。

附　件

"两学一做"学习教育常态化
制度化自检自查提纲

　　根据《林区关于推进"两学一做"学习教育常态化制度化的实施方案》，结合内蒙古自治区党委《关于中央第二巡视组对我区开展巡视"回头看"反馈意见的整改方案》和内蒙古森工集团（林管局）党委的安排部署，各单位党组织要站在讲政治的高度，以支部为单位，坚持"目标导向与问题导向相结合"的原则，按照此提纲，逐级逐条逐项开展自检自查，深入分析研究。

　　在梳理目标任务时，要有措施、有成效，提供具体数字和实例；在梳理问题表现时，要按问题程度进行认领，细化整改措施，落实整改责任人和整改时限，提供具体数字；最终形成本单位自检自查报告，报管理局党委。

一、在维护党中央权威方面

（一）目标任务

坚持"四个意识"，维护党中央权威。

（二）问题表现

1. 一些党员理想信念模糊动摇、对共产主义缺乏信仰、对中国特色社会主义缺乏信心，在遇到问题时，从全党立场考虑少，从局部利益考虑多，有的甚至从个人利益角度考虑问题。

2. 一些党员在大是大非面前，缺乏"亮剑"精神和敢于斗争的勇气，如听到个别群众妄议中央的言论时，反应淡漠，不能及时主动回应，不能主动申明正确的政治观点。

3. 一些党员存在"县官不如现管"的想法，对于有的领导干部出现错误立场观点时，不认真加以甄别，"唯领导是从"。

二、在"党性体检"方面

（一）目标任务

1. 深刻理解习近平总书记系列讲话中关于党性教育的重要论述。

2. 开展党性教育，强化党性锻炼，进行"党性体检"。

3. 加强党员政治能力训练和政治历练。

（二）问题表现

1. 对习近平总书记关于党性教育的重要表述了解不全、掌握不深不透。

2. 在支部层面对"党性"一词的理解不一致、不清晰。

3. 部分党员宗旨观念淡薄、服务意识欠缺、为群众办事不上心不主动；在开展群众工作时，存在"恩赐"或"包办"的错误观念。

4. 部分党员党的意识不强，道德行为不端，遵守法纪不严等。

5. 部分党员精神不振、对组织安排的工作消极懈怠、自我要求不严格、进取心不强等。

三、在思想和学习方面

（一）目标任务

1. 对照"四讲四有""四个合格"标准，结合"从理想信念找出发的原点，从干事创业找规律的起点，还要寻找'四个危险'与身边'四风'问题的联系点"的要求，学习党章党规和系列讲话、党的十八届六中全会以及习近平总书记考察内蒙古重要讲话和重要批示精神。

2. 按照"科级以上干部、机关党员干部、基层一线党员"进行分类学习，学习内容要突出政治学习和党性教育，落实"六个一"学习机制。

3. 运用"三会一课"开展学习教育，明确目标、任务、主题和具体责任人。

4. 强化对党员干部、党支部书记和广大党员的培训。

（二）问题表现

1. 没有站在执政的高度、价值观层面、人类道义的制高点上学习党章党规和系列讲话，对党的理论的研究不深不透、措施不多，没有带着问题学、带着信仰学、带着感情学、带着责任学，没有把自己摆进去，没有向自己开刀。

2. 没有坚持问题导向，没有做到"思想问题和实际问题一起解决，党员干部问题和党组织问题一起整改"。

3. 学习教育与思想工作实际存在"两张皮"问题，客观上存在工学矛盾，用业务学习代替政治理论学习。

4. 机关党员干部学习教育存在"灯下黑"问题。

5. 一些基层党员干部思想观念转变不到位、不彻底，出现了知识恐慌、本领恐慌、办法恐慌和精神恐慌等问题；林区网络党建普遍存在"懂党的不懂网、懂网的不懂党"，没有实现网络功能与组织功能的深度融合。

四、在抓住"关键少数"方面

（一）目标任务

1. 贯彻落实林管局党委"把领导干部所在支部建设成林区标杆支部、把领导干部联系点建设成示范点"的要求。

2. 发挥党员干部在学习、研讨、组织生活、指导基层、讲党课、开展批评与自我批评等方面的表率作用。

3. 将查找解决问题列入年度考核范围内，作为"两学一做"学习教育的规定要求。

（二）问题表现

1. 在领导干部带头参加支部学习上，没有做到有计划、有主题、有记录、有成果；没有把学党章党规和系列讲话作为理论学习中心组学习的主要内容，学习效果不明显，流于形式。

2. 在领导干部带头参加支部研讨上，没有做到有计划、有主题、有记录、有成果；没有通过思想碰撞交流，加强党性修养，坚定理想信念。

3. 在领导干部带头参加组织生活上，没有以普通党员身份参加双重组织生活，即使参加了，也只是"走过场"、作指示。

4. 在领导干部深入基层指导学习教育上，没有深入联系点；有的将检查业务工作代替指导学习教育。

5. 在领导干部带头讲党课上，有的领导干部没有点出问题的本质，对问题没有做到剖析根源、点准穴位、指出要害；从领导干部自身讲，没有分清哪些问题根子出在理想信念动摇上，哪些出在党性观念不强上，哪些出在宗旨意识淡薄上，哪些出在道德品质不高上，哪些出在遵守法纪不严上；从领导班子讲，没有分清哪些问题根子出在思想教育不够上，哪些出在用人导向不正上，哪些出在日常管理"软"和"宽"上，哪些出在制度执行不力上；从党课所起的作用讲，没有达到抽丝剥茧、剖心析胆、抓住实质、有穿透力、听众受到猛击一掌的警醒，没有体现出林区党课报告的特点和理论高度，没有展示林区党建工作的核心概念。

6. 在领导干部民主生活会和组织生活会上，当前存在的问题是：民主生活会没有做到"四个突出"（即：突出深挖细查、突出纪律规矩、突出整风精神、突出从严把关）；没有聚焦 6 个方面的问题（即：在理想信念、政治纪律和政治规矩、作风建设、担当作为、组织生活、落实全面从严治党主体责任方面问题）；没有按照规定环节进行（即：征求意见、谈心谈话、党性分析、查摆突出问题、批评与自我批评、整改落实、民主评议等环节）。各单位领导班子查找了多少问题，党政主要领导都批评什么问题，是否形成了敢于直面问题的氛围，发现问题是否及时向上级反映。被谈话函询的党员领导干部，对存在的问题有的没有作出深刻检查；受到提醒时，有的没有作出严肃认真的整改表态。针对民主生活会质量不高、效果不够理想的问题，存在讲成绩多，提问题少，批评不深刻，抱着"多种花、少种刺，留着人情好办事"的心态等问题。

五、在发挥支部功能方面

（一）目标任务

1. 各单位党组织要树立"党的一切工作到支部的鲜明导向"，严格执行"把思想政治工作落到支部，把从严教育管理党员落到支部，把群众工作落到支部"的要求，使支部真正成为各项事业的"四个领导核心"。

2. 坚持把党的组织生活作为查找和解决问题的重要途径，主动倾听群众的意见和反映，做到抓早抓小、防微杜渐。

3. "两学一做"学习教育常态化制度化要建立长效机制、形成制度成果。

4. 认真贯彻落实"融入日常、抓在经常"的要求，将党员自学、集中学习、学习研讨、主题党日活动、党小组会议、党员干部讲党课作为常态化融入支部生活中。

（二）问题表现

1. 支部生活存在不经常、不认真、不严肃的问题。

2. 安排业务工作和中心工作存在隔着支部、不到支部的问题。

3. 党员教育管理监督不严格、不规范，团结教育服务群众不到位。

4. 组织观念淡薄、组织纪律散漫，不按规定参加党的组织生活，不按时交纳党费，不完成党组织分配的任务，不愿意亮党员身份，害怕群众监督等。

5. 没有把违纪违法干部作为反面教材开展警示教育。

6. 在支部学习教育中，没有分清哪些方面形成常态化、哪些方面形成制度化。

7. 党支部建设存在"重形式、轻实效""重传统、轻创新""重业务、轻党建""重表象、轻质量"等问题。

六、在实践工作方面

（一）目标任务

1. 各单位党组织要建立党建工作责任制以及党建责任清单，形成党委抓、书记抓、各有关部门抓、一级抓一级、层层抓落实的党建工作格局。

2. 各单位党组织要把党风廉政建设当作分内之事、应尽之责，做到守土有责、守土尽责。

3. 结合林区重点工作和"四个融入"理念，按步骤梳理"两学一做"规定动作和自选动作，认真落实"四个合格"和"四讲四有"标准。

（二）问题表现

1. 主体责任认识不清、落实不力、履行"一岗双责"不到位。

2. 全面从严治党"最后一公里"问题，全面从严治党没有深入到一般党员干部，呈现出上紧下松的态势。

3. 党员领导干部怕出问题、怕担责任，不敢担当、不敢作为、遇到困难绕着走。

4. 一些党员还混同于一般群众，先锋模范作用发挥不明显，与合格党员的标准相比还有较大差距。

关于成立内蒙古互联网企业党建专业委员会的可行性研究报告

为全面落实全国、内蒙古自治区互联网企业党建工作座谈会精神，结合习近平总书记关于全国党建专业委员会要"发挥党建高端智库作用"的重要指示精神、中共中央组织部印发的《关于进一步发挥全国党建专业委员会党建高端智库作用的意见》中建设党建研究专家队伍，加强党建基础理论研究，做好党建咨询服务工作，为党的建设决策当好参谋助手等精神，根据内蒙古自治区网络党建、智慧党建特别是互联网企业党建的实际情况，切实加强互联网党组织政治功能，将互联网企业党建工作纳入基层党建大局统筹谋划、协同推进，充分发挥党组织在促进企业健康发展、加强网络治理中的战斗堡垒作用，把党的政治优势和组织优势转化为企业的发展优势，不断提升互联网企业党组织的组织力。经过对互联网企业党建工作的初步调研，现将关于成立互联网企业党建专业委员会的可行性研究论证报告如下。

一、成立内蒙古互联网企业党建专业委员会的意义

（一）加强互联网企业党建研究工作，是解决互联网企业党建工作短板的有效途径

2018年，习近平总书记在全国组织工作会议上强调："要探索加强新兴业态和互联网党建工作，扩大党在新兴领域的号召力和凝聚力。"我国的互联网事业之所以能从小到大、由弱变强，离不开互联网企业的努力，但根本上在于党和国家正确的路线方针政策为互联网企业的健康发展提供了指引和保障，在于各级党组织充分发挥了作用。我们党不仅是决策者，更是规划者和领航者，加强互联网企业党建工作，是在新兴领域巩固党的执政基础的重要课题。成立内蒙古互联网企业党建专业委员会，目的在于协助各级地方党委、政府加强互联网企业党建工作的理论研究，壮大基层党建研究的社会团体力量，发挥互联网企业党建专业委员会的服务、参谋、协调的职能作用，使互联网企业把思想建党、理论强党摆在更加突出的位置，使互联网企业始终坚持党的领导、加强党的建设，不断推动互联网企业健康发展，推动网络强国目标的实现。

（二）加强互联网企业党建研究工作，是巩固党的执政地位、提高党长期执政能力的迫切需要

习近平总书记强调："坚持从巩固党的执政地位的大局看问题，把抓好党建作为最大的政绩。"近年来，西方敌对势力和极少数别有用心的人利用互联网，不断影响和煽动群众，对党执政带来冲击。截至2018年6月，我国网民规模达到8.02亿，互联网普及率为57.7%。巩固党的执政地位、提高党的长期执政能力，必须高度重视互联网，牢牢占领互联网这个阵地，用好互联网这个武器，有效抵御和战胜敌对势力的进攻。特别是要切实做好互联网企业党建工作，对于推动互联网企业健康发展，牢牢掌握

互联网建设主动权和话语权，让互联网更好地服务于党的领导和建设，服务于边疆民族地区乃至国家的长治久安具有重要意义。

（三）加强互联网企业党建研究工作，是推动全面从严治党向纵深发展的重要任务

要高度重视信息化发展对党的建设的影响，做到网络发展到哪里，党的工作就覆盖到哪里。互联网企业中聚集和活跃着大量的年轻人和高级知识群体，把他们团结凝聚在党的旗帜下关系着增强党的创造力、凝聚力、战斗力，关系着国家的未来。当前互联网企业党建工作才刚刚起步，还存在许多薄弱环节。例如：思想认识上的偏差、管理服务上的缺位、问责激励的空白，都需要按照全面从严治党的要求，进一步加强领导、强化措施、健全制度、优化服务、提供保障。要通过各方面的努力，把互联网企业党组织建设成为宣传党的主张、贯彻党的决定、领导基层治理、团结动员群众、推动改革发展的坚强战斗堡垒。

（四）加强互联网企业党建研究工作，是掌握网络意识形态阵地领导权的重要手段

在人人都有麦克风的时代，互联网成为意识形态斗争的前沿和主战场，互联网不仅改变着生产生活方式，同时也改变着人们的思维方式。作为信息时代的产物，网络领域意识形态在传播上具有聚焦化、规模化、无界化的特点。当前，我国面临着复杂多变的国际、国内环境，网络社会诉求的多样存在、西方思潮的网络渗透以及舆论表达的掌控难度加大，都使网络领域意识形态工作面临诸多挑战。占领网络阵地，最终要靠马克思主义理论。互联网企业作为网络空间基础性的构建者和参与者，在互联网发展中起着重要作用，而加强互联网企业党建工作，引导互联网企业从业人员增强"四个意识"、坚定"四个自信"、做到"两个维护"，提高政治站位就显得尤为重要，这不仅直接关系到企业自身的健康发展，也牵动着经济社会改革发展全局，更影响着能否依靠马克思主义理论牢牢掌握好意识形态工作的领导权，营造清朗的网络空间。

二、当前内蒙古互联网企业党建工作面临的困难和问题

习近平总书记强调："互联网日益成为意识形态斗争的主阵地、主战场、最前沿，过不了互联网这关，就过不了长期执政这一关。"互联网企业是连接网上网下的关键节点和重要"阀门"，是网络空间的重要参与者。目前，内蒙古在推进互联网企业党建工作过程中，仍然存在一些突出问题，需要认真加以解决。

（一）互联网企业党建已逐渐成为基层党建短板中的短板

互联网企业相较于传统企业，其特征为兴衰更替速度快、组织结构调整频繁。截至本文完稿前，内蒙古自治区建立党组织的互联网企业121家，共有党员996名，建立工会、共青团组织的分别有68家、46家，虽然基本上做到了应建必建，但由于互联网企业党建工作刚刚起步，企业党组织中存在着一些不可忽视的问题。例如：互联网企业员工普遍年纪轻、学历高且思想活跃，但这一领域党务工作者的数量、素质明显跟不上实际需要，特别是近几年互联网企业呈井喷式增长，党组织组建也加快推进，党务人才短缺情况更为加剧。据统计，70%以上的互联网企业表示紧缺懂行业、会技术熟悉党建工作的党务人才；一些地方抓互联网企业党建工作力度不大办法不多。工作理念和思路仍停留在传统党建模式上，创新意识不够强，管用的办法不够多，经常处于"老办法不管用""新办法不会用""硬办法不敢用"的境地；传统执政要素与"云""网""端"结合不够紧密，互联网企业中"懂网的不懂党，懂党的不懂网"的现象普遍存在，部分党员、干部在充分运用互联网的技术属性的同时不能很好立足于互联网的政治属性，对互联网企业发展带来的新情况新变化"看不清""看不懂"，给互联网企业党建工作带来诸多困难。

（二）互联网企业党建工作缺少以内容建设为主的网络党建模式

目前，部分互联网企业能够充分利用自身独特的技术优势，积极探索"互联网+党建"模式，有效推动互联网企业党建工作方法创新、模式创新、机制创新、活动创新，但在与传统党建工作理论和实践相结合等方面还存在很大差距，互联网企业党组织实质作用发挥得不够明显。例如：一些互联网企业存在"三会一课"、主题党日、组织生活会、民主评议党员、按期换届、党员教育管理服务等工作开展不及时、不规范的问题；不少互联网企业存在组织空白点，党组织覆盖率不足 15%，而且新建的多、联合组建的多，有的基本制度不健全、基本活动不经常，有的党组织阵地意识不强，作用发挥不到位；一些互联网企业党组织书记新手多、强手少，部分企业党组织书记由行政领导兼任，在抓党建工作时存在"说起来重要、做起来次要，忙起来不要"的问题，导致一些党组织无法将火热实践有效地总结提炼，理论创新不够，先进典型经验传播滞后等问题。用"互联网+党建"思维总结提炼新时代党的执政规律、提升执政能力至关重要，互联网企业党建研究工作也应该及时跟进。

（三）边疆民族地区缺少符合地域特点的互联网党建理论传播

民族地区党的建设具有特殊规律，是党的理论建设、马克思主义民族理论与民族地区生产生活相结合的社会实践活动。随着互联网的普及，边疆民族地区的互联网应用也在不断扩大。民族地区大部分群众主要以民族语言作为交流和学习的日常用语，但由于民族地区语言环境较为复杂，精通"双语"的人才稀少，导致党的理论和政策传播速度较慢、传播效果不佳。利用互联网的技术优势和"双语"翻译相结合的传播方式还有待进一步探索和研究。

（四）青年群体的世界观、人生观、价值观迫切需要先进思想引领

青年的价值取向决定了未来整个社会的价值取向。青年是网络空间的

主力军，是互联网的使用主体，也是互联网行业的创业就业主体。在《中共中央关于加强和改进党的群团工作的意见》和《中长期青年发展规划（2016—2025 年）》要求各级党委要把青年发展摆在党和国家工作全局中更加重要的战略位置，共同营造有利于青年发展的良好环境，扣好青年价值观的"第一粒扣子""每一粒扣子"。从全区互联网从业人员情况看，从业人员普遍较为年轻，大多在 30 岁以内，这些年轻人思维活跃，收入较高，对社会环境的变化适应能力较强。在人人拥有"麦克风"、享有话语权的互联网上，如何引导青年认识这些变化，为青年就业创造良好的条件，解决青年的创业就业危机，引导青年群体树立正确的价值观、世界观、人生观，不仅关系青年自身发展，也关系社会的和谐稳定。现在多数解决青年创业就业的方式多以技能创业为主，而引领青年用价值观创业就业的较少，如何帮助企业协调落实人才相关政策待遇，关心关爱青年职工成长成才等问题都亟待解决。

三、内蒙古互联网企业党建专业委员会的目标任务与主要举措

互联网企业党建专业委员会要坚持以习近平新时代中国特色社会主义思想为指导，围绕坚持和加强党的全面领导、坚定不移推进全面从严治党、加强党的政治建设，以研究党的建设理论和实践问题作为出发点，立足互联网企业党建工作实际，深入开展党建研究，推动构建互联网企业党建理论体系，为内蒙古自治区党委和基层党组织开展党建工作提供智力支持和决策依据，根据互联网企业党建工作的理论和实践需求，有针对性地开展调查研究，提供理论指导和对策建议，为党的建设决策当好参谋助手。通过搭建平台、集聚人才、培养人才、成果运用等方式，打通理论联系实际的"最后一公里"，切实把全面从严治党的责任和压力传导到"神经末梢"，变"最大变量"为"最大增量"。同时，通过创新理论研究成果、互联网技术和信息化手段的实际运用相结合，变"零敲碎打"为"系

统推进"，创造性地开展工作，形成"实践—认识—再实践—再认识"的理论研究体系，综合施策提高互联网企业党建工作质量，使党的理论养分和思想力量输送到党的肌体每一根"毛细血管"和每一个"细胞"，让党组织真正成为互联网企业的"定海神针"。

（一）加强党建工作理论研究，服务互联网企业党建工作实践

一是通过党建专业委员会以专业化的角度为互联网企业党组织提供咨询服务，搜集和整理企业党建工作动态和党建科研信息，提供党内教育活动的经验、案例以及党员有关学习资料，为互联网企业党组织和党员提供可公开的党内文件资料查询和各类政策咨询。二是党建专业委员会要围绕互联网企业党建中面临的热点难点问题深入调查研究，加强与各管理部门、互联网企业、高等院校、社会科学研究机构、理论工作者和党务工作者的沟通联系，实现资源共享、优势互补、协力攻关，形成既有理论创新性又有实践指导性的研究成果，运用理论创新成果破解制约工作推进的难题。三是帮助引导互联网企业紧密结合企业自身发展实际，创造性地开展党建工作，总结推广行之有效、务实管用的好做法好经验，并组织开展党的建设的调研和专题研究活动，对基层党组织在创新实践过程中探索出来的有特色、成效好的党建课题诚邀全国范围内专家学者进行论证，确定为优秀党建理论研究成果的，可向人民网、中国共产党新闻网、《求是》杂志、《红旗文摘》等中央级媒体和党建读物进行推荐。四是向有关领导机关反映会员、党员和广大干部群众对加强互联网企业党的建设的意见和建议。五是积极邀请中组部、党媒党刊等理论专家对研究的党建课题理论进行提炼升华，并采取成果汇编、内部刊物推介及研讨会、经验交流会等形式，为推进互联网企业党的建设工作交流、理论研讨搭建平台，努力把党建创新成果更好地运用到互联网企业党建工作实践中，以互联网企业党建研究的理论成果为"互联网+党建"提供传播源泉。

（二）搭建党建"智库"研究平台，强化互联网企业党建工作引领

习近平总书记提出的"加强中国特色新型智库建设""智库观"，是以

习近平同志为核心的党中央治国理政新理念新思想新战略的重要组成部分。一是将互联网企业技术优势与传统党建优势相结合，广泛邀请各地区、各领域、各行业的党建专家学者参与智库建设，探索搭建"网上智库"，使理论研究不再受地域、时间、空间的制约，通过线上互动、线下沟通，提高工作效率、实现成果共享，增进政治认同，实现正面发声。同时，按照党建课题研究成员的工作岗位、兴趣爱好、地域划分、成果运用、交叉协调的原则，灵活组建党建课题组，开展互联网企业党建课题攻关，形成人员相对固定、经费保障到位、职责任务明确的党建研究运行机制，为互联网企业党建工作实施精准指导，确保党的理论完整传播、有效覆盖、深度抵达。二是构建网络群众话语体系，通过互联网企业党建专业委员会，牢牢把握互联网企业党组织的政治属性、政治特征，准确运用好互联网思维、互联网技术、互联网语言开展工作，深入培养挖掘体现党的执政理念、自觉走好网上群众路线，用群众爱听、能听懂的语言，生动鲜活地讲真理、道理，讲现实、事实，推动党的组织和工作在互联网企业有效融入、有效发挥作用、有效引导舆论风向，把握网络时代党组织话语权，真正把理论根植于群众心中。三是积极探索贴近互联网群体的党内生活有效方式，严格落实"三会一课"、主题党日等基本制度，防止互联网企业党建工作娱乐化、随意化，确保互联网企业契合"网性"又能坚守"党性"，富于"网味"又要体现"党味"。四是利用党建"智库"研究平台及成果，加强互联网企业政治引领，通过组织"学做"讲习团送课到企业、举办新兴媒体专题研讨班、互联网企业党建论坛、发布互联网宣言等，引导互联网企业始终听党话、跟党走。五是利用党建"智库"，做好"网络大V"教育引导工作，培育一批"红色意见领袖"，引导互联网领军人物带头拥护党的领导，压实互联网企业的主体责任，增强互联网企业的使命感、责任感，切实将互联网的"前沿阵地"变为"红色阵地"。

（三）创新党员教育理念，培植互联网企业党务人才队伍

按照马克思主义"人是一切社会关系的总和"及劳动价值论原理，探索素质结构与产业结构一体化的培训模式，努力使党的大规模培训资源流向更靠谱、更科学、更精准，使经济发展有因果、有抓手、有方向，防止互联网企业因人和事"两张皮"造成抓党建过程中理念上的"无头案""死胡同"。一是结合内蒙古自治区党委中心工作和任务，组织全区离校未就业大学生通过购买服务的方式，开展和承担国家、内蒙古自治区有关党的建设方面的研究课题，为会员单位介绍国内党建动态、党建研究信息情况，为互联网企业党组织提供理论支持和实践依据。二是量身定制个性化培训方案，分层次、分类别开展内容丰富、形式灵活的培训课程，在培训内容和授课方式上，逐层进行培训设计，设计符合培训人员特点的学习课程，让其能在自己职务层面收获更多的知识技能，使党员教育培训工作更具针对性和实效性。从而解决互联网企业党建工作中存在"懂网的不懂党，懂党的不懂网"的短板问题。同时，创新广大青年参与网络党建伟大工程的载体，在不断唤起对科学信仰的追求与向往的过程中，找到自己的尊严和价值。三是整合党建培训资源，根据互联网企业党组织的主流需求和有关院校、专家进行对接，帮助互联网企业党组织与党建专家、学院联合办学，使培训人员专业能力向不同方向拓展和提高。同时，吸纳互联网企业中的优秀人才，参与到互联网企业党建工作的培训和研究中，通过资源优势互补，建设一批既懂行业、会技术又熟悉党建工作的人才队伍。

（四）打造党建精品课程，加快互联网企业党建教材资源开发

一是通过研究会培养互联网企业党务工作者队伍，真正形成互联网企业党建工作宣传的"源头活水"。将基层的经验、做法进行全面、深入地提炼和总结，以学习、研究、宣传、阐释习近平新时代中国特色社会主义思想中关于党的建设的重要论述为主线，注重整合多种党建研究资源，不断丰富具有边疆民族特色党建资源的内涵，进一步提高党建资源的利用率。协助会员单位参与党建重大课题、社会焦点问题研究、政策调研与论证、综合性规划、社会调查等。协助会员单位撰写调研报告、可行性报告等各类公文材料及宣传材料。协助会员单位完成精品讲稿、音像作品、

"四个微"作品（微博、微故事、微音频、微视频）的打造工作。如：内蒙古大兴安岭重点国有林管理局党委和内蒙古自治区党员教育中心拍摄制作的《红色务林人》《林海之魂》等林区题材本土音像作品，大力弘扬在生态建设中涌现出来的崔曾女、颜士文、张佰忍等先进事迹，展现出一代代务林人的精神风貌和赤诚情怀。其中，《红色务林人》电视系列讲述节目得到中组部认可，被列为2018年党员培训教材，并在共产党员网进行展播。2016年10月至2017年7月，中央电视台《美丽中国乡村行》栏目先后播出《大兴安岭绰尔有宝》《水中有"金条"更有"美人鱼"》《探秘绰尔大峡谷》等节目，开发了一批具有鲜明时代特征和感染力的优秀教学资源。二是通过互联网企业党建专业委员会发挥互联网企业网络平台学习教育、互动交流功能，将线下教育动员与线上沟通交流结合起来，把"键对键""面对面"结合起来，提高党员干部、职工群众互动积极性，支部随时掌握群众思想状况与价值追求，不断强化支部的政策研究、咨询请示和沟通联络职能。

呼伦湖区域融合党建工作方案

呼伦湖保护区总面积740000公顷，管理局设有5个党支部，党员69名，辖区有新巴尔虎左旗、新巴尔虎右旗9个苏木镇，共5160户12594人，42个嘎查、牧场党支部，党员906名。为落实"创新基层党建工作"新要求，深化服务型基层党组织建设，形成呼伦湖保护区管理局与相关旗市区党建融合、资源共享、开放互动的基层党建格局，推动党建覆盖和党组织作用发挥的同步提升，建立"守护碧水蓝天，共建美丽家园"环湖区域融合党建。在充分发挥区域内基层各党支部战斗堡垒作用和党员先锋模范作用的基础上，进一步凝聚共识、凝聚智慧、凝聚力量，为推进呼伦湖保护区生态保护建设的伟大实践中建功立业，让广大党员干部把初心使命变成推进生态保护建设的自觉行动，做好呼伦湖的守护者。现结合实际，制定以下工作方案。

一、指导思想

以习近平新时代中国特色社会主义思想为指导，全面贯彻党的二十大和二十届二中全会精神，认真落实新时代党的建设总体要求和新时代党的组织路线，坚持围绕中心、建设队伍、服务群众，推动党建工作与业务工作深度融合，全面践行"绿水青山就是金山银山"理念。把呼伦湖保护区各基层党组织联结为紧密型的党建共同体，充分发挥基层党组织的战斗堡垒和广大党员的先锋模范作用，切实增强各级党组织的政治引领作用和统筹服务功能，以基层党建引领呼伦湖生态保护的可持续发展，共同筑牢祖国北疆生态安全屏障，建设亮丽内蒙古。

二、目标任务

党的十八大以来，习近平总书记高度重视民族地区的发展，多次对加快呼伦湖、乌梁素海、岱海等水生生态综合治理进行重要指示批示。为全面推行区域内党组织之间的"联建、联动、联系"机制，整合区域内党建资源和社会资源，以充分发挥区域内基层党组织和广大党员的作用为出发点和着力点，建设保护区内各党组织和党员共同参与的区域化党建工作新格局，全面提升党建工作水平，推动呼伦湖保护区、相关旗市区生态保护事业全面发展提供坚强的组织保障，筑牢北疆生态屏障。

三、工作实施

（一）组织构架组建

1. 按照"有利于开展党的工作，有利于实现资源整合，有利于加强党员教育管理，有利于发挥党组织和党员作用"的原则，建立健全"区域共商、和谐有序"的协调运转体系，健全区域会商机制，通过区域党建工作联席会议、恳谈会等形式，做好生态保护、自然资源管理、基层矛盾化解等工作。

2. 管理局党组与旗市区组织部建立联席会议机制，建立党建联席工作委员会，设立工作组。每年召开联席会议，明确共建布局，以区域的视角对基层党建工作进行通盘考虑、统筹规划，确定年度工作任务。分别认领各区域内工作任务，向基层党组织部署相关任务。

3. 在相关旗市区内开展工作由相关旗市区统一联系落实，由保护区组织的相关活动保护区管理局负责落实。

4. 成立工作领导小组。

5. 成立联席工作委员会。

工作职责：一是研究部署年度工作任务，对年度工作开展情况进行总结；二是对区域融合党建落实工作中出现的重要问题进行研究讨论。

下设工作组：

工作职责：一是筹备联席工作委员会会议；二是落实年度工作计划；三是按照年度计划结合实际制定活动方案；四是区域融合党建宣传工作。

（二）健全双向协作机制

推行基层党建"契约化"共建，党组织自觉接受区域性党组织的指导与协调，做到信息共通、阵地联用、活动合办，实现互惠互赢。

1. 健全完善民情民意调查排摸机制。以管理局基层党支部与辖区嘎查党支部联合共建为抓手，对保护区内居民进行民情民意调查，征求当地牧民对自然保护方面的意见和见解，加强沟通联系，为实现呼伦湖共同保护献计献策。

2. 创新服务形式，深化"网格化管理"。管理局党总支与辖区苏木、镇党委建立联系机制，按照联席会议要求，落实各项工作任务，定期开展恳谈会议，规划阵地联用方案，合力开展生态保护观摩、宣传活动。

3. 基层党支部与辖区党支部建立联系机制，设立党员议事厅，探索开放式组织生活，创新基层党内生活，区域性开展党内活动。

4. 组织相关旗市区与保护区开展共建活动，推进自然保护区生态保护成果、管理政策、宣传信息向辖区党组织开放，积极开展合作交流，共同务实完成生态保护与资源管理工作。

（三）区域协作共建

1. 大力开展党员志愿者服务活动，全面推进"保护呼伦湖，我是志愿者"呼伦湖保护志愿者行动，广大基层党支部党员参与到呼伦湖保护事业中来，引导和激励党员各尽所能、各展其长，实现党员"关系在支部、活动在区域、奉献在岗位"，成为大美呼伦湖的宣传员和生态保护的践行者。

2. 充分发挥保护区宣传阵地功能，实现信息资源共享。依托保护区宣教场馆，展示呼伦湖生态保护及综合治理成果，定期组织党员干部观看，在丰富党员生活的同时，使党员受到更多教育。

3. 积极实现自然保护管理政策法规、科普知识到支部。保护区管理局组织专家深入基层党支部进行自然保护区政策法规解读，开展区域内自然资源保护科普讲座，强化宣传教育，增强保护意识。让更多的党员了解呼伦湖生态保护工作，加强基层党员的沟通交流，为开展多方面的合作奠定基础，形成保护合力。

4. 组织实施结对帮困服务活动，保护区管理局各党支部与辖区党支部开展结对帮扶困难群众服务活动，对特困户进行一对一帮扶，从物质、精神、政策多方面进行关爱。

5. 推进区域化党建工作，实现基层党建工作"小循环""内循环"向社会协同、公众参与转变。进一步强化基层党组织领导核心地位，实现呼伦湖保护区区域基层党组织的良性互动。通过精心设计载体，丰富服务内容，创新活动形式，有效激发区域党组织参与热情，合力打造"守护碧水蓝天，共建美丽家园"环湖区域融合党建工作品牌，形成呼伦湖生态保护长效机制，为守护碧水蓝天，建设美丽家园贡献力量。

依托全国女职工培训示范学校建设林区 女职工培训基地实施方案

为了深入落实《关于命名第二批工会女职工培训示范学校的通知》（总工女发〔2011〕6号）精神，建设林区高素质女职工队伍，适应我国经济发展新常态，适应国有林区改革和新时期林区各项建设事业的需要，充分发挥"半边天"的作用，特制定本方案。

一、背景分析

林区现有女职工11332人（其中副科级以上女干部455人，女党员2569人），占职工总数的21%。几年来，林区工会女职工组织团结带领广大女职工融入中心、服务大局，广泛开展女职工提升素质建功立业工程，激发广大女职工的劳动热情和创造活力；强化维权机制建设，推进女职工权益保护专项集体合同全覆盖，以"关爱行动"为载体关心女职工生活，做实对困难女职工的帮扶，维护女职工合法权益和特殊利益；大力扶持困难职工发展家庭经济，在帮扶职工脱贫致富的同时，助推了转型产业发展；加强女职工组织自身建设，努力建设女职工温暖之家，为林区改革发展稳定作出了积极贡献。特别是林区各级工会女职委充分发挥女职工周末学校作用，认真做好女职工培训工作，提高了女职工技术技能水平和创新能力，培养造就了一批创业致富带头人。由于林区女职工培训工作成绩突出，2011年11月，被全国总工会命名为全国第二批、内蒙古自治区第二家"全国女职工培训示范学校"，成为林区女职工工作的一个品牌。

与此同时，与林区改革和转型发展形势要求相比，与广大女职工需求和意愿相比，女职工培训工作仍存在着很多问题和不足，突出表现在：对女职工培训工作重视不够，师资力量不足，女职工培训制度不健全，缺乏常态化的培训机制；由于历史和现实的原因，林区女职工队伍综合素质不足的状况尚未得到根本改变，相当一部分女职工不同程度地在思想观念、文化水平、创新精神、实践能力等方面不适应社会发展的需要。

当前，内蒙古大兴安岭林区全面停止天然林商业性采伐，林区正处在全面深化改革、转变发展方式的关键阶段，人才培养至关重要。为此，要从发展林区生产力、实现林业可持续发展战略的高度，从加快构建林区转型产业体系的需求，从维护女职工权益、实现男女平等的需要，充分认识提高女职工素质的重要性和必要性，切实加强女职工教育培训阵地建设，不断深化女职工提素建功、文明家庭创建等活动。同时，创新多元化教学方式和培训模式，有针对性地选择培训内容，开展林区女职工理想信念、技术技能等内容的培训，全面提高女职工的整体素质，培养造就有文化、懂技术、会经营、善管理的女职工，为实现林区转型发展、林业提质增效和生态文明建设贡献智慧和力量。

二、指导思想

女性的素质决定着国家、民族、家庭的未来。在不同的历史时期，我们党始终坚持把实现妇女解放和发展、实现男女平等写在自己奋斗的旗帜上，始终把广大妇女作为推动党和人民事业发展的重要力量，始终把妇女工作放在重要位置。妇联组织是党和政府联系妇女群众的桥梁和纽带，是党开展妇女工作最可靠最有力的助手。党和人民事业需要广大妇女贡献智慧和力量，做好党的妇女工作使命光荣、责任重大。中共中央《关于加强和改进党的群团工作的意见》指出，群团事业是党的事业的重要组成部分，党的群团工作是党治国理政的一项经常性、基础性工作，是党组织动员广大人民群众为完成党的中心任务而奋斗的重要法宝。工会、共青团、妇联等群团组织联系的广大人民群众是全面建成小康社会、坚持和发展中国特色社会主义的基本力量，是全面深化改革、全面推进依法治国、巩固党的执政地位、维护国家长治久安的基本依靠。

女职工是中国妇女的骨干力量，是中国工人阶级的重要组成部分，在我国政治、经济、文化、社会建设以及生态文明建设中起着重要作用。特别是林区女职工已成为推动林区经济社会发展、生态建设和转型产业发展的一支重要生力军。做好林区女职工培训工作、促进女职工全面发展，对实现妇女解放、推动社会文明进步具有重要意义。

要深入贯彻落实党的十八大和党的十八届三中、四中全会精神，紧紧围绕内蒙古森工集团公司（林管局）科技兴林、人才强企战略，以提高能力、增强素质、提升女职工工作水平为出发点和落脚点，以女干部、女党员、女能人为重点，着力培养领军人才，有效整合资源，健全培训制度，创新培训机制，完善培训模式，加大培训投入，加快形成多层次、多类型、开放式女职工培训工作新格局，营造女职工素质提升和良好创新创业生态环境，为全面科学推动林区转型发展、林业提质增效提供人才基础和智力支持。

三、培训目标和原则

建立常态化、规范化的女职工培训制度，培养和造就一支高素质、高技能、知识型、复合型女职工队伍。充分发挥全国女职工培训示范学校品牌效应，全力打造极具森林文化、生态特色、观光旅游、绿色产业功能，集知识、技能、素质教育于一体的林区女职工培训基地，形成以基地为龙头，辐射带动全林区女职工培训的"一传十，十传百"的培训链条，提高女干部、女党员、女能人的实践能力和创业能力，培养女性中的领头人，把女能人培养成党员，并通过她们的影响力，提升女职工组织协调参与社会治理水平，增强女工工作的凝聚力和活力。探索市场化运行模式，深度挖掘培训需求，大力拓展培训渠道，广泛开拓培训市场，适应新技术、新业态和新商业模式需要，稳步推进面向林区、面向内蒙古自治区、面向全国的女职工各项培训。

女职工培训工作必须坚持以下原则：

——坚持以用为本、注重实效。根据林区改革与发展的需要和女职工多样化需求，面向生产工作实际开展人才培训，增强教育培训的针对性和实效性，全面提升理论指导和实践创新能力、科学经营管理和实际操作技术能力。

——坚持突出重点、分类培训。根据林区森林经营管理、技术、生产、转型产业等岗位需求，分类开展女职工培训，重点突出女干部、女党员、女能人，着力培养领军人才。

——坚持分级负责、分层培训。在森工集团党委统筹安排下，林业工会女职委负责组织实施各企事业单位工会女职工组织开展女职工培训工作，并通过县级以上地方工会接受妇联的业务指导。建立自上而下、分级分层的女职工培训体系。

四、培训方式

采取"走出去""请进来"和自我培训相结合的方式进行。一是组织女干部到北大、清华等名校进行高质量培训；二是组织环节女干部以林管局党校为主参加综合素质能力提升培训，聘请专家进行专题讲座；三是以各单位女职工周末学校、党校为平台聘请专业教师或技术骨干对女职工进行各类专业技能培训；四是通过与政府妇联、劳动就业局等相关部门沟通协作，开展职业技能培训和资格认证培训；五是开设主题课堂、网络课堂和"大讲堂"或以会议、专题等形式进行培训，通过探索完善问题导向、功能对接、弥补短板模式，采取"专家讲座+研讨""课堂讲授+学员交流""课堂教学+实践体验""理论学习+讨论交流+提炼总结＝指导工作"、现场指导、现场观摩、现场解答、经验交流与分享、角色扮演等方式进行。

五、培训内容

（一）党性、理想信念教育

培训对象：以女党员、积极分子为主的林区所有女职工。

培训内容：主要包括党和国家的路线方针政策，中国共产党党史、党章、马克思主义基本原理、中国特色社会主义理论体系、习近平重要讲话精神、党的建设和党性教育理论、社会主义核心价值体系、世情、国情、党情教育、企业文化等。强化国情、林情、党性教育，坚定马克思主义、共产主义信仰和中国特色社会主义信念，树立正确的世界观、人生观和价值观。

（二）综合管理能力

培训对象：各企事业单位科级以上女干部、女管理人员。

培训内容：主要包括领导科学与艺术、企业经营管理、市场经济理论、信息科技知识、国家有关政策法规的研究与解读；生态文明建设重要论述、森林经营先进理念理论、我国森林经营战略规划；高绩效团队建设，形象塑造与公关礼仪；业务专业知识等。开拓战略思维，提升经营理念，提高科学决策能力和经营管理能力。

（三）专业技术技能

1. 生态产业

培训对象：从事营林育林、森林管护等岗位的女职工。

培训内容：针对不同岗位人员设计专业知识、技能提升、技术等级培训；生态文明建设解读；国家有关森林经营的政策法规；等等。

2. 转型产业

培训对象：从事旅游服务、药业、蓝莓培育、苗木培育、种养业和食用菌技术培育等产业的女职工；转岗分流的企业富余人员。

培训内容：针对不同产业设计专业知识、技能提升培训；从业资格和技能等级培训；国家相关法律法规和政策解读，等等。提升专业技能，培养科技带头人和创业致富带头人，形成"1+1群"的倍增效应，满足林区转型发展重要支柱产业的需要，加快转型产业体系的构建。

3. 服务性产业

培训对象：女职工、转岗分流的企业富余人员。

培训内容：针对宾馆客房、餐饮服务、家庭保姆、保洁、陪护、月嫂等设计专业知识、技能提升培训；人际交往与沟通技巧、职业道德；相关法律知识；等等。帮助女职工、转岗分流的企业富余人员以及职工家属学到技能，提高素质，实现创业就业。

（四）家庭教育、健康知识

培训对象：林区所有女职工。

培训内容：婚恋家庭、亲子教育、健康保健、女性心理健康与调适等。使女职工掌握健康知识，树立科学的健康理念，拥有平衡、乐观的职业状态和生活状态。

六、措施要求

（一）加强组织领导

森工集团（林管局）各级党委要高度重视女职工队伍建设，把女职工培训作为实现林业可持续发展、实施林业提质增效战略，加快林区转型发展的重要举措，列入林区培训产业工作的重点，建立常态化培训制度，积极构建"大培训格局"。各级工会组织要在党委的领导下结合实际制定切实有效的女职工培训实施计划，认真组织实施。党校等教学培训部门要组织好师资力量，结合培训计划，不断创新培训方式，丰富培训内容，注重培训效果，认真开展好培训工作。各企事业单位要组织动员广大女职工积极参加多种形式的活动，投身自主创新实践，构建灵活开放的终身教育体系，为女职工提供多样化的终身教育机会和资源。通过对不同岗位女性的培养，达到不同行业女职工、妇女的相互融合、女职工队伍的优化发展。

（二）整合培训资源

充分整合林业党干校、图里河林业技工学校等专业培训基地资源，发挥各基层职工培训中心、女职工周末学校、流动课堂的作用。加强与高等院校、科研院所的联合办学力度，充分利用他们的培训资源和专业特长。积极开展校企对接，合理设置培训实践基地。选择专业或课题，组织编写适合女职工特点的培训教材或讲义。加强专兼职培训师资队伍建设，实行资源的有偿服务。遴选中青年女职工骨干，通过跟班学习、实地调研等途径，加强后备师资力量培养。

（三）安排培训资金

森工集团（林管局）将女职工培训费列入每年财务预算。林区企事业单位要落实国家有关政策规定，按工资总额的 1.5% ~ 2.5% 比例安排职工教育培训经费。

（四）注重培训效果

在森工集团（林管局）党委领导下，林业工会要把女职工培训作为考核各企事业工会工作成效的重要内容，完善考核机制，加强服务指导、督促检查和成效评估工作。一是建立女职工人才统计制度。分类建立女职工人才数据库，加强林区人才储备管理，为关键岗位选人用人提供保障。二是建立激励机制。一方面对培训工作成绩显著，扎实有效的单位和培训机构给予表彰奖励，对培训计划落实不到位，女职工培训工作滞后的单位予以通报批评；另一方面对在培训中成绩突出，起到典型引领作用的女职工进行奖励，激励女职工树立终身学习教育理念，为实现林区大众创业、万众创新的生动局面提供有力支撑。三是建立培训评估制度。坚持培训全过程、多角度考核，并将评估结果反馈给培训对象所在单位，实现女职工自我培训意识的提高。

关于建立呼伦贝尔党员干部党性教育满洲里培训基地的可行性报告

作为一座拥有百余年历史的红色口岸城市，满洲里市一直以来都非常重视党员干部的党性教育。特别是近几年，满洲里市与清华大学继续教育学院、马克思主义学院等进行深入探讨对接，并在呼伦贝尔市委组织部的指导和支持下，达成了在满洲里市建立党性教育基地的共识，为全面推进此项工作，提升党性教育层次和水平，对该项目的可行性进行了论证，现将项目的可行性报告如下：

一、项目优势

（一）资源优势

满洲里是一座因东清铁路的修建而得名的口岸名城，在百余年的发展中，她见证了中国共产党由稚嫩走向成熟的历程，尤其是目睹了党在最艰难困苦时期，召开中共六大的风雨历程。

20 世纪的二三十年代，满洲里是中国共产党与共产国际的秘密通道，李大钊、周恩来、瞿秋白等革命先辈曾从这里踏出国门到苏联，带回了救国救民之路的革命火种。20 世纪 40 年代，苏联红军从这里打响了欧洲战场支援太平洋战场的第一枪。解放战争和抗美援朝战争时期，满洲里口岸又把大批苏联军援物资运往前线。新中国成立初期，面对帝国主义的海上封锁，满洲里作为共和国的主要外贸通道，有力地支持了全国的经济建设。1950年，毛泽东同志从满洲里口岸出境到苏联访问时，对当时的满洲里作出重要指示，鼓励满洲里人民守好祖国北部边疆。改革开放后，满洲里在沿边开放舞台上发挥着重要的作用，经济社会快速发展，2010年更是被党中央、国务院批准为国家重点开发开放试验区。

光辉历史，造就丰富的红色教育资源，包括红色秘密交通线遗址、国门、中共六大展览馆、红色后代展厅、苏联红军烈士陵园、周恩来塑像、和平门广场等景观。2005年，满洲里红色国际秘密交通线教育基地被评为全国百家红色旅游教育基地称号；2006年，庆祝建党85周年重点献礼作品《红色满洲里》上映；2013年，满洲里国门景区中共六大纪念馆被列为"中共内蒙古党史宣传教育基地"。

（二）实践优势

近年来，满洲里市深刻认识到新形势下党中央对干部教育培训工作提出的新要求，在干部教育培训中始终将理论教育作为核心，将信仰教育作为主线，营造出通过培训在灵魂深处开展大排查、大扫除、大检修的良好氛围。

在坚持围绕"为什么学理论、怎么学理论、理论怎么用"开展培训，让领导干部通过培训加深对全面加强党的建设重要性、紧迫性清醒认识的同时，紧紧围绕习近平总书记2009年8月考察满洲里时提出的"守望相助"嘱托，按照内蒙古自治区"8337"发展思路中关于"提高党的建设科学化水平"的要求，形成"围绕中心抓党建、突出特色抓党建、强化党性抓党建"的工作思路，从思想引领入手，深入开展"万名党员学党章、强党性""党员干部进社区"和"优环境、聚人气、促发展"等活动，真诚解决联系服务群众"最后一公里"问题，使"党的建设就是人的建设，人的建设包括素质能力建设和信仰建设，素质能力建设解决发展问题，信仰建设解决发展问题"的深刻道理入心入脑，把党的理论变成全市干部群众推动经济社会发展的物质力量，实现了党建工作和经济社会发展互动双赢。反映基层党务工作者所思所悟的理论文章《血的历程水不能取代》《学好党章带好队伍》《坚守共产党人的崇高信仰》《新兴媒体传播核心价值观》《梦想从这里起航》等，先后在《人民日报》、人民网、中国共产党新闻网、新华网和内蒙古自治区党委机关刊物《内蒙古信息》等省级以上媒体发表。并以"方案是指南，社会是课堂，实践是教案，培训是提炼，升华是引导"为培训理念，针对干部成长的个性化、差异化需求，分层分类组织培训，建立培训内容更新机制，把党的理论创新最新成果、改革开放和社会主义现代化建设新鲜经验、改革发展稳定面临的重点难点问题，及时转化为培训内容，及时进课堂、进教材、进学员头脑，形成了党性教育突出、特色鲜明、优势互补、功能完备的培训格局。利用满洲里红色旅游资源和北疆基层党建长廊先进城市资源，建立中共六大纪念馆、二卡红色秘密交通线遗址等党性教育现场教学基地，市委书记亲自为全市党务人才授课，着重培养各领域基层党组织带头人，切实提升了党员干部党性教育水平。

同时，我们深刻认识网络党建的重要性，坚持创新理论宣传载体，探索开展党建微博取得了较好的成效，形成了以满洲里党建之声和领导干部实名微博为主体、全市各级党组织党建微博为补充的党建微博群，积极把握党员群众的思想脉搏，坚持社会主义核心价值观的大众化传播方向，把党建理论、中央精神、领导讲话、时事评论、新闻信息、典型事迹和基层工作动态作为主要传播内容，积极回应群众密切关注的热点、难点问题，努力打造网络思想舆论新阵地，强化了对党员干部和群众思想意识、理想信念教育以及政治立场、核心价值观的培养。在党的群众路线教育实践活动开展过程中，围绕"容易混淆的十个概念""干部与支部""四问党员领导干部""党政双职如何组织实施好教育实践活动"等焦点问题开展了网络集中大讨论，网友们热烈讨论、各抒己见、发表不同见解，领导干部实名微博密切关注、积极评论、适当点评，各单位党建微博主动参与、阐述观点、积极转发，用通俗的语言阐述深刻的道理，用熟悉的事例论证不熟悉的规律，让群众在阅读中得到理论熏陶与智慧启迪。截至目前，全市各党组织广泛利用党建微博已播发信息 2.5 万余条，听众人数已达 20 万人，阅读量达到了 730 万人次。

针对青年创业就业的焦点问题，我们采取"虚拟工作法"的形式，成立了满洲里市青年创业就业服务中心，从北京市、呼和浩特市和呼伦贝尔市及本市筛选 209 名优秀党务工作者作为青创中心党建指导员，加强对离校未就业大学生世界观、人生观、价值观的培养，通过举办讲座、演讲比赛、优秀党建征文评选、参与走访老党员、进行社会调研、志愿服务等形式，为青年人扣好人生的第一粒扣子，使中心广大青年思想进一步成熟，已有 6 名青年主动递交了入党申请书，其中，中心主任杨波的思想汇报和《不灭的信仰》一文分别在中央级媒体和《满洲里日报》头版头条发表，市委书记亲自批示，号召全市党员干部学习，并以此掀起全市"学党史、知党情、感党恩、跟党走"活动。

（三）合作优势

针对各级党政干部、企业经营管理人员、专业技术人员、基层党务工作者及离校未就业高校毕业生等人员现状，选派专人入驻清华大学继续教育学院，目前已经达成了打造针对党政领导干部、非公企业管理人员、基层党组织带头人等队伍的各类精品培训班次和帮助满洲里市打造党性教育、口岸经济等精品课件、建立清华大学继续教育学院——满洲里培训基地等初步合作意向。同时，清华大学马克思主义学院副院长韩冬雪一行受邀来到满洲里市进行调研考察，双方就围绕满洲里红色旅游和北疆基层党建长廊先进城市资源，联合开发中共六大展馆、红色国际秘密交通线教育基地等红色资源，制定党性教育教学大纲，编写了一批特色鲜明的党性精品教材，共同打造以"红色之路、光辉历程"为主题旨在强化信仰教育、价值观教育的满洲里红色教育培训中心和帮助满洲里市建立党性教育评价体系、干部德的考核体系等内容达成合作意向。以此为基础，进一步整合满洲里现有红色教育资源研究成果，例如《满洲里与红色之路》《满洲里与抗美援朝战争》《满洲里市文史资料》《满洲里探源》《满洲里百年》等著作，可以形成更加富有特色的党性教育教材，这些都为满洲里市建立党性教育基地打下了基础。

二、建立党性教育基地的必要性

2013 年 10 月，中组部下发《关于在干部教育培训中进一步加强和改进党性教育的意见》（以下简称《意见》），明确"把党性教育贯穿于干部教育培训全过程各方面"，并强调要"加强党性教育基地建设指导，充分发挥现有党性教育基地的作用，突出特色，挖掘内涵，培育品牌，提升水平，评选命名一批国家级和省级党性教育基地；有效利用革命旧址旧居、博物馆、纪念馆等设施，开发党性教育功能，更好地服务新形势下的党性教育工作。"此前，中组部已在全国确定了 13 个地方性党性教育特色基地，这些基地在发挥地区红色教育资源优势，对党员干部进行党性教育方面发挥了重要作用，培训效果显著。

（一）基地的建设有利于落实自治区"8337"发展思路，科学整合地方党建资源

近年来，呼伦贝尔市的基层党建工作亮点纷呈、成果丰硕，尤其是边疆人民的火热实践，为筑牢北疆安全屏障提供了生动的案例与素材，满洲里红色口岸文化底蕴厚重，发源于满洲里的"红色通道精神"是党性教育的宝贵财富。通过建立呼伦贝尔党员干部党性教育基地，不仅为基层党务人才提供有针对性的党性教育平台，更是为基层党建工作提供了资源整合的平台，有利于基层党务人才在更高的平台上收获更为宽阔的思路与视野。

（二）基地的建设有利于增强红色文化的凝聚力，为地方红色文化产业发展提供坚实的发展平台

通过下功夫挖掘红色资源中的教学素材和丰富内涵，并针对不同级别、不同岗位的干部特点，因地制宜设置党性教学内容和专题，形成完善的党性教育课程体系，用党的成功经验启迪人，用党的历史教训警示人，营造富有浓郁的时代感和生活气息的党性教育氛围，打造一支政治素质过硬的党员干部队伍，这不但有利于夯实主流文化引领的阵地，更有利于为地方红色文化产业发展提供坚实的发展平台。

（三）基地的建设有利于营造浓厚的理论学习氛围，明晰党员干部队伍建设的价值追求和用人导向

习近平总书记指出："党性是党员干部立身、立业、立言、立德的基石，必须在严格的党内生活锻炼中不断增强。"当前，有的党员干部忽视理论武装，学风不正，在学习上稳不住心，静不下神，视理论学习为负担；学起习来浅尝辄止，钻研不够，理解不深，质量不高，学用"两张皮"，遇事则突显"本领恐慌"；理论工作形式刻板、华而不实，造成党的执政资源正在不经意中磨损、流失；理论培训居高临下、空洞说教，致使党员干部群众听不懂、不愿听，甚至产生抵触情绪。为此，只有通过理论学习把党性融入干部培养和领导班子建设中，用党性意识塑造领导干部的政治灵魂，依靠政治优势提高领导班子的凝聚力、创造力和战斗力，才能发挥党在改革发展稳定大局中的领导核心作用，使执政优势变成发展优势。通过筹建党员干部党性教育基地来搭建理论平台，培养理论人才，有利于营造浓厚的理论学习氛围，明晰党员干部队伍建设的价值追求和用人导向。

三、基地的发展定位

（一）指导思想

以内蒙古自治区"8337"发展思路为引领，深入贯彻落实《内蒙古自治区关于实施"人才强区工程"的意见》，以"干部素质提升工程"为抓手，以满洲里市红色教育资源为依托，整合满洲里市、呼伦贝尔市乃至内蒙古自治区的红色教育资源，借助满洲里同清华大学马克思主义学院干部党性教育合作建设的平台、其他高端教学研究机构、内蒙古自治区及呼伦贝尔市党建人才资源，以马克思主义群众观教育为主题，弘扬、宣传党的光荣传统和作风，高起点定位、高标准建设、高质量推进，把基地建设成为既具有满洲里口岸特色，又具有国内先进水平的党员干部党性教育培训基地。

（二）工作任务

基地建成后，满洲里市将继续坚持"方案是指南，社会是课堂，实践是教案，培训是提炼，升华是引导"的培训理念，以党员干部党性教育为主，集党史党建培训、研究、青年创业就业服务、社会主义核心价值体系建设、口岸旅游文化交流于一体，重点挖掘红色资源中的教学素材和丰富内涵，完善党性教育课程体系，围绕理想信念、核心价值观、纪律作风等内容的教育，针对不同级别、不同岗位的干部特点，科学设置专题，以学习党章、党史、满洲里红色革命史为引领，引导广大党员干部知党史、感党恩，打造祖国北疆党性教育的浓厚氛围，解决党员干部精神懈怠的危险问题。同时，组织专家学者从历史事件、历史人物、历史遗迹中，共同挖掘、提炼和编写党性教育教学案例，将情景模拟、实物展示、现场体验、社会实践等教学方法有机结合，综合运用语言文字、音乐影像、实物实景等作为教学媒介，突出教育对象的主体地位，充分发挥参与体验和现场感悟的优势，把"看、听、思、悟、行"融为一体，引导干部亲身去感受、主动去思考，多层次、全方位地受到感染和冲击，构建寓教于思、寓教于悟、寓教于行的新型教育模式。

内蒙古自治区在新中国成立前就建立了革命政权，革命斗争历史悠久，红色教育资源丰富，但至今自治区范围内尚没有一所以党性教育为主题的地方特色干部培训基地。满洲里作为呼伦贝尔市14个旗市区之一，红色教育资源品类多且开发利用社会价值大，加之近年来基层党建工作开展得如火如荼，成果丰硕，本研究认为呼伦贝尔市党员干部党性教育满洲里培训基地的建设正当其时，也是大势所趋。基于上述对项目优势、建立党性教育基地必要性的分析以及对项目主要任务的论证，基地建设必将大幅促进呼伦贝尔干部教育培训工作层次和水平的提高，项目建设是可行的。

后 记

《新时代蒙古马精神文集》出版问世，得到了各相关单位的大力支持和有关专家的倾力指导，还有各位参与课题研究同志的不懈努力，在此一并表示深深的谢意。

给予支持的单位有：全国党建研究会秘书处、全国政协民宗委办公室、内蒙古自治区政协民宗委、国家林业和草原局发展研究中心、中国林业职工思想政治工作研究会、内蒙古自治区党建研究会、内蒙古自治区出版集团、内蒙古自治区工商联总商会党委、呼伦贝尔市委党史学习教育领导小组、新巴尔虎右旗委、呼伦湖国家级自然保护管理局、内蒙古自治区农村牧区党员干部现代远程教育东部区蒙语译制基地、大连市党建研究会、包头市党建研究会、内蒙古森工集团党委组织部、内蒙古森工集团党委宣传部、内蒙古青年创业企业联合会、包头九耀控股集团。

指导专家有：李慎明、赵湘江、布和巴雅尔、其其格、公方彬、王乃波、李民、张荣臣、丁珍、王玉勤、青格勒图、蔡常青、潘卫科、姜仲才等。

课题组成员有：郭瑞、汪辉、张晓超、包国庆、曲惟军、巴特尔、包丽华、李清林、蒋立军、董丛利、史奎梧、陈永庆、高志强、魏俊志、杜爱民、张翔、张圣强、张圣璇、朝勒门、萨日娜、张井武、黄海丽、柴青刚、白向坤、隋海涛、翟艳霞、姚芳、张萌、黄春英、王静、金仓、王世群、金龙、李永强、阿拉木斯、白梵露、白文渤、通宝、王俊荣、满达胡巴雅尔、毕颖、翁占才、玉柱、毕琳娜、戴艳杰、李秋萍、刘洁、高伟义、乌日娜、王春玲、杨凯巍、睢云龙、孙荣、王渤、陈秀原等。

统稿编辑有：白向坤、隋海涛、金仓、张德智、杨景晧、张耀方、张晓洁、魏梦娜、张薇等。

代序中引用个别文章的标题和主要观点，由于有的属于内参等原因，在《文集》中没有编入全文，有的对原创略有调整。

本人水平有限，恳请广大读者批评指正！

作　者

2024 年 12 月